KB189059

이야기 중국사
**2**

**이야기 중국사 2**   김희영 지음

| | |
|---|---|
| 초판 1쇄 발행 | 2006. 7. 25. |
| 초판 3쇄 발행 | 2008. 1. 20. |

| | |
|---|---|
| 발행인 | 이상용   이성훈 |
| 발행처 | 청아출판사 |
| | 경기도 파주시 교하읍 문발리 |
| | 출판문화정보산업단지 507-7 우편번호 413-756 |
| 대표전화 | 031-955-6031 |
| 편집부 | 031-955-6032 |
| 팩시밀리 | 031-955-6036 |
| 홈페이지 | www.chungabook.co.kr |
| E-mail | chunga@chungabook.co.kr |
| 등록번호 | 제 9-84호 |
| 등록일자 | 1979. 11. 13. |

Copyright ⓒ 2006 by Chung-A Publishing Co.

ISBN 89-368-0346-8   04900

＊값은 뒤표지에 있습니다.

＊잘못된 책은 바꾸어 드립니다.

＊독자 의견에 항상 귀 기울이고 있습니다.

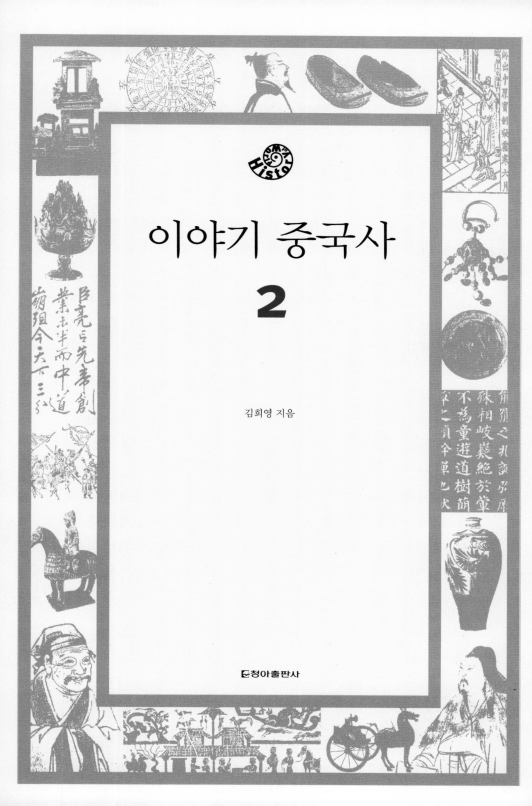

# 이야기 중국사

## 2

김희영 지음

청아출판사

# 머리말

일반적으로 중국이라면 한족의 역사 무대라고 생각하는 것이 보통이지만, 실제로는 여러 민족이 중원 지역을 침범하여 그들의 왕조를 세웠다.

먼저 서진 시대에는 팔왕의 난을 계기로 북방 이민족이 중원 지역에 침입하여 북방의 유목 문화와 중국의 농경 문화가 뒤섞이는 변화가 일어났으며, 사회적으로 혼란과 불안이 계속되었다.

이어지는 오호십육국과 남북조 시대야말로 북방 이민족이 중원 지역을 침범하여 그들의 왕조를 세운 시기이다. 이때는 왕조의 교체가 빈번하고 분열과 이합집산이 심해서 아침에 얻은 정권을 저녁에 잃는다는 이른바 조득모실(朝得暮失)의 시대로 혼란이 극심하였다.

중국 역사상 신화 시대로 일컬어지는 요·순의 시대는 중국 봉건 사회에서 추구하던 이상적 사회라고 흔히들 말한다. 신화 시대인 만큼 요·순의 시대가 실제로 존재하였는지의 여부는 단언할 수 없지만, 적어도 봉건 사회에서 추구하던 사회는 그런 사회가 아니었을까 생각된다.

이 책에 등장하는 몇몇 현군과 현신들도 이 같은 요·순의 정치를 실현해보고자 선정을 펴고 태평성대를 이룩하였으나 이런 지배자는 손에 꼽을 정도였다. 대부분의 지배자들은 뚜렷한 정치적 이상도 없이 그저 권세만을 휘둘러 백성들을 도탄에 빠뜨리고 자신도 함께 멸망하는 결과를 가져왔다.

폭정과 악정이 이어지다가 백성을 위한 정치, 안정된 사회의 역사가 펼쳐지면 눈이 훤해진다. 이처럼 인류는 다같이 살기 좋은 시대, 자유롭고 평화로운 역사를 갈구하고 있지만, 역사는 인류가 바라는 쪽으로만 흘러가는 것이 아니라는 것을 절실히 느낀다. 앞으로 세계는 평화의 정신에 바탕을 둔 하나의 세계, 한 가족이 되기를 바라는 마음 간절하다.

　이 책을 쓰면서 몇 가지 점에 유의하였다.

　첫째, 왕조를 중심으로 역사적인 사건과 인물들을 통하여 그 시대의 대체적인 흐름을 파악하고 그 특성과 의의 등을 이해할 수 있게 하였다.

　둘째, 독자들이 이해하기 쉽고 흥미를 느끼면서 읽을 수 있도록 이야기식으로 엮었으며, 재미있는 에피소드 등을 많이 소개하였다.

　셋째, 새로운 고적의 발굴로 나타난 주요 사료와 문물들을 소개하였으며, 한 시대의 두드러진 인문과 과학 등을 소개하였다.

　넷째, 각 시대별로 앞머리에는 개괄을 말미에는 왕조의 계보를 넣어 이해에 도움을 주고자 하였다.

　우리는 역사를 읽어가면서 흥망성쇠와 치란득실의 원인이 어디에 있으며 거기에 담긴 교훈이 무엇인가를 재삼 음미할 필요가 있다.

김희영

# 차례

# 1 후한 시대

# 2 삼국의 정립

# 3 서진 시대

# 4 동진 · 오호십육국 시대

# 5 남북조 시대

# 6 수나라 시대

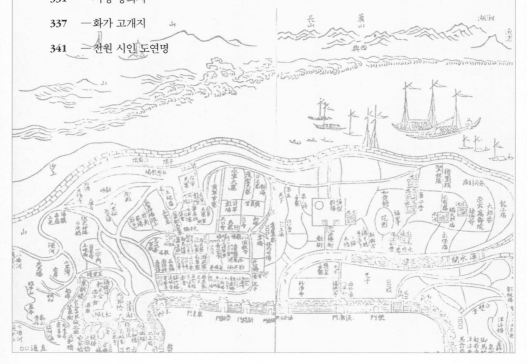

# 9 송(북송·남송)의 흥망

# 1

후한 시대

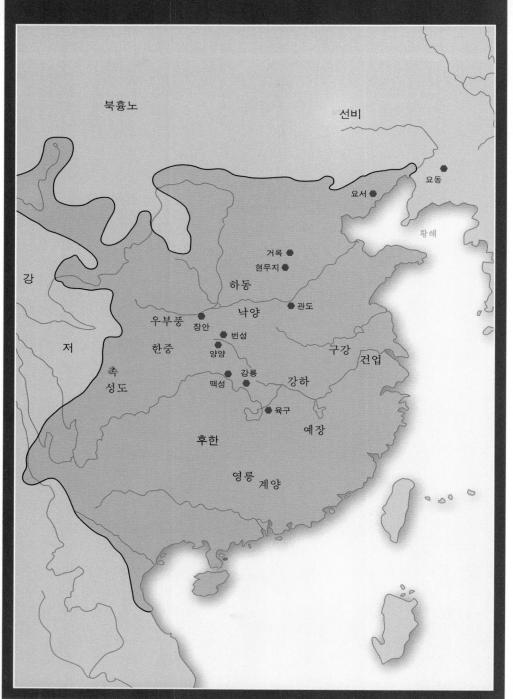

# 후한 시대

북흉노

선비

요동 ●

요서 ●

황해

강

거록 ●
현무지 ●

하동

저

낙양

관도 ●

우부풍 ●
장안    ● 번성

촉
성도

한중

양양 ●

● 강릉

구강

건업

강하

맥성 ●

● 육구

예장

후한

영릉 계양

## 후한 시대

후한의 창시자 광무제 유수는 남양 호족 출신이다. 왕망 정권의 제도 개혁 실패와 잇따른 실정으로 도처에서 반란이 일어나자 그도 한왕조 부흥이라는 깃발을 높이 들고 봉기하였다.

처음 그는 경시제 유현의 부장으로 출전하여 곤양의 싸움에서 중국 전사상 최소의 병력으로 최대의 병력을 무찔러 비범한 재능을 발휘하였다. 그 후 왕랑과의 싸움, 적미군과의 싸움에서 최후의 승리자가 되어 제장들의 추대를 받아 후한 왕조를 창시하였다.

광무제 유수는 천하가 일단 평정되자 내치에 힘을 기울여 백성들에게 휴식을 제공하고 세금을 감면하는 정책을 추진함으로써 경제와 사회가 안정되어 갔다. 어진 임금 밑에 어진 신하가 있듯이 광무제 치하의 중신 가운데는 어진 사람들이 많아 정치는 더욱 평화로웠다.

특히 반초는 오랫동안 두절되었던 서역 제국과의 교역 개척에 필생의 정력을 바침으로써 전한 시대의 장건과 함께 실크로드의 개척자로서 청사에 길이 빛나는 업적을 세웠다.

후기에 들어서면서 외척과 환관들의 발호로 정치는 문란하고 사회는 점점 먹구름이 드리우기 시작하였다. 외척 양기에 이은 2차에 걸친 당고(黨錮)의 화(禍)로, 당시 백성들이 정신적 지주로 받들던 인물들이 애석하게 희생되고 정치는 더욱 어지러워졌으며, 각지에서 반란이 일어났다. 거록 사람 장각이 태평도라는 종교 단체를 조직하여 세력을 확장하더니 급기야는 정치적 단체로 변신하여 184년 후한 왕조 타도를 외치고 반란을 일으켰다. 그들은 모두 머리에 누런 수건을 둘렀기 때문에 황건적이라 불렀다.

이들 황건적은 정부군과 정부를 지지하는 군벌들에 의해 진압되었으나, 후한 왕조는 이를 계기로 걷잡을 수 없는 멸망의 구렁텅이로 빠져들었다. 결국 황건적의 반란은 후한 왕조 붕괴의 결정적 요인이 되어 마침내 삼국 정립 시대가 열렸다.

이 시대의 가장 두드러진 문화적 업적으로는 세계 역사상 최초로 채륜이 종이 제조 기술의 개발에 성공하였다는 점을 꼽을 수 있다. 혼천의 · 지동의의 발명 등 과학의 발전과 한방 외과의 발달도 주목할 만하다.

# 후한의 창업

## 곤양의 대전

후한을 창시한 광무 황제 유수(劉秀)의 자는 문숙(文叔)으로 그는 장사(호남성)의 정왕(定王) 유발(劉發)의 후손이다. 전한의 경제가 유발을 낳고, 유발은 용릉후(春陵侯) 유매(劉買)를 낳았다. 유매 때부터 대대로 용릉후의 자리를 이어오다가 3대째에 이르러 황제에게 청원하였다.

"용릉은 저습지대이므로 살기가 불편하니 영지를 다른 곳으로 바꾸어주십시오"

이 청원이 받아들여져 남양(하남성)의 백수향으로 전봉되었다. 이곳을 그대로 용릉이라 부르고 용릉후 일족들이 모두 이주하여 살았다. 유매의 막내아들 유외(劉外)가 회(回)를 낳고 회는 남돈(南頓) 현령 흠(欽)을 낳았는데 이 흠이 남돈에서 유수를 낳았다.

유수가 태어날 무렵 한 줄기의 볏잎에서 9가닥의 이삭이 패는 길조가 나타났기 때문에 그의 이름을 '수(秀)'로 지었다. 이보다 앞서 어떤 철인이 용릉을 바라보면서 말하였다.

"운수대통이로군, 상서로운 구름이 저렇게 뭉게뭉게 피어오르고 있으니!"

이렇게 상서로운 조짐이 나타난 가운데 태어난 유수의 인상은 누가 보아도 보통 아이들과 달랐다. 유난히 높은 코에 이마 중앙의 뼈가 해 모양으로 두둑하여 관상가들이 귀인의 상으로 말하는 '융준일각(隆準日角)'의 인상이었다.

어느 날 채소공(蔡少公)이라는 사람이 유수의 집 앞을 지나가다가 유수를 보고 말하였다.

"유수는 후일 천자가 될 것이다."

채소공은 도참*을 연구하는 사람이었다. 그러자 마침 한자리에 있던 손님이 물었다.

"그렇다면 국사공(國師公)* 유수를 말씀하시는 것이겠지요?"

이를 지켜보고 있던 유수가 불만스럽게 말했다.

"손님께서는 무슨 이유로 내가 천자가 되지 못할 것으로 생각하고 그렇게 말하는 겁니까?"

유수는 소년 시절 "벼슬을 한다면 집금오(執金吾), 장가를 든다면 음여화(陰麗和)."라고 입버릇처럼 되뇌였다. 집금오란 황제의 신변 경호와 수도의 치안을 담당하는 책임자로 보는 사람들이 위압감을 느끼도록 항시 위엄 있고 화려한 옷차림을 갖추었으며, 순찰시에는 많은 기마 부대를 거느리고 위풍당당히 행진하였다. 젊은 시절의 유수는 그 화려하고 위풍당당한 모습이 무척이나 부러웠던 모양이었다.

음여화는 당시 남양군 신야현의 호족 음씨의 딸로 절세 미녀였다. 젊은 시절의 유수는 화려한 관직에 오르고 미인을 아내로 맞이하기를 꿈꾸는 일반 청년과 다를 바가 없었다.

후에 광무제 유수는 그의 소원대로 절세의 미녀 음여화를 아내로 맞이할 수 있었고, 집금오의 자리를 훨씬 뛰어넘은 황제의 자리에 오를 수 있었다.

17년 신시(新市)·평림군(平林軍)이 일어나자 남양 지방에서도 군사를 일으켜야 한다는 의견이 분분하였다. 하남성 완현 출신 이통(李通)은 마침내 유수와 상의하여 군사를 일으켰다. 유수

* 장래의 길흉을 예언하는 학문

* 당시 왕망 정권의 고관

**비단 깔개**

의 형 유연(劉績)의 자는 백승(伯升)이다. 원래 성질이 과격한 그는 대의명분을 내세워 한왕조 부흥을 외치며 평소 가업은 돌보지 않고 재산을 던져 천하의 영웅호걸과 사귀기를 좋아했다. 사태가 이에 이르자 평소 친교가 있던 식객들을 사방에 보내어 군사를 모집하는 한편 유연 자신도 용릉의 자제들에게 궐기할 것을 호소하였다. 그러나 그들은 모두 두려워 도망치면서 그를 따르려 하지 않았다.

"백승의 부하로 들어가면 그의 과격한 성질 때문에 전투에서 패하면 죽임을 당할 것이다."

그러나 유수가 붉은 장군의 옷차림에 관을 쓰고 돌아다니자 모두가 안심하였다.

"유수와 같이 근엄한 인물이 싸움터에 나가려 하시다니!"

유연이 다시 사람들을 보내 각 지방에 주둔하고 있는 제장들을 설득하자 신시·평림·하강 등 여러 군단이 속속 모여 들어 그 수가 수만에 이르렀다. 이렇게 많은 군단으로 불어나자 이를 통솔할 인물을 추대하자는 의논이 일어났다. 제장들은 한왕조의 혈통을 이은 유씨를 천자로 세워 백성들의 여망에 부응해야 한다는 데 의견을 모았다. 남양 출신 호족들과 하강병의 장수 왕상 등은 유연을 추대하려 하였으나, 신시·평림군의 장수들은 유연의 명석한 두뇌와 지나친 결단력을 두려워한 나머지 유현(劉玄)을 세워 경시(更始) 장군이라 칭하고, 유연을 대사도(大司徒), 유수를 장군으로 삼았다. 이보다 앞서 이들 경시제의 반란군과는 별도로 여모(呂母)라는 과부가 자식의 원수를 갚기 위하여 모은 집단을 '적미군(赤眉軍)'이라 칭하여 번숭(樊崇)의 지휘 아래 동쪽에서 반란을 일으켜 왕망군과 싸움을 벌이고 있었다.

왕망은 태사 경상(景尙)과 경시 장군 왕당(王黨)을 파견하여 진압하려 하였으나 도리어 적미군에게 패배하였다. 유현이 경시 장군이라 일컬었다는 사실은 앞에서 언급한바 한쪽은 반란군이고 한쪽은 왕망의 정부군이라는 이야기다.

왕망은 지황(地皇) 3년(22)에 태사 왕광(王匡)을 파견하여 적미군을 토벌하도록 하였다. 앞서의 태사 경상은 적미군의 번숭에게 죽임을 당했다. 녹림군에도 왕광이라는 지도자가 있었는데 왕망의 태사 왕광과는 동명이인이다. 왕망은 또 염단(廉丹)을 경시 장군으로 삼아 왕광과 합류시켰다.

정부군과 반란군을 식별하기 위하여 반란군이 붉은 물감을 눈썹에 칠한 것은 이 무렵이었다. 정부군과 반란군의 복장이 똑같았다는 사실을 미루어 짐작할 수 있다.

적미군과 정부군의 제2차 전투에서도 적미군이 승리하여 왕광은 격퇴되고 염단도 살해되었다.

이즈음 적미군의 병력은 10만 대군으로 증강되어 있었다. **동마차**
적미군의 간부들조차 이렇게 막강한 대군사
력으로 늘어나리라고는 예상하지 못하
였다. 어지러운 세상에서는 승리하는
쪽에 가담하려는 군중 심리가 작용하
게 마련이다. 적미군이 연전연승을 거
두자 군사력이 많이 증강될 수 있었던
것이다.

**왕망의 육완령** 왕망이 반포한 육완의 령. 소금과 철, 술의 전매와 광산업, 어업, 야동주전을 국영화한다는 내용이다.

유현이 장군으로 추대된 곳은 남양군에 있는 육수(淯水)가에서였다. 얼마 후 유현을 황제의 위에 오르게 해야 한다는 논의가 일자 유연은 다음과 같이 주장하였다.

"남양 지방과 동쪽의 적미군이 크게 위엄을 떨치고 있는 이때에 우리가 황제를 세운다면 적미군도 지지 않고 또한 황제를 세울 것입니다. 이렇게 되면 왕망을 멸망시키기 전에 내전으로 번질 우려가 있습니다. 황제를 일컫기보다는 차라리 왕이라 칭하는 것이 좋을 것입니다."

이곳 남양으로부터 북상하여 곤양(昆陽)을 평정한 다음 낙양을 정복하고 다시 서쪽으로 나아가 장안을 함락한 후라야 비로소 중원의 주인이 되는 것이니, 지금 단계에서 황제를 일컫는다는 것은 시기 상조라는 것이 유연의 반대 이유였다.

그러나 신시군 출신의 간부 장앙(張卬)이 칼을 빼어들고 즉위식 강행을 고집하였기 때문에 마침내 유현이 경시제로서 황제 위에 올랐다. 황제 위에 오르고 군신들의 조회를 받게 되자 어쩔 줄을 모른 경시제가 "나는 아무것도 모르오. 어찌해야 할 바를 모르겠소." 하며 부끄러움을 견디지 못해 식은 땀을 흘리며 손을 흔들 뿐 한마디 말도 못했다. 이에 호걸들은 몹시 실망하였다.

유현의 즉위는 신시·평림계 장수들의 적극적인 후원하에 실현되었으나 그 이면에는 야심이 도사리고 있었다. 그들은 자신들의 뜻대로 권력을 휘두를 수 있는 허수아비 황제를 필요로 했던 것이다.

왕망은 경시제군의 북상을 막기 위해 대군을 출동시켰다. 총
사령관에는 대사공 왕읍(王邑)이 임명되었다. 왕읍은 왕망의 사
촌동생으로 동원된 군대는 1백만 명이었다. 왕망은 이 군대를 '호
아오위병(虎牙五威兵)*'이라 일컫는 한편 병법 63가(家)의 도사
들도 출동시켰다.이들 병법 도사들은 각기 특색이 있는 도서나 기
구 등을 휴대하고 출동하여 장관을 이루었고, 그 위에 엄청난 보
물과 맹수들까지도 동원하였다.

"풍요로움과 위엄을 과시함으로써 산동(함곡관 동쪽)의 반란
군을 위압하라."

이것이 왕망이 노린 이번 작전이었다.

왕망군은 행군하면서 엄청난 보급 물자와 보물, 특수한 기구
등을 자랑스럽게 내보이면서 상대방에게 공포심을 주는 한편 백
성들에게 왕망 정권도 만만치 않다는 생각을 갖게 하였다. 어디에
가담할까 망설이는 자들에게 왕망군에 가담하지는 않을망정 적어
도 반란군에 지원하려는 생각은 단념하도록 하는 효과를 노린 일
종의 시위 작전이었다.

총사령관 왕읍이 낙양에 이르렀을 때 그의 병력은 42만 명이
었다. 그들은 보기 드문 거인 거무패(巨無覇)를 진지를 지키는
장교로 임명하고 호랑이 · 표범 · 물소 · 코끼리 등 맹수를 앞세워
사기를 돋우는 한편 호왈백만이라 칭하니 펄럭이는 깃발은 천 리
까지 이어졌다.*

경시제의 제장들은 왕망군의 이 같은 우세함을 보고 모두 놀
라 곤양성으로 도망쳐 들어갔다.

병법 63가의 도사들을 총동원하여 종군하게 한 것은 작전 미

*호아오위병(虎牙五威
兵) : 호랑이와 같은 장
수 · 용사들로 이루어진
다섯 가지 위엄을 갖춘
군사

* 거인 거무패의 신장
은 10척이고 허리는 10
아름이나 되어 작은 수
레에는 탈 엄두도 못 내
고 잘 때는 큰북을 베개
로 하고 식사 때는 쇠젓
가락을 사용하였다.

숙이라 아니할 수 없다. 병법에는 여러 유파가 있게 마련인데 왕망은 우열을 가리지 않고 무조건 모두 동원하였다. 실제 전투가 벌어졌을 때 이 63파의 도사들이 서로 자기의 병법을 관철시키기 위해 각자의 의견을 가지고 입씨름을 벌일 것이니 어느 겨를에 실전에 응용할 수 있겠는가?

호왈백만이라고 했지만 실제 병력은 40만 명이었으며 군량의 보급도 엉망이고, 명령 계통도 서지 않았다.

이들 왕읍이 거느린 대군은 우선 곤양성에 다다랐다. 이때 곤양성은 유수가 지키고 있었다. 유수는 왕봉(王鳳)에게 8, 9천 명의 군사를 줘 곤양성을 굳게 지키게 하고, 자신은 원군을 모집하기 위하여 겨우 13명의 말탄 군사만을 거느리고 급히 남문으로 빠져나왔다.

23년 6월 왕읍의 대군은 곤양성을 수십 겹으로 포위하고 공격을 퍼부었다. 화살이 비오듯 쏟아져 성 밑에 있는 군대와 주민들은 물을 길러 갈 때도 덧문짝을 지고 다녀야 했다. 전차가 마구 성벽을 쾅쾅 부딪치는 바람에 성벽 지하도가 패이고 곤양성은 함락 직전의 절체절명의 위기를 맞았다.

이때 유수가 3천 명의 원군을 거느리고 나타나 불의의 기습으로 적의 본진에 돌격해 들어가 대승을 거두었다.

왕망의 40만 대군이 유수에게 대패한 원인은 왕망군의 작전 미숙에 있었다. 왕망군에는 무려 63파나 되는 병법가들이 있었기 때문에 의견도 각양각색이었다.

"곤양은 조그마한 성입니다. 그런데도 경시군은 1만 명의 병력으로 수비하고 있으니 성에 비하여 수비병이 많습니다. 따라서 공격하기가 어려울 뿐 아니라 곤양성을 함락해봤자 대세에는 아무런 영향이 없을 것입니다. 또 반란군의 총수인 경시제 유현은 이곳에 없고 완성(宛城)에 있으니 이곳 곧 양성은 그대로 두고 완성을 공격하는 것이 상책입니다."

이와는 반대로 일부는 "그렇지 않습니다. 일단 포위한 바에야 함락하지 못하면 체면이 서지 않을 뿐 아니라 황제로부터 문책당할 것입니다."라고 반박하였다.

가량 시황제가 도량형을 배포한 것을 본떠 왕망이 만든 되로 신왕조의 필연성을 오행 사상에 근거해 설명한 명문이 새겨져 있다.

작전회의는 갑론을박이 되풀이될 뿐 결정이 내려지지 않았다. 결국 총사령관 왕읍의 주장대로 곤양성을 공격하기로 결정하였으나 공격 방법에 있어서도 의견이 분분하였다. 장군 한 사람이 다음과 같이 주장하였다.

"손자병법에 이르기를 포위 작전을 벌일 때는 완전 포위를 피하고 한 쪽에 도망칠 수 있는 길을 틔워놓으면 포위당한 쪽에서는 도망칠 것을 생각하여 죽기로써 싸울 마음이 없다고 하였습니다. 또 곤양성을 탈출한 경시군의 장병은 틀림없이 경시제가 있는 완성으로 들어갈 것이니 이렇게 되면 완성의 경시군 본부는 공황(恐慌) 상태에 빠져 저절로 항복할 것입니다."

그러나 총사령관인 왕읍은 끝까지 완전 포위를 주장하였다.

"손자병법에서 말한 도망칠 길을 틔워놓아야 한다는 것은 대등한 전쟁 상태에서 적용해야 할 병법이고, 이번 싸움은 아군이 압도적으로 우세하기 때문에 그럴 필요가 없다."

왕읍의 눈에는 적을 완전히 섬멸하고 승전고를 울리는 모습이 어른거리고 있었다.

반면 유수는 원래 신중한 성격의 소유자로 평판이 나 있었다. 그러나 사실은 결단을 내리기까지는 신중을 기하다가 일단 결단을 내리면 물불 가리지 않는 용감한 인물이었다. 사람들은 그의 신중한 면만을 알 뿐 결단을 내린 후의 행동은 전혀 알지 못하였던 것이다.

3천 명 군사의 선두에 서서 포위군을 급습하는 유수를 보고 성안에 있던 왕봉과 그의 장병들은 모두 다 '저 조심성 많은 유수가 맨 앞에 서서 돌격하는 것을 보니 성 밖에서 많은 원병을 모은 것이 틀림없다.'고 생각하여 용기백배, 성문을 열어젖히고 출격하였다.

왕읍이 지휘하는 정부군은 40만 대군이었으나 명령 계통과 질서가 엉망진창이 되어 겨우 1만여 기의 경시군에게 본진을 유린당하고 패주하기 시작하였다. 때마침 폭풍우가 몰아쳐 하천이 범람하는 바람에 익사한 군사의 수만도 1만 명이 넘는 참패였다. 이것이 중국 전사상 소수의 병력으로 다수의 병력을 무찌른 것으로 유명한 '곤양의 싸움'이다.

곤양의 싸움은 천하의 대세를 가름하는 운명의 일전이었다. 양다리를 걸치고 천하의 형세를 관망하던 사람들은 왕망의 대군이 종이호랑이에 지나지 않는다는 사실을 피부로 느끼게 되었다.

곤양의 싸움을 계기로 하여 각지에서는 왕망 정부에 반대하는 움직임이 더욱 활발해졌다. 백만 대군이라 호언하던 왕망의 정부군은 떼를 지어 고향으로 도망쳤다. 그들의 입을 통하여 왕망군이 대패했다는 소식이 전국적으로 퍼지니 결과적으로 그들은 반왕망 진영의 선전원과 같은 구실을 하였다.

정보통으로 이름난 왕망도 각 지방에 선전 대원을 파견하여

"경시제 유현의 무리들을 모두 죽여 없앴다."고 떠들어댔다. 그러나 실제 전투에 참가했던 장병들의 이야기를 들었기 때문에 누구 하나 그 말을 믿으려 하지 않았다. 왕망은 선전 싸움에서도 패배한 셈이었다.

그러나 경시군 내부에서도 커다란 사건이 발생하였다. 경시제 유현이 유수의 형 유연을 죽인 사건이었다. 무능하고 인망마저 없었던 유현은 항시 '이대로 나가다간 내 자리를 유연에게 빼앗길지도 모른다.'고 유연을 경계하고 있었다.

유연의 부장 유직(劉稷)은 유현의 황제 즉위를 강력히 반대했던 인물이었다. 그래서 그는 유현이 황제에 즉위한 뒤 장군에 임명했을 때도 이를 거부하였다. 이미 즉위한 황제의 명령을 거역하였으니 반역이라고 단정한 경시제 유현은 그의 심복들과 모의하여 유직을 체포, 처형하였다. 이때 유연은 자신의 부하에 관한 일이라 이를 강력히 반대했지만 경시제는 유연도 같은 죄목으로

그날 처형했다.

경시제의 진영은 이 사건으로 분열의 위기에 직면했지만 유수의 신중한 행동으로 위기를 모면할 수 있었다. 유수는 형의 억울한 죽음에 대하여 가슴속에서 분노가 치밀어 올랐지만 꾹 참고 아무런 표정도 드러내지 않았을 뿐 아니라 오히려 경시제에게 사죄하는 여유를 보였다. 그리고 형 유연의 장례 의식도 거행하지 않고, 평소 가깝게 지내던 친척과 친구와의 교제도 끊었다. 그는 자신의 과오에 대하여 말할 뿐 곤양 싸움의 수훈에 대하여는 한마디도 입 밖에 내지 않았다. 유수의 범상하지 않은 지혜와 인내력을 엿볼 수 있는 대목이다.

경시제 유현도 곤양의 싸움에서 수훈을 세운 유수에 대해 트집잡을 일이 없었다. 경시제는 오히려 부끄러운 생각이 들었다. 유수를 파로 장군(破虜將軍)에 임명하고 무신후(武信侯)에 봉하였다.

이때 장안의 황제 왕망은 정신 착란 상태에 빠져 침식을 제대로 하지 못하였다. 오직 술과 전복만을 먹었으며 병서를 읽다가 피곤하면 안석에 기댈 뿐 잠을 이루지 못하였다.

최발(崔發)이란 자가 왕망에게 다음과 같이 진언하였다.

"옛날에는 나라에 큰 재앙이 있으면 하늘을 우러러 곡(哭)을 하여 구원을 빌었다 합니다. 폐하께서도 군신을 거느리시고 남교에 납시어 앙천대곡(仰天大哭)*하시어 구원을 빌어 보심이 좋을 듯합니다."

위급한 상황에 처하면 지푸라기라도 붙들려고 버둥대는 것이

* 앙천대곡(仰天大哭) : 하늘을 우러러 큰소리로 울음

인지상정이다. 왕망은 최발의 말을 받아들여 곡할 자를 선발하도록 하였다. 마침내 이색적인 통곡 경연 대회가 벌어졌다. 소리가 구슬퍼 사람의 간장을 에는 듯한 울음을 내는 자에게는 무조건 낭(郎)의 벼슬이 내려졌다. 낭은 200석의 녹을 받는 숙위관(宿衛官)이었다. 이렇게 해서 임명된 낭의 숫자가 무려 5천 명에 이르렀다 하니 정말 한심한 일이다.

한편 경시제는 왕광으로 하여금 낙양을 공략하도록 하고 장안 방면의 공략은 신도건(申屠建), 이송(李松)에게 맡겼다. 이들이 진격하는 동안 가담해오는 자가 잇따라 우광(于匡), 등엽(鄧曄) 등이 합류하였다. 이들은 그 지방 출신으로서 지리에 밝았기 때문에 단숨에 장안에 도착할 수 있었다.

맨 먼저 왕궁에 쳐들어간 것은 등엽의 부하 왕헌(王憲)이었다. 왕헌은 선평문(宣平門)을 깨고 들어가 궁에 불을 질렀다. 불길이 치솟자 왕망은 허둥지둥 불을 피하여 선실(宣室)로 들어가 두병(斗柄)*을 끌어안고 앉으며 "하늘이 나에게 덕을 내리셨으니 한나라 군대가 감히 나를 어찌 하겠느냐?" 하며 큰소리쳤다. 이 두병을 끌어안고 있으면 백만의 대군도 그 앞에 꿇어 엎드린다는 것이다. 왕망은 이것을 진정으로 믿었으나 물론 허사였다.

《자치통감》에 의하면 왕헌이 선평문으로 들어간 것은 9월 무신일이고 왕망의 신하들이 왕망을 부축하여 연못 가운데 있는 점대(漸臺)로 옮긴 것은 경술일 이른 아침이라 기록되어 있다. 그러니까 왕망은 무려 3일 동안이나 궁중에서 버틴 것이다.

경술 저녁 무렵에야 왕헌의 군대가 점대에 올라가 왕망의 머리를 베었다. 그리고 왕망의 살을 저미고 뼈를 잘라 가졌다. 그 살과 뼈를 조금이라도 빼앗아 가지려고 서로 다투다가 수십 명이 짓

* 두병(斗柄) : 북두칠성의 모양을 본떠 만든 국자 모양의 것으로 길이가 2자 5치 정도였다고 함

밟혀 죽는 불상사가 발생하였다. 왕망의 살을 조금이라도 가져가면 공으로 인정되기 때문이었다.

왕망의 머리는 경시제가 있는 곳으로 보내져 저잣거리에서 효수되었다. 백성들은 왕망의 머리를 때리거나 칼로 찔렀고 그 혀를 잘라 먹기도 하였다고 기록되어 있다.

오강에서 최후를 마친 항우의 몸뚱이는 다섯 갈래로 잘라졌지만 왕망의 몸뚱이는 수천 갈래로 나뉘었다. 역사의 냉혹함을 새삼 느낄 수 있겠다.

왕망을 죽인 것은 두오(杜吳)라는 사람이고 목을 자른 사람은 공빈취(公賓就)였다. 왕헌은 자칭 한의 대장군이라 일컫고 궁중에서 빼앗은 옷을 제멋대로 입고 궁중의 거마(車馬)도 제 마음대로 사용하였다. 물론 수레에는 황제의 깃발을 달고 다녔다. 왕헌의 이 같은 행동을 본 부하들은 약탈 집단으로 변하여 재물은 물론, 후궁의 미녀들까지도 먼저 갖는 게 임자라며 자기의 것으로 만들었다.

얼마 후 경시제로부터 장안 공략을 명령받고 파견된 신도건·이송이 장안에 입성하였다. 그들은 왕헌을 체포하여 목을 베었다. 왕망의 전국 옥새와 천자의 수레, 깃발을 제멋대로 사용했으며 궁녀를 약탈했으니 대역부도라는 죄목이었다. 장안의 입성과 때를 같이하여 낙양도 함락되었다. 이때 낙양을 공략한 것은 경시군의 간부 왕광이었고 낙양을 수비하던 정부군의 책임자는 태사 왕광(王匡)이었다. 동명이인의 왕광이 왕광을 잡아죽인 것이다.

경시제 유현은 일단 낙양에 들렀다가 곧바로 장안으로 달려갔다. 황제로서 상속받을 무진장한 유산이 장안에 있었기 때문이

었다.

경시제 유현이 장안에 이르러 장락궁에서 군신들의 조회를 받게 되었다. 경시제가 전전(前殿)에 오르자 관리들이 서열에 따라 차례로 뜰 가운데 벌여 서니 그 분위기는 찬물을 끼얹은 듯 숙연하였다. 경시제는 부끄러워 차마 얼굴을 들지 못하고 자리만 뜯고 있을 뿐 감히 쳐다보지도 못하였다. 장안에 들어온 경시제의 정치는 한마디로 말해 제멋대로였다. 밤과 낮을 가리지 않고 궁전 뒷뜰에서 잔치만 벌였다. 경시제는 우대사마(右大司馬) 조맹(趙萌)의 딸을 부인으로 맞이하고, 이 여인을 총애하여 일체의 정사를 조맹에게 위임하였다. 조맹은 방종한 인물로서 마음 내키는 대로 살인을 하였다. 충직한 신하가 조맹의 비위 사실을 호소하자 경시제는 그 자리에서 그의 목을 베게 하였다. 한나라의 부흥을 그리워하던 백성들의 마음은 차츰 왕망의 시대가 오히려 그립다고 생각할 지경이었다.

권좌에 오르거나 그 근처에 가게 되면 일종의 부패 심리가 생기는 것이 우리 인간의 속성인 모양이다. 권좌에 오르기까지 긴장 상태가 길면 길수록 반작용은 더욱 커지는 것일까? 경시제를 황제로 옹립한 신시 · 평림계의 무리들도 다분히 변질되어 가고 있었다. 맨 먼저 입성한 왕헌을 처단한 것까지는 좋았으나 뒤이어 장안에 들어온 경시제의 본군도 왕헌과 다를 바가 없었다. 인간의 속성을 드러낸 것이다.

이 무렵 유수는 경시제로부터 하북을 평정하라는 임무를 명령받았다. 경시제는 유산을 상속받기 위해 낙양에서 서쪽으로 장안에 들어왔으나, 유수는 반대로 군대를 거느리고 동북쪽으로 떠나게 되었다. 동북 지방에 난립해 있는 군벌들을 경시제에게 귀순시키기 위해서였다. 경시제 정권의 중심으로부터 벗어나게 된 것은 유수로서는 크나큰 행운이었다.

경시제의 입장에서 보면 유수는 거북스런 존재였을 것이다. 유수의 입장에서도 경시제의 정권 안에 있으면 시기와 의혹의 대상이 되어 언제 숙청될지 늘 조심하지 않으면 안 될 입장이었다. 이런 자리에서 멀어지게 되었다는 것은 숙청의 위험에서 벗어날 수 있을 뿐만 아니라 독자적인 세력을 확대할 수 있는 계기가 되기도 하였다.


## 왕랑과의 싸움

당시 하북에서는 한단 출신 왕랑(王郎)이 하북에서 요동에 이르는 광대한 지역을 지배하는 강력한 정권을 수립하고 있었다. 그 지방의 호족들까지도 경시제의 정권 밑에 들어가는 것을 불명예로 여길 정도로 경시제의 인망은 땅에 떨어져 있었다.

그러면 왕랑이란 인물은 도대체 어떠한 인물인가? 그는 일개 복술가에 불과하였다. 그는 자신의 인망을 높이기 위하여 자칭 전한 시대 성제(成帝)의 아들 자여(子輿)라고 칭하였다. 자신의 어머니가 성제 때의 가수였는데 성제의 총애를 받아 왕랑을 낳았다는 것이다. 당시 미천한 신분인 그의 모친은 황후 조씨가 왕랑을 해칠까 두려워 다른 사람의 자식이라고 속였기 때문에 자신이 무사히 살아날 수 있었다고 사칭하였다. 그런데 성제에게 숨겨 놓은 자식이 있다는 소문은 오래 전부터 있어 이보다 십수 년 전에도 "내가 성제의 아들이다."라고 자칭하며 궁궐에 나타나는 자가 있어 왕망에게 죽임을 당한 사건도 있었다.

《후한서(後漢書)》 송나라 범엽이 저술한 120권 분량의 후한 시대의 정사(正史). 이 책의 《동이전(東夷傳)》에 고구려, 동예, 왜에 대한 전(傳)이 있다.

이 같은 연유로 백성들은 왕랑의 말을 믿고 따랐으며 그를 천자로 추대하기에 이르렀다. 하북 지방의 황족들까지도 왕랑을 천자로 추대하는 데 적극 협력하였다.

경시제로부터 하북 평정의 명령을 받은 유수는 하북에 진군하여 군현을 지날 때마다 죄수들을 석방하는 한편 왕망의 가혹한 법령을 해제하고 한나라 때의 제도를 회복하였다. 군현의 백성들이 크게 기뻐하여 앞을 다투어 술과 고기를 가지고 나와 장병들을 맞아 위로하였으나 유수는 "민폐를 끼쳐서는 안 됩니다."라며 일체 받지 않았다.

남양 출신 등우(鄧禹)라는 사람이 말채찍을 쥐고 유수를 따라 하남성에 이르렀다. 유수가 등우에게 물었다.

"귀공께서 나를 이곳까지 따라온 것은 혹시 나를 섬기어 벼슬을 얻고자 함이 아닙니까?"

등우는 고개를 가로저었다.

"그렇지 않습니다. 제가 원하는 것은 명공의 위엄과 덕이 사해만민에게 미치게 되는 날, 소생도 견마(犬馬)*의 공을 세워 그 이름을 청사에 남기고자 할 따름입니다. 제왕의 사업은 막중 대업입니다. 지금 경시제는 범용한 인물일 뿐 제왕의 대업을 이룰 만한 인물이 못 됩니다. 명공이야말로 천하의 영웅들을 설득하여 내 편으로 끌어들이고 백성들의 마음을 어루만져 만민의 생명을 구제하는 주인공이 되신다면 천하를 평정하기는 족히 염려할 바가 아니라고 생각됩니다."

* 견마(犬馬) : 개나 말과 같이 천하고 보잘것없다는 뜻으로, 자신에 관한 것을 낮춰 이르는 말

등우의 말을 들은 유수는 크게 기뻐하여 등우를 참모로 삼아 천하 평정 계획을 함께 의논하였다.

필부필부도 한평생을 살아가려면 여러 가지 어려움이 있게 마련인데 하물며 왕조를 창립하는 제업에 있어서야 어찌 어려움이 없겠는가? 광무제 유수도 왕랑군에 쫓기어 한때 위기를 맞은 적이 있었다.

* 무루정(蕪蔞亭) : 역마가 쉬어가는 역

**소모양 등불**

유수가 계성(薊城)을 공략하자 계성의 백성들은 뜻밖에도 유수를 배반하고 왕랑측에 가담하였다. 위험을 느낀 유수는 곧바로 성에서 탈출하여 밤낮을 가리지 않고 남쪽으로 달렸다. 무루정(蕪蔞亭)*에 이르러 한숨을 돌리고 있었는데 풍이(馮異)가 뜨끈뜨끈한 팥죽을 쑤어 바쳐 허기를 면하였다. 계속 달려 요양현(饒陽縣)에 이르렀을 때는 먹을 것이란 아무것도

이야기 중국사 · 2

없었다. 이 유수 일행이 하곡양(下曲陽)에
이르렀을 때였다.

한나라의 토용

"왕랑의 추격병이 가까이 있습니다."

급보가 날아들었다. 유수의 군대는 당
황하여 두려움을 감추지 못하고 급히 호타하
(滹沱河)를 향해 달렸으나 척후병이 돌아와 보
고했다.

"호타하가 얼음이 얼지 않아 배가 없이는 건널 수 없습니다."

앞에는 강이 가로막혀 있고 뒤에서는 적병의 추격이 급하니
진퇴유곡이었다. 유수는 무심코 왕패(王覇)를 불러 말하였다.

"다시 한 번 호타하에 가서 확인해보고 오라."

왕패는 얼음이 얼지 않았다고 사실대로 보고하면 군 전체의
사기가 떨어질 것을 염려하여 거짓을 보고했다.

"얼음이 두껍게 얼어 충분히 건널 수 있습니다."

유수의 군대가 호타하에 이르러 보니 천우신조였는지 호타하
는 완전히 결빙되어 있었다. 유수의 군대는 용기백배하여 도강을
거의 완료하고 5, 6기만이 미처 건너지 못했는데 갑자기 얼음이
풀려버렸다.

유수의 군대는 계속 도망쳐 남궁(南宮, 기주)에 이르렀다. 폭
풍우를 만나 길가의 빈집에 들어가게 되었는데 풍이는 섶을 가져
오고 등우는 섶에 불을 붙였다. 유수는 아궁이의 불을 쐬며 젖은
옷을 말렸다. 풍이는 또 보리밥을 지어 유수에게 올렸다.

유수의 도망 행진은 계속되었다. 이들 일행은 하박성(下博
城, 신도 부근)에 이르렀을 때 길을 잃었다. 도대체 어디로 가야 할
지 방향 감각마저 잃었는데 흰옷을 입은 한 노인이 나타나 손가락

으로 한 곳을 가리키며 말했다.

"실망하지 마시오. 신도(信都) 태수 임광(任光)이 당신들을 위하여 성을 굳게 지키고 있으니 신도 땅으로 가시오. 이곳에서 80리밖에 안 되는 거리이니 용기를 내시오."

유수는 다시 말을 달려 신도로 향했다.

이때 기주(冀州)·유주(幽州) 일대는 모두 왕랑에게 항복하였으나 오직 신도 태수 임광과 화융(和戎) 태수 비융만이 버티고 있었다. 유수의 군대가 그곳으로 온다는 소식을 들은 임광은 크게 기뻐하여 성 밖까지 나와 유수를 맞이하였고 비융 또한 이들과 합류하였다. 용기를 얻은 유수는 이곳을 발판으로 가까운 현읍(縣邑)에서 군대를 모집하여 정병 4천 명을 모았다. 유수는 인근 군현에 격문을 보내고 한단을 공격하여 전세를 만회하였다. 그러자 먼저 왕랑에게 항복했던 장수들이 유수에게로 돌아왔다. 유수는 다시 군사를 이끌고 광아성(廣阿城, 거록)을 점령하였다.

어느 날 유수는 지도를 펼쳐 등우에게 보이며 말했다.

"천하의 군현이 이렇듯 넓은데 이제 겨우 한 고을을 얻었소. 어느 겨를에 이 넓은 천지를 얻는단 말이오?"

그러자 등우는 이렇게 간하였다.

"지금 천하는 난마(亂麻)처럼 어지러워 어진 임금이 나타나기를 바라는 백성들의 마음은 마치 어린아이가 어머니를 그리워하듯 기다리고 있습니다. 예로부터 어진 임금이 나라를 일으키는 데는 오로지 덕의 있고 없음에 달려 있는 것이지, 땅의 크고 작음에 있는 것이 아닙니다. 너무 걱정은 마시옵고 인덕을 베푸는데 힘쓰셔야 합니다."

경시 2년(24) 5월 유수는 마침내 한단을 함락하고 도망치는

어차도 준마가 끄는
마차 양쪽에 호위무사
가 앉아 있다.

왕랑을 추격하여 목을 베었다. 곤양의 대전에 이어 불과 1년 만에
다시 큰 공을 세운 것이다.

　유수는 한단에서 왕랑과 지방 호족들 사이에 오고간 수천 통
의 비밀 문서를 입수하였으나 그는 이 문서를 제장들이 보는 앞에
서 불살라버렸다.

　"왕랑과 내통한 자들은 이것으로써 안심할 수 있을 것이다."

　이 일은 유수가 녹록치 않은 정치가였음을 알 수 있게 한다.

　장안의 경시제는 왕랑을 평정한 유수의 공적을 치하하고 사
자를 보내 소왕(蕭王, 패군 소현)에 봉한다는 전지를 내렸다. 그리
고는 군대를 해산하고 장안으로 돌아오라는 명령을 내렸다.

　경감이 유수에게 진언하였다.

　"장안의 경시제는 천하 만민을 편안히 할 수 있는 능력이 없
습니다. 이번 기회에 경시제의 곁을 떠나 사해를 평정하고 천자의

자리에 오르는 것이 장군이 취할 사업입니다. 하북이 아직 평정되지 않았다는 구실을 내세워 경시제의 명령에 따르지 않는 것이 상책입니다."

유수는 경감의 말에 따라 자립하기로 뜻을 굳히고 아직 평정되지 않은 하북의 반란 집단들을 토벌하기로 하였다. 이는 아주 터무니없는 구실은 아니었다. 아직도 10여 개의 반란 집단들이 남아 있었는데 그중에서도 동마군(銅馬軍)이 가장 강하였다. 유수는 이들 동마군을 포양(蒲陽)에서 대파하고 항복을 받았다.

이즈음 적미군이 서쪽 장안을 공략할 것이라는 정보가 들어왔다. 이들 적미군이 만약 장안을 공략하여 깨뜨리고 나면 관중까지도 넘볼 것이므로 등우를 전장군(前將軍)에 임명하여 휘하 정병 3만 명을 주어 관중을 지키게 하고, 유수는 친히 군대를 이끌고 연나라·조나라를 공략하여 반란 집단을 모두 평정하였다.

소왕 유수가 회군하여 중산부(하북)에 이르자 제장들이 천자의 칭호를 올렸으나 소왕은 이를 거절하였다. 그 후 기주 남평극(南平棘)에 이르렀을 때 제장들이 또다시 천자로 칭할 것을 강력히 요구하였다. 소왕이 또 거절하자 경순(耿純)이 간하였다.

"우리들이 가족과 친척과 고향을 버리고 대왕을 따라 싸움터에서 몸바쳐 싸우는 것은 대왕의 천하통일 대사업을 도와 반룡부봉(攀龍附鳳)*하기 위해서입니다. 이제 대왕께서 좋은 기회를 물리치시고 제장들의 의사를 꺾으신다면 장수들은 실망한 나머지 각자 고향으로 돌아갈 생각을 가지게 될 것입니다. 하

* 반룡부봉(攀龍附鳳) : 권세 있는 사람을 좇아 공명을 이룸

**궁궐 화상석**

루아침에 장병들이 뿔뿔이 흩어진다면 다시 모으기는 어려울 것입니다."

풍이 또한 강력히 진언하였다.

"제장들의 의견을 받아들여 천자의 위에 나아가심이 옳을 것입니다."

그래도 유수는 결단을 내리지 못하고 있었다. 때마침 유생 강화(强華)라는 사람이 관중으로부터 적복부(赤伏符)*를 받들고 왔는데 거기에는 '유수가 군사를 일으켜 무도한 도적들을 물리치고 마침내 천명을 받아 천자가 된다.'는 내용이 기록되어 있었다.

제장들은 이 도참설을 들어 다시 천자의 위에 오를 것을 간청하였다. 유수는 더 이상 사양할 수가 없어 마침내 호남(鄗南, 직례성 호현 남쪽)에서 즉위식을 올리고 연호를 건무(建武)로 고쳤다. 이때가 25년 6월의 일이고, 이 이가 후한의 시조 광무 황제이다. 광무 황제는 그 후에 낙양을 수도로 정하였다.

**전왕의 금인** 한무제가 전왕에게 하사한 옥새. 왕망 정권 때 무장 봉기를 일으켰으나 광무제 때 다시 한왕조에 귀순했다.

* 적복부(赤伏符) : 미래를 예언한 붉은 색의 부록(符籙)

## 적미군과의 충돌

광무제 유수가 호남에서 제위에 오름으로써 천하의 대세는 장안의 경시제와 광무 황제 유수, 그리고 적미군의 삼파전으로 압축되었다.

그러면 여기서 지금까지 적미군의 동정에 눈을 돌려보자.

적미군의 내부에서는 진로 문제에 의견이 엇갈리고 있었다. 병사 개개인은 고향을 그리워한 나머지 그들의 고향인 산동으로 돌아가기를 희망하였으나 이와 반대로 서쪽으로 진출하자는 것이

군웅과 적미군의 진로

- → 적미군 진로(전기)
- → 적미군 진로(후기)
- □ 군웅 이름

적미군 간부들의 의견이었다. 만약 산동으로 진출할 경우 고향을 그리워하는 병사들이 뿔뿔이 흩어져 제멋대로 집으로 돌아가면 적미군은 해체된다는 것이 간부들의 공통된 의견이었다.

경시제의 타락한 정치로 백성들의 마음이 날로 이탈하고 있다는 소식은 적미군의 간부에게도 전해지고 있었다. 인심을 잃은 집단과 싸워본 경험이 있는 그들은 경시제를 공격하는 데 자신이 있었다. 그러나 동쪽으로 돌아가려는 병사를 서쪽으로 진출시키자면 그들을 설득할 구실이 있어야 했다. 가장 강력한 설득력을 가지는 것은 서쪽으로 진출할 경우 장안에 산더미처럼 쌓여 있는 수많은 재물을 모두 차지할 수 있다고 구체적으로 유혹하는 방법이었다. 적미군의 간부 번숭·봉안(逢安)·서선(徐宣)·사록(謝祿)·양음(楊音) 등은 이 같은 말로 병사들을 설득하여 30만명의 대군을 거느리고 장안을 목표로 진출하였다.

경시제는 장군 소무(蘇茂)를 보내 적미군을 막게 하였으나 소무는 대패하였다. 이어서 승상 이송(李松)이 파견되었으나 3만여 명의 전사자를 내고 패주하였다. 적미군의 연전연승이었다.

지금까지 적미군에는 강력한 정신적 지주가 될 만한 인물이 없었다. 다만 군중에 산동 출신 무당이 있어 항시 성양경왕(城陽景王)을 신으로 받들어 제사를 지냈는데 그들이 믿은 것은 이 신앙뿐이었다.

성양경왕은 한고조의 손자 유장(劉章)이다. 유장의 형 유양은 제왕이고, 그는 주허후였다. 여씨 정권을 무

유장

너뜨릴 때 맨 먼저 여산의 목을 벤 공으로 주허후에서 성양왕으로 승진되었다. 빛나는 무공을 세웠기 때문에 산동 지방에서는 사람들에게 복을 내려주는 신으로 숭앙되고 있었다. 성양경왕의 의사가 무당을 통하여 사람들에게 전해진다고 믿는 일종의 민간 신앙이었다.

200년 전에 죽은 영웅신의 영험보다도 살아 있는 사람을 상징적 존재로 내세우는 것이 단결력을 더 강화시킬 수 있다고 판단한 적미군은 성양경왕의 후손을 찾아 그를 천자로 옹립하기로 하였다. 이것은 한낱 도적의 집단에 불과하였던 적미군이 왕조를 세우려는 집단으로 변신하였음을 의미하는 것이기도 하였다.

성양경왕의 후손은 70여 명이나 되었다. 그 가운데서 가장 정통에 가까운 사람은 유무(劉茂)·유분자(劉盆子)·유효(劉孝) 세 사람이었다. 이들 가운데 누구를 천자로 세우느냐가 문제였다. 상징적 존재이므로 누가 되든 상관 없다고 생각한 적미군은 추첨으로 결정하기로 하였다. 3개의 표찰 가운데 1개의 표찰에만 상장군이라고 써서 함에 넣고 연령순에 따라 제비를 뽑기로 하였다.

상장군의 표찰을 뽑은 것은 맨 마지막으로 뽑은 15세의 유분자였다. 유분자는 혈통은 황족이었지만 어려서부터 불우하여 글을 전혀 배우지 못하고 양을 치는 목동으로 성장한 소년이었다. 당시 이 소년의 모습은 머리는 마구 흐트러지고 맨발에 누더기 옷을 걸쳤으며 얼굴은 땀으로 얼룩져 꾀죄죄한 모습이었다. 이런 소년이 갑자기 천자로 옹립되어 적미군의 장졸들이 모두 신하의 예로 배례를 올리자 유분자는 벌벌 떨며 울음을 터뜨리려 하였다. 이때가 바로 광무제 유수가 즉위식을 가진 때와 거의 같은 무렵이었다.

이보다 앞서 정월에 방망(方望)·궁림(弓林) 등이 안정공(安定公) 유영(劉嬰)을 천자로 세워 수천 명의 무리를 모았으나 경시제가 파견한 승상 이송의 군대에게 격파당한 사실이 있었다.

같은 해 4월 사천에서는 군벌 공손술이 성도(成都)에서 군사를 일으켜 황제라 칭하고 나라 이름을 '성(成)'이라 하니 이것은 한왕조의 부흥을 표방한 것이 아니고 새로운 왕조의 창건을 표방한 세력이었다.

당시 백성들이 한결같이 바란 것은 '질서 있는 사회'였다. 그들이 알고 있는 질서 있는 사회는 전한 왕조였으므로 전한의 시대로 되돌아가야 한다고 할 정도로 질서에 굶주려 있었다. 장안은 절망 상태에 빠져 있었다. 전한 후기 때 혼란을 왕망의 신정권이 바로 잡기를 기대하였으나 오히려 혼란만 가중시켰다. 왕망 정권을 무너뜨리고 환호 속에 장안에 입성한 경시제 정권 또한 백성들을 실망시키고 말았다. 이런 때 적미군이 소년 황제 유분자를 옹립하고 장안을 공략해 들어간 것이다.

적미군이 장안을 공격하자 경시제는 도저히 당해낼 수 없다고 판단하여 탈출, 고릉(高陵)으로 도망치고 고란과 장군들은 모두 적미군에 투항하였다. 일단 탈출했던 경시제도 얼마 후 장안으로 돌아와 적미군에 투항하고 장사왕에 봉해졌다.

장안에 입성한 적미군 또한 경시제 정권과 마찬가지로 통치 능력이 없어 무질서한 상황은 오히려 더 악화되었다. 경시제 정권의 무능으로 장안은 황폐화되어 있었으나 적미군은 황폐화된 장안을 부흥시키기보다는 오히려 수탈할 생각만 했다. 적미군 간부들은 고향으로 돌아가려는 산동의 병사들을 "장안으로 들어가면 무진장한 재물들이 그대들을 기다리고 있다."고 설득했으나 장안에는 가질만한 재물은 거의 바닥나 있었고 식량마저 걱정해야 할 형편이었다.

이듬해 정월이 되자 장안성 안의 식량은 완전히 떨어져버렸다. 적미군이 3개월 동안에 다 먹어치웠기 때문이었다. 자포자기의 상태에 빠진 적미군은 궁전이든 민가이든 가리지 않고 불을 지르고 서쪽으로 향하였다. 먹고 살기 위한 약탈 행위이었다.

경시제는 이보다 앞서 사록(謝祿)에 의해 죽임을 당하였다. 적미군의 소행이 너무나 혹독하였기 때문에 경시제에게 동정을 보내는 백성들이 있어 경시제를 살려 둘 경우 그를 옹립하려는 자들이 생길지도 모른다는 두려움 때문이었으나 이 같은 행위는 자멸 행위에 불과하였다.

적미군은 폭도화되어 서쪽으로 향했으나 농(隴)의 외효(隗囂) 군대에게 격퇴당하여 다시 동쪽으로 패주하였다. 기진맥진한 적미군은 굶주리고, 추위에 얼어 죽어 사망자가 거리를 메웠다. 그들은 다시 장안으로 들어왔으나 먹을 것이 아무것도 없었다. 눈이 뒤집힌 그들은 역대의 왕릉을 파헤치고 부장품을 꺼냈으나 이를 먹을 수는 없었다. 그들은 다시 동쪽으로 길을 재촉하였다.

이들 적미군의 잔당 10여 명만이 의양(하남성)을 향해 몰려오자 광무제 유수는 친히 군대를 거느리고 대전할 태세를 갖추고 있었다. 그러나 적미군의 간부 번숭은 그들이 옹립했던 유분자와 승상 서선을 거느리고 항복하였다. 광무제 유수는 휘하 군마를 한군데 모아 정렬시키고 항복한 적미군의 군신에게 보이면서 물었다.

"그대들은 행여 항복한 것을 후회하지나 않겠는가?"

승상 서선은 머리를 조아리면서 답하였다.

"저희들은 호구(虎口)를 벗어나 어머니의 품으로 돌아온다는 생각으로 항복하였습니다. 항복한 것을 매우 만족스럽게 생각할 뿐 조금도 후회하지 않습니다."

광무제는 감탄하며 말하였다.

"경이야말로 철중쟁쟁(鐵中錚錚)\*이요, 용중교교(庸中佼佼)\*로다."

\* 철중쟁쟁(鐵中錚錚) : 같은 동아리 가운데 가장 뛰어난 사람
\* 용중교교(庸中佼佼) : 평범한 사람들 가운데서 우수한 사람

그리고는 항복한 사람 모두에게 낙양에 있는 전답과 가옥을 하사하고 유분자는 황제의 숙부인 조왕의 가신으로 삼았다. 이듬해 유분자가 실명하자 광무제는 형양 지방에 토지를 하사하여 평생 자유로운 생활을 할 수 있도록 보장해주었다.

일찍이 광무제 유수가 왕랑과의 싸움에서 왕랑을 압도할 수 있었던 것은 진정왕(眞定王) 유양(劉楊)을 자기 편으로 끌어들이는 데 성공하였기 때문이었다. 유양을 끌어들이는 조건으로 그는 유양의 처조카인 곽씨를 아내로 맞이하였다. 유수가 소년시절부터 그리워하던 절세의 미녀 음여화와 결혼한 것은 그로부터 일년 전의 일이었다. 그러나 광무제 유수는 제위에 오른 이듬해에 모반했다는 죄목으로 유양을 살해하였다. 한왕조의 부흥이라는 견지에서 본다면 준황족의 방계에 지나지 않는 유수보다도 떳떳

한 황족인 진정왕 유양 쪽이 훨씬 정통에 가까웠다. 그 위에 왕랑을 제압하는 데 절대적인 공헌을 한 일도 있고 해서 은근히 유양을 경계하고 있다가 적당한 기회를 보아 모반죄를 뒤집어씌워 주살했던 것이다.

적미군에서 항복한 간부 번숭·봉안도 일단 사면하였다가 그 후에 모반죄를 적용하여 주살하였고 오직 서선만이 목숨을 보전하였다. 번숭·봉안은 위험 인물로 여겨졌기 때문이었다. 온화한 인정과 정도를 앞세우는 광무제 유수도 천하를 다스릴 때는 경계해야 할 인물을 철저히 배격하는 일면도 갖고 있었던 것이다.

적미군을 평정한 후 남은 것은 농(감숙성)의 외효와 촉(사천)의 공손술을 평정하는 일이었다.

건무 8년(31) 광무제는 농을 공략하고 있는 잠팽(岑彭)에게 편지를 보내 다음과 같이 술회하였다.

"사람은 만족할 줄을 모르기 때문에 괴로워한다. 농을 평정하면 다시 촉 땅을 바라볼 것이다. 한 번 군사를 출진시킬 때마다 내 머리의 흰털이 자꾸 늘어만 간다."

광무제는 이 편지에서 원정군을 보낼 때마다 자신의 흰머리가 늘어난다고 말하고 있다. 이 말은 원정군의 노고를 생각하면 자신도 괴롭다는 뜻이 포함되어 있다. 인간의 욕망이란 한이 없는 것이어서 농을 평정하면 다시 촉을 바랄 것이라 하여 자신도 일개 인간으로서의 번뇌가 있음을 고백하고 있다. '득롱망촉(得隴望蜀)'이란 고사성어는 여기서 유래한 말이다.

잠팽은 원래 완성의 싸움에서 항복한 왕망의 관료였으나 광무제는 그를 중용하였다. 건무 9년 외효는 병사하고 이듬해 그의 아들 외순이 항복함으로써 농은 평정되었다.

**마원** 마원은 쌀로 농과 촉의 지형도를 만들었다.

외효는 경시 원년에 군사를 일으켜 건무 초년까지 천수군에서 자칭 서주(西州) 상장군이라 일컫던 자였다. 그는 어느 날 마원(馬援)을 성도에 보내 공손술의 사람됨을 살펴보고 오라고 하였다. 마원은 원래 공손술과 잘 아는 사이였으므로 '공손술은 나를 보면 옛날과 같이 반가이 맞으며 기뻐할 것이다.'라는 기대를 가지고 그를 찾아갔다.

그러나 마원을 맞이하는 공손술은 아주 다른 사람으로 변해 있었다. 그는 뜰 좌우에 어마어마한 호위병을 벌여 세우고 마원을 인견하였다. 마원은 그들 수행원들에게 말하였다.

"지금 천하에는 수많은 영웅이 있어 자웅을 겨루고 있는 이때에 공손술은 겸양의 덕으로 국사를 맞이할 줄 모르고 쓸데없는 외관만을 꾸미려 하니 이래서야 어떻게 천하의 명사들을 오래 머물게 할 수 있겠는가?"

그리고는 서둘러 돌아오고 말았다. 마원은 외효에게 다음과 같이 보고하였다.

"자양(子陽, 공손술의 자)은 우물 안의 개구리입니다. 무턱대고 자신을 높이려고만 하니 상대할 인물이 못 됩니다. 낙양의 광무제 유수에게로 마음을 돌리는 것이 좋을 듯합니다."

외효는 마원의 의견을 받아들여 마원에게 친서를 휴대하고 낙양에 나아가 광무제에게 바치도록 하였다.

마원은 낙양에 나아가 궁궐 문에서 잠시 기다리다가 궁중으로 들어갔다. 광무제는 선덕전(宣德殿) 회랑 아래에서 관도 쓰지 않고 두건만을 쓴 수수한 모습에 웃음띤 얼굴로 마원을 반갑게 맞이하면서 말하였다.

"경이 외효·공손술 두 사람 사이를 왕래하면서 유세객 노릇을 하고 있다는 말을 들었는데, 이제 경의 당당한 모습을 보게 되니 반갑구료."

마원은 머리를 조아리면서 말하였다.

"지금의 형세는 임금될 사람이 신하될 사람을 고를 뿐만 아니라 신하될 자도 또한 임금될 사람을 골라 섬겨야 할 때입니다. 신은 원래 공손술과 동향 출신으로 어려서부터 친한 사이였으나 전번에 공손술을 만나기 위해 촉 땅으로 갔었던 바 공손술은 뜰 좌우에 어마어마한 호위병을 벌여 세운 가운데 신을 접견하였습니다. 그런데 이제 전혀 면식이 없는 신이 멀리서 와 배알을 청했는데도 폐하께서는 어떻게 제가 자객이나 간사한 무리가 아니라는 것을 아시고 손쉽게 만나주셨습니까?"

광무제는 싱긋 웃으면서 답하였다.

"그대는 자객이 아니고 유세객이기 때문이오."

마원이 정중하게 말하였다.

"천하가 어지러우매 사람들은 배반하기를 밥먹듯 하고 제왕을 자칭한 자들이 헤아릴 수 없이 많지만 지금 폐하를 대하고 보니 도량의 넓으심이 고조와 비슷한 줄로 아옵니다. 신은 비로소 제왕에게는 선천적으로 보통 사람이 따를 수 없는 덕을 갖추고 있음을 알았습니다."

마원이 돌아오자 외효가 물었다.

"동쪽 광무제의 사람됨은 어떻습디까?"

"광무제는 재질이 총명하고 무용이 뛰어날 뿐 아니라 지략에도 뛰어나 감히 세상 사람들이 따를 바가 아닙니다. 도량이 넓고

기우(氣宇) 광대한 점은 고조와 비슷하다고 생각되었습니다. 그
뿐 아니라 경학(經學)에도 뛰어나 널리 군서를 섭렵하여 정치에
정통하고 말솜씨 또한 막힘이 없으니 고금을 통하여 일찍이 비교
할 인물이 없습니다."

"경은 광무제를 침이 마르도록 칭찬하고 있는데 그렇다면 고
조보다도 낫단 말씀이오?"

마원이 대답하였다.

"고조보다 낫다 못하다 비평을 할 수는 없습니다만, 광무제
는 정무에 열중하고 일거수일투족이 법도에 어긋나는 일이 없습
니다. 술도 즐기지 않는 아주 근엄한 장자임에 틀림없습니다."

마원의 말을 들은 외효는 마음속으로 별로 좋아하는 눈치가
아니었다.

"경의 이야기를 듣고 보니 광무제가 고조보다 나은 것처럼
생각되는구료."

얼마 후 외효는 그의 장자 외순을 광무제에게 인질로 보내고
귀순하였으나 얼마 안 가서 배반하였다.

마원이 광무제의 행재소에 나아
가 알현을 청하였다.* 광
무제는 재차 마원에게 외
효를 설득하여 귀순시키
도록 하고 광무제 또한 친
히 간절한 내용의 서한을 보
냈으나 외효는 끝내 듣지 않
고 공손술에게 귀순하여 그의
신하가 되었다. 공손술은 크게

* 외효가 광무제에게
반기를 들었기 때문에
광무제는 낙양을 떠나
서쪽으로 향했다.

**청동 부거** 감숙성 무
위현에서 발견한 거마
행렬의 한 부분으로
묘주가 장군이었음을
나타낸다. 《후한서》
〈여복지〉에는 현령 이
상의 거마 행렬에 부
거를 가한다고 기록되
어 있다. 부거는 임금
이 거동할 때 여벌로
따라가던 수레를 일컫
는다.

기뻐하여 외효를 삭녕왕(朔寧王)에 봉하고 크게 우대하였다. 사태가 이에 이르자 광무제는 부득이 외효와 공손술을 토벌하기로 하였다. 이때 마원은 광무제 앞에 나와 쌀로 농과 촉의 지형도를 만들어 산과 골짜기를 가리키면서 일일히 진격로를 설명하였다. 광무제는 "이제 오랑캐는 내 손바닥 안에 있는 것처럼 훤히 들여다 볼 수 있게 되었다."며 기뻐하였다. 한군이 진격하자 외효는 서성(西城, 익주)으로 도망쳤지만 병고와 굶주림에 못이겨 죽고 그의 아들 외순이 항복함으로써 농 지방은 완전히 평정되었다.

광무제는 대사마 오한(吳漢)을 장수로 삼아 먼저 파견되었던 정남 대장군 잠팽의 부대와 합류하여 공손술을 토벌하도록 하였다. 이때 잠팽은 형문(荊門, 호북성)의 산 밑에서 전선 수십 척을 정비하여 수상 공격을 시도하려 하였고, 오한은 이를 반대하였다. 오한이 반대하는 이유는 배로 공격할 경우 조졸(漕卒)*이 많아 식량이 많이 필요하다는 이유였다. 두 장수의 의견이 엇갈리자 오한은 광무제에게 글을 올려 그 지시에 따르기로 결정하였다. 광무제는 잠팽에게 다음과 같은 지시를 내렸다.

* 배를 젓는 군사

"대사마는 보병 · 기병으로 싸우는 육전에는 익숙하지만, 수전에는 익숙하지 못하다. 형문의 공격에 대하여는 정남공(征南公, 잠팽)에게 일임하는 것이 좋으리라 생각한다."

이에 잠팽은 전선을 이끌고 진군하여 가는 곳마다 무인지경처럼 공격해 들어가니 공손술의 군대는 크게 동요되어 물에 빠져 죽는 자가 수천 명에 이르렀다. 잠팽은 다시 진격을 계속하여 강관(江關)에 상륙하여 전군에게 노략질을 절대 금하라는 명령을 내렸다. 공손술은 이를 보고 잠팽을 크게 두려워하여 자객을 망명자로 위장시켜 밤중에 잠팽을 암살하였다. 그러나 잠시 후 오한이 육로로 진격해 들어와 잠팽의 군대와 합류하여 성도를 공격, 함락하고 공손술을 주살하였다. 이로써 천하는 모두 평정되어 질서와 평화를 향한 후한 왕조의 힘찬 행진이 시작되었다.


## 광무제의 내치

* 고조묘(高祖廟) : 한 고조 유방을 제사 지내 는 사당

광무제는 낙양을 수도로 정하고 건무 2년(26) 고조묘(高祖廟)*를 세움으로써 자신의 창업이 한왕조 부흥이라는 사실을 명백히 하였다. 광무제의 정책은 기본적으로는 전한의 제도를 계승한 것이었으나 완전히 일치하는 것은 아니었다. 우선 수도가 장안에서 낙양으로 옮겨졌다는 사실만으로도 새로운 인상을 주는 것이라 하겠다.

광무제가 낙양을 수도로 정한 것은 장안이 적미군에 의해 초토화되어 황제로서 거처할 만한 곳이 없었기 때문만은 아니었다. 남양 출신의 광무제는 낙양이 자기 출신지와 가까워 보다 친숙하게 느껴졌고, 그의 창업을 도운 개국 원훈들도 대부분 남양 출신이었기 때문에 낙양을 수도로 정했던 것이다.

전한 후기의 정치적 혼란에 이어 왕망 정권의 무질서와 부패, 오랜 전란 속에서도 목숨을 부지하여 살아남은 백성들은 기아에 허덕여 뼈와 가죽만 남아 있었다. 이에 먹을 것을 찾는 비참한 소리가 거리를 메웠다. 이 광경을 직접 보기도 하고 경험한 적이 있는 광무제는 이렇게 명하였다.

"이 이상 백성들로부터 세금을 짜내는 것은 불가능하다."

**현재의 낙양** 동한 역사의 주요 무대였던 낙양의 현재 모습

역대 제왕들이 취해온 '닭을 잡아 달걀을 꺼내는' 방법으로는 본전도 이자도 없어진다는 것을 절실히 느낀 것이다.

"거둬들이기 위해서는 먼저 씨를 뿌려야 한다."

광무제는 이런 방침 아래 백성들의 살길을 열어주고 민심을 수습하려 하였다.

광무제는 전한 문제 때 실시했던 1/30세(稅) 제도를 부활시켜 세금을 가볍게 하고, 군사 제도도 소수 정예화 원칙에 따라 장병의 수를 대폭 감원하여 생산 활동에 종사하도록 하였다. 또한 행정 구역을 통폐합해 관리들을 정리하고 고아·노인·빈곤자에 대해서는 구제 사업을 적극적으로 전개하며 혼란했던 화폐 제도를 개혁하였다.

요컨대 광무제의 새 왕조는 '혼란 상태를 정상으로 회복시킨다.'는 일련의 정책을 펴나갔다. 백성들은 휴식을 취하면서 생업에 열중하게 되어 사회 경제가 차츰 활기를 띠기 시작하였다.

천하의 통일과 후한 왕조의 창업에는 많은 공신과 장군들의 노고가 있었다. 광무제 유수는 개국 공신들에게 높은 지위를 줄 경우 나중에 황제의 권력이 위협받게 된다는 사실을 역사를 통하여 실감하고 있었다. 그는 한고조 유방이 공신들에게 취했던 '사나운 토끼가 다 잡히니 사나운 사냥개는 삶아 죽인다.'는 강경책을 버리고, 공신들을 회유하는 정책으로 그들의 생명과 재산을 보호하려 하였다. 이런 정책 아래 공신 365인과 외척 45인에게 각각 서열에 해당하는 토지와 식읍을 하사하고 후한 상을 내려 그들의 공로와 무훈을 표창하였다. 그리고 각각 봉지로 돌아가 부귀 영화를 누리도록 하고, 다시는 조정에 들어와 정사에 참여하지 못하도록 하였다.

광무제의 이 같은 정책이 주효하여 후한 초기의 지배 계급 사이에는 아무런 내부 혼란이 없었고 정국도 상대적으로 안정되었다. 광무제의 정책은 자신의 권력을 공고히 했을 뿐 아니라 공신들을 희생시키지 않는 보기 드문 황제로서의 미명을 얻기에 부족함이 없었다.

대외 정책에 있어서도 역대 제왕들이 취해오던 무력 위주의 정책을 지양하고, 중원과 국내의 실정에 입각하여 자신의 강대화를 꾀하는 회유책을 썼다. 이에 따라 후한 왕조의 사회 경제는 급속히 발전하고 정치적 안정과 국가의 부강이 이룩됨으로써 변방의 이민족과 외국 사신들이 줄을 이어 수도 낙양에 몰려 들어와 천자를 알현하고 우호의 축배를 들었다.

천하를 평정하고 질서가 서서히 회복되기 시작하자 광무제는 꿈에 그리던 고향 남양에 거동하여 잔치를 벌이고 일가 친척들을 모두 초대하였다. 금의환향의 축배를 기울이며 흥이 무르익자 동년배의 아주머니들이 지난날의 회고담을 털어놓았다.

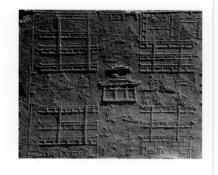

"문숙(文叔, 광무제의 자)께서는 어려서 부터 유순하여 농담할 줄도 모르고 점잖만 빼는 샌님이었습니다. 그렇게 점잖던 사람 이 황제가 될 줄은 꿈에도 생각지 못했습니 다. 정말 장하십니다."

이 말을 들은 광무제는 만면에 웃음을 띠면서 "그렇습니다. 천하를 다스려 나가는 데도 또한 유순한 도를 택할 것입니다."라고 하여 한바탕 웃음꽃 을 피웠다고 한다.

**불비는 시가지**

## 조강지처는 내칠 수 없다

광무제는 뇌물받은 죄를 절대 용서하지 않았다. 일찍이 대사도* 구양흡(歐陽歙)이 뇌물을 받은 죄로 하옥된 일이 있었다. 구양흡 은 이름난 학자로서 그의 제자가 수천 명에 이르렀다. 구양흡이 하옥되었다는 소문을 들은 수천 명의 제자들이 궁문에 몰려와 구 명 운동을 벌였으나 광무제는 끝내 이를 용서하지 않았다. 마침내 구양흡은 옥사하고 말았다.

광무제가 끔찍이 아끼는 신하 가운데는 송홍(宋弘)을 비롯 하여 신중하고 근후한 인물들이 많았다. 광무제의 누이 가운데 호 양 공주(湖陽公主)라는 미망인이 있었는데 그녀는 은근히 송홍 에게 호의를 가지고 있었다.

"송홍의 위풍당당한 용모와 덕에 넘치는 기품은 감히 다른

* 대사도 : 호구·전 토·재화·교육 담당

사람들이 따르지 못할 것입니다."

그녀는 항시 이렇게 말하며 송홍을 은근히 흠모하고 있었다. 광무제는 이 같은 누이의 심정을 알아차리고 송홍에게 넌지시 이야기할 기회를 찾고 있었다. 어느 날 송홍이 입궐하여 광무제를 알현하자 광무제는 호양 공주를 병풍 뒤에 숨겨 놓고 넌지시 송홍의 의사를 떠보았다.

"사람이 부자가 되면 친구를 바꾸려 하고, 귀하게 되면 아내를 바꾸려 한다는 속담이 있는데 인정이란 과연 이런 것일까?"

송홍은 근엄한 표정을 지으면서 말하였다.

"소신의 어리석은 생각으로는 가난할 때 사귄 친구는 잊어서는 안 되며, 구차하고 천할 때 고생을 같이 하던 아내는 절대로 내쳐서는 안 된다고 생각합니다."

송홍의 굽힐 줄 모르는 태도에 감동한 광무제는 살짝 공주를 돌아보면서 말하였다.

"도저히 안 되겠습니다. 단념하는 수밖에 없습니다."

'빈천지교(貧賤之交)는 불가망(不可忘)이요, 조강지처(糟糠之妻)는 불하당(不下堂)'이라는 말은 여기서 유래한 말이다.

어느 날 호양 공주의 몸종이 살인을 하고 호양 공주 집에 은신해 있었다. 포졸이 호양 공주 집에 이르러 범인의 인도를 요구하자 호양 공주가 이를 거부하였다. 낙양 태수 동선(董宣)은 공주가 외출하는 틈을 노리고 있다가 공주와 함께 수레를 타고 나오는 살인범 몸종을 발견하고 꾸짖었다.

"이런 못된 놈이 있나. 당장 내려오지 못하겠느냐."

그를 수레에서 끌어내려 때려 죽이자 공주가 이 사실을 광무제에게 호소하였다. 광무제는 크게 노하여 당장 동선을 불러들여 장살(杖殺)*하려 하였다.

　그러자 동선은 이렇게 말하였다.

　"종이 살인을 했는데도 눈감아준다면 어떻게 천하를 다스릴 수가 있겠습니까? 신은 폐하의 매를 기다리기 전에 먼저 죽을 것이오니 허락하여 주십시오."

　그리고는 기둥에 머리를 마구 찧자 내뿜는 붉은 피로 얼굴이 붉게 물들었다. 광무제는 내시에게 명하여 동선의 몸뚱이를 억누르게 하고 머리를 조아려 공주에게 사죄하도록 하였다. 그러나 동선은 막무가내로 두 손을 땅바닥에 대고 버티면서 끝내 사죄하지 않았다. 광무제는 동선의 강직함에 새삼 놀라고 감탄하지 않을 수 없었다. 광무제는 마침내 명령을 내렸다.

　"고집쟁이 동선아, 그만 물러가라!"

　광무제는 동선에게 30만 전(錢)의 상금을 내려 그의 강직함을 찬양하였다. 동선은 이 30만 전을 모두 부하 직원에게 나누어 주었다.

　당시의 주목(州牧)*, 군수, 현령 등의 지방 장관에게는 우수한 인물이 많았다.

**동거울** 날개가 달린 선인이 말을 타고 있는 모습이 새겨져 있는 동제 거울

　유곤(劉昆)은 강릉 현령으로 있었는데 어느 날 관내에서 화재가 발생하였다. 유곤이 걷잡을 수 없이 타오르는 불길을 향하여 머리를 조아리면서 "저의 부덕함을 천지신명에게 사죄합니다."라고 말하자 갑자기 바람의 방향이 바뀌면서 불이 저절로 꺼졌다는 것이다. 그 후 그는 홍농군(弘農郡) 태수로 승진하였다. 이곳은

53

**요전수** 돈을 만들어내는 나무로 부에 대한 사람들의 염원을 나타낸다.

* 호환(虎患) : 범이 사람이나 가축을 해치는 일
* 처사(處士) : 학식·덕행이 있는 자로서 벼슬하지 않고 시골에 묻혀 사는 선비

예로부터 호환(虎患)\*이 많은 곳이 었는데 유곤이 산림을 잘 관리해서 범이 모두 새끼를 업고 황하를 건너 북쪽으로 옮겨가 호환이 사라졌다. 이 보고를 받은 광무제가 물었다.

"그대는 어떤 덕을 베풀었기에 그 같은 치적을 올렸는고?"

유곤은 답하였다.

"신은 별로 한 일이 없습니다. 우연히 이루어진 일이옵니다."

광무제는 웃음을 띠면서 유곤을 칭찬하였다.

"이야말로 덕이 있는 자의 말이로다. 이 말을 기록하여 청사에 길이 빛내도록 하라."

광무제는 기풍이 높고 절조가 있는 고결한 인사를 우대하였다. 처사(處士)\* 엄광(嚴光)은 어렸을 때 광무제와 동문수학한 죽마지우였다. 광무제가 즉위하자 엄광은 성명을 바꾸고 몸을 숨겨 나타나지 않았다. 광무제는 엄광의 현명함을 사모하여 그의 초상화를 여러 장 그려 전국에 수배하였다. 얼마 후 제나라에서 보고가 올라왔다.

"초상화와 비슷한 어떤 남자가 양의 갖옷을 입은채 연못에서 낚시질을 하고 있습니다."

보고를 받은 광무제는 크게 기뻐하였다.

"그 사람이야말로 내 친구 엄광임에 틀림없을 것이다!"

이에 수레와 후한 폐백을 갖추어 사신을 보내 불러오도록 하였다. 엄광은 사신이 세 차례나 거듭 왕복한 후에야 비로소 초빙에 응하였다. 광무제는 엄광이 올라왔다는 말을 듣고 즉시 수레를 몰아 엄광이 머물고 있는 객관으로 찾아갔다. 그러나 엄광의 태도는 전연 예상밖이었다. 광무제가 왔다는 말을 듣고도 엄광은 누운채 일어나지 않았다. 광무제는 엄광이 누워 있는 곳으로 다가가 그의 배를 어루만졌다.

"이 사람 엄광이, 나를 도와주지 않을텐가. 서로 돕는 게 의리가 아니겠는가?"

엄광은 눈을 크게 부릅뜨고 광무제를 노려보았다.

"자네는 옛날 요임금 때 소부(巢父)가 귀를 씻었다는 고사를 들어보지도 못했는가? 선비에게는 굽힐 줄 모르는 뜻이 있는 것일세. 나를 귀찮게 하지 말아 주게."

광무제는 이렇게 탄식하며 수레를 타고 돌아갔다.

"이 사람 엄광이, 내가 끝내 자네의 고집을 꺾지 못하다니!"

며칠 후 광무제는 다시 엄광을 만나 옛 친구들의 이야기를 나누며 나란히 누워 하룻밤을 함께 지내게 되었다. 이때 엄광은 슬그머니 그의 다리를 광무제의 배 위에 올려놓았다. 다음날 아침 태사(太史)*가 급히 아뢰었다.

"어젯밤 천상을 관찰하옵던바 객성(客星)*이 어좌(御座)*를 매우 가까이 범하였사온데 옥체무양하시옵니까?"

광무제가 웃으며 말하였다.

"별일 없었소. 내 친구 엄광과 함께 잤을 뿐이오."

* 태사(太史) : 천문을 관찰하는 관리
* 객성(客星) : 엄광의 별
* 어좌(御座) : 임금의 자리

광무제는 엄광을 간의대부(諫議大夫)*에 제수하였으나 엄광은 그의 뜻을 굽히지 않고 집으로 돌아가 농사와 낚시질로 세월을 보내다가 얼마 후 부춘산에 들어가 은서 생활로 일생을 마쳤다. 한나라 때 청절(淸節)의 선비가 많이 나온 것은 엄광의 이 같은 뜻을 본받은 데서 연유한 것이었다.

광무제는 천하가 아직 완전히 평정되기 전부터 문덕(文德)의 정치를 구상하고 있었다. 황제의 위에 오르자마자 그는 제일 먼저 대학을 창건하고 고전을 강론하여 이를 본받고, 문란해진 예의와 음악을 정리하였다. 그의 만년에는 명당*, 영대(靈臺)*, 벽옹(辟雍)* 등을 지었다.

* 명당 : 천자가 정사
를 보살피고 상제에게
제사를 올리는 곳
* 영대(靈臺) : 천문을
관찰하고 길흉을 살피며
때로 잔치를 여는 곳
* 벽옹(辟雍) : 천자가
학습하는 궁

이로 말미암아 예악·제도·전장(典章)이 정비되어 후세에 자랑할 만한 문물의 꽃이 찬란히 피어올랐다.

광무제는 아침 일찍부터 조정에 나아가 정사를 보살피고 해가 기울 무렵에야 물러나왔다. 이후에는 다시 삼공·구경·오중랑장(五中郞將) 등 문무 중신들을 모아 국가 통치의 대도를 강론하고 자정 무렵이 되어서야 침소에 드는 것이 보통이었다.

어느 날 황태자가 기회를 보아 간하였다.

"폐하께서는 우왕과 탕왕처럼 높은 덕은 갖추고 계시오나 황공하옵게도 황제와 노자처럼 양생(養生)*의 도를 잊고 계신 듯하옵니다. 마음을 편안히 하시고 때로는 즐겁게 노니시는 것이 어떻겠습니까?"

광무제는 웃으며 말하였다.

"나는 이렇게 하는 것이 가장 즐거운 일이니 결코 피로하지 않다. 걱정할 일이 아니니라."

광무제는 중원(中元) 2년(57) 63세를 일기로 영면하였다. 그는 뼈와 살을 깎는 비상한 노력으로 천하를 평정하고 천하를 다스렸다. 28세에 군사를 일으켜 31세 때 황제의 위에 올랐으며 연호는 건무 · 중원 등 2회에 걸쳐 개원(改元)하였다. 황태자가 그의 뒤를 이어 즉위하니 이 이가 효명 황제이다.

## 음황후와 곽황후

효명 황제의 아명은 양(陽)이고 어머니는 음씨(陰氏)이다. 광무제가 소년 시절에 "벼슬을 한다면 집금오, 장가를 든다면 음여화"라고 입버릇처럼 되뇌었다는 말은 앞에서 말한 바 있다. 효명 황제의 어머니 음씨가 바로 음여화이다. 광무제는 음여화와 결혼한 이듬해 왕랑의 세력을 분쇄하기 위하여 하북의 호족 진정왕 유양을 자기 편으로 끌어들이는 정치적 조건하에 유양의 처조카 곽성통과도 결혼하였다.

그 후 제장들의 권유에 의해 황제의 위에 오른 광무제는 일단 황후를 세워야 할 입장에 놓였다. 그런데 정작 황후로 세워진 것은 음여화가 아니고, 나중에 결혼한 곽성통이었다. 《후한서(後漢書)》에 의하면 광무제는 음여화를 황후로 세우려 하였으나 그녀가 굳이 사양하였으며, 그녀가 사양한 까닭은 이때 이미 곽성통에게는 강(疆)이라는 황자가 태어났기 때문이었다고 기록하고 있다. 음여화가 황자를 낳은 것은 그로부터 2년 후인 건무 4년으로 이름을 양(陽)이라 불렀다.

양이 태어나던 해에 광무제는 팽총(彭寵)이라는 반란 집단을 토벌하기 위해 하북성 석가장시의 남쪽 원씨현까지 출정하였는데 이때 음여화를 동반하였다. 이 같은 사실은 광무제가 그녀를 끔찍이 사랑한다는 증거이기도 한 것이다.

그로부터 곽황후는 사랑을 빼앗긴 것을 몹시 원망하여 황후로서의 품위를 잃는 행동을 많이 했다. 이로 인하여 건무 17년(41)에 광무제는 마침내 곽황후를 폐하고 음여화를 황후의 자리에 올렸다. 그해가 바로 광무제가 그의 고향인 남양에 거동하여 일가 친척을 모아 잔치를 벌이고 동년배의 아주머니들과 담소를 나누며 축배를 들던 해이다. 광무제의 이 같은 거동에는 황후의 폐립 문제와 관련하여 고향의 일가 친척들에게 양해를 구하기 위한 배려였음이 아니었을까 하는 생각을 가지게 한다.

광무제도 황후 폐립 문제로 양심의 가책을 받았음인지 다음과 같은 내용의 조서를 내렸다.

"이번의 황후 폐립은 부득이한 일로 축하할 일이 아니니 경하하는 예를 행하지 말라."

또 곽황후가 낳은 둘째 아들 유보(劉輔)를 우익공(右翊公)에서 중산왕으로 승진시키는 등 곽황후의 상처를 무마하는 데 무척 신경을 썼다.

황후의 폐립 문제에 뒤따르는 것은 당연히 황태자의 폐립 문제였다. 2년 후 곽황후가 낳은 황태자 유강은 황태자의 자리에서 사퇴하였다. 분하고 원통하였음은 당연한 일이다. 황태자가 사퇴하였으므로 음여화가 낳은 유양이 새로 황태자로 세워지고 이름도 장(莊)으로 고쳤다.

2대 황제 명제의 황후는 마원의 딸 마황후였다. 곽성통·음여화는 초대 황제 광무제의 황후로서 그 이름이 전해지고 있으나

낙양성의 야경

마황후의 이름은 별로 알려지지 않고, 다만 '마황후, 이름은 모(某)'로 역사서에 기록되어 있을 뿐이다. 이 같은 사실은 마황후가 정치적 야망이 없는 소극적인 여성으로 외척의 현달을 달갑지 않게 여기는 입장을 취했기 때문으로 보아진다. 그 한 가지 예로 효명 황제 영평 3년에 후한 왕조의 창업에 큰 공을 세운 원훈 공신 28명의 초상을 남궁(南宮)의 운대(雲臺)에 걸어 그들의 공적을 길이 기념하기로 하였다.

그 서열을 보면 첫째가 등우, 그 다음이 마성, 오한의 순으로 되어 있는데 이 서열에 당연히 올라야 할 마원만은 황후의 아버지라는 이유로 제외되었다. 마황후는 자신의 일족들이 높은 관직에 오르는 것을 경계하기 위하여 사전에 이 같은 조치를 취하도록 배려하였다.

효명 황제는 마음이 편협하고 좀스러워 사람들의 이목이 잘 미치지 않는 비밀을 적발하여 이를 폭로하기를 좋아하였다. 그리고는 자랑스러운 듯 측근들에게 말하였다.

"나야말로 영민한 임금이 아니겠는가?"

어느 날 상서랑(尙書郞) 약숭(藥崧)이라는 환관이 황제의 심기를 상하게 한 일이 있었다. 효명 황제는 곤장(棍杖)으로 약숭의 몸뚱이를 마구 찔러댔다. 고통에 견디지 못한 약숭이 도망쳐 마루 밑으로 들어가 숨자 황제는 크게 노하여 고함을 질렀다.

"상서랑 이놈, 당장 나오지 못할까? 당장 나오너라!"

약숭은 마루 밑에 숨은 채 아뢰었다.

"천자는 목목(穆穆)*해야 하고, 제후는 황황(皇皇)*해야 한다고 들은 적은 있사오나, 황제께오서 친히 상서랑 따위 관리에게 손짓을 한다는 말은 일찍이 들어본 적이 없습니다."

* 목목(穆穆) : 생각이 깊고 원대함
* 황황(皇皇) : 생각을 깊이하고 행동을 조심함

효명 황제는 이 말을 듣고 약승을 용서하였다.

효명 황제는 재위 18년, 48세에 죽고 태자 훤(煊)이 즉위하니 이 이가 효장(孝章) 황제이다.

## 반초의 서역 개척

후한 시대에 이르러 그동안 방치되었던 서역에 원정군을 파견하였다. 2대 효명 황제 영평 16년(73)에 왕망의 난 이래 65년 동안이나 단절되었던 서역에 다시 한나라의 모습을 드러냈다. 반초(班超)가 서역에 출정한 것은 바로 이 해이다. 그 이듬해에 후한에서는 서역 도호와 무기 교위를 부활시켰다. 전한 선제 때 서역 도호를 두었으며, 원제 때 무기 교위라는 비상주(非常駐) 통치자를 두어 서역과 교류하였다. 그러나 왕망의 난 이래 교류가 단절되어 있었다.

반초는 《한서(漢書)》의 저자로 유명한 사학자 반고(班固)의 동생이다. 그는 어려서부터 무척 책을 좋아하였다. 한때 조정의 난대 영사(蘭臺令史)라는 관직에 근무한 적이 있었는데 난대는 황제의 도서관이고 영사는 난대의 서적을 취급하는 관직이니 지금의 도서관장에 해당하는 자리였다. 반초는 학식이 풍부하고 포부 또한 컸다. 소년 시절부터 제2의 장건을 꿈꾸어 이역(외국)에서 큰 공을 세워보겠다는 야망을 불태우고 있었다.

영평 16년(73) 어느 날 반초는 열심히 글을 쓰고 있다가, '흉노가 자주 변경에 침범하여 주민을 살상하는 바람에 가곡관(嘉山

谷關)의 성문을 밤낮없이 폐쇄하고 있다.'는 소문을 들었다. 반초는 분연히 일어나 붓을 집어던지고 스스로 무장을 갖추어 원정군에 가담하였다. 이것이 투필종군(投筆從軍)이라는 고사성어의 유래이다.

《후한서(後漢書)》〈반초전〉에 의하면 그는 항시 말하였다.

"대장부로 태어나 마땅히 장건을 본받아 이역에 공을 세워 봉후의 자리에 오르는 것이 떳떳한 일이거늘, 어찌 편안히 집에 앉아 필연(筆硯)을 벗하는 것만으로 일을 삼겠는가?"

이때 원정군의 사령관은 두고(竇固)였다. 두고는 반초를 가사마(假司馬, 부사마)로 삼아 서역의 사자로 파견하였다. 반초는 수행원 36명을 거느리고 먼저 선선국에 도착하였다. 선선국의 왕은 이들 일행을 맞아 극진히 대우하였으나 차츰 그 대우가 소홀해졌다. 당시 선선국은 사실상 흉노에게 복속되어 있었다. 반초는 선선국의 대우가 점점 소홀해지는 것은 틀림없이 흉노의 사자가

오리형 향로

와서 압력을 가하기 때문이라고 생각하였다. 만약 선선국이 흉노의 압력에 못 이겨 반초 일행을 붙잡아 흉노에게 넘길 경우 꼼짝없이 죽게 될 것이라고 판단한 반초는 급히 36명의 수행원을 모아놓고 다음과 같이 격려하였다.

"호랑이굴에 들어가지 않으면 호랑이 새끼를 잡을 수 없다는 속담이 있다. 지금 당장 흉노의 사자를 쳐죽이지 않으면 우리들의 생명이 위태로움은 물론, 서역 제국은 모두 흉노에게 빼앗기고 말 것이다."

그리고는 이들 수행원을 거느리고 밤중에 흉노의 사자들이 묵고 있는 숙소를 급습하여 사자와 종자 30여 명의 목을 베어버렸다. 이 광경을 본 선선국의 왕은 벌벌 떨며 한나라에 복종하겠다고 맹세하였다.

반초는 한나라의 위덕을 선선국의 왕에게 설명하고 다시는 흉노와 관계를 맺어서는 안 된다고 엄중히 경고하였다.

그 후 반초는 우전과 소륵을 평정한 데이어 서역 남도 제국을 모두 한의 세력권에 넣음으로써 왕망의 난 이래 두절되었던 서역과의 교통을 부활시켰다. 그해에 두고는 차사국을 정벌하고 귀국하였으며 진목(陳睦)은 도호, 경공은 무교위, 관감(關龍)은 기교위로 임명되어 서역 제국에 주둔하였다.

반초

영평 18년(75) 북흉노가 무교위 경공을 공략하였는데 그 과정은 다음과 같다. 일찍이 2대 효명 황제가 즉위한 다음해 남선우비(比)가 죽고, 그의 동생 막(莫)이 뒤를 잇게 되자 효명 황제는 사절을 보내 남선우의 인수를 막에게 주었다. 그 후 영평 5년 북흉노가 오원 운중(五原雲中) 지방을 침략하였을 때 남선우는 북흉노를 격퇴하였다. 그러나 영평 5년 한에서는 북흉노에 사절을 보내 친교를 맺었다. 남선우는 이에 불만을 품고 은밀히 사자를 북흉노에게 보내 함께 힘을 합쳐 한나라와 절교하기로 하였던 것이다.

우리는 여기서 흉노가 분열하게 된 경위를 알아볼 필요가 있다. 일찍이 전한 시대 흉노에서는 묵특 선우라는 영걸이 나타나

**〈돈황유서(敦煌遺書)〉**
돈황 막고굴에서 발견된 두루마리로 매우 귀중한 유물이다.

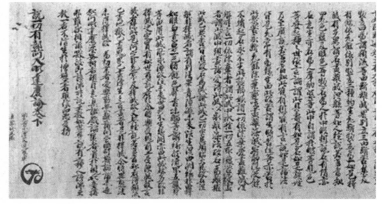

강력한 흉노 대제국을 건설하여 크게 한나라를 괴롭혔다. 얼마 후
그 세력이 분열되었다가 한동안 다시 통일을 이루었다. 그러다가
후한 광무 황제 재위 후반기에 이르러 다시 남흉노와 북흉노로 분
열되었다.

이렇게 두 세력으로 분열된 것은 당시 흉노의 효선우(孝單
于)가 지금까지 지켜오던 형제 상속 제도를 무시하고, 선우의 자
리를 자신의 아들에게 물려주기 위하여 그의 동생 지아사(知牙
師)를 죽였기 때문이다. 효선우의 조카 일축왕(日逐王) 비(比)가
이에 반발하여 독립된 정권을 세워 효선우와 대항하게 되었는데
일축왕의 정권을 남흉노, 효선우의 정권을 북흉노라 불렀다.

한나라 조정은 남흉노와 북흉노의 이 같은 움직임에 대비하
여 도료 장군(度遼將軍)을 오원에 배치하고 그들의 공격을 주시
하고 있었다. 그 후 영평 13년 한나라가 북흉노를 공격하자 북흉
노 또한 한의 변방을 침입하였다. 영평 18년에 이르러 북흉노는
차사국(車師國)과 연합하여 유중성(柳中城)의 무기 교위를 포위
하고, 구자(龜茲)와 언기(焉耆)는 서역 도호 진목을 공격하여 죽

였다. 이 싸움에서 기교위 관감은 전사하고 무교위 경공만이 살아남았다. 경공이 살아남게 된 것은 그의 뛰어나고 침착한 전략 때문이었다. 경공은 화살에 독약을 발라 흉노에게 쏘아대면서 큰소리로 외쳤다.

"우리 한군의 화살은 신(神)과 같다. 한번 맞아봐라! 크게 놀라는 일이 있을 것이니 각오하라!"

흉노가 그 화살에 맞아 죽은 자를 조사해보니 과연 화살에 맞은 상처로부터 붉은 피가 멍울멍울 솟아오르고 있었다. 이에 크게 놀라고 당황하는 찰나 갑자기 폭풍우가 몰아쳤다. 경공은 이 틈을 노려 흉노를 습격하여 대파하였다. 흉노는 벌벌 떨며 "한나라 군대는 신과 같아 도저히 당할 수가 없다."라는 한마디 말을 남기고 성의 포위를 풀고 퇴각하였다.

이 무렵 반초 일행은 계속 서쪽으로 진출하여 소륵에 이르렀다. 소륵에 이르러 정보를 입수한 바에 의하면, '당시 소륵의 왕 도제(兜題)는 소륵 사람이 아니고, 구자왕이 먼저의 소륵왕을 죽인 후 자신의 측근을 보내 소륵왕으로 삼았다.'는 것이었다. 그래서 소륵 사람들은 모두 도제를 미워하고 있었지만 구자왕과 흉노가 두려워 꼼짝 못하는 실정이었다.

반초는 도제에게 면회를 요청하여 그의 일행 몇 사람과 함께 이야기를 나누다가 기회를 엿보아 도제를 체포하고 그의 죄상을 낱낱이 공표하였다. 그러자 소륵 사람들은 거국적으로 일어나 소륵 사람을 왕으로 세우고 반초를 대대적으로 환영하였다. 반초는 소륵 사람들에게 명하여 도제를 석방하여 구자국으로 보냈다. 그리고 구자왕에게 엄중히 경고하였다.

"대국의 힘만 믿고 소국을 업신여기는 일이 없도록 하라."

제3대 효장 황제는 서역에 대하여 소극 정책을 펼쳐 반초에게도 귀환 명령을 내렸다. 75년, 반초가 원정군에 가담하여 출정한 지 3년째 되는 해의 일이다. 당시 서역 남도는 모두 한나라 세력권에 있었으나 북도는 여전히 흉노의 세력권에 놓여 있었다. 반초에게 귀환 명령이 내려졌다는 소식을 들은 친한파 대신들 중에는 비관하여 자살하는 자가 속출하였다.

한나라가 소륵에서 손을 뗄 경우 흉노의 지원을 받고 있는 구자왕이 다시 소륵을 멸망시킬 것이고, 그렇게 되면 한나라에 협력한 사람들은 모두 숙청당할 것이 확실하였다. 반초가 소륵을 떠나자 예상대로 구자왕은 다시 소륵을 점령하였다.

반초는 소륵을 떠나 서역 남도를 따라 귀국길에 올랐다. 우전국에 도착하자 우전국의 왕후 이하 백성들에 이르기까지 모두 울부짖으며 귀국을 반대하였고 몇몇 사람들은 반초가 탄 말의 다리를 붙들고 울부짖었다.

"우리들은 당신을 부모처럼 의지하고 있습니다. 귀국이란 천부당 만부당하오이다."

반초는 이 광경을 보고 그대로 서역에 머물러 있기로 결심하였다. 그는 조정에 글을 올려 계속 머물기를 탄원하고 급히 소륵으

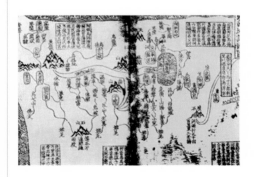

〈한서역제국도(漢西域諸國圖)〉

로 향했다. 반초는 구자파를 숙청하여 소륵을 수복하는 데 성공하였다. 반초가 귀환 명령에 따르지 않고 계속 서역에 머물기로 한 것은 장기적으로는 정확한 판단이었다. 서역에 강력한 영향력을 갖고 있던 북흉노의 세력이 이 무렵부터 차츰 약화하

기 시작한 것이다. 북흉노가 강력한 적대 세력이었던 남흉노와의 항쟁에 지쳤을 뿐만 아니라 선비족·정령족(丁零族) 등 부족의 세력이 강성해져 북흉노를 압박하였기 때문이다. 북흉노는 서역 지방에 대하여 신경을 쓸 겨를이 없게 되었다.

북흉노의 후원이 없으면 서역 소패권국(小覇權國)인 구자의 세력도 동요되게 마련이었다. 구자는 화제(和帝) 영원 3년(91)에 마침내 한나라에 항복하였다. 그해가 반초가 출국한 지 18년째 되는 해로 한나라에서는 반초를 서역 도호로 임명하고 도호부를 구자에 설치하였다.

지금도 쿠차현성 가까이에 구자의 옛 성터가 남아 있다. 흙으로 쌓아올린 성벽의 자취가 길게 이어지고 있으며 그 높이는 어떤 곳은 3미터, 어떤 곳은 7미터 정도로 일정하지가 않다. 이 성터가 바로 후한 시대 서역 경영의 근거지였을 것으로 추측된다.

서역 도호가 된 반초는 전임 서역 도호 진목의 원혼을 달래기 위하여 복수전을 준비하였다. 진목이 언기군에 피살된 지 16년 동안 서역 도호는 폐지되어 있었다.

영원 6년(94) 반초는 구자·선선 등 8개국의 병력 7만여 명을 동

금동 코끼리상
금동 말

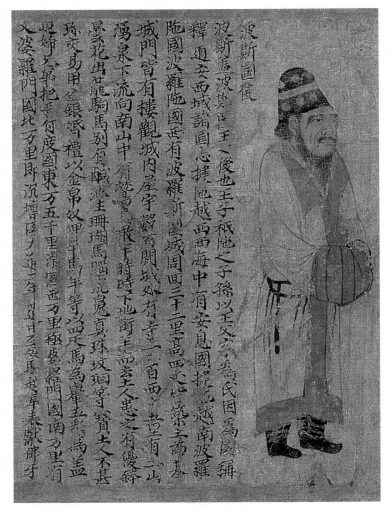

〈직공도〉 일부 파사국 (페르시아)의 사신. 《양서(梁書)》〈제이전 (諸夷傳)〉에 외국과의 조공 관계에 대한 내용이 실려 있다.

원하여 언기 토벌에 나섰다. 마침내 언기왕의 목을 베어 그 수급을 낙양에 보냈다. 언기가 후한의 서역 도호 진목을 죽였으니 후한의 군대가 언기왕을 보복하는 것은 가능한 일이지만, 싸움에는 무고한 백성들의 희생이 따르게 마련이다. 대살육전이 벌어져 후

한군은 참수 5천여 급, 포로 1만 5천 명이라는 대살상이 감행되었
다.《후한서》〈서역전〉에는 언기의 인구를 5만 2천 명으로 기록하
고 있으니 이 복수전이 얼마나 처참한 결과를 가져왔는가를 짐작
할 수 있다. 역사를 읽으면서 전율을 느끼는 것은 바로 이 같은 복
수전의 참혹함 때문이다.

반초는 언기왕에 원맹(元孟)이라는 인물을 세웠다. 어느 나
라에든 친한파와 친흉노파가 있어 그때 그때의 정치 형세에 따라
왕을 바꿀 수 있었던 것이 당시 서역 제국의 상황이었다.

91년 한군은 북흉노를 공략하여 금미산(金薇山, 현재의 알타
이)까지 추격하였다. 대패배를 당한 북흉노의 선우는 그 서쪽에
있는 오손(烏孫)으로 도망쳤다가 그 후 다시 강거(康居)로 이동

**교하성 유적** 비단길의 요지 투르판에 남아 있다. 한대의 차하국이었다.

* 대진(大秦) : 현재의 로마
* 조지(條支) : 현재의 시리아 지방
* 안식(安息) : 현재의 아프가니스탄에서 이란에 걸치는 지방

하여 자꾸 서쪽으로 도망쳐 들어갔다. 이때에 이르러 근 3백년에 걸친 흉노의 정권은 완전히 무너지고 그 일부 세력은 유럽 동부 헝가리 평원으로 진출하였다. 이렇게 하여 서역 50여 국은 다시 후한과 우호 관계를 회복하였다.

영원 9년(97) 반초는 정원후(定遠侯)에 봉해졌다. 그의 부하 감영(甘英)을 대진(大秦)*, 조지(條支)*에 파견하기로 하였으나 이 계획은 실천에 옮겨지지 못하였다.

감영은 안식(安息)*의 서쪽까지 진출하여 배를 타고 목적지에 갈 계획을 세우고 항해 전문가들과 교섭을 벌였다. 항해 전문가가 말하였다.

"바다는 워낙 넓고 거리가 멀어 순풍을 만나면 석 달이 걸리지만, 역풍을 만나면 2년이 걸리는 수도 있습니다. 그러니 일단 항해를 결심하려면 최소한 3년치의 식량을 준비해야 합니다."

이 말을 들은 감영은 계획을 포기하였다.

시장

항해 전문가들이 감영에게 말한 내용은 너무나 위협적이었다. 한나라와 로마가 직접 교역 루트를 개발할 경우 그들이 얻는 중계 이익을 잃게 되기 때문에 고의적으로 감영의 항해를 방해하려 했을 가능성도 배제할 수 없다.

이때 로마 도미티아누스 황제가 암살당하고 네르바 트라야누스 황제가 재위하여 로마 제국의 전성기를 누리고 있었다.

《후한서》에 로마 국왕의 사신이 한나라에 왔다는 기록이 보이는 것은 환제(桓帝)의 연희 9년(166)의 일이니, 감영의 로마행이 좌절된 해로부터 69년 후였다.

영원 12년(100) 반초는 조정에 귀국을 원하는 탄원서를 올렸다. 이때 반초의 나이 69세로 서역에 머무른 지 30년이 되었다. 그는 탄원서에서 이렇게 말하였다.

"신은 감히 주천군까지 가기를 바라지 않사옵고 다만 살아서 옥문관(玉門關)만이라도 들어가기가 소원입니다."

주천군은 30년 전 큰 뜻을 품은 반초가 장군 두고의 가사마로서 서역을 향해 출발했던 곳이다. 그곳까지 가기를 감히 바라지 않고 다만 살아 있는 동안에 한나라 땅의 입구인 옥문관만이라도 들어가고 싶다고 말하였으니 눈물겨운 일이다.

반초의 누이 반소(班昭)는 이때 궁중에서 궁녀들의 교육을 담당하고 있었다. 그녀로부터도 반초의 귀국을 허락해 달라는 탄원서가 올라왔다.

마침내 조정에서는 반초의 귀국을 허락하였다. 반초가 낙양에 돌아올 수 있었던 것은 영원 14년(102) 8월의 일이고, 그 이듬해 9월 반초는 71세의 나이로 타계하였다.

장건과 반초의 이름은 실크로드와 함께 영원히 잊혀지지 않고 있다. 지금도 이 동서 문화를 연결한 옛 길을 이야기할 때마다 이들 두 사람의 개척 정신을 회상하게 한다.

## 외척 두씨의 흥망

전한이 외척 왕망에 의해 멸망하였기 때문에 그 뒤를 이은 후한이 외척에 대하여 신경을 곤두세우는 것은 당연한 일이었다. 앞차가 넘어지면 뒷차는 이를 보고 더욱 조심하듯이 후한 초기에는 외척으로 인한 큰 사건이 없었다.

외척이 권세를 떨치기 시작한 것은 3대 효장 황제가 죽고 화제가 어린 나이로 즉위한 때부터이다. 두태후(竇太后)는 화제의 생모는 아니었지만 효장 황제의 정처이니 화제의 모친으로서 어린 화제 대신 정치의 일선에 나서게 되었다.

두태후의 아버지 두훈은 건국의 원훈 두융(竇融)의 손자였는데 죄를 짓고 옥사하는 등 두씨 가문은 걸어온 길이 순탄하지 않았다. 두훈의 아버지 두목(竇穆)은 두융의 장남이었는데 이 사람

역시 문제가 있는 인물이었다. 그는 그 지방의 호족으로서 자신의 세력을 확장하기 위하여 인근 호족들과 인척 관계를 맺기에 광분하였다. 육안(六安)이라는 지방도 자신의 세력권 안에 넣기 위하여 육안후 유우(劉旴)에게 자신의 딸을 시집보내려 하였으나 유우에게는 이미 정처가 있었다. 두목은 음태후(陰太后)가 유우에게 조서를 내려 정처와 이혼하도록 명하는 것처럼 허위 조작하여 이혼을 강요하였다.

유우의 정처는 분함을 못 이겨 두목의 처사를 낱낱이 조정에 상서하였다. 이 상서를 받아본 효명 황제는 크게 노하여 두목을 위시하여 두씨 일족들의 관직을 삭탈하고, 70세의 고령인 원훈 공신 두융을 제외하고 그 나머지는 모두 낙양에서 추방해버렸다. 이것은 두씨 일족에 대한 일종의 경고였다. 두목 등 일족들이 낙양을 떠나 고향인 성서 지방을 향하여 함곡관 부근까지 이르렀을 때 낙양으로 돌아와도 좋다는 조서가 내려졌다.

그러나 이들은 낙양에 돌아온 후에도 자신들의 잘못을 반성하는 기색이 조금도 없었다. 효명 황제는 은밀히 알자(謁者) 한우(韓紆)에게 명하여 두씨의 집을 감시하도록 하였다.

알자 한우는 두씨의 행동을 살피고 두목 부자가 조정을 원망하는 일, 신하로서의 예를 지키지 않는 일 등을 낱낱이 보고하였다. 효명 황제는 두목 등을 고향으로 추방하기로 결정하였다. 다만 두목의 아들 두훈(竇勳)은 동해왕의 사위라는 점을 고려하여 낙양에서 살도록 허락하였다.

얼마 후 두목은 뇌물을 받은 죄로 체포되어 옥사하고, 그의 아들 두훈도 낙양에서 체포되어 감옥에서 목숨을 잃었다.

이렇게 죽은 두훈의 딸이 황태후가 되어 권력을 장악하게 된 것이다. 아버지와 할아버지를 옥중에서 잃은 그녀는 권력이 무엇이라는 것을 처절하리 만큼 느껴본 여인인지라 권력에 매우 강하게 집착했다. 그렇지만 효장 황제 재위 중에는 '외척은 근신하라.'는 건국 이래의 정책에 얽매여 두황후는 사실상 권력을 휘두를 수가 없었다. 그러나 효장 황제의 죽음으로 그녀는 이 제약에서 완전 해방되었다.

10세밖에 안 되는 어린 황제 화제를 대신하여 두태후는 조정에 나와 정사를 보게 되었다. 두태후의 오빠 두헌(竇憲)은 시중으로서 기밀을 장악하고, 두헌의 동생 두독(竇篤)은 호분중랑장(虎賁中郎將), 그의 동생 경(景)은 중상시(中常侍)가 되었다. 중상시는 항시 궁정에서 숙직하는 관리로 황제의 비서역이었다.

두헌이 권좌에 오르자 맨 먼저 한 일은 그의 아버지와 할아버지를 고발한 알자 한우에 대한 복수였다.

이때 한우는 이미 죽었기 때문에 한우의 아들을 목베어 그 목을 아버지의 무덤에 바쳐 제사 지냈다. 한우의 아들은 아버지가 한 일에 아무 관련이 없었으나 당시에는 아버지의 모든 행위가 자식에게 미치는 것으로 여겨졌던 것이다.

**관청의 창고** 긴 창을 든 병사가 관청의 창고를 경비하고 있고, 마차를 탄 호족의 모습이 옆에 보인다.

두헌은 한우의 아들을 목벤 것에서 보여주듯 권력에 대한 집념이 매우 강하고 질투심이 많은 인물이었다. 효장 황제의 초상 때 도향후 유창(劉暢)이 조문차 낙양에 온 일이 있었다. 유창은 광무 황제의 형 유연의 증손이니 조문에 참례하는 것은 당연한 일이었다. 유창은 좀 불량한 인물이었는데 무슨 연유에서인지 두태후의 귀여움을 받게 되어 이따금 두태후의 부름을 받게 되었다.

육박 인형 육박은 윷놀이와 비슷한 한대의 도박 놀이이다.

이 같은 사실을 안 두헌의 가슴에서는 질투의 불길이 훨훨 타오르고 있었다. 누이 두태후의 힘을 빌어 천하의 권력을 마음대로 휘두르려 하고 있는 이때에 엉뚱하게 경쟁자가 나타난 데 대한 질투였다. 마침내 두헌은 자객을 보내 유창을 죽이고 그 죄를 유창의 동생 유강(劉剛)에게 뒤집어 씌우려 하였으나 그 조작극은 금세 탄로나고 말았다.

두태후는 크게 노하여 두헌을 유폐시켰다. 그러나 두헌은 흉노를 토벌하여 공을 세워 속죄하겠다고 탄원하였다. 이때가 효장 황제가 죽은 해로 서역에서는 반초가 크게 활약하고 있던 때였다. 당시 조정에서는 중신들이 모두 흉노 토벌을 반대하는 입장을 취하고 있었다. 그러나 두태후는 중신들의 의견은 듣지 않고 두헌을 거기장군에 임명하여 원정을 허락하였다. 확실히 그녀는 오빠에게 공을 세울 기회를 주고 싶었던 것이다. 유창을 죽인 일로 화가 나기는 했으나 어쨌든 남매간이니 어찌할 수 없었던 것이다.

서역에서 활약하고 있는 반초의 형 반고는 이때 두헌의 원정군에 가담하였다. 반고는 《한서》를 집필하고 있는 중이었는데도 원정군에 가담함으로써 그 지위도 2천 석의 녹봉을 받는 중랑장

흉노에서 한으로 돌아
온 채문희

으로 승진되었다. '양도(兩都)의 부(賦)'를 짓고 '백호통(白虎
通)'을 정리하여 당시 제일의 문호로 이름을 날리고 있던 반고도
그 지위는 높은 편이 아니어서 원정군에 가담함으로써 높아진 것
이다. 그러나 이 같은 사실이 나중에 그의 몸을 파멸의 구렁텅이
로 몰아넣을 줄을 누가 알았으랴?

두헌의 원정은 대성공이었다. 두헌의 흉노 토벌군은 사면초
가의 상태에 빠진 북흉노를 준계산에서 대파하고 1만 3천여 급의
목을 베었다. 두헌은 장성으로부터 3천여 리나 되는 연연산에 올
라 한나라의 위덕과 자신의 공적을 찬양하는 비를 세웠는데 이 비

문을 지은 사람이 반고였다. 두헌은 대장군으로 승진되었다.

외척 두씨의 전횡은 이때부터 본격적으로 시작되었다. 두씨 일족들은 그들의 지배력을 강화하기 위하여 지방의 관리들에게는 뇌물공세와 결혼 정책을 폈다. 그들을 자신들의 세력권에 끌어들이고 얼마 후에는 지방의 관리들을 자기 당파의 인물로 바꾸었다.

두헌은 영원 3년(91)에도 흉노 토벌군을 내어 북흉노를 패주시켰다. 흉노 원정군의 간부를 자기 당파의 인물로 임명하여 그들이 전공을 세우면 요직에 임명하였다. 이러한 방법으로 중앙, 지방을 막론하고 조직을 점점 확대해나갔다.

두씨 일족과 그의 일당으로서 고관 대작의 자리에 오른 자들이 조정을 메울 정도여서 횡포는 점점 심해만 갔다. 차마 보아넘길 수 없는 것은 두헌의 동생으로 집금오의 요직에 오른 두경의 행동이었다. 그는 부하들을 시켜 남의 재산을 약탈하고 유부녀를 강탈하였으며 백성들을 제멋대로 징발하는 일을 서슴지 않았다.

소년 황제 화제는 위기감을 느끼기 시작하였다. 그러나 두태후가 섭정으로써 조정에 군림하고 있었기 때문에 조정의 대신들과 마음 놓고 이야기할 기회조차 없었다. 대신들이 입궐하여도 정해진 형식에 따라 행동할 뿐이니 화제가 마음 놓고 의견을 교환할 수 있는 것은 오직 시중을 드는 환관밖에 없었다. 화제의 곁에는 정중(鄭衆)이라는 환관이 있었다. 화제는 두씨 일족을 제거할 일을 정중과 의논하였다. 정중은 두씨에게 원한을 가진 황자 유경(劉慶)등과 연락하여 두씨 제거 계획을 구체화시켰다.

그들은 두씨 일족의 제거 날짜를 두헌이 낙양으로 돌아온 후로 잡았다. 여러 차례 흉노의 토벌에 성공한 두헌은 자주 군대를 출동시켰고 자신도 잠시 양주(凉州)에 머물러 있었다. 두헌이 양주에 머물러 있는 동안에 두씨 일족을 숙청할 경우 군대를 거느리고 있는 그가 낙양을 공격할 위험성이 있기 때문이었다.

두헌이 개선 장군인 양 낙양으로 돌아오자 화제는 계엄령을 내려 성문을 굳게 닫고 두씨의 일당을 모두 체포하여 투옥시켰다. 그리고 알자 복야를 두헌에게 보내 두헌의 대장군 인수를 회수하고 두헌을 관군후(冠軍侯)에 봉하였다. 두헌은 그 전에도 관군후에 봉해진 일이 있었으나 받지 않았다.

그 이유는 열후에 봉해진 자는 '봉지로 돌아가야 한다.'는 제도가 있어 수도 낙양에서 쫓겨나는 신세가 되기 때문이었다.

**묘의 문지기** 묘실의 입구에 그려져 있는 문지기. 손에 긴 칼을 들고 있다.

두헌을 비롯하여 두독 · 두경 등 삼형제는 모두 각각 봉지로 돌아가라는 명령이 내려졌다. 그들은 강제로 호송되어 봉지로 돌아갔으나 마침내는 자결의 길을 택하였다.

두태후의 인척이라는 이유로 주살이라는 형식은 취해지지 않았으나 주살과 다름없는 조치였다. 오직 두씨의 형제 가운데 학문을 좋아하고 횡포한 행위가 없었던 두괴만은 목숨을 보전할 수가 있었다.

다음은 두씨 일족과 결탁하여 출세한 자에 대한 숙청이었다. 이들은 모두 면직되어 강제 귀향시켰고, 삼공 가운데 태위 송유(宋由)는 두씨를 위하여 책동했다는 이유로 해임된 후 바로 자결 처분이 내려졌다.

안타깝게 된 것은 반고였다. 희대의 문호인 그도 두씨 일당으로 지목되지 않을 수 없게 되었다. 확실히 그는 두헌의 원정군에 참가하였을 뿐만 아니라 두헌의 전공을 찬양하는 비문을 지었고 승진까지 한 사람이었다.

그러나 반고가 두헌의 원정군에 가담하게 된 것은 그의 출중한 문재(文才)를 높이 평가하여 대장군인 두헌 자신이 반고를 맞아들여 참가시킨 것이기 때문에 모반이라고 할 수는 없었다.

일찍이 반고가 두씨의 일당과 가깝게 지내고 있을 무렵, 그의 하인이 반고의 권세를 믿고 술에 취한 채 낙양령 충긍(种兢)의 행렬 속에 뛰어들어 마구 추태를 부린 일이 있었다. 낙양령 충긍은 크게 노하였으나 반고의 배후에 두씨가 도사리고 있다는 사실을 알고 이를 악물고 참았다. 두씨 일족이 실각되자 충긍은 반고를 두씨 일당의 간부라는 죄목으로 체포하였다. 마침내 반고는 옥사하였는데 그때 그의 나이 61세였다.

두씨를 제거하는 데 최대의 수훈을 세운 것은 환관 정중임에 틀림이 없었다. 정중은 대장추(大長秋)의 직에 승진하였다. 대장추는 황후의 시중을 드는 관아의 장관으로서 전한 시대에는 보통 사대부 출신의 인사로 임명하였던 것을 후한에 이르러 환관으로 바뀌었다. 후한 시대 환관의 화는 바로 이 정중으로부터 시작되었으나 당시로서는 이러한 기미를 아는 사람은 아무도 없었다.

## 왕밀의 사지금

두씨 일족이 숙청된 5년 후 태후가 죽고 영원 14년(102) 반초가 서역에서 돌아왔다. 그해 화제는 황후 음씨를 폐하고 등씨(鄧氏)

를 새로운 황후로 세웠다. 그로부터 3년 후 화제가 죽었는데 이때 화제의 나이 27세였다. 화제가 죽자 등황후는 민간에 보내 기르던 황자 유융(劉隆)을 데려다 그날 밤에 즉위시켰다. 이 이가 생후 겨우 백여 일밖에 안 되는 상제(殤帝)로 다음해 요절하고 말았다. 다음에 황제의 자리에 오른 이가 청하왕(淸河王) 유경(劉慶)의 아들 유고(劉祜)로 안제(安帝)라 불렀다.

안제가 즉위한 이듬해인 영초 원년(107) 주장(周章)의 쿠데타가 일어났다. 주장은 당시 어사대부의 자리에 있었는데 그는 황제의 계승 문제에 불만을 가지고 있었다. 화제가 죽은 후 화제의 장자인 유승(劉勝)이 당연히 황제의 위에 오를 것으로 생각하였다. 그러나 외척 등씨들이 나이 어린 황제를 세우는 것이 유리하다고 판단하여 생후 백여 일밖에 안 된 상제를 황제로 세웠다. 이듬해 상제가 죽었을 때 늦긴 했지만 이번에는 유승을 당연히 세울 것으로 생각하였다. 그러나 이번에도 등태후의 반대로 엉뚱하게도 청하왕의 아들을 황제로 세우게 되었다.

이 같은 일련의 처사에 불만을 품은 주장은 쿠데타를 계획하였다. 그는 먼저 궁궐을 패쇄하고 등씨 형제를 죽인 다음 환관의 우두머리인 정중과 채륜(蔡倫)까지도 숙청할 계획이었다. 이번 사건의 원흉인 등태후를 폐하고 안제를 쫓아내어 제후왕으로 삼

**백마사** 중국 최초의 절

고 평원왕 유승을 황제로 세울 계획이었다. 그러나 이 계획은 사전에 발각되어 주장은 자살하였다. 이러한 쿠데타는 사대부의 외척과 환관에 대한 도전으로 외조(外朝)의 내조(內朝)에 대한 반항을 보여준다.

안제는 재위 18년에 죽었는데 그 가운데 14년간은 등태후가 실권을 쥐고 있었으니 안제의 친정은 4년밖에 안 되는 셈이다.

등태후는 등씨 일족들을 중용하였으나 요직을 독점하지는 않았다. 유능한 인물을 등용한다는 정책을 펴 하희(何熙)·이합(李郃)·양진(楊震)·진선(陳禪) 등 명신들이 배출되었다.

이들 명신 가운데 양진은 20년 동안이나 학생들에게 학문을 가르쳤다. 그러던 어느 날 꼬리가 세 개 달린 뱀장어를 큰 새가 물고와 강당 앞에 떨어뜨렸다. 이를 본 관장(館長)이 뱀장어를 꼭 쥐어 양진 앞에 내놓으며 이렇게 말하였다.

"이것은 양 선생께서 삼공(三公)의 자리에 오를 조짐입니다. 양 선생께서는 당장 승진하게 될 것입니다."

그 후 양진은 동래군의 태수가 되었다. 어느 날 밤 자기 관할 밑에 있는 창읍 현령 왕밀(王密)이 황금 10근을 싸들고 와 은밀히 뇌물로 바치려 하였다. 그런데 놀랄 일은 왕밀을 국가에 추천한 사람이 바로 양진이었다는 사실이다. 양진은 기가 막혔다.

양진은 정색을 하고 왕밀을 꾸짖었다.

"내가 잘못 봤구료. 나는 당신을 현명한 사람으로 국가에 추천하였는데 이게 무슨 추태요?"

양진이 완강히 거절할 뜻을 보이자 왕밀은 은근한 표정으로 수작을 걸었다.

"어두운 밤중이라 아무도 아는 사람이 없습니다. 제발 거두어주십시오."

그리고는 황금을 놓고 가려 하였다. 양진은 엄숙한 표정으로 호되게 꾸짖었다.

"하늘이 알고, 신이 알고, 내가 알고, 당신이 알고 있는데 어

**호족의 생활** 손님을
맞아 주연을 베푸는
한대 귀족의 모습

찌 아는 사람이 없다고 말하시오."

왕밀은 부끄러워 어찌할 줄 모르고 물러나왔다. 《후한서》〈양
진전〉에는 이처럼 기록되어 있으나 《자치통감》에는 '신(神)' 자
대신 '지(地)' 자로 기록되어 있는데 《자치통감》의 기록이 일반에
게 더 알려져 있다.

그 후 양진은 삼공의 한 사람인 태위(군사 담당)로 승진되었
다. 당시 궁중에서는 환관 번풍(樊豊), 유모 왕성(王聖)이 권세를
제멋대로 휘두르고 있었는데 그들은 양진에게 "자신들의 친척과
연고자들을 등용해 달라."고 자주 부탁하였다. 그러나 강직한 양
진은 이를 묵살하고 글을 올려 "번풍·왕성 등은 정치를 문란시
키려 하고 있으니 이들을 멀리 하시기 바랍니다."라고 간하였다.
번풍 등은 여기에 불만을 품고 황제를 가까이에서 모시는 환관을
통하여 죄를 날조하여 양진을 모함하였다. 안제는 이들의 모함을
그대로 믿고 양진의 관직을 삭탈하였다. 양진은 생각 끝에 자살하
였는데 그는 자살하기에 앞서 집사람들에게 다음과 같은 말을 남
겼다.

"임금의 은혜를 입은 몸이 간신들을 주살하지 못하고 무슨 면목으로 살아남아 하늘을 우러러보겠는가?"

양진의 장례식에는 천하의 명사들이 모두 참례하여 애도하였으며 어디선지 키가 한 질이나 되는 큰 새가 나타나 고개를 숙였다 잦혔다 하며 눈물을 흘리고 어디론가 날아갔다.

## 외척과 환관의 권력 다툼

### 외척 양기 형제의 전횡

후한 전기(25~88)는 황제의 권력이 강력하여 세습 호족들의 세력을 지배할 수 있었으나 후기(89~189)에 들어서면서 그 정세가 바뀌어 외척을 대표하는 호족들의 세력이 황제의 권력을 능가하는 일이 종종 나타났다. 그 대표적 인물은 외척 양기(梁冀) 형제였다.

양기는 원래 일정한 직업이 없는 불한당으로 승냥이와 같은 눈매에 독수리와 같은 어깨를 가졌으며 성질 또한 잔인하기 이를 데 없었다. 매사냥, 말타기, 닭싸움, 도박 따위로 세월을 보냈으며 그와 접촉하는 인물들이란 궁정 내의 다방 마담, 환관, 낙양거리의 건달패 등에 불과하였다. 그러나 그의 누이가 순제(順帝)의 황후가 되면서 그는 서서히 권력을 손에 쥐게 되었다.

양씨가 순제의 황후가 되자 그녀의 아버지 양상(梁商)은 집금오, 양기는 양읍후(襄邑侯)에 봉해졌으나 양기는 곧바로 양읍후의 자리를 사퇴하였다. 양기가 사퇴하게 된 경위는 상서령 좌웅

(左雄)의 간언에 의한 것이었다.

　　"황후의 지친이라는 이유만으로 아무 공적이 없는 사람을 열후에 봉할 수는 없습니다."

　　일단 양기를 사퇴라는 형식을 취하여 퇴진시키는 데 성공하였으나 좌웅의 근본 의도는 양기보다는 송아(宋娥)에게 있었다. 송아는 순제의 유모로서 순제는 그를 산양군(山陽君)에 봉하려고 하고 있었다. 그러나 순제는 좌웅의 의도를 묵살하고 송아를 산양군에 봉하고 말았다. 때마침 지진이 일어나자 중신들이 들고 일어났다.

　　"천재지변이 일어나는 것은 하늘이 정치의 문란함을 노여워함입니다."

　　그러나 순제의 마음을 움직이지는 못하였다.

　　송아가 산양군에 봉해진 것은 양가(陽嘉) 2년(133) 5월의 일이었는데, 6월에 낙양 선덕정에 85장(丈) 길이의 땅이 벌어질 정도로 큰 지진이 일어났다. 거듭되는 지진에 순제도 어쩔 수 없이 중신들을 모아 대책을 의논하였다. 당시 조야의 인망을 한몸에 모으고 있던 이고(李固)가 직언으로 간하였다.

　　"천재지변이 거듭되는 것은 정치가 문란하기 때문입니다. 송아의 봉작을 회수하시고 환관을 감축함은 물론 환관들의 권한도 축소해야 합니다."

　　이고가 시급한 정치 문제를 직언하자 순제도 할 수 없이 송아의 봉작을 회수하였다.

　　그 후 이고는 의랑(議郎)의 벼슬에 올랐으나 앞에서의 직언 때문에 송아와 환관들로부터 미움을 사 참소되어 죄를 뒤집어썼다. 그러나 대사농 황상(黃尙) 등이 황후의 아버지 양상에게 부탁하여 겨우 석방되었다. 이렇듯 양상은 중신들로부터 신뢰를 받고 있었다. 일찍이 양상은 대장군에 임명되었으면서도 병을 일컫고 일년 동안이나 취임을 미루었다. 순제는 태상 환언(桓焉)을 양상의 집으로 보내 대장군의 직첩을 억지로 떠맡긴 일이 있었다.

양상의 아들 양기는 아버지의 뒤를 이어 집금오의 자리에 오르고, 마침내 하남윤(河南尹)이 되었다. 간교한 양기가 관직에 오르자 그의 횡포는 날로 심해만 갔다. 언젠가는 자신의 잘못을 아버지에게 고해바쳤다 하여 낙양령 여방(呂放)을 살인 청부업자를 시켜 살해한 일도 있었다.

영화 6년(141) 양상이 죽자 양기는 아버지 대장군의 자리를 승계하였다. 3년 후 순제가 30세에 죽고 두 살의 황태자 유병(劉炳)이 충제(冲帝)로서 즉위하고 양태후가 섭정하게 되었다.

**부신** 부신이란 글자와 도장이 찍힌 두꺼운 종이조각. 두 조각으로 나누어 한 조각은 상대가, 나머지 한 조각은 발행한 사람이 보관하는데, 필요할 때 서로 맞추어서 증거로 삼았다. 그림의 부신에는 '장액도위계신(張掖都尉棨信)'이라고 쓰여 있다.

후한의 역대 황제가 단명하고 황후가 아들을 낳지 못하는 것은 일종의 징크스처럼 되어 있었다. 후한의 황제 가운데서 초대 광무 황제만이 장수를 누렸고, 또한 광무 황제의 황후만이 아들을 낳았을 뿐, 그 후의 황제는 모두 단명하고 황후는 모두 아들 복이 없었다. 충제 유병도 즉위한 이듬해 정월에 죽으니 나이 겨우 3세였고 재위 5개월에 불과하였다.

순제의 유모 송아에 대한 봉작

을 제지시킨 강직한 이고가 태위로 임명되었다. 이고는 앞서 언급했듯이 양상이 살려낸 인물이었다. 충제가 죽자 이고는 후계 황제를 세우는 데 지금까지 취해오던 방법과는 달리 나이가 많은 황족을 골라 세울 것을 강력히 주장하였다. 어린 황제를 세울 경우 황태후가 섭정하게 되고, 이로 인하여 외척이 권세를 휘둘러 정치가 문란해지기 때문이었다.

그러나 외척 양기가 대장군으로서 버티고 있는 한 이고의 주장이 관철될 수가 없었다. 양기는 황태후와 상의하여 당시 8세인 유찬(劉纘)을 황제로 세우니 이 이가 질제(質帝)이다. 질제는 양기가 생각한 바와는 달리 총명하였다. 양기가 외척의 지위를 이용하여 횡포를 일삼고 있다는 것을 이 소년 황제는 알아차리고 있었다. 어느 날 조정 백관들이 모인 앞에서 양기를 돌아보며 "이 자

**도루** 후한 시대의 도제 망루. 물가에 지었던 정자 형태의 망루로 복잡한 구조로 되어 있다. 당시 중원 지방의 고층 건축 연구에 좋은 자료가 된다.

이야기 중국사 · 2

야말로 발호 장군(跋扈將軍)*이다."라고 말하였다. 나이 겨우 8세 * 발호 장군(跋扈將軍)<br>: 세력이 너무 강대하여<br>다스리기가 곤란한 장군
인 어린 황제가 이 같은 행동을 보이자 양기는 더럭 겁이 났다.
'내가 이제 성장한다면 양기의 이 같은 행동은 절대 용서하지 않
겠다.'는 뜻이 그 말 속에 담겨 있음이 분명했기 때문이었다. 위
험을 느낀 양기는 황제의 측근에게 명하여 음식물에 독을 넣어 질
제를 독살하였다. 순제, 충제, 질제 등 세 황제가 2년 사이에 죽자
정말 이상한 일이라 하여 백성들은 국가의 앞날을 걱정하였다.

　　황제의 자리는 하루도 비워 둘 수가 없었다. 조정에서는 후계
황제의 인선 문제로 의논이 분분하였다. 태위 이고, 사도(司徒)
호광(胡廣), 사공(司空) 조계(趙戒) 등 삼공을 비롯하여 대홍려* * 대홍려 : 외무 장관
두교(杜喬) 등은 청하왕(淸河王) 유산(劉蒜)이 나이도 비교적 많
고 제왕으로서의 품격을 갖추었을 뿐만 아니라 질제와도 그 척분
이 가장 가까운 사이라 하여 추천하였다. 그러나 양기는 이를 받
아들이지 않고 나이 15세인 여오후(蠡吾侯) 유지(劉志)를 황제로
세우니 이 이가 환제(桓帝)이다. 그런데 여기서 한 가지 알아두어
야 할 일은 역상속(逆相續)이라는 사실이다. 지금까지는 황통이
끊겼을 경우 같은 항렬이거나 다음 항렬인 황족을 후계 황제로 세
우는 것이 관례이었으나, 환제는 질제의 아저씨 항렬에 해당하였
다. 역상속은 가능한 피하는 것이 당시의 일반적인 상식이었다.

　　이고, 두교, 호광 등이 적극 추천한 유산이 황제 위에 오르지
못한 이유를《후한서》에는 다음과 같이 기록하고 있다.

　　일찍이 중상시(환관) 조등(曹騰)이 어느 날 유산을 만나러 간
일이 있었는데 유산이 몹시 무례하게 조등을 대하였다. 그 후 조
등은 양기와 가까이 지냈는데 유산이 황제의 물망에 오르자 조등
은 양기에게 말하였다.

"유산과 같이 엄격하고 현명한 사람이 황제가 되면 대장군의 신변이 위험할 것입니다."

양기 또한 엄격한 황제가 나타나기를 싫어하는 입장이었기에 중신 회의에서 유산을 옹립하는 세력들의 의견을 묵살하고 유지로 결정해버렸다. 이고·두교 등이 끝까지 반대 발언을 하려고 하자 양기는 회의의 종료를 선포하였다. 이고는 사태의 중대성에 비추어 다시 서면으로 양기를 설득하려 하였으나 양기는 서슬이 퍼렇게 승냥이 같은 눈을 번뜩이며 "이미 결정한 일이니 재론하지 마시오."라며 일언지하에 거절하고, 황태후를 설득하여 이고를 해임시켰다. 이고의 해임으로 당시 조야는 크게 실망하여 군신들은 불안에 떨게 되었다.

환제가 즉위하자 후한은 점점 쇠퇴해갔고, 반대로 외척 양씨들의 전횡은 날로 심해만 갔다. 《후한서》에는 양기가 대단한 공처가였다고 기록하고 있다. 그의 처는 손수(孫壽)였는데 손수의 성질이 몹시 겸기(鉗룬)*하여 양기가 설설 기었다고 한다.

일찍이 양기의 아버지 양상이 살아 있을 때 우통기(友通期)라는 미녀를 순제에게 헌상한 일이 있었다. 자신의 딸이 황후로 있는데 황제에게 미녀를 헌상한다는 것은 이해하기 어려운 일이다. 그만큼 양상의 처사는 매우 충직하였다. 그런데 얼마 후 우통기는 약간의 과오가 있어 궁중에서 쫓겨났다. 할 수 없이 양상은 그녀를 재혼시켰는데 그의 아들 양기가 몰래 훔쳐다가 어디엔가 감추어 놓고, 부친의 상중에도 비밀리에 그녀와 정을 통하고 있었다. 이 같은 사실이 그의 처 손수에게 발각되었다.

손수는 양기가 외출한 틈을 노려 사람을 시켜 우통기를 잡아다가 머리를 깎고 얼굴을 긁은 다음 곤장을 때려 가두고 양기에게

**돈황군 효곡 현천치**
사신들의 숙소였던 곳
의 유적

다음과 같이 위협하였다.

"당신의 이 같은 행동을 낱낱이 기록하여 황제에게 고해 바치겠소."

당시 규범으로는 어버이의 상중에는 부부간의 관계도 금하고 있었으니 하물며 다른 여자와의 간음이란 사대부로서의 체면은 말할 것도 없고 중형을 면치 못하는 것이 일이었다. 양기는 장모에게 달려가 머리를 조아리며 애걸복걸하였다.

"제발 잘못했으니 무사하도록 수습해주십시오."

양기는 한때 외척으로서의 겸양을 보인다는 뜻에서 양씨 일족으로서 높은 지위에 있는 사람들을 모두 관직에서 물러나게 한 일이 있었는데 이 같은 조치는 사실상 자신의 처족과 손씨 일족을 등용하기 위해서였다. 당시 사람들은 양씨 일족보다 손씨들의 탐욕과 횡포가 더하였다고 수군거렸다. 손씨 일족 중에서 현령이 된 자들은 그 지방 부호의 죄를 날조하여 하옥시키고 고문한 다음 돈을 받고 석방하는 방법으로 부자가 된 자들이 많았다.

양기의 집 앞에는 엽관 운동을 하는 자들로 문전성시를 이루었다. 법에 걸려 양기에게 석방을 의뢰하는 자들도 뇌물을 들고 줄을 이었다. 엄청난 금품과 재물이 양씨·손씨의 문중에 빨려들어갔음은 말할 것도 없다.

양기가 호화로운 대저택을 짓자 그의 처 손수도 뒤질세라 양기의 저택 건너편에 호화저택을 지어 경쟁하였다고 한다. 사치와 호화의 극치를 이룬 이들 저택에는 산을 방불케 하는 삼림은 물론 군데군데 인공 폭포수가 쏟아지는 등 별천지를 이루었다. 각 지방에 광대한 장원(莊園)*을 소유하고 있어 그 규모는 황실의 장원과 다를 바가 없었다.

* 장원(莊園) : 귀족들의 별장

낙양의 유행은 양기의 처 손수가 만들어냈다. 그녀는 지금까지의 모양과 다른 색다른 스타일을 좋아하였다. 일종의 자기과시를 위한 강한 충동을 느꼈기 때문이었다. 그녀가 생각해 낸 색다른 스타일이란 수미(愁眉)*, 제장(啼粧)*, 타마계(墮馬髻)*, 절요보(折腰步)*, 우치소(齲齒笑)* 등이 있다. 손수가 다시 멋진 의상을 입으니 일부 부유층 여성들은 그녀의 화장법이나 머리 모양, 걸음걸이, 웃는 법 등을 흉내내어 유행을 만들어냈다. 이 같은 화장법이나 웃는 모습 등은 미신을 깊이 믿고 있던 당시 사람들의 빈축을 사 "양씨가 망할 징조"라고 수군거렸다.

* 수미(愁眉) : 눈썹을 아주 가늘게 그려 근심에 잠긴 것처럼 꾸밈
*. 제장(啼粧) : 눈 밑에 백분을 얇게 발라 울은 뒤의 모양처럼 꾸밈
* 타마계(墮馬髻) : 상투를 한쪽으로 기우뚱하게 짜고 말에서 떨어질 때 머리가 스친 것처럼 흐트러지게 꾸밈
* 절요보(折腰步) : 허리를 숙인 듯이 걷는 모양, 혹은 허리를 흔들며 걷는 모양
* 우치소(齲齒笑) : 충치가 아플 때처럼 반쯤 찡그리며 살짝 웃는 모양

양기에게 미움을 받아 생명을 빼앗긴 자도 적지 않았다. 오수(吳樹)라는 사람은 완현(宛縣)의 현령으로 있었는데 양기의 식객들이 주인의 권세를 믿고 행패를 부리자 오수는 식객 수십 명을 체포하여 사형에 처했다. 그러자 양기는 크게 노하여 오수를 독살하였다.

지방 장관이 되어 임지에 부임하는 관리는 반드시 양기에게 먼저 인사를 해야 했다. 요동 태수 후맹(侯猛)은 인사를 하지 않았다는 이유로 다른 죄를 뒤집어씌워 처형하였다.

원저(袁著)라는 청년이 양기를 탄핵하는 상소를 올렸다. 양기가 그 청년을 그냥 둘 리가 없었다. 원저는 거짓 죽은 것처럼 꾸며 인형을 만들어 관에 넣고 그것을 장사지냈다. 그러나 양기는 끈질기게 추적하여 마침내 원저를 장살하고 말았다. 원저의 친구인 호무(胡武)는 그의 일족 60여 명이 몰살당하는 참화를 입었다.

양기는 그의 동생 양불의(梁不疑)의 처소에 출입하는 사람까지도 경계하였다. 불의는 형 양기와는 달리 학문을 좋아하고 선비를 우대하였다. 양기는 자신의 지위를 불의에게 빼앗기지나 않을까 하는 두려운 마음에서 불의의 처소에 자주 출입하는 인사들을 비밀리에 조사하였다. 선비로서 이름이 높은 마융(馬融)과 강하태수 전명(田明)은 양불의와 가깝게 지냈다는 이유로 엉뚱한 죄를 뒤집어썼다. 두 사람은 머리를 깎이고 곤장을 맞은 후 변방으로 유배되어 가다 자결해야 하는 참변을 당했다.

이러한 상황에서 조야의 인망을 받고 있는 이고가 안전할 턱이 없었다. 양기는 이고에게 환제 즉위 후에도 계속 유산 옹립의 음모를 꾸몄다는 죄목을 뒤집어씌워 투옥시켰으나 왕조(王調)·조승(趙承) 등 수십 명이 연명으로 이고의 무죄함을 호소하자 양태후는 이고를 석방하였다. 이고가 석방되었다는 소식이 전해지자 낙양 거리 한복판에서는 '만세' 소리가 우렁차게 터져나왔다.

양기는 깜짝 놀랐다. 이렇게 인망이 높은 인물을 그대로 두었다간 자신에게 큰 해가 미칠 것으로 판단한 양기는 재차 앞서의 죄목을 뒤집어씌워 이고를 주살하고 그 유해를 저잣거리에 효수하였다.

이고의 제자 곽량(郭亮)과 동반(董班)은 이고의 유해 앞에 나아가 곡(哭)을 하고 그곳에 앉아 거상하려 하였다. 대역 죄인의 유해 앞에서 곡을 하거나 거상하려는 행동은 대역죄와 마찬가지로 주살당하는 것은 누구나 알고 있는 사실이었다. 그러나 두 사람은 죽음 따위는 조금도 두려워하지 않았다. 양태후는 이들의 기개를 높이 사 용서하고 이고의 유해를 고향인 한중으로 귀장(歸葬)*하도록 허락하였다.

양기는 토끼를 몹시 좋아하였다. 낙양 서쪽에 수십제곱킬로미터의 농지에 양토원(養兎苑)*을 만들고 각지에서 헌상해온 토끼에게 번호를 붙여 길렀다. 어쩌다가 이들 토끼에게 상처를 입히면 심한 경우는 사형에까지 처해졌다. 서역에서 온 상인이 이 같은 법령을 모르고 우연한 일로 토끼 한 마리를 죽인 일이 있었다. 양기는 크게 노하여 토끼를 죽인 자는 말할 것도 없고 그와 관련된 자 십여 명의 목을 베었다.

이렇듯 양기의 횡포가 더욱 극렬해지자 양태후 만년에는 양기의 전횡을 억제하는 데 신경을 썼다.

화평 원년(150) 2월 양태후가 죽었다. 그러나 양태후가 죽었다 해서 양씨가 외척의 자리를 잃은 것은 아니었다. 양기의 누이동생이 여전히 환제의 황후로서 군림하고 있으니 양씨는 그대로 외척의 자리에 있었다.

태후가 죽은 이듬해 정월의 조회 때 양기가 칼을 찬 채 궁중에 들어오자 상서 장릉(張陵)이 크게 꾸짖고 친위병에게 명하여 칼을 압수한 사건이 벌어졌다. 조정에서는 양기를 정위에게 넘겨 논죄하고 1년의 녹봉으로 속죄하라는 판결을 내렸다. 이것은 양

* 귀장(歸葬) : 타향에서 죽은 사람의 시체를 고향에 가져와서 장사지냄
* 양토원(養兎苑) : 토끼를 기르는 농원

기에 대한 자그마한 처벌에 불과하지만 환제의 양기에 대한 도전을 의미하는 것이기도 하였다.

영흥 원년(153) 기주에 대홍수가 나 수십만 호가 피해를 입자 조정에서는 시어사(侍御史) 주목(朱穆)을 기주 자사(刺史)*로 파견하였다. 주목은 엄격하기로 이름난 인물이었다. 주목이 부임한다는 소문을 들은 기주관하의 현관들은 인수를 풀고 사직하는 사람이 40여 명이나 되었다. 기주는 93현이었는데 그 반수에 가까운 현관들이 주목의 엄격함을 두려워하여 도망친 셈이다. 그런데 이들 자진 사퇴한 현관들은 거의가 환관들의 추천에 의하여 임명된 자들이었다. 엄격히 조사를 진행할 경우 그들의 부정 거래가 모두 탄로날 것이 확실했기 때문에 미리 도망쳐버린 것이다.

* 자사(刺史) : 정무를 감찰하는 관리

* 옥갑(玉匣) : 옥으로 만든 상자

착금박산로

이때 주목은 어떤 환관이 그의 아버지를 장사 지낼 때 국법으로 금하고 있는 옥갑(玉匣)*을 사용했다는 사실을 알고 그 묘를 파헤쳐 관을 깨고 옥갑을 꺼내게 하였다. 그런데 그 환관은 환제가 매우 신임하는 사람이었다. 환제는 그 환관의 죄는 불문에 붙이고 도리어 주목이 남의 묘를 파헤쳤다는 이유로 주목을 정위에게 넘겨 논죄하도록 하였다.

이에 분개한 태학의 유생 유도(劉陶) 등 수천 명이 궁궐 문에 쇄도하여 주목을 논죄하는 것이 부당하다는 글을 올리는 사건이 있었다. 그 내용을 간추리면 다음과 같다.

"방금 천하의 실권을 환관들이 가로채어 손에는 왕후의 임명 권을 거머쥐고, 입에는 국법을 머금고 있습니다. 생사 여탈의 권 리가 그들의 손아귀에 있는 이때 오직 주목만이 굽히지 않고 국가 의 장래를 근심하여 환관들의 참람*됨을 제지하려 하였습니다. 신등은 원컨대 주목을 대신하여 그 죄를 받겠습니다."

환제도 그들의 진심에 감동하여 주목을 사면하였다. 2년 후 에도 유도는 또 글을 올려 탄원하였다.

"지방장관 이응(李膺)과 같은 청렴한 인물을 중앙에 불러들 여 정치를 보좌하도록 해야 합니다."

그러나 받아들여지지 않았다.

연희 2년(159) 7월 환제의 황후 양씨가 세상을 떠났다. 그녀 는 언니 양태후와 오빠 양기의 권세를 믿고 제멋대로 행동하는 일 이 많았다. 질투심이 강하여 자신이 아이를 낳지 못하자 후궁 가 운데 임신한 여인이 있으면 못살게 굴어 죽이기를 밥먹듯 하였다. 환제는 이를 당장 처형하고 싶었으나 대장군 양기가 뒤에 도사리 고 있어 어쩔 수 없이 참아야 했으며, 그녀에 대한 애정은 차갑게 식어가고 있었다. 양황후의 죽음은 어쩌면 분사였을지도 모른다 는 추측마저 있다.

양황후가 죽기 1년 전 5월에 일식(日食)*이 있었다. 이때 태 사령 진수(陳授)가 말하였다.

"일식의 변이 일어나는 것은 대장군 양기의 허물입니다."

양기는 크게 노하여 낙양 현령에게 명하여 진수를 체포, 고문 하도록 하였다. 태사령은 전한 시대 사마천이 역임했던 직책으로, 조정의 일을 기록하고 역법에 대한 일을 취급하는 관료로서 일식 에 대한 것을 규명하는 것도 그의 임무였다. 마침내 진수는 옥사하였다.

환제는 이 진수의 옥사로 말미암아 크게 노하였다고 《후한서》〈양기전〉에 기록되어 있다. 양기는 환제가 언제까지나 자기의 적극적인 후원 덕에 황제의 위에 올랐다고 생각할 것으로 알았으나 환제 쪽에서는 자신을 무시하는 양기의 처사에 점점 노여움을 느꼈다.

진수의 옥사 사건에 이어 환제를 격노하게 한 사건이 다시 발생하였다. 이른바 맹녀(猛女) 사건이다.

환제 등황후의 사촌오빠의 아들에 등향(鄧香)이라는 인물이 있었다. 그의 처 선씨(宣氏)와의 사이에서 '맹(猛)'이라 부르는 딸이 태어났는데 보기 드문 절세 미녀였다. 등향은 일찍 죽고 그의 처 선씨는 양기(梁紀)라는 사람과 재혼하였다. 그런데 이 양기는 대장군 양기(梁冀)의 처 손수의 친정 어머니의 동생이었다. 여기서 손수의 어머니가 양씨 일족이었다는 사실과 양기(梁紀)가 손수의 외삼촌이라는 사실을 알 수 있다. 손수는 재혼한 외숙모 선씨의 의붓자식 맹녀가 너무 미인이었기 때문에 궁중으로 보내 귀인(貴人)으로 삼게 하였다. 맹녀는 전 남편 등향의 딸이므로 그녀의 성은 엄연히 등씨였으나 손수는 그녀에게 양씨로 행세하게 하였다. 양씨 일족의 권세를 유지하기 위해서는 황제의 총애를 받는 맹녀도 양씨여야 한다는 것이 손수의 속셈이었다.

손수가 예상한 대로 환제는 맹녀를 극진히 사랑하였다. 그렇게 되자 맹녀의 본성이 양씨가 아니고 등씨라는 사실을 더욱 비밀로 해둘 필요가 있었다. 맹녀의 형부 병존(邴尊)이라는 사람이 맹녀가 양씨로 행세하는 데 반대하는 듯한 태도를 보이자 양기는 그 비밀을 누설할까 두려워 병존을 암살하였다. 병존은 당시 의랑(議

郞)의 관직에 있는 자였다. 양기는 병존을 죽인 것만으로는 마음이 놓이지 않아 맹녀의 생모인 선씨마저 죽일 작정이었다.

양기가 보낸 자객이 선씨의 집에 잠입하기 위하여 그 이웃집 지붕에 올라갔으나 공교롭게도 그 집 사람들의 눈에 띄고 말았다. 그런데 그 집은 환관 원사(袁赦)의 집이었다. 원사는 큰북을 울려대며 위급을 알리자 동네 사람들이 모두 모여들었다. 결국 선씨는 자신이 양기 부부의 저격 목표였다는 사실을 알게 되었고, 선씨는 급히 궁중으로 도망쳐 환제에게 전후 사정을 낱낱이 고해 바쳤다.

환제가 양씨 일족을 토멸해야겠다고 생각한 것은 바로 이때였다고 한다.

159년 어느 날 28세의 환제는 변소에 들어가 극비리에 환관 당형(唐衡)을 불러들여 다음과 같이 의논하였다.

"환관 가운데 양씨 일족에 원한을 가진 자로서 큰일을 도모할 만한 사람이 있는가?"

당형은 단초(單超), 서황(徐璜), 구원(具瑗), 좌관(左悺) 등을 추천하였다. 환제는 이들 다섯 사람을 비밀리에 모아 양씨 토멸 계획을 세우고 마침내 비밀리에 양씨 토멸을 명하였다.

양씨 일족들은 자신들의 세도가 너무 지나쳐 환관들로부터도 미움을 받고 있다는 사실을 눈치챘다. 궁중의 비밀은 환관들을 통해서만 알아낼 수 있다는 사실을 안 양기는 그의 심복인 환관 장운(張惲)을 궁중 환관 숙소에 투입하였다. 환관들 사이에 불온한 움직임이 있으면 즉시 양기에게 보고할 수 있는 태세를 갖추었던 것이다. 그러나 장운의 숙직은 공식적인 것이 아니었다. 이에 그는 허가 없이 외부에서 잠입하여 모반을 도모했다는 죄목으로 체포되어 투옥당하였다. 그 바람에 양기에게 연락할 겨를이 없었다.

대부분의 경우 양기의 계획은 제대로 이행되었다. 허가받지 않은 환관이 환관 숙소에서 지내는 것이 불법이라는 사실을 양기는 꿈에도 몰랐다. 양기는 장운을 투입해 놓고 '이제는 안심이다.'라고 생각하여 경계를 누그러뜨리고 있었다. 그런데 양기의 계획이 빗나간 것이다. 양기 토멸의 깃발이 오르자 호분(虎賁)* · 우림(羽林)* 등 친위병단과 좌우 도후(都侯)가 거느리는 무장병 천여 명이 양기의 저택을 삽시간에 포위하였다. 이때 총 지휘는 수도경비 책임자 장표(張彪)가 맡았으며 작전 계획을 세운 것은 단초 · 좌관 · 서황 · 구원 · 당형 등 5명의 환관이었다.

환제의 절(節)*을 가진 칙사가 양기의 대장군 인수를 회수하자 양씨 토멸 계획은 성공하였다. 그 날에 양기 부부는 자살하고 양씨 · 손씨 일족들은 노소를 막론하고 주살되었다. 양기와 관계가 깊었던 궁중 대신 등 수십 명이 연좌되어 죽임을 당했다. 관직을 삭탈당한 자가 3백여 명에 달하여 한때 조정은 공백 상태에 빠지고 잠시 동안이지만 낙양은 혼란을 겪었다.

양기의 가산을 몰수하여 매각한 결과 그 액수가 무려 30여 억 전에 달하였다. 국가 1년 조세 수입의 반액에 달하는 엄청난 액수였다. 양씨 토멸은 양황후가 죽은 다음 달의 일이었으며 그 다음 달인 연희 2년(159) 8월에 절세의 미녀 등향의 딸 맹녀가 정식으로 황후의 자리에 올랐다.

## 당고의 화

양기 일족이 토멸되자 백성들은 축배를 들며 기뻐하였으나 세상은 그렇게 만만하지 않았다. 흉악한 호랑이를 몰아내자 새로 다섯 마리의 이리가 나타나 세상을 어지럽히게 되었다. 단초 등 다섯 사람의 환관들은 양기 토멸의 공로로 동시에 열후의 자리에 올라 도당을 규합하고 친척을 관직에 등용하는 등 강력한 환관 정권을 일으키기에 여념이 없었다.

양씨 일족이 토멸된 후 환제는 8년 동안 재위하여 36세에 죽기까지 오로지 환관들이 정권을 휘둘렀다. 이에 유생들의 거센 저항이 일었다.

이 시대를 대표하는 유생은 중앙에서는 이응과 진번(陳蕃), 지방에서는 진식(陳寔)이었다.

이응은 지방 장관으로 재직할 때 지방의 부패 관료나 호족들을 숙청함은 물론 한때는 군대를 거느리고 선비족(鮮卑族)과 싸운 적도 있었다. 그가 하남윤(河南尹)으로 있을 때 부정을 저지른 양원군(羊元群)이라는 호족을 조사하려다가 오히려 처벌을 받았다. 이는 양원군이 황제의 측근에 있는 환관들에게 청탁을 넣어 이응을 처벌하도록 획책했기 때문이었다. 그러나 이응을 적극적으로 변호하는 사람들이 많아 마침내 이응은 사면되어 사예교위(司隷校尉)*가 되었다.

* 사예교위(司隷校尉) : 당시 수도 낙양 부근의 홍농(弘農)·하동(河東)·하내(河內)지방에는 자사(刺史)를 두지 않고 사예교위를 두어 관리들을 감찰하고 치안을 담당하게 하였음

당시 유력한 환관인 장양(張讓)의 동생 장삭(張朔)은 현령으로서 횡포가 극심하여 어느 날 임신부를 학살하고 장양의 집에 도망쳐 숨었다. 이응은 장양의 집, 속이 빈 기둥 속에 장삭이 숨어 있다는 것을 알았다. 그는 부하를 거느리고 장양의 집을 급습하여 기둥을 쪼개고 장삭을 체포, 연행하여 재판에 회부하였다. 권력에 아첨하지 않고 엄정한 법에 따르는 이응의 이 같은 태도는 삽시간에 수도 낙양을 뒤흔들어 놓아 그의 명성은 점점 높아갔다. 그를 만나는 일은 선비로서 일생일대의 영광으로 여겨졌다. 이응을 만

나 보고 이응으로부터 인정을 받는 자가 있으면 사람들은 그를 등
용문(登龍門)이라 일컬었다.

'등용문'이란 말은 '용문에 오른다.'는 뜻으로 용문은 원래
황하 상류에 있는 급류(急流)로 잉어가 거기에 뛰어올라가서 용
이 된다는 전설에서 유래한 말이다. 즉 입신출세의 어려운 관문을
통과했다는 비유라고 할 수 있다.

진번은 삼공의 한 사람인 태위의 자리까지 오른 인물이었다.
그도 외척이나 환관들의 횡포에 과감히 대항하여 선비들의 갈채
를 받았다. 처음에는 이고의 추천을 받아 의랑이 되고 다시 낙안
군 태수가 되었다. 지방에서 부정 부패와 싸우고 중앙으로 영전하
여 대홍려가 되었다. 그가 대홍려로 있을 때 이운(李雲)의 상서
사건이 있었다.

그때 이운은 백마현 현령으로 재직하고 있었는데 양기를 토

멸한 후 5명의 환관들을 열후에 봉하고, 다시 3명의 환관들을 추가로 열후에 봉하자 분개하여 상소를 올렸다. 그 상소문 가운데에는 "지금 소인배들이 아첨을 일삼아 관계에 진출하여 관의 위계 질서가 극도로 문란해 있다."라는 내용과 "만약 고조께서 이 같은 사실을 아신다면 크게 꾸짖을 것입니다."라는 문구 등 극단적인 내용이 있었다.

이운은 이와 똑같은 부본을 3통 만들어 삼공부(三公府)에 각각 한 통씩을 보냈다. 홍농군의 하급 관리였던 두중(杜衆)도 이운의 상소에 공명(共鳴)하여 역시 상소를 올렸다.

"이운과 한날에 죽기가 소원입니다."

마침내 이운과 두중이 함께 옥사하였다.

이 사건에 대하여 진번은 끝까지 반대하여 구명 운동을 펴다가 일단 면직 처분을 받았다. 그 후 다시 의랑, 광록훈(光祿勳)*을 거쳐 연희 8년(165)에 태위로 승진하였다.

진식은 이응과 진번에 비하여 가난한 선비 출신이었

* 광록훈(光祿勳) : 제사 · 조회 · 향연 등을 관리함

**한대의 성보** 지방 호족의 성

다. 지방의 하급 관리로 있다가 고작 현령을 지낸 데 불과했지만 학식과 덕행으로 세상에 알려져 사람들의 존경을 받았다.

진식에 대해서는 유명한 에피소드가 전한다.

흉년이 들어 백성들이 굶주림에 허덕이고 있던 어느 날 밤, 진식의 집에 도둑이 들어 대들보 위에 몸을 숨기고 있었다. 진식은 이를 눈치채고 자손들을 모두 불러 모아놓고 위엄 있는 태도로 일장 훈화를 하였다.

"대저 인간이란 스스로 노력하지 않으면 아무것도 이룰 수가 없는 법이다. 사람이란 원래부터 나쁜 것이 아니고 나쁜 버릇이 습관화 되어 끝내 악의 구렁텅이로 빠져버리게 된다. 대들보 위의 군자(君子)도 바로 이런 사람이다."

대들보 위에서 숨을 죽이고 있던 도둑은 진식의 이 같은 행동에 크게 놀라 대들보에서 내려와 땅에 엎드리며 벌을 청하였다. 진식은 좋은 말로 타이르고 비단 두 필을 주어 보냈다. 그 후부터 진식이 관할하는 태구현(太丘縣)에는 도둑이 끊겼다고 한다. 이 이야기가 도둑을 일컬어 '양상군자(梁上君子)*'라고 말하는 고사의 유래이다.

* 양상군자(梁上君子) :
대들보 위의 군자

당시 수도 낙양의 태학에는 3만여 명에 달하는 학생이 모여 공부하고 있었다. 이들 태학생들은 환관들이 제멋대로 권력을 휘둘러 질서가 문란하고 기강이 해이해지는 것에 대해 비판적인 여론을 일으켰다. 비판의 여론은 환관들의 전횡이 극렬해짐에 따라 그 도를 더해 갔으며 마침내는 환관 타도를 부르짖게 되었다. 반환관 세력의 정신적 지주는 말할 것도 없이 이응·진번 등이었다.

나는 새도 떨어뜨릴 수 있는 권력을 가진 환관들은 이들 세력을 그대로 두었다간 안 되겠다고 생각하여 마침내 비장의 솜씨를 발휘하였다. 그들은 환제가 가장 신임하는 점쟁이의 제자 이름으로 당인(黨人) 탄핵의 상소를 올렸다.

"이응 등은 도당을 모아 조정을 비방하고 민심을 어지럽히려 하고 있습니다."

환제는 크게 노하여 몸을 떨며 전국에 칙령을 내려 이들을 체포, 심문하도록 하였다. 이 칙서의 문안이 삼공부(三公府)에 회부되어 오자 태위 진번은 서명을 거부하였다. 환제는 크게 노하여 이응 등을 북사(北寺)*의 옥에 가두었다.

* 북사(北寺) : 궁중에 있는 중신들의 재판소

진술 심문에 의하여 이 사건에 연루된 당인은 진식·두밀(杜密)·범방(范滂) 등 200여 명에 달하였다. 이들을 체포하는 사자들이 전국 각지로 파견되자 진번은 끝까지 환제에게 간하였으나 환제는 진번에게 파면장을 내려 그를 해임시켰다. 사태가 이에 이르자 조정의 군신들은 모두 두려워하여 감히 당인을 변호하는 자가 없었다.

이 소문을 들은 영천 사람 가표(賈彪)는 말하였다.

"내가 서울로 가 수습하지 않으면 이 중대한 사건은 해결되지 않겠다."

**한대의 우경법** 소 두 마리에 세 사람이 하는 이우삼인식(二牛三人式)이다. 한 사람은 소를 끌고, 다른 한 사람은 쟁기를 조종하고, 마지막 사람이 쟁기를 잡는 식이었다.

낙양으로 올라와 황후의 아버지 두무(竇武)를 설득하였다. 두무는 이들 당인들의 혐의 사실이 사실무근이라는 것을 조목조목 적어 올리고 당인들을 방면하도록 상주하였다. 한편 이응을 비롯하여 관련자들을 법정 심문하는 과정에서 환관파의 횡포와 악

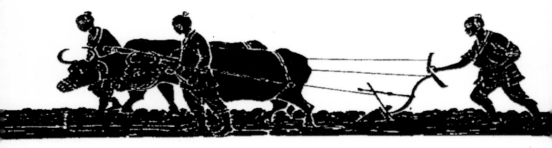

행이 여러 사람의 입을 통해 모두 폭로되자 환관들도 당황하였다. 때마침 두황후의 아버지 두무로부터 상주문이 올라와 환관파도 사태를 종결짓기로 하였다. 최종 조치는 당인들의 죄를 용서하여 모두 고향으로 돌려보내고 삼공부에 이름을 기록하여 종신금고*에 처한다는 것이었다. 이것이 이른바 제1차 '당고(堂錮)의 화(禍)'이다.

* 종신금고 : 이 시대의 금고란 자유를 구속하는 것이 아니고 일생 동안 관리로서 등용하지 않겠다는 것이다.

## 제2차 당고의 화

제1차 당고의 화가 종결지어져 당인들이 석방된 해 12월에 환제가 죽고 장제(章帝)의 아들 하간왕 유개(劉開)의 증손인 유굉(劉宏)이 환제의 뒤를 이어 제위에 오르니 이 이가 영제(靈帝)이다. 나이 겨우 12세인 소년이었기 때문에 두태후가 섭정하였다. 두태후는 두무를 대장군, 진번을 태부로 삼았으며 천하의 현재들을 등용하니 이응·두밀 등도 조정에 나왔다. 백성들은 현인들이 조정에 들어갔으니 이제야 태평성대가 올 것이라고 크게 기대하였다. 그러나 그 기대는 산산조각이 나고 말았다. 환관들의 전횡이 더욱 극렬해져 태후를 제쳐놓고 그들 마음대로 정권을 휘둘렀기 때문이었다. 진번과 두무는 함께 의논하여 두태후에게 다음과 같이 상주하였다.

"환관들이 국가 권력을 농락하여 천하를 어지럽히고 있으니 그대로 둘 수 없습니다."

진번과 두무는 환관의 우두머리 조절(曹節)·왕보(王甫) 등 일당을 주살할 계획을 세웠다. 그러나 이 계획이 치밀하지 못했는지 정보가 누설되어 환관들이 기선을 잡아 먼저 군대를 동원하였다. 진번은 살해되고 두무도 체포되어 자결하였다. 그의 수급은 낙양의 도정(都亭)에 효수되었다. 왕보 등은 두태후마저 남궁(南宮)으로 내쫓았다.

이것이 이른바 제2차 당고의 화로 처참하기 이를 데 없었다. 그들은 제1차 당고의 화를 흐지부지 처리하였기 때문에 제2차 당고의 계획이 세워졌다고 판단했던 것이다. 이응을 위시하여 죽임을 당한 자가 100여 명에 이르렀고, 금고 6, 700명, 체포, 투옥된 태학생이 1천 명이 넘었다. 이들 당인들의 가까운 친척과 제자 가운데 관직에 있는 자들도 모두 해임되거나 금고 처분을 받았다.

두 차례에 걸쳐 당고의 화가 일어나는 동안 지각 있는 사람들 사이에서는 정도(正道)를 걷는 인사들을 높이 추앙하고, 소인배들이 농락하는 조정을 얕보는 풍조가 생겨났다. 이들 지각 있는 사대부들은 명망 높은 현인을 찬양하여 그들에 어울리는 칭호를 붙여 추앙하였다.

두무·진번·유숙(劉淑)을 3군(君)이라 불렀다. '군' 이란 온 세상 사람들이 모두 세 사람을 조종(祖宗)으로 추앙한다는 뜻이다. 이 밖에 8준(俊), 8고(顧), 8급(及), 8주(廚)가 있는데 8준(俊)은 이응·두밀 등 8명의 현인을 가리키는데 '준(俊)' 은 걸출한 인물이라는 뜻이다.

도제 배

'고(顧)' 는 덕행으로써 사람들을 잘 인도한다는 뜻이고, '급(及)' 은 사람들을 선도함으로써 숭배된다는 뜻이며, '주(廚)' 는 재물로써 사람들의 재난을 구제한다는 뜻이다.

8고(顧)의 한 사람인 범방(范滂)은 제1차 당고의

화 때 체포되어 고문을 받게 되었는데 자진해서
맨 먼저 고문대에 올라간 의협심이 강한 인
물이었다. 다른 당인들은 고문에 못 이겨
자백하는 사람도 있었으나 범방은 끝까지
고문을 이겨냈다. 석방령이 내려져 범
방이 귀향길에 오르자 이 소문을 듣
고 여남·남양군의 사대부들이 모
두 몰려나와 그를 맞이하는 바람에
수레가 수천 대나 몰려들었다.

　2년 후 진번·두무 등의 쿠데타 실패로
제2차 당고의 화가 일어나 범방에게도 다시 체포
령이 내려졌다. 독우(督郵)* 오도(吳導)가 체포의 조서를 가지고
왔으나 차마 범방을 체포할 수가 없어 조서를 품에 안은 채 울고
있을 뿐이었다. 이를 본 범방은 자신에게 체포령이 내렸음을 알고
조서를 보지도 않고 자진출두하였다. 그러자 현령 곽읍(郭揖)은
허리에 차고 있던 인수를 풀어 내던지고 범방의 손을 잡으며 함께
도망치자고 달래었다. 범방은 고개를 가로저으며 거절하였다.

　"내가 죽으면 그만 아닌가?"

　범방의 어머니는 범방이 살아 돌아올 수 없음을 알고 그의 손
을 잡고 마지막 한마디 말을 하였다.

　"너는 이제 이응과 두밀 같은 어지신 분과 마찬가지로 의
인·현사의 이름을 길이 후세에 남기게 되었으니 네가 죽는다 해
도 나는 여한이 없구나!"

　범방은 무릎을 꿇고 앉아 두 번 절하고, 마지막 인사말을 하
였다.

**청자 향로** 삼각형의
구멍을 12개 뚫고, 철
분에 의한 반점 장식
이 새겨진 청자 향로

* 독우(督郵) : 현의 하
급관리

**돈황 둔전의 식량 창고**

"삼가 어머님의 가르침을 길이 간직하겠습니다."

범방은 다시 자식들을 돌아보며 훈계의 말을 남기고 작별하였다.

"나는 너희들에게 한때의 부귀영달을 바랐으나 생각을 고쳐 먹기로 하였다. 너희들은 절대 나쁜 일을 해서는 안 된다. 나는 너희들에게 선행을 권하고 싶다고 생각했기에 소인들과 어울리려 하지 않았다. 이렇기 때문에 참화를 입게 되었지만 나는 이를 조금도 후회하지 않고 흔연히 떠난다."

이 소문을 들은 사람들은 모두 범방의 뜻에 감동하여 눈물을 흘렸다.

영제 즉위 8년(175) 조정에서는 서원(西園) 가운데 서저(西邸)를 설치하여 벼슬을 팔기 시작하였다. '서저'란 점포와 비슷한 것으로 돈을 받고 벼슬을 팔아 돈을 보관하는 곳이었다. 값은 군수 등 녹봉 2천 석의 벼슬은 2천만 전, 400석 상당의 현의 장관은 좋은 지방과 나쁜 지방에 따라 그 액수가 달랐으며, 가난한 자는 벼슬에 오른 다음 할부로 지불하는 방법도 있었다.

홍미 있는 것은 같은 호봉의 관직이라도 지방의 관직이 중앙의 관직보다 갑절의 값으로 거래되었다는 사실이다. 지방의 관리는 착취가 가능했지만 중앙 관서의 관리는 착취를 할 수 없기 때문이었다.

신분과 재산의 정도에 따라서도 그 값에 많은 차이가 있었다. 극단적인 예로 환관 조등(曹騰)의 아들 조숭(曹嵩)은 대단한 부호였다. 그는 태위의 벼슬을 샀는데 이름만 근사할 뿐 실속이 없는 중앙 관서의 벼슬이었기 때문에 정가는 1천만 전에 불과하였다. 그러나 조숭은 무려 1억 전을 지불하였으니 정가의 10배에 해당하는 엄청난 돈이었다. 중간 상인이 그렇게 요구했기 때문이었지만, 상상하기도 힘든 일이다. 이와는 반대로 명사로 알려진 최염(崔炎)이 사도 벼슬을 샀는데 정가는 1천만 전이었지만 그 절반인 500만 전에 샀다. 최염이 청빈한 명사라는 점이 고려되었기 때문이었다.

이 시대의 관직의 임기는 매우 짧았다. 돈을 많이 거두어 들이기 위해서는 회전 속도가 빨라야 하기 때문이었다. 짧은 임기 동안에 본전을 회수하고 짭짤한 장사를 하기 위해서 관리들은 성급하게 굴었으며 이에 따라 가렴주구(苛斂誅求)*가 성행하였음은 당연한 일이었다. 탐관오리들의 토색질에 못 이겨 밤에 몰래 도망치는 백성들이 생겨나기 시작하였다. 당시 도망친 자들은 국가에 반항하는 무리로 간주되었기 때문에 그들은 도적의 집단에 들어갈 수밖에 없었다.

빗발치듯 일어나는 비판의 여론을 탄압하기 위하여 두 차례

* 가렴주구(苛斂誅求) : 세금을 가혹하게 거두어 들이고, 무리하게 재물을 빼앗음

**만석창인** 군량을 관리하는 관청의 도장

에 걸친 당고의 화가 근 20년 동안이나 이어졌다. 뒤이어 벼슬을 돈으로 팔고 사고 하는 세상이 되고 보니 지배 계급 내부의 모순이 격화되었다. 뿐만 아니라 지배 계급과 피지배 계급 간의 모순과 갈등은 더욱 첨예화되어 마침내 후한 왕조 타도를 외치는 황건적(黃巾賊)의 난이 일어났다.

사태가 이에 이르자 지배 계급 내부의 투쟁은 일시적으로 완화되고 각 세력 당파들이 힘을 합쳐 반란 진압에 기수를 돌렸다. 그러나 그것은 쓰러져가는 후한 왕조를 일으켜 세우려는 마지막 안간힘에 불과하였다.

## 황건적의 출현

하북 거록현(鉅鹿縣)에 장각(張角)이라는 사람이 황제·노자의 도를 가르친다며 태평도(太平道)라는 신앙 단체를 만들었다. 10여 년 동안에 신도의 수가 수십만 명에 이르자 그는 신도를 '36방(方)'으로 조직하였다. 1개의 방은 규모가 큰 곳은 1만여 명, 작은 곳은 6, 7천 명에 달하였으며, 각 방에는 거사(渠師)라 불리는 두목을 두어 통솔하도록 하니 그 조직이 군대 조직과 흡사하였다.

도교가 민간 신앙에서 체계를 갖춘 종교로 발전하게 된 것은 아마도 불교의 영향을 받은 것으로 생각된다. 흔히 불교는 후한 명제 때 전래한 것으로 알고 있으나 전한 말기에 이미 전해졌을 것으로 보는 학자도 있다. 그 이유는 실크로드가 장건에 의해 개척됨으로써 동서의 교역이 시작되었고, 상품과 더불어 교역하는 사람들이 왕래하면서 불교 신앙을 전파하는 사절이 오갔을 가능성이 짙다는 것이다. 이때 대월지(大月氏)는 이미 불교국이 되어 있었다는 사실은 이 같은 주장을 뒷받침해주고 있다.

태평도는 병자가 무릎을 꿇고 자기의 잘못을 뉘우치며 부적에 적신 물을 마시면 병이 낫는다는 주술로 신도를 모았다. 교조 장각은 스스로 대현양사(大賢良師)라 칭하였는데 이는 황천(黃天)이라는 신의 사자라는 뜻이다. 황천이야말로 전지(全知)의 신으로서 인간의 병은 그 신이 내리는 벌이니 병자들은 자신의 죄를 참회하는 일부터 시작해야 한다는 것이었다.

육체적인 병, 정신적인 병을 가진 사람들이 순식간에 모여들어 그 수가 눈덩이처럼 불어나자, 마침내 신앙 집단에서 반란 집단으로 바뀌어갔다. 그들은 다음과 같은 노래를 퍼뜨렸다.

'창천(蒼天)은 이미 죽고 황천(黃天)이 일어난다. 황천이 일어나는 해는 갑자년이고 이 해에는 천하가 크게 길하리라.'

蒼天已死 黃天當立
歲在甲子 天下大吉

창천은 후한 제국을 뜻하는 것이고 황천은 태평도에서 모시는 신을 가리키는 것이니 즉 그들이 갑자년 중평 원년(184)에 결기(決起)한다는 것을 예고한 것이다.

태평도—황건적(黃巾賊)의 봉기는 밀고자를 통해 계획이 누

**황건적의 난** 태평도 (太平道)를 주장한 장 각(張角)이 두 동생과 함께 농민 봉기를 지 휘하고 있다.

설되고 말았다. 그래서 이들은 부득이 예정보다 앞당겨 봉기하지 않으면 안 되었다. 장각은 대현양사라고 일컫던 자기의 칭호를 천 공장군(天公將軍)이라 개칭하고 그의 동생 장보(張寶)를 지공장 군(地公將軍), 장량(張梁)을 인공장군(人公將軍)이라 칭하고 각 방에 지령을 내려 일제히 군사를 일으켰다. 이들은 모두 황색수건 을 머리에 둘렀기 때문에 황건적이라 불렸다. 이들은 지방의 관청 을 불사르고 마을이나 도시를 닥치는 대로 약탈하니, 지방의 관리 들은 애써 이들과 대항하기보다는 모두 도망치는 형편이었다.

조정에서는 중신 회의를 열어 황보숭(皇甫嵩) · 노식(盧植) 을 파견하여 이들 황건적을 토벌하도록 하는 한편, 측면 대책으로 써 당인들의 금고를 해제하기로 결정하였다. 황건적이 당인들과 결합할 경우 걷잡을 수 없는 사태가 발생할지도 모른다는 우려에 서였다.

장각이 거느리는 황건적의 중심 세력은 하북(河北)에 있었으 나 하남 동부의 영천 부근에도 강력한 세력이 포진하고 있었다.

그래서 조정에서는 노식을 하북에, 황보숭과 주준(朱儁)을 영천에 파견하였다.

황보숭이 장사(長沙)에서 황건적의 파재(波才)가 거느리는 군사에게 포위되어 위기에 처했을 때 원병을 이끌고 달려온 사람이 당시 기도위(騎都尉)로 있던 조조(曹操)였다. 이것이 역사상 유명한 조조의 첫 등장이다.

하북에 파견된 노식은 장각을 광종현성(廣宗縣城)까지 패주시키고 그곳을 포위하여 공격전을 준비하고 있을 때 해임되고 말았다. 노식이 해임당한 데에는 다음과 같은 내부 사정이 있었다.

토벌군에는 황제 직속의 감찰역이 있었는데 이 감찰역은 모두 환관이 담당하였다. 노식의 토벌군에는 좌풍(左豊)이 배속되어 있었다. 당시의 관습으로는 군사령관이 감찰역에게 뇌물을 보내는 것이 당연하였으나 노식은 강직한 유학자로 뇌물 따위를 바칠 리가 없었다. 좌풍은 낙양에 돌아와 영제(靈帝)에게 다음과 같이 보고하였다.

"광종현의 도적은 쉽게 격파할 수 있는데도 노식은 참호를 굳게 파고 군사를 휴식시키며 도적이 저절로 궤멸하기를 기다리고 있을 뿐입니다."

황제는 크게 노하여 노식에게 다음과 같은 처분을 내렸다.

"사형은 면하되 죄수로서 함거*에 실어 소환하도록 하라."

해임된 노식의 후임에는 동중랑장(東中郎將) 동탁(董卓)이 임명되었다. 이것이 《삼국지(三國志)》의 악역(惡役)으로 등장하는 동탁의 첫 등장이다. 동탁은 노식의 후임으로 광종현의 황건적을 공격하였으나 성을 함락하지 못하여 그 또한 소환되었다.

황건적 토벌군은 3월에 편성되어 10월에 이르러 겨우 장각의

* 함거 : 죄인을 실어 나르던 수레

**화북 평원** 황건적은
화북 평원 지역까지
약탈했다.

동생인 공장군 장량을 광종현에서 격파하였다. 이때 장각은 이미
병사하였는데, 그의 묘를 파 관을 깨고 시체의 목을 잘라 수급을
낙양에 보내었다. 11월에 황보숭은 지공장군 장보를 하곡양(下曲
陽)에서 격멸하고 그의 목을 베는 데 성공했다.

　　그러나 황보숭은 황건적 토벌 도중 환관 조충(趙忠)의 집의
규모가 신하의 법도를 어겼음을 보고 이를 조정에 보고하여 조충
의 집을 몰수하였다. 그는 환관의 거두 장양(張讓)과도 사이가 나
빴다. 이들 두 환관은, "황보숭은 전공에 비해 지나치게 경비만
허비했을 따름입니다."라고 보고하여 좌거기장군(左車騎將軍)의
인수를 몰수하고 식읍(食邑)도 6천 호나 삭감하였다.

　　이듬해 중평 2년(185) 2월 장각을 토벌한 공로로 장양 이하
12명의 환관이 열후에 봉해졌다. 실제 전투에는 참가하지 않았으
나 황제의 측근으로서 작전에 참여했다는 명목이었다.

# 후한 시대의 과학과 인문

## 채륜(蔡倫)의 제지(製紙)

채륜이 세계 최초로 종이를 만들었다는 이야기는 잘 알려진 사실이지만 지금에 와서는 과연 채륜이 종이를 발명했을까 하고 의문을 제기하는 경향이 있다. 여기서 이 의문을 풀기 위하여 우선 종이의 역사를 더듬어 보기로 하자.

종이는 처음부터 글씨를 쓰기 위한 재료로 존재하지는 않았다. 중국의 태고 시절에는 새끼나 노끈의 매듭 모양과 수로써 서로의 의사를 소통한 일이 있었다고도 하지만 그 시대에는 물론 문자도 없었으며 그것을 쓰기 위한 종이도 없었다.

은·주 시대에 들어서면서 차츰 문자가 발달하였으나 역시 종이는 없었고 종이 대신 거북의 등껍데기나 길짐승의 뼈에 문자를 새겨 넣었다.

춘추·전국 시대에 들어서면서 죽통(竹筒)·목편(木片)이 사용되기 시작하여 은·주 시대보다는 많이 편리해졌지만 무거워서 여전히 불편하였다. 전한 시대의 이야기지만 유명한 문장가로 알려진 동방삭이 쓴 문장은 죽통이 무려 3천 통에 이르러 이것을 황제에게 바치기 위하여 두 사람의 장정이 짊어지고 힘겹게 운반하였다. 또 전국 시대의 사상가 혜시(惠施)는 유학을 떠날 때 수레 다섯 대 분량의 책(죽통)을 휴대하였다 하여 여기서 '오거서(五車書)'라는 말이 유래하였다고 한다. 호남성 장사 마왕퇴(馬王堆)의 고분에서 전한 초기의 백서(帛書)*와 백화(帛畫)*가 발견되었다. 이 같은 사실은 고대에는 종이 대신 비단을 사용했음을

* 백서(帛書) : 비단에 쓴 글씨
* 백화(帛畫) : 비단에 그린 그림

**죽간** 종이가 만들어지기 전까지 얇게 쪼갠 대나무판이나 비단에 기록했다.

말해주는 것이다. '종이지(紙)' 자에 실사변이 붙은 것도 옛날의 종이가 비단이었다는 데서 유래한 것인지도 모른다. 그러나 이 종이, 즉 비단은 너무 값이 비싸 궁중에서나 대부호가 아니고서는 사용할 수가 없었다.

죽통은 무겁고 비단은 비싸기 때문에 문화의 전파가 어려웠다. 이에 당시로선 가볍고 값이 싼 종이의 생산이 시급한 문제로 대두하였다. 그 결과 후한(25~220)의 채륜이 역사적 대업인 이른바 채후지(蔡侯紙)를 만들어내는 데 성공하였다.

'채후지'란 채륜(?~121)의 창안과 지도 아래 만들어낸 종이이다. 채륜의 자는 경중(敬仲)이고 계양(桂陽, 호남성 임현) 출신이었다. 재능이 뛰어나고 학문이 높아 궁전의 관리(환관)로 등용되어 국가 직영의 무기류 제조 공장을 관장하고 있었다.

그의 제품은 "정밀 견고하여 후세의 모범이 되었다."고 평판이 드높았으며 채륜은 이 방면에 뛰어난 기술자, 권위자로 군림하였다.

식물의 섬유로 종이를 만드는 일은 채륜이 발명한 채후지(蔡侯紙)보다 200년 앞서 이미 민간에서 시도되고 있었다. 그러나 그것은 삼(麻)이나 모시풀(苧)을 재료로 하여 만든 것으로 제조 기술의 미숙으로 품질이 떨어졌다. 뿐만 아니라 풀솜을 재료로 써야 했기 때문에 여전히 값이 비싸 대중화에는 어려움이 많았다.

채륜은 이와 같은 민간의 경험을 토대로 제조법을 개량하여 나무껍질 · 삼(麻) · 넝마 · 걸레 · 폐기된 어망(魚網) 등 값싼 재료로 마침내 가볍고 얇고 튼튼한 필기 재료인 종이를 만들어 내는 데 성공했다. 채륜은 그 후 '용정후(龍亭侯)'에 봉해졌기 때문에 그가 만든 종이를 채후지라 부르게 되었다.

채륜

선인들의 경험을 총괄하고 거기에 개혁을 가하여 고대 제지 기술을 완성시킨 것은 역사적 공적이며, 동시에 채륜은 뛰어난 기술개혁자라고 할 수 있다.

종이는 지남차 · 화약 · 인쇄술과 함께 중국이 자랑하는 4대 발명품의 하나이다. 역대의 사가들은 종이의 창조와 발명을 채륜 한 사람에게 돌리고 있으나 이것은 정확한 사실이라고 볼 수는 없다. 채륜을 도와 채륜 못지 않은 연구와 기술 개발에 몸바친 사람이 있었다는 사실을 간과해서는 안 된다. 옛 역사의 기록에는 이러한 예가 비일비재하다.

역사가 흐르는 동안 여러 사람의 총명과 슬기가 모아져 이루어진 성과가 어느 한 사람의 '영웅'의 이름으로 기록되는 사실은 흔히 있는 일이다. 이것은 영웅이 역사를 만든다는 유심주의적 반영이라 할 수 있다. 채륜은 사실 중국 제지술의 창시자도, 발명자도 아니지만, 제지 역사상 중대한 공헌을 했음은 부인할 수 없다. 이것이 고대 제지 기술은 누가 발명했는가라는 물음에 대한 정확한 해답일 것이다. 최근 신강성, 감숙성, 서안시 등지에서 고고학자들이 전한 시대의 종이를 종종 발견하고 있다. 이들 가운데 가장 오래된 것으로는 전한 무제 시대(기원전 140~84) 이전의 것으로 추측되는데, 이것은 채륜이 종이를 만든 시기보다 약 200년이나 앞선 것이다. 그러나 이러한 시대의 고지(古紙)에서는 문자가 쓰여진 것이 없고 후한 시대의 고지에는 문자가 쓰여진 것이 다수 발견되어 채륜의 제지 사실을 뒷받침해주고 있다.

**한대의 종이**

중국의 제지 기술은 채륜에 의해 개혁되고 그로부터 약 500년 후에 한국을 거쳐 일본에 전파되었다. 또 600년 후에는 아랍과 유럽에 전파되고 1500년 후에는 미국에 전파되었다고 한다.

## 혼천의와 지동의

태양 · 달 · 성좌의 운행 등 천체의 변화와 우주의 심오함은 현대에 이르러서도 플라네타륨(天象儀)에 의해 나타낼 수밖에 없을 정도로 신비에 싸여 있다. 그러나 중국에서는 2천 년 전의 한나라 때에 이미 이 방법에 대한 연구가 진행되어 플라네타륨의 선구자적 발명품인 혼천의가 탄생하였다. 이것은 인류 문화사상 획기적인 업적으로 전한 · 후한 400여 년 동안 많은 천문학자들이 천문 관측기를 제작하였는데 이들 가운데 가장 대표적인 학자는 후한의 장형(張衡)이었다.

장형(78~140)의 자는 평자(平子)이고 형주 남양군 출신이었다. 명문에서 태어났으나 청소년 시절에는 집이 가난하여 고학으로 학문을 닦았다. 15, 16세 때 비범한 문재를 과시하였고 17세부터 7, 8년간 장안과 낙양에 유학하여 당대의 거유(巨儒) · 명사들과 학문을 연구하였다. 37세 이후는 태사령*으로서 천문 관측 사 * 태사령 : 천문 · 역법<br>을 다루는 관청의 책임<br>자
업에 종사하였다. 당시 그가 천문을 관측했던 천문대로 보이는 고
영대(古靈臺)의 유적 일부가 1974년에 발견되었다.

　　장형은 태사령이 된 후 4년째 되던 해에 '수운혼천의(水運渾
天儀)'를 만들어냈는데 이것은 아마도 세계 최초의 자동 천문 관
측기임에 틀림없을 것으로 보인다. 수운(水運)이란 말할 것도 없
이 물의 힘으로 움직인다는 뜻이다.

　　수운혼천의의 주체는 가운데가 텅 빈 커다란 동구(銅球)로써
구면(球面)에는 별자리가 가득히 새겨져 있었다. 때문에 일명 천
구의(天球儀)라고도 불렀다. 천구의 바깥 둘레에는 구리로 만든 * 동호적루(銅壺滴漏) :<br>구리로 만든 병에서 물<br>방울이 샌다는 뜻. 밑에<br>구멍이 뚫린 구리병에<br>물을 넣고 그 물이 새는<br>분량을 보고 시간을 측<br>정하는 물시계
바퀴가 여러 겹으로 둘러 있는데 이것은 각각 지평(地平) · 적도
(赤道) · 황도(黃道) 등을 표시한 것이다.

　　또 혼천의에는 자동 장치가 부착되어 있었다. 이것은 고대에
시각(時刻)을 재는 데 사용했던 동호적루(銅壺滴漏)*의 원리를
이용한 것이다. 수력으로 천구를 회전시켜 천체의 가장 기본적인
자연 변화를 재현시킴으로써 앉아서도 별과 하늘의 변화 현상을 **혼천의**
관찰할 수 있었다.

　　그 후 천문학자들에 의해 만들어진 세계 최초의
천문 시계도 사실은 장형이 만들어낸 수력을 응용
한 자동식 혼천의의 원리에 따른 것이었다.

　　장형이 살아 있을 때 중국에는 자주 지진이
일어났다. 119년 그가 42세 때 봄과 겨울 두 번에
걸쳐 수도권과 42군에 큰 지진이 일어나 집이 무너
지고 많은 사상자를 냈다. 그러나 이 같은 자연재해
에 대한 대책이 전혀 없어 황제로부터 서민에 이르

기까지 그저 기도와 탄식으로 세월을 보낼 뿐이었다. 장형은 오랜
연구 끝에 세계 최초의 지진 관측 장치인 지동의를 완성하였는데
당시 그의 나이 55세였다.

　　지동의는 술을 넣는 단지 모양으로 그 내부에 여러 장치가 들
어있고 둘레에는 8마리의 용이 각각 여덟 방향으로 부착되어 있
었다. 이 용의 입은 아주 약한 진동에도 잘 움직이게 만들어져 있
고 그 입안에 각각 동으로 만든 구슬을 하나씩 물려 놓았다. 또 용
의 머리 밑에는 하늘을 향해 입을 크게 벌리고 있는 동으로 만든
두꺼비가 놓여 있어 어디선가 지진이 일어나려고 하는 순간에 그
방향의 용의 입이 딱 벌어지면서 물고 있던 구슬이 뚝 떨어지며
경보가 울리게끔 고안된 장치였다.

　　138년의 어느 날 영대(천문대)에 비치되어 있는 지동의 정서
쪽 용의 입이 저절로 열리며 동으로 만든 구슬이 딱 떨어졌지만,
낙양 사람들은 단 한 사람도 지진의 기미를 느끼지 못했다. 그러
자 학자와 관리들은 저마다 빈정거리며 장형을 비웃었다.

"장형이 만든 지동의는 아기들의 장난감밖에 안 되지!"

　그러나 수일 후 감숙성에서 사자가 급히 올라와 감숙성 일대에 대지진이 일어났다는 사실을 황제에게 보고하였다. 장형의 지동의가 5백 킬로미터나 떨어진 곳의 지진을 정확히 포착했다는 사실이 알려지자 그를 비웃던 학자나 관리들은 크게 놀라 이번에는 신의 조화 같다며 장형을 칭찬하였다.

　애석하게도 지동의는 흔적조차 남아 있지 않아 지동의의 내부가 어떠한 신비스런 구조로 되어 있었는지를 알 길이 없다. 1950년대에 중국의 과학자들이 여기저기 흩어져 있는 기록을 종합하고 거기에 현대 과학을 응용하여 겨우 장형이 지동의에 시도했던 원리를 찾아내어 복원 모형을 만들어 박물관에 진열했을 뿐이다.

**지동의** 지진이 있을 때 가운데의 판이 움직여 용의 입을 여닫게 하고, 용의 입을 통해 구슬이 아래에 있는 두꺼비의 입으로 떨어진다.

또 장형에게는 그의 천문학 연구를 종합 정리한 저서 《영헌(靈憲)》이 있다. 영(靈)은 영대(천문대), 헌(憲)은 법칙을 뜻하는 것으로, 천문의 법칙이라는 뜻이다. 이 책에는 그의 오묘한 우주관이 잘 나타나 있다.

그는 하늘은 둥글고 지구도 그 안에 포함되어 있다고 믿었다. 마치 달걀 껍질이 노른자를 포함하고 있는 듯한 커다란 둥근 모양을 이루고 있다고 생각했다. 그렇지만 우주는 무한대로 넓다고 하였다. 일식과 월식에 관해서도 그 원인을 과학적으로 해석하고 있으며, 달에 대해서도 달 자체는 빛을 내지 않고 태양의 빛을 받아 반사하는 빛이라고 하였다. 중국 최초로 성좌표를 만들어낸 것도 장형이었다. 그는 성좌표에서 황하 유역에서 볼 수 있는 별을 2,500개로 기록하고 있다. 현대의 천문학에서도 밤에 육안으로 관측할 수 있는 별은 6,000개 정도이고 같은 시간, 같은 장소에서 볼 수 있는 별은 2,500개 정도라는 사실을 감안할 때 당시 장형의 정확한 관측 기술은 감탄을 자아내게 한다.


## 한방 외과의 개조 화타

수술을 요하는 환자들이 수술을 받으려면 우선 먼저 마취를 시키게 된다. 마취약의 사용을 근대 의학의 소산이라고 생각할지 모르나 사실은 지금으로부터 1700년 전 후한 시대 말기에 화타(華陀)라는 의사가 이미 전신 마취에 의한 대수술을 성공시킨 일이 있었다.

화타(?~208)의 자는 원화(元化)이고, 지금의 안휘성 박현 출신이었다. 청년 시절 고향을 떠나 외지에서 의학을 공부하였다.

사람들은 그를 관리로 추천하였으나 화
타는 이를 거절하고 끝까지 의사로서 병
치료에 전념하였다. 수십 년에 걸친 그의
의료 활동은 지금의 안휘성, 산동성, 하남
성, 강소성 등 여러 지방에 미쳐 사람들로
부터 깊은 신뢰를 받았다.

화타는 각 방면의 의술에 정통하였으
나 특히 외과에는 초인적인 신통력이 있
었다.

유명한 역사 소설로 널리 알려진《삼
국지연의》에는 촉(蜀)의 명장 관우가 화

**화타상**

살에 맞아 입은 상처를 화타가 치료하는 장면에 '뼈를 깎아 화살
독을 치료했다.'는 이야기가 나온다. 화타가 관우의 상처 부분의
뼈를 깎자 주위 사람들은 뼈 깎는 소리만 듣고서도, 모두 아연실
색하여 어찌할 줄을 몰랐으나 장본인인 관우는 태연하게 바둑을
두며 담소를 나누고 조금도 고통스런 표정을 짓지 않았다고 한다.
이 이야기는 오로지 관우의 무용을 강조하기 위한 것일 뿐으로 마
취약의 사용 여부에 대해서는 전혀 언급이 없다.

역사적 기록에 의하면 화타가 대수술을 할 때는 마비산(麻沸
散)이라는 마취약을 사용했다고 한다. 이 마취약이 있었기 때문
에 종양 절제 수술, 제왕 절개 수술, 장 절제 수술 등 대수술이 가
능하게 되었다.

마비산에 관하여는 어느 뱃사공의 이야기가 전한다. 어느 날
화타는 갑자기 심한 복통으로 쩔쩔 매는 뱃사공을 발견하였다. 진
찰 결과 비장(脾臟)이 짓물러 금방 수술하지 않으면 안 될 위급한

**오금의(五禽戱)** 화타가 남겼다는 일종의 체조. 호랑이, 원숭이, 곰, 새 등 동물의 동작을 보고 만든 동작으로 몸 속의 나쁜 기운이 사라지고 기혈이 잘 통하여 병이 생겨나지 않는다고 한다.

상태였다. 화타는 뱃사공에게 수술에 동의해줄 것을 요구하였다.

"비장이 짓물러 터졌으니 매우 위급한 상태입니다. 즉시 수술을 해야겠소이다."

뱃사공이 이에 동의하자 화타는 뱃사공에게 마비산을 먹였다. 잠시 후 뱃사공은 술에 취한듯 혼수 상태에 빠졌다. 이에 화타는 개복 수술을 시작하여 환부를 절제하고 지혈(止血)·봉합(縫合)의 순서로 수술을 끝내고 상처에는 새살이 돋아나는 고약을 발랐다. 뱃사공이 마취에서 깨어나보니 그렇게 아팠던 복통이 씻은 듯이 가셨고 화타의 처방에 따라 약을 몇 첩 먹고 나자 상처도 완전히 치유되었다.

그러나 현재에는 이보다 훨씬 좋은 마취약이 발명되어 마비산은 거의 쓰이지 않고 있다. 다만 옛날로부터 전해오는 침(針)으로 마취시키는 방법은 재개발되어 중국에서 널리 사용되고 있다.

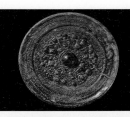

# 2

삼국의 정립

# 삼국 시대

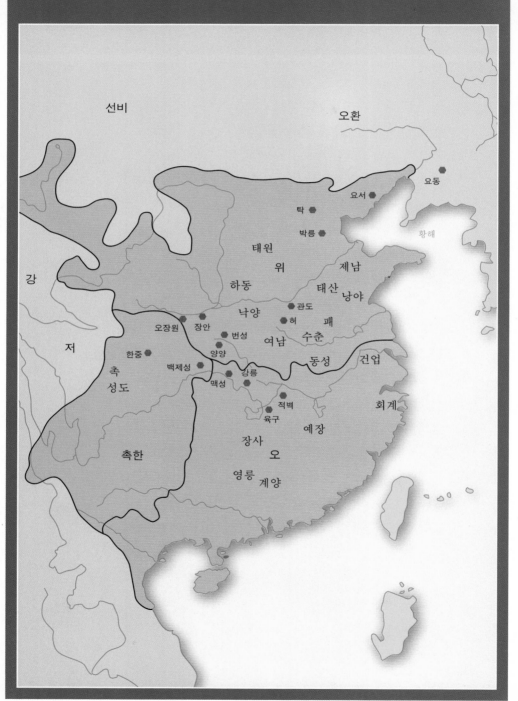

선비

오환

요동

요서

탁

박릉

황해

태원

위

제남

하동

태산

낭야

낙양

관도

강

허

패

오장원

장안

번성

여남

수춘

저

한중

양양

촉

백제성

동성

건업

성도

맥성

강릉

회계

적벽

촉한

육구

예장

장사

오

영릉

계양

## 삼국의 정립

촉한(蜀漢)·위(魏)·오(吳)를 삼국이라 한다.

이 삼국 가운데 중원 지역에서 기선을 제압한 것은 위의 조조였다. 조조는 당대 일류의 전략가로 전투시에는 항시 진두에 서서 장병들을 직접 지휘하였다. 그는 장안에서 도망해온 후한의 마지막 황제 헌제를 맞아들여 천자의 명을 빙자하여 군웅들을 호령하였다. 당대 최고의 명문 출신 원소를 관도의 대전에서 격파함으로써 중원 통일의 기초를 닦았다. 그 후 승상이 되어 권세를 휘둘렀고 208년 천하통일의 대업을 완성하기 위하여 대군을 강동으로 출동시켜 손권·유비의 연합군과 적벽에서 일대 결전을 벌였으나 이 전투에서 대패함으로써 조조의 천하통일의 꿈은 깨어지고 대신 삼국이 정립하는 형세로 바뀌었다.

촉한의 유비는 제갈공명을 삼고의 예로써 맞아들이고 오나라 손권과 연합하여 적벽에서 조조의 80만 대군을 격파하였다. 이로써 중원을 정복하기 위한 기반을 구축할 수 있었다.

유비가 죽은 후 제갈공명은 후주 유선을 도와 중원 회복을 목표로 전후 두 차례에 걸쳐 애국충정이 넘치는 출사표를 올렸다. 6차에 걸쳐 조조의 뒤를 이은 조비의 위나라를 공격하였으나 성공하지 못하고 오장원의 진중에서 일생을 마쳤다. 또한 오나라의 손권은 그의 형 손책이 죽은 후 가업을 이어 강동에서 오나라를 세워 산월족을 귀순시키고 강동의 미개발 지역을 개발하여 그의 세력을 확대해 나갔다. 형주의 영유권 문제로 형주를 지키던 관운장을 맥성에서 생포하여 죽임으로써 유비와 일전을 벌이게 되었다. 결국 유비는 이 싸움에서 패하고 이것이 원인이 되어 병이 들어 생을 마감했다.

이들 삼국은 반세기 동안 역사에 각각 그들의 발자취를 남겼다. 마침내는 오장원에서 제갈공명과 오랫동안 대치했던 위나라 대장군 사마의의 손자 사마염이 세운 서진에 의해 멸망하였다.

# 군웅의 출현

중평 6년(189) 4월 영제가 향년 34세로 죽었다. 영제는 여러 명의
황자를 낳았으나 웬일인지 모두 요절하였다. 그래서 도축업자의
딸 하씨(何氏)가 황자 변(辯)을 낳자 사자묘(史子眇)라는 도인
에게 맡겨 기르도록 하였다. 그 후 황자를 낳은 하씨는 황후가 되
고 그의 오빠 하진(何進)은 대장군이 되었다.

유비

변이 태어난 5년 후 후궁 왕씨(王氏)가 황자를 낳았으나 질
투가 많은 하황후에 의해 왕씨는 살해되고 황자는 동태후(董太
后)에 맡겨져 무사하였다. 동태후는 영제의 생모인데 아들이 황
제로 옹립되었기 때문에 황후의 경력 없이 황태후가 되었다. 이
동태후도 권세욕이 매우 강한 여성이었다. 왕씨 소생의 황자
의 이름은 협(協)이었는데 사람들은 이 협을 동후(董侯)라
고 불렀다.

영제가 죽었을 때 변은 14세, 협은 9세였다.
두 사람을 비교할 때 변보다 협이 똑똑하였다. 영
제가 살아 있을 때 하황후는 변을 황태자로 세우
도록 권하였으나 영제는 죽을 때까지 황태자를
책봉하지 않았다. 이것은 협을 의중에 두고 있었
기 때문이다. 영제가 병석에 눕게 되자 그는 건석
(蹇碩)에게 황자 협의 장래 문제를 부탁하였다.

건석은 서원팔교위(西園八校尉)의 총수로서
당시 최대의 실력자였다. 황자 협을 황제에 올리기
위해서는 황자 변의 후견인인 하태후의 오빠 하진을

먼저 제거하지 않으면 안 되겠다고 생각하였다. 음모를 꾸민 건석은 하진에게 사람을 보내 유인한 다음 살해할 계획이었다.

"국사에 대하여 상의할 일이 있으니 좀 참석해주십시오."

그러나 건석의 부하에 하진과 아주 가까운 사람이 있어 눈짓으로 위급을 알려주었기 때문에 하진은 눈치를 채고 도망쳐 돌아감으로써 건석의 하진 제거 계획은 실패로 돌아가고 말았다.

영제가 죽은 다음날 황자 변이 즉위하고 대장군 하진이 실권을 장악하였다. 그는 건석이 자신을 제거하려고 획책한 데 대하여 복수를 준비하고 있었는데 때마침 원소(袁紹)가 환관을 모두 주살해야 한다고 하진에게 권하였다.

원소는 하북 출신 호족으로 그는 4세 5공(四世五公)을 지낸 명문 중의 명문이었다. 선비들의 신임을 한몸에 받고 있다고 자부한 그로서는 여러 대에 걸쳐 선비들의 세력을 누르고 있는 환관에게 적개심을 품고 있는 것이 당연하였다.

황자 변이 즉위한 지 13일째 되는 날 하진은 건석을 체포·주살하였다. 그 사이에 궁중에서는 격렬한 권력 투쟁이 벌어지고 있었다. 동태후는 자신이 기른 황자 협을 제위에 올려 놓으려 하였으나 실패하고, 건석이 하진에게 주살되자 위기감을 느낀 환관들이 동태후의 오빠 거기장군 동중에게 의지하게 되니 동태후와 하태후가 권력 다툼을 벌이게 되었다. 동태후와 하태후의 싸움은 고부간의 싸움이면서 섭정의 싸움이기도 하였다.

동태후는 며느리인 하태후에게 말하였다.

"내 거기장군(동중)에게 명령을 내려 하진의 목을 베게 하겠소. 그 일은 손바닥 뒤짚는 것보다 더 쉬울 것이오."

하태후는 이 같은 사실을 그의 오빠 하진에게 알리자 하진은

즉시 거기장군 동중을 포위하여 자결하도록 하고 동태후마저 추방하였다. 동태후는 슬픈 나날을 보내다가 갑자기 죽었다. 《삼국지연의》에는 하진이 독살한 것으로 되어 있고 《구주춘추(九州春秋)》에는 자살한 것으로 되어 있다. 이런 일로 인하여 하씨에 대한 조야의 평판은 점점 나빠졌다.

환관들과 대립하고 있던 하진이 하태후에게 진언하였다.

"환관들을 모두 제거시켜야 합니다."

그러나 하태후는 하진의 의견에 반대하였다. 그녀가 반대한 이유는 여자의 몸으로 섭정을 하자면 싫든 좋든 선비 출신의 남자들과 상대해야 하므로 환관이 없으면 곤란하다는 것이었다.

조조

하태후의 어머니 무양군(舞陽君)과 하진의 동생 하묘(何苗) 등도 환관들로부터 뇌물을 받고 있었기 때문에 환관 제거를 획책하는 하진을 은근히 견제하고 있었다. 이 때문에 하진은 환관의 제거를 지연시켰다.

환관의 주살을 하진에게 권고했던 원소는 계속해서 사방의 맹장과 호걸을 불러모았다. 조조는 이 소문을 듣고 비웃었다.

"환관은 옛날부터 있었던 제도이다. 그들에게 권력을 주지 않으면 그것으로 족하다. 환관들의 원흉을 주살하는 일은 일개 옥리로서도 충분한 일이거늘 무엇 때문에 여기저기서 군사들을 모은단 말인가?"

환관들을 모조리 주살하려면 그 비밀이 사전에 누설되어 실패할 것이 틀림없다는 뜻이다. 사후에 만들어 낸 이야기인지 모르지만 조조는 그 실패를 예언했다고 한다.

선비들 가운데서도 명문 출신인 원소와 환관의 양자의 아들인 조조와는 환관에 대한 사고 방식이 근본적으로 달랐던 모양이었다.

흉포하기로 이름 높은 동탁(董卓)은 이 무렵 하동(河東)에 군사를 주둔시키고 대세를 관망하고 있었다. 이때 하진으로부터 낙양에 와 달라는 요청을 받았다. 하진은 이와 같이 환관을 주살하기 위하여 사방으로부터 병력을 낙양에 집결시켰다.

이렇게 일을 떠벌리기만 하고 그 결행을 지연시키니 그의 계획은 급기야 누설되고 말았다. 궁지에 밀린 환관들도 필사적으로 하진을 제거할 계획을 꾸몄다. 그들은 하태후의 명령이라 속이고 하진을 궁중으로 불러들여 마음 놓고 들어오는 하진을 가덕전(嘉德殿) 앞에서 목베어 죽였다.

환관들은 하진이 죽자 궁궐문을 굳게 닫아 걸고 다음 대책을 의논하였다. 그러나 하진이 살해되었다는 소식이 궁궐 밖에 전해졌다. 원소의 사촌동생 원술(袁術)과 하진의 부장 오광(吳匡)은 궁궐문을 때려부수고 난입하여 남궁 청쇄문에 불을 질렀다. 날이 저물어 어두워졌기 때문이었다.

원소는 주작문에 진영을 설치하고 십상시(十常侍) 조충(趙忠) 등을 붙잡아 죽이고 북문을 잠근 다음 궁전 안을 샅샅이 수색하여 환관이란 환관은 모두 죽여버렸다. 거세된 남자들은 수염이 없는 것이 특징이었다. 수염이 없는 자는 무조건 환관으로 오인되어 환관 아닌 사람도 수없이 죽었다. 이때 죽임을 당한 환관의 수가 2천여 명이었다 하니 환관들의 일대 수난이었다.

십상시의 장양과 단규(段珪)는 황제와 황제의 동생 협을 모시고 궁전을 탈출하였으나 소평진(小平津)에서 상서 노식과 민공(閔貢)의 추격을 받았다. 이젠 끝장이라고 체념한 장양과 단규는 강에 투신자살하였다. 투신하기에 앞서 그들은 한마디를 남겼다.

"신들은 이제 죽사오나 폐하께서는 옥체를 보존하셔야 하옵니다."

황제 형제는 할 수 없이 발길을 돌려 궁전으로 돌아오다가 도중에서 낙양으로 급히 달려오는 동탁과 마주쳤다. 이때 황제 변은 겁에 질려 벌벌 떨며 동탁이 묻는 말에 한마디도 대답하지 못했으나 동생 협은 똑똑히 대답하였다. 확실히 동생 협이 현명했던 모양이다. 이로써 동탁의 시대가 열리게 되었다.

낙양에 도착하자 동탁은 14세의 어린 황제를 폐하고 9세의 진류왕(陳留王) 협을 황제로 세우니 이 이가 후한의 마지막 황제 헌제(獻帝)이다. 동탁은 하태후가 시어머니인 동태후에게 무례하게 굴었다는 이유로 영안(永安)으로 옮겨 살게 하고, 얼마 후 독살하였고 하태후의 어머니 무양군도 죽임을 당하였다. 도축장 주인의 딸로 있을 때는 전혀 상상조차 하지 못했던 파란 많은 일생을 하태후는 겪은 셈이었다.

동탁은 황제 형제를 궁전으로 모시고 돌아온 후 연호를 소영, 영한으로 고쳤다가 다시 중평으로 고쳤다. 이렇게 연호가 자주 바뀌게 된 것은 그만큼 정치적 사정이 불안했음을 암시하는 것이다.

동탁은 또 진번·두무 등 당고의 화를 입고 희생된 당인들의 명예와 작위를 회복시키는 조치를 취하는 등 자신의 정권이 후한 초기 호족 정권의 부활이라는 사실을 만천하에 알리려 하였다.

동탁은 스스로 승상이 되어 제멋대로 정권을 휘둘렀다. 얼마 후 동탁은 상국(相國)이 되었다. 전한 건국의 원훈 소하가 상국이

된 이래 전한·후한을 통틀어 상국의
지위에 오른 사람은 하나도 없었다.
그러한 금기(禁忌)를 동탁은 스스로
깨버린 것이다. 그뿐만 아니라 천자
앞에서도 추창*하지 않아도 되며 칼
을 차고 전상에 올라와도 된다는 특
전을 부여받았다. 이것은 동탁이 황

**조조의 동상**

제의 자리에 일보 접근했다는 사실을 뜻하는 것이다.

　　환관들을 모두 주살한 후 동탁이 낙양에 들어와 제멋대로 황
제를 갈아치우자 원소는 이에 반대하여 낙양을 떠났다. 원술도 남
양으로 갔으며 조조도 진류 땅으로 가 가산을 털어 5천 명의 군사
를 모집하였다.

* 추창 : 허리를 굽히
고 빨리 걸음

　　동탁의 잔학상과 독재에 온 백성들은 치를 떨었으며 지배 계
급 내부에서도 분열이 일어났다. 병력을 집결하고 각지에 할거했
던 군벌들은 명망이 높은 원소를 맹주로 하여 동탁을 토벌하기로
하였다. 이들 연합군은 함곡관 동쪽에서 모았기 때문에 관동군(關
東軍)이라고 불렀다.

　　동탁은 농서(隴西) 출신이었기 때문에 그의 세력 기반은 농
서쪽에 있었다. 낙양에 있다간 관동군의 위협을 받을 뿐 아니라
고립당할 위험이 있었기 때문에 동탁은 헌제를 모시고 낙양을 떠
나 장안으로 돌아갔다.

　　동탁을 토벌하기 위해 연합군이 결성된 것은 초평 원년(190)
정월의 일이고 장안으로의 강제 이동은 2월의 일이었다. 동탁은
낙양을 떠날 때 수백 만의 백성들을 강제로 끌고 갔으며 낙양에
있는 궁전, 민가들을 모두 불살라 버려 200리 안팎은 개와 닭조차

살아 남을 수 없을 정도로 초토화되었다. 황제의 능조차도 하나 남기지 않고 모두 파헤쳐 낙양은 완전 파괴되었다.

동탁 토벌 연합군의 맹주격인 원소는 스스로 거기장군이라 일컬었다. 이때에는 관직도 제멋대로 칭했으니 사실상 후한 왕조의 권위는 없어진 것이나 다름 없었다.

연합군의 일원으로 맨 먼저 낙양에 들어온 것은 손견(孫堅)이었다. 그러나 이미 낙양은 초토화된 후였으므로 연합군은 자연 해산하고 그 후부터 군웅이 할거하는 시대로 접어들게 되었다.

초평 3년(192) 조조는 제북(濟北)에서 황건적의 잔당 30만 명의 항복을 받아들여 이들 가운데 정예병을 선발하여 강대한 청주군(靑州軍)을 조직하였다.

조조는 원래 패국 초현(沛國譙縣) 사람이다. 그의 아버지 조숭은 환관 조등(曹騰)의 양자였다는 설과 하후씨(夏侯氏)의 아들이라는 설이 있다. 조조는 어렸을 때부터 민첩하여 임기응변에 능하고, 임협방탕(任俠放蕩)*하여 자질구레한 집안일을 돌보지 않았다.

* 임협방탕(任俠放蕩) : 남자답게 용감하고 난봉꾼임

여남(汝南)사람 허소(許召力)는 그의 사촌형 허정(許靖)과 더불어 명성이 높은 인물이었다. 두 사람은 함께 여남 일대의 인물에 대하여 논평을 하였다. 매월 초하루에 일정한 법칙에 따라 새로운 인물평을 하였다. 예를 들면 전 달에 좋지 않은 논평을 가했던 사람도 그 후 인격의 수양이 현저히 진보되었으면 그 달에는 좋은 평가를 내리고 반대로 전 달에 좋은 평을 가했던 사람도 퇴보했으면 나쁜 평을 가했다.

그래서 여남 사람들은 이를 월단평(月旦評)이라고 불러 그들이 가하는 평을 즐겨 들었다.

조조는 여남에 달려가 허소에게 물었다.

"나는 어떠한 인물입니까?"

허소는 처음에는 조조를 업신여기고 대답하지 않았다. 그러자 조조는 칼날을 들이대며 위협하였다. 허소는 한참 동안 조조의 얼굴을 응시하다가 대답하였다.

"당신은 치세(治世)의 능신(能臣)이며, 난세(亂世)의 간웅(姦雄)이오*"

이 말을 들은 조조는 만족해하며 돌아갔다.

조조가 청주군을 토대로 그 세력을 확장하고 있을 무렵 동탁은 장안에서 강탈과 착취를 일삼아 재물을 긁어모으고 자신의 지위를 지키기에 신경을 곤두세웠다.

이를 위해 그는 25만 명의 인부를 동원하여 장안으로부터 130킬로미터 떨어진 미성(郿城)에 미오(郿塢)를 구축하고 여기에 30년 분의 식량, 황금 213만 근, 백은(白銀) 8, 9만 근, 그 밖의 보물을 산더미처럼 저장해 놓았다. 그리고 나서 동탁은 호언장담하였다.

"이 정도의 재물만 있으면 잘하면 천하의 패자가 될 것이고, 만일 실패하더라도 고생하는 일은 없을 것이다."

동탁은 이같이 자신의 부를 축적하기 위하여 장안에 있는 동상, 궁중의 동종(銅鍾) · 종가(鍾架) 등을 모두 때려부수었다. 전한 무제 이래 발행해오던 오수전(五銖錢)을 회수하여 작은 동전으로 만들어 유통시켰다. 이 때문에 화폐 가치가 떨어져 물가가 폭등하고 백성들의 삶은 더욱 어려워졌다.

동탁은 장안과 거의 같은 크기의 미오를 구축해 놓았으니 어떠한 일이 있어도 안심이라 생각하고 포학만을 일삼았다. 인심은

* 평화스런 시대에는 일개 유능한 관리이지만, 일단 세상이 어지러워지면 지략을 발휘하여 일세의 간사한 영웅이 될 것이다.

즉 천심이고 국가의 근본은 백성이란 진리를 동탁은 꿈에도 생각지 않았다. 동탁은 인심을 잃은 뒤에 그의 진영에도 내분이 일어났다.

초평 3년(192) 4월 동탁은 사도 왕윤(王允)과 그의 부장 여포(呂布)의 계략으로 죽임을 당하였다.

동탁의 시체가 효수되자 이를 감시하는 군사가 동탁의 시체가 너무 살지고 기름져서 그 배꼽에 커다란 심지를 꽂고 불을 당겼다. 그러자 기름이 지글지글 끓으며 불이 붙어 빛을 내며 며칠 동안 계속 타올랐다.

동탁은 제거되었지만 그의 잔당들은 아직도 세력을 누리고 있었다. 동탁의 부장 이각(李傕)·곽사(郭汜)가 장안을 공격하여 왕윤 등 1만여 명을 죽이고, 서로 권력을 다투는 바람에 장안은 다시 전란의 소용돌이에 빠져들어 사람의 그림자조차 끊겼다. 적미군의 난으로 폐허가 되었다가 겨우 옛 면모를 되찾은 장안은 다시 황폐화되는 비운을 맞게 된 것이다.

이각·곽사 사이를 인질처럼 끌려다니던 헌제는 건안 원년(196) 다시 낙양으로 돌아왔다. 그러나 궁전은 모두 불타 폐허가 되고 잡초만 무성했다. 헌제는 환관이 살던 초라한 집에 잠시 몸을 의탁하였으며 수행한 대신들은 먹을 것이 없어 초근 목피로 생명을 유지해야 했다. 그중에는 굶어죽는 자까지 속출하였다. 이때 각지의 호걸과 군벌들은 자신의 기반을 구축하고 실력을 쌓아 전쟁할 준비에 혈안이 되어 몰락해가는 황제 따위는 거들떠보지도 않았다.

이렇게 후한의 마지막 황제 헌제가 어쩔 수도 없는 형편에 처해 있을 때 지금의 하남(河南) 중부 일대에서 천하의 대세를 관망하고 있던 조조가 군사를 거느리고 와 헌제를 모시고 허창(許昌)으로 돌아갔다. 이보다 앞서 조조는 강력한 청주군을 바탕으로 서주(徐州)의 도겸(陶謙), 회남(准南)의 원술(袁術), 완성(宛城)의 장수(張繡), 동탁을 살해한 여포 등 대소 군벌들을 차례차례 물리치고 황하 중류와 하류에 걸치는 광대한 지역을 확보하였다. 헌제를 맞아들인 조조는 천자를 끼고 제후에게 영을 내려 정치적·군사적으로 우세하고 군웅 가운데서 가장 두각을 나타냈다.

한편 관동군의 맹주로 추대됐던 원소는 동탁이 서쪽 장안으로 도망간 후 황하의 중류·하류 이북 지방에서 대소 군벌과 호족들을 복종시켜 당시 최강의 실력을 자랑하는 최대의 군벌로 군림하였다. 그는 조조가 급속히 세력을 확장하는 것을 가만히 앉아서 보고만 있을 수가 없었다. 건안 4년(196) 유주(幽州, 현재의 북경 일대)에 할거하여 원소를 위협하던 공손찬(公孫瓚)을 완전히 멸망시키고 즉시 10만 명의 정예군을 남하시켜 조조와 자웅을 겨루려 하였다.

조조와 원소는 각기 명문 출신으로 청년 시대에 이미 낙양에서 사귄 일이 있었다. 두 사람에 관하여는 다음과 같은 이야기가 전한다.

어느 날 두 사람은 결혼식장에서 갓 결혼한 신부를 훔치기로 한 일이 있었다. 조조와 원소가 갑자기 소리쳤다.

"도적이야, 도적이야!"

신부를 보호하고 있던 사람들이 뿔뿔히 흩어져 달아났다. 이 틈을 타 이들은 신부를 훔쳐가지고 달아나다가 원소가 갑자기 가시덤불 속으로 빠져 꼼짝 못하게 되었다. 이때 조조가 또 큰소리로 외쳤다.

"도적이다, 도적!"

그러자 원소가 당황하여 가시덤불 속으로부터 뛰쳐나와 두 사람이 함께 도망쳤다는 것이다. 이 이야기에서는 조조의 간교함과 당시 귀족들이 얼마나 무례하였던가를 보여주고 있다.

두 사람의 대결은 공손찬이 멸망한 이듬해인 건안 5년(200), 황하 근처 관도(官渡, 하남성 중모현)에서 펼쳐졌다. 이것이 역사상 유명한 '관도의 대전'이다.

원소의 군사력은 겉으로 보기에는 강대한 것 같았으나 총수인 원소가 교만할 뿐 아니라 군 내부에도 여러 가지 문제가 있었다. 원소군은 초전에 대장 안량(顔良)을 잃고 2차 전투에서도 명장 문추(文醜)를 잃었다. 두 번의 전투에서 안량과 문추를 벤 조조군의 장수는 다름아닌 관운장이었다. 나중에 언급하겠지만 관운장이 관도 대전을 끝내고 유비(劉備)가 있는 곳으로 찾아가기 위해 오관(五關)을 지키는 장수의 목을 베었다는 이야기는《삼국지연의》에 소개되어 유명하다.

안량과 문추를 잃은 원소군의 사기는 갑자기 떨어졌다. 그러나 원소는 병력과 군량의 우세한 것만을 믿고 여전히 조조의 주력 부대와 결전을 벌이려 하였다.

원소군의 감군(監軍) 저수(沮受)는 원소에게 다음과 같은 계책을 진언하였다.

"병력과 군량이 열세에 있는 조조는 속전속결을 바라고 있습니다. 장군께서는 지구전으로 맞서 조조가 피폐하기를 기다려 진격한다면 승리는 우리의 것입니다."

그러나 원소는 말을 듣지 않고 서둘러 조조군을 공격하려 하였다. 그러자 군사(軍師)인 허유(許攸)가 또 계책을 올렸다.

"조조는 그의 전병력을 동원하여 관도에 포진하고 있으므로 그의 후방은 텅빈 상태에 있습니다. 지금 병력을 나누어 주야를 가리지 않고 달려가 200리 밖에 있는 허창을 습격한다면 반드시 성공할 것입니다."

원소는 이 계책도 물리쳤다.

원소군과 조조군은 대치한 지 반 년이 지났지만 승부가 나지 않았다. 조조는 군량이 부족하여 더 이상 버틸 수 없다고 판단하고 군사를 철수시킬 계획을 세웠다. 최종적으로 군사인 순욱(荀彧)에게 사람을 보내 의견을 물었다.

"양군이 대치한 지 이미 오래되었으니 먼저 군사를 철수시키는 쪽이 반드시 패할 것입니다. 좀 더 굳게 지키고 있으면 원소군 내부에 무슨 변화가 일어나 승기를 잡을 기회가 올 것입니다."

순욱이 서면으로 알려왔다.

이때 마침 원소의 군사 허유가 원소로부터 추방되어 조조 진영에 몸을 의탁해왔다. 조조는 허유가 왔다는 말을 듣고 신도 신지 않은 버선발로 맞이했다.

허유가 조조에게 물었다.

"지금 원소군은 막강합니다. 조공(曹公)께서는 어떠한 계책으로 대처하시겠습니까? 그보다 먼저 군량은 어느 정도 버틸 수 있습니까?"

"앞으로 1년 정도는 끄떡 없습니다."

조조는 자신있게 대답하였다.

"그렇지 않을 것입니다. 솔직하게 말씀해주십시오."

"반 년 정도는 견딜 수 있소이다."

"원소군을 물리치고 싶은 생각이 없는 듯합니다. 어째서 솔직히 털어놓지 않습니까?"

조조는 마지못해 대답하였다.

"사실은 한 달 정도의 군량밖에 없습니다. 어떻게 했으면 좋을지 계책을 가르쳐 주십시오."

이에 허유는 원소의 군량과 물자가 쌓여 있는 오소(烏巢, 하남성 연진현)를 기습할 것을 조조에게 권하면서 단언하였다.

"만약 기습에 성공한다면 사흘을 못 가서 원소는 패배할 것입니다."

조조가 오소를 습격하려고 한다는 정보를 입수한 원소는 크게 놀랐다. 그러나 오소를 구원할 병력은 극소수만 보내고 전군의 주력 부대에게는 조조의 관도 진지를 공격하라는 명령을 내렸다.

앞뒤를 헤아리지 않고 조급한 결정을 내린 데 대하여 원소군의 장군들은 크게 불만을 표시하였다. 원소는 대세의 의견을 수렴하여 최선책을 강구하려 하지 않고 자신의 생각만을 고집하였다.

원소군은 조조의 진지를 공격하였으나 조조군은 처음부터 방비만 굳게 할 뿐 나와 싸우지 않으니 아무리 공격을 퍼부어도 승부가 나지 않았다. 이 사이에 조조군은 오소를 습격하여 원소의 군량과 물자를 모두 불태웠다. 오소가 불탔다는 소식을 들은 원소군은 크게 동요하여 제1선의 주장 장합(張郃) 등은 조조군에 항복하였다. 이에 조조군은 승기를 잡아 총공격을 감행하였다. 원소군은 크게 궤멸되어 10만의 군사 가운데 7만 이상이 전사하고 원소 자신은 800명의 기병에게 호위되어 겨우 목숨을 보전하였다.

원소는 이로부터 2년 후에 죽고 그의 아들들이 잠시 동안 조조에게 저항을 계속했으나 형제간의 불화로 얼마 후 조조에게 완전 멸망되고 말았다.

이로써 조조는 당시 중국의 13주(州) 가운데 연주 · 기주 · 청주 · 유주 · 병주의 다섯 주를 차지하여 중국의 거의 반을 차지하게 되었다. 특히 조조가 차지한 주는 인구가 가장 많은 중원 지역이었기 때문에 천하의 반을 완전히 장악한 셈이었다.

삼국지의 주역은 조조 · 유비 · 손권의 세 사람이다. 이 세 사람 가운데 조조는 그의 재력과 지략을 바탕으로 황하 북쪽의 최대 라이벌인 원소를 관도의 대전에서 물리치고 13주 가운데 다섯 주를 장악하는 최강의 실력자가 되었다. 이를테면 삼국지의 무대에서 완전히 기선을 제압한 셈이다.

이에 비해 유비(劉備)는 황건적의 난 때 관우(關羽) · 장비(張飛) 등과 함께 교위 추정(鄒靖)의 황건적 토벌군에 분연히 종군하여 그 전공으로 안희현(安喜縣)의 현위가 되었다. 당시 현에

유비와 관우, 장비

는 현령 밑에 현승과 현위를 두었는데 현승은 문서 행정, 현위는
군사 담당으로 봉록은 400석에서 200석 정도였다. 나중에 유비의
라이벌로 천하를 다투게 된 조조·손견·원소 등은 이때 이미 2
천 석의 봉록을 받는 지위에 있었으니 유비는 출발이 너무 늦은
셈이었다. 출발이 늦을 뿐 아니라 그는 확고한 기반을 구축하지

못해 이리저리 유랑하는 세월을 근 20년 동안이나 보내야 했다.

유비(161~223)의 자는 현덕(玄德)으로 전한 경제의 아들 중 산정왕(中山靖王) 유승(劉勝)의 후손이었다. 유달리 팔이 길고 귀가 컸으며, 어려서부터 큰 뜻을 품고 있었다. 말수가 적고 희로 애락의 감정을 잘 나타내지 않는 성격이었다.

황족의 후예였지만 유비의 대에 이르러서는 가산이 몰락하여 짚신이나 자리를 짜서 생계를 유지했다. 동탁의 토벌 때는 공손찬에 가담한 적도 있었으며 그 후 서주목(徐州牧) 도겸(陶謙)에게 의탁하고 있다가 도겸이 죽자 서주를 차지하였다. 그때 조조는 원술을 토벌하기 위해 유비와 연합하였으나 유비는 도리어 여포에게 서주를 빼앗기고 조조에게 의탁하였다.

이때 이름뿐인 황제 헌제는 외척 동승(董承)과 상의하여 "조조를 쳐 없애라."는 밀조(密詔)를 유비에게 건넸다. 그러나 밀조 사건은 사전에 누설되어 조조는 유비를 공격하였다. 유비는 패하여 원소한테 도망가 그곳에 의탁하였는데 이때가 바로 '관도의 대전'이 있기 얼마 전의 일이었다. 이 공격에서 관우는 조조의 포로가 되고 장비는 산중으로 들어가 3인의 의형제는 뿔뿔히 흩어지는 비운을 맞게 되었다. 관도의 대전에서 원소가 대패하고, 원소의 명장 안량과 문추를 쓰러뜨린 장수가 관우라는 사실이 알려지자 유비는 원소 곁을 떠나 형주(荊州)의 유표(劉表)에게 몸을 의탁하였다. 관우도 안량 문추를 목베인 공으로 조조와의 약속을 청산하고 유비를 찾아 가던 중 중간에서 장비를 만나 마침내 세 사람은 오랜만에 재회를 맛보았다.

삼국지의 또 한 사람의 주역인 손권(孫權)은 황건적 토벌에 공이 많은 손견(孫堅)의 둘째 아들이었다. 손견이 황조(黃祖)와

**손권**

의 싸움에서 화살에 맞아 죽자 그의 첫째 아들 손책(孫策)이 17세의 어린 나이로 아버지의 뒤를 이었다. 손책은 남양(南陽)에 있는 원술을 찾아가 아버지 손견이 거느리던 군사 5천 명을 얻었다. 또 손책과 동갑인 서주 사람 주유(周瑜)도 재략이 뛰어나 일찍부터 이름을 떨치고 있었는데 이때에 이르러 손책을 따라 군사를 일으켰다. 손책은 동쪽으로 양자강 일대를 공략하자 감히 그의 예봉을 당할 자가 없었다. 백성들은 손책이 나이가 어리고 용감하다는 소문을 듣고 마음을 졸이며 떨었으나 막상 와서 보니 백성들의 재물을 약탈하거나 손해를 끼치지 않고 백성들을 위무하니 모두들 크게 기뻐하였다.

손책은 강동(江東) 지방을 평정하고 조조의 거점인 허창을 공격할 야망에 불타고 있었다. 아직 실력이 미치지 못하여 망설이고 있을 때 앞서 손책이 격파한 예군(절강) 태수 허공(許貢)의 부하가 손책을 저격하여 손책은 중상을 입었다. 워낙 중상이어서 회복의 가능성이 없자 손책은 동생 손권을 불러 손을 잡고 다음과 같이 유언하였다.

"강동의 대군을 거느리고 계책을 짜내어 일거에 적을 분쇄하고 천하의 영웅과 자웅을 겨루는 일은 네가 나에게 미치지 못하지만, 어진 자를 등용하여 쓰고 능력 있는 사람을 부려 강동을 보존하는 일은 내가 너에게 미치지 못할 것이다."

후사를 손권에게 맡기고 죽으니 그때 손책의 나이 겨우 26세였고 손권은 19세였다.

손권은 나이가 어렸지만 장소(張昭)·주유·노숙(魯肅) 등 구신들이 잘 보좌하고, 또 자신이 여몽(呂蒙) 등 재능 있는 인물을 등용하여 더욱 세력을 확장해 나갔다. 회계(會稽)·오(吳)·단양(丹陽)·예장(豫章)·여강(廬江) 등의 제군을 장악하고 양자강 중류에서 절강까지 세력을 뻗쳐 강동 지방에서 요지부동의 대업을 이루었다.

황건적의 난이 일어났던 중평 원년(184)을 기준으로 삼국지 주역들의 연령을 살펴보면 조조 30세, 유비 24세, 손견 29세, 손권 3세, 제갈공명 4세였다. 유비와 제갈공명이 만나게 된 것은 유비의 나이 47세, 제갈공명의 나이 27세 때였다. 이들의 만남은 천하를 삼분하는 계기가 되었다.

원소에게 몸을 의탁하고 있던 유비가 관도의 대전이 있은 후 원소의 곁을 떠나 형주의 유표에게 의탁했다는 이야기는 앞에서 언급하였다. 유비가 형주로 오자 유표는 소수의 병력을 유비에게 주어 신야(新野, 하남성 서남쪽)를 지키게 하였다. 유비가 큰뜻을 품고 일어난 후 신야에 오기까지는 이미 20년이라는 세월이 흐른 뒤였다.

20년이라는 세월이 흐르는 동안 유비의 명성은 널리 알려지긴 하였으나 안정된 기반을 갖지 못하였다. 신야에 정착한 유비는 인재를 구하고 어진 사람을 찾기에 여념이 없었다. 어느 날 유비는 양양 땅 사마휘(司馬徽)를 만나 물었다.

"당대의 명사는 누구입니까?"

그러자 사마휘가 답하였다.

* 복룡(伏龍) : 용이 깊은 연못에 잠겨 승천할 시기를 기다리고 있다는 비유
* 봉추(鳳雛) : 봉의 새끼가 한 번 날기 시작하면 군조(群鳥)들이 꼼짝 못한다는 비유

"유생과 속사들이야 어찌 당금의 시무(時務)를 알겠습니까. 오직 준걸지사라야만 방금의 난세를 해결할 대책을 알고 있을 것입니다. 이 근처에 이른바 복룡(伏龍)*과 봉추(鳳雛)*라 불리는 두 영걸이 있습니다."

"복룡은 누구이며, 봉추는 누구입니까?"

유비가 다시 물었다.

"복룡은 제갈공명이고, 봉추는 방사원입니다."

유비는 두 사람을 만나보고 싶은 충동을 느꼈다.

이때 영천 사람 서서(徐庶)가 유비를 찾아왔다. 유비가 서서를 예우하자 서서가 말하였다.

"제갈공명은 확실히 와룡(臥龍, 복룡과 같은 뜻)입니다. 장군께서는 어찌하여 만나보시지 않습니까?"

"그렇다면 당신이 가서 제갈공명을 데리고 오시오."

"그렇지 않습니다. 이 사람을 만나시려면 예를 갖추어 친히 찾아가셔야 할 것입니다."

이에 유비는 서둘러 제갈공명을 방문할 계획을 세웠다.

제갈양(諸葛亮, 181~234)의 자는 공명(孔明)으로 양(亮)이라는 이름보다 공명이라는 자로 더 알려져 있었다. 낭야군 양도(陽都, 산동성 기수현) 출신으로 어려서 부모를 잃고 숙부를 따라 형주로 이주하였다. 17세 때 숙부와 사별한 후 융중(隆中, 호북성 양번 서쪽)에 초가를 짓고 밭을 갈면서 경전과 사서(史書)를 공부하고 벗들과 학문을 토론하며 자신을 춘추·전국 시대 제나라의 명재상 관중과 연나라의 명장 악의에게 비유하였다.

그 지방의 지식인들은 모두 제갈공명을 당대의 영걸로 보고 때가 오면 언제든지 하늘로 오를 것이라 생각하여 와룡 선생(臥

제갈공명 사당

龍先生)이라 불렀다.

47세가 되도록 안정된 기반을 가지지 못하고 있는 유비는 그의 동생 관우·장비를 대동하고 융중으로 달려가 자신보다 20세 연하인 제갈공명을 방문하였다. 그러나 처음 두 번은 만나지 못하고 세 번째 겨우 만날 수 있었다.

두 사람은 정중히 인사를 마친 후 유비가 먼저 말을 꺼냈다.

"지금 한 왕조는 쇠퇴하여 간사한 무리들이 날뛰고 있습니다. 천하를 안정시킬 생각으로 분연히 일어났으나 재주가 없어 반생이 넘도록 아무런 성과도 없습니다. 선생님의 현명하신 가르침을 받고자 합니다."

제갈공명은 유비의 성실함과 겸허함에 마음이 끌려 당시의 정치 정세를 상세히 분석하여 다음과 같이 말하였다.

"동탁이 낙양에 들어와 정치를 어지럽힌 이후 군웅들이 천하에 할거하여 그 세력이 강대한 자도 적지 않습니다. 조조는 1백 만의 대군을 거느린 위에 천자를 끼고 제후에 군림하고 있으니 지금 당장 조조와는 싸울 수 없습니다. 강동의 손권은 장강의 이점과 천험의 요새를 거점으로 하고 있고 백성들이 잘 따르며 재능 있는 자들이 손권을 위해 열심히 일하니 그와는 차라리 연합할지언정 싸울 생각을 가져서는 아니됩니다.

형주*는 지세가 험하고 익주(益州)*는 사방이 천험의 요새로 둘러싸여 그 안은 기름진 평야로 물자가 풍부합니다. 그러나 두 주의 주인은 어리석고 겁이 많으니 이곳이야말로 하늘이 장군께 내린 땅이며 가히 군사를 움직일 만한 곳입니다.

장군께서는 동쪽 오나라의 손권과 연합하고, 서쪽으로 형주와 익주를 차지한 다음 남쪽으로 이·월(夷越)과 화친을 맺고 힘을 길러야 합니다. 천하의 대세를 관망하고 있다가 일단 천하의 형세가 바뀌게 되면 상장군을 형주로부터 북상시켜 완성과 낙양을 탈취하고, 장군께서는 친히 익주로부터 출병하여 곧바로 진천(秦川)*을 향해 공격해 들어갑니다. 이렇게 하면 천하통일의 대업은 장군의 손으로 성취시킬 수 있을 것입니다."

* 형주 : 이때의 형주는 지금의 호남, 호북의 두 성과 하남, 귀주, 광서, 광동 일부를 포함함
* 익주(益州) : 지금의 사천성 전역과 감숙, 운남, 귀주 일부를 포함

* 진천(秦川) : 보통 섬서·감숙성 내의 진령 산맥 이북의 평야 지대를 가리키며 장안도 이에 포함됨

이것이 유명한 '융중대책(隆中對策)'이다.

공명은 융중대책에서 유비의 금후의 정책과 군사 활동의 기본 전략을 털어놓았다.

유비는 공명의 정확한 정세 판단과 논리정연한 말에 크게 감

복하여 세상에 나아가 도와 줄 것을 간청하였다. 이때부터 제갈공명은 유비를 보좌하게 되었으며 훌륭한 정치가·군략가로서 그 이름을 후세에 길이 남기게 되었다. '삼고초려(三顧草廬)', '삼고지례(三顧之禮)'라는 고사성어는 유비가 세 번에 걸쳐 예를 갖추어 제갈공명을 방문했다는 이 고사에서 유래한다.

유비는 제갈공명을 맞이한 이후 그를 스승의 예로 대접하여 그 대우함이 너무 지나치자 이를 본 관우와 장비가 불만을 표시하였다. 그러자 유비가 타일렀다.

"나에게 공명이 있는 것은 고기가 물을 얻은 것과 같은 것이다(물이 없으면 고기가 살 수 없다). 그러니 두 동생들은 양해해 주기 바란다."

지금도 제갈공명이 살았던 융중에는 많은 고적이 보존되어 있다. 고융중방(古隆中坊), 삼고당(三顧堂), 초려정(草廬亭), 궁경전(躬耕田) 등은 지금도 보는 사람들로 하여금 회고(懷古)의 정을 자아내게 한다.

# 적벽 대전

관도의 대전에서 원소를 물리친 후 8년째 되는 건안 13년(208)에 조조는 중국 북부를 완전히 통일하고 공격 목표를 남쪽으로 돌려 형주와 강동을 집어삼킨 다음 전국 통일의 대업을 성취시키려 하였다.

때마침 형주의 유표가 죽고 그의 막내아들 유종(劉琮)이 유표의 뒤를 이은 때였다. 유종은 조조의 백만대군이 형주를 향해 남하하고 있다는 말을 듣고 겁에 질려 비밀리에 사자를 보내 조조에게 항복했다.

유비가 있는 신야 일대는 조조군과 유종의 군사에게 완전히 협공당한 형세가 되었다. 유종이 조조에서 항복했다는 사실을 알게 되었을 때는 이미 조조군이 가까이 다가와 있었다. 유비는 급히 강릉(江陵)을 향해 퇴각하였다. 강릉은 군사상의 요충지일 뿐만 아니라 병력과 물자의 중요한 보급 기지였다.

유비가 강릉을 향해 퇴각한다는 사실을 들은 조조는 5천의 기병을 거느리고 유비의 뒤를 추격하였다. 조조는 주야를 쉬지 않고 300리 길을 하루에 달려 곧바로 장판파(長坂坡, 지금의 호북성 당양현 동북)에 이르러 유비를 공격하였다. 유비는 대패하여 지름길을 따라 하구(夏口, 지금의 호북성 한구)로 도망쳤다. 하구에는 유표의 장남 유기(劉琦)가 주둔하고 있었다. 유기의 병력과 유비의 군사를 합치니 약 2만이 되었다. 유비는 장판파 싸움에서 처자를 버리고 도망치는 곤욕을 치렀다.

조조의 백만 대군이 남하하고 있다는 소식에 접한 강동의 손권은 군사를 시상(柴桑, 강서성 구강시의 서남쪽)에 주둔시킨 채 정세의 변화를 예의 주시하였다. 조조군의 남하에 크게 불안감을 느끼고 있었으나 확실한 대책이 없어 우선 노숙을 파견하여 상태를 탐지하도록 하였다.

노숙은 북으로 올라가고 유비는 남으로 내려오면서 두 사람은 당양에서 만났다. 노숙은 유비에게 손권과 연합할 것을 제의하였다.

"장강(양자강) 남안의 번구(樊口, 호북성 악성현)까지 일단 후

퇴하여 그곳에서 손권의 군사와 연합하여 조조에게 대항하는 것
이 어떻겠습니까?"

　이에 유비는 제갈공명을 시상에 있는 손권에게 파견하여 대
책을 세우도록 하였다.

　제갈공명은 손권이 아직 대책을 결정하지 못하고 있음을 보
고 이렇게 말하였다.

　"조조는 형주를 집어삼키고 사해에 그 이름을 떨치고 있습니
다. 지금 조조는 장강을 따라 내려와 강동에 다다랐습니다. 손 장
군께서는 어찌 하실 작정이십니까? 강동의 힘을 기울여 중원의
조조와 대항할 자신이 있으면 즉시 조조와의 관계를 끊어야 합니
다. 만약 그만한 용기가 없으시다면 어찌 지체 없이 전 병력을 철
수시키고 조조에게 항복하지 않으십니까?"

　손권은 즉시 반문하였다.

　"유예주(劉豫州)*는 어찌 조조에게 항복하지 않습니까?"

　"유예주께서는 한왕실의 후손으로서 그 덕은 세상에 비할만
한 사람이 없고 또 인재들이 많이 모여 있습니다. 이까짓 곤란한
일로 어찌 사람에게 굴복할 수 있겠습니까?"

* 유예주(劉豫州) : 유
비는 일찍이 예주 자사
를 지낸 적이 있었기 때
문에 손권은 유비를 유
예주라 불렀다.

손권은 얼굴 빛이 변하여 불끈 일어나면서 결단을 내렸다.

"오나라 땅에는 10만의 정예군이 있소이다. 어찌 조조 따위에게 항복할 수 있겠소. 길은 오직 하나뿐이오."

공명은 적과 이 편의 정세를 상세히 분석하여 손권에게 설명하고 조조군의 치명적인 약점, 그리고 손권과 유비의 연합군이 승리할 수 있는 조건을 지적, 설파함으로써 유비와 연합하여 조조에게 대항한다는 손권의 결의를 확고부동하게 만들었다.

이때 조조도 손권에게 편지를 보내왔다.

"내가 조서를 받들어 반역의 무리들을 치기 위해 대군을 남하시키자 유종은 즉시 항복하였소. 이제 나는 수군 80만 명을 거느리고 손 장군과 함께 강동에서 멋진 사냥을 펼칠 작정이오."

반은 협박이요, 반은 조롱하는 투였다.

**함선** 적벽 대전의 주요 전함 모형

손권이 조조의 편지를 문무백관에게 보이자 일동은 놀라 얼굴빛이 변하였다. 장사 장소(張昭)를 위시하여 그들은 모두 이구동성으로 말하였다.

"조조군의 형세가 너무 강대하여 당할 수가 없으니 항복하는 것이 좋겠습니다."

항복해야 한다는 쪽으로 의견이 기울고 있었다. 손권은 더 이상 가만히 앉아 있을 수가 없어 자리를 뜨자 노숙이 뒤따라 나섰다. 손권은 노숙의 손을 잡으면서 말하였다.

"하고 싶은 말이 있습

니까?"

"장소 등 문무백관들의 말을 들어서는 안 됩니다. 생각해보십시오. 만약 항복한다 해도 우리들과 같은 사람은 별 탈이 없이 한 자리 차지할 것이 틀림없습니다. 그러나 장군의 경우는 이와는 다릅니다. 그 결과는 뻔한 일이 아니겠습니까? 항복을 주장하는 저들의 머리에는 자기 자신이나 가족들의 생각뿐입니다."

손권은 고개를 끄덕였다. 그러자 노숙이 말하였다.

"주유를 불러 그의 의견을 들어보는 게 좋겠습니다."

이때 주유는 파양호(鄱陽湖)에서 수병을 훈련시키고 있었다. 손권의 부름을 받고 달려온 주유는 주전론(主戰論)을 펼쳤다.

"조조의 군사가 비록 80만 명이라 하지만 실제로는 30만 명에 불과합니다. 그런데다 7, 8만 명은 이제 겨우 형주에서 항복한 군사로서 그들은 겉으로만 조조를 따랐을 뿐 마음속으로 복종한 것이 아닙니다. 또 조조군은 육전에는 강하지만 수전에는 익숙치 못해 우리 군사보다 열세에 있습니다. 조조군은 말에서 내려 배를 탔을 뿐이니 그들의 단점과 우리의 장점이 싸우는 것입니다. 조조군이 패하리라는 것은 불을 보듯 뻔합니다. 나에게 정병 수만을 주시면 하구(夏口)로 나가 맹세코 조조군을 격파하겠습니다."

손권은 주유의 말을 듣자 분연히 일어나 차고 있던 칼을 빼어 책상을 힘껏 내리치면서 명령을 내렸다.

"차후로 만약 조조에게 항복하자고 권하는 자가 있으면 이 책상과 같이 될 것이다!"

조조와 결전을 벌이기로 방침이 결정되자 손권은 주유를 대도독, 정보(程普)를 부도독, 노숙을 찬군 교위로 임명하고, 3만의 군사를 주어 유비의 수상 부대와 공동작전으로 조조군과 대전하도록 하였다.

이때 적벽(赤壁, 호북성 가어현 양자강 연안)의 강 언덕에 포진하고 있던 조조군의 병사는 모두 북방 출신으로서 남방의 풍토에 맞지 않아 병으로 신음하고 배멀미로 고통을 받는 등 사기가 떨어져가고 있었다.

이 때문에 조조군은 전선을 모두 쇠고리로 연결하여 한덩이로 만들고 그 위에 널빤지를 깔아 연환선(連環船)*을 만들어 배가 움직이지 않도록 하였다. 주유의 부장 황개(黃蓋)가 주유에게 계책을 올렸다.

* 연환선(連環船) : 모든 전선을 쇠고리로 연결하여 하나로 만듦

"조조군은 전선을 연결하여 배의 머리와 꼬리가 맞닿아 그 진퇴가 자유롭지 못하니 화공(火攻)으로써 일거에 격파할 수 있다고 생각합니다."

주유는 황개의 계책을 받아들여 우선 몽충(蒙衝)*, 투함(鬪艦)* 10척에 마른 섶과 갈대를 가득 싣고 기름을 부은 다음 외부에서 보이지 않게 포장으로 덮고 그 위에 기를 꽂았다. 그리고 그 후미에는 쾌속선이 따르게 하였다.

* 몽충(蒙衝) : 폭이 좁고 길다란 배로서 적선과 충돌하여 침몰시키기에 알맞은 배
* 투함(鬪艦) : 지금의 전함과 비슷함

준비가 완료되자 황개는 우선 조조에게 거짓으로 항복하겠다는 내용의 글을 보냈다. 항복하러 가겠다는 날짜와 시간에 황개는 맨 앞에서 전선들을 이끌었다. 강 중간 지점에 이르자 일제히 돛을 달고 쏜살같이 앞으로 나아갔다. 조조의 군사들은 황개가 거느린 전선을 바라보면서 저마다 소리를 질렀다.

"저기를 봐라, 황개가 항복하러 온다."

조조의 수군 진영까지의 거리가 약 1킬로미터 지점까지 접근했을 무렵 황개는 재빨리 신호를 올려 각 배에 가득 실은 섶과 갈대에 일제히 불을 질렀다. 때마침 세찬 동남풍이 불어대자 황개의

선단은 맹렬한 불꽃을 튀기면서 쏜살같이 조조의 함대로 돌진하였다. 쇠고리에 꼼짝 못하게 연결해 놓은 조조의 함대는 도망치려해도 움직일 수가 없었다. 삽시간에 불길에 싸여 강 언덕의 석벽까지도 온통 붉게 물들이며 천지가 불바다로 변했다. 조조군은 물에 빠져 죽는 자, 불에 타죽는 자가 그 수를 헤아릴 수 없었다. 적벽 일대는 아비규환의 생지옥으로 변해버렸다. 이틈을 타 주유의 부장들이 정예 기병을 거느리고 마구 무찔러대니 진군의 북소리는 천지를 진동하였고 조조군의 목은 추풍낙엽처럼 떨어져 나갔다. 조조도 겨우 목숨을 보전하여 허창으로 도망쳤다.

이것이 역사상 유명한 '적벽 대전'이며, 삼국이 정립(鼎立)하는 계기가 되었다.

만약 적벽의 대전에서 조조가 승리하고 손권·유비가 패배했더라면 중국은 이 시점에서 통일되었을 것이다. 그러나 역사는 굽은 길을 더듬어 가는 모양이다. 적벽 대전을 계기로 유비는 제갈공명의 계책에 따라 형주와 익주를 차지하여 그의 발판을 굳히고, 손권은 강동을 굳게 지켜 동남쪽으로 세력을 확장해 나갔다.

제갈공명이 제시한 천하 삼분의 계책은 사실은 중국을 통일하기 위한 하나의 단계에 지나지 않았다. 중국을 통일하기 위해서는 그 상대의 적은 조조임에는 틀림없었지만, 그 힘에 너무 차이가 나기에 부득이 손권과 연합하여 조조를 무찔러야 한다는 것이 그의 계책이었다.

그렇지만 유비와 손권과의 관계는 그렇게 원활하지 못하였다. 조조 쪽에서도 손권과 연합하여 유비를 협공할 작전을 구상하였고 유비와 손권 사이에는 형주의 영유권을 둘러싸고 다투는 일이 많았다. 원래 형주의 주인은 유표였는데 그의 아들 유종이 조

**방통묘**

* 방통(龐統) : 자는 사
원으로 복룡은 제갈공명
이고, 봉추는 바로 이
사람이다.

조에게 항복했고 조조는 적벽 대전에서 패주하였다. 그러자 유비는 형주를 자기의 것이라 주장하였고, 손권은 적벽 대전에서 승리할 수 있었던 것은 오로지 주유가 거느리는 수군의 공이므로 승전의 성과는 당연히 자기가 차지해야 한다고 맞섰던 것이다.

그러나 유비는 형주를 차지한 후 다시 강남의 여러 군을 공략하여 승승장구하고 있었다. 주유는 손권에게 글을 올렸다.

"유비는 영웅의 자질이 있고 관우·장비 등 범 같은 장수를 거느리고 있으니 지금 세 사람을 모두 강동의 접경 지방에 놓아두는 것은 극히 위험한 일입니다. 하루 속히 유비를 오나라 땅으로 옮겨 관우·장비와 떨어지게 하는 것이 좋겠습니다."

그러나 손권은 이를 거절하였다.

유비는 방통(龐統)*의 계책에 따라 형주는 제갈공명과 관우에게 지키게 하고 친히 군사를 거느리고 양자강을 거슬러 올라갔다. 파군(巴郡)으로부터 촉군(蜀郡)에 들어가 유장(劉璋)을 공격하고 성도(成都)에 입성하여 마침내 익주를 점령하였다. 형주에 있던 제갈공명은 이때 성도로 돌아왔다. 손권은 유비가 형주와 익주에서 맹위를 떨치고 있는 데 대하여 크게 불안을 느꼈다. 그는 사자를 보내 형주를 돌려달라고 요청하였다. 그러나 유비는 이를 순순히 돌려주려 하지 않았다. 마침내 손권·유비 사이에 형주 쟁탈전이 벌어졌다. 그 후 유비는 손권과 상수(湘水)를 경계로 형주를 나누어 갖는 조건으로 화해하고, 촉으로부터 한중(漢中)에 들어갔다. 그는 그곳을 차지한 후 스스로 한중왕(漢中王)이 되었다.

적벽 대전에서 수군의 도독으로 손권과 유비의 수군을 총지휘했던 주유는 적벽 대전이 끝난 이듬해 36세의 젊은 나이로 죽고 노숙이 손권을 보좌하게 되었다. 제갈공명이 촉의 성도에 돌아온 것이 건안 19년(214)이고, 그보다 2년 전에 손권은 건업(建業, 현재의 남경)을 근거지로 정하였다. 이렇게 해서 촉한·위·오의 삼국 정립이 이루어졌다.

건안 22년(217) 노숙이 죽고 오나라 손권과 위나라 조조가 화친을 맺었다. 그해에 삼국의 정세에 큰 변화가 일어났다.


## 관우의 죽음

형주를 지키고 있던 촉한의 관우는 동쪽의 손권과 북쪽의 조조를 호시탐탐 노리고 있었다. 촉의 형주 경영의 중심지는 강릉(江陵)에 있었고, 유비와 손권의 타협으로 나누어진 오나라측의 형주 경영 중심지는 육구(陸口)였다. 이때 육구에는 오나라 명장 여몽(呂蒙)이 버티고 있었다.

관우는 동쪽의 육구와 맞닿아 있으면서도 조조가 있는 북쪽 중원도 노리고 있었다. 조조 세력의 남방 전선 기지는 번성(樊城)에 있었다. 번성은 조조의 장군 조인(曹仁)이 지키고 있었다. 관우는 번성을 공략하기 위해 강릉에서 북상하였다. 그러나 강릉에 있는 군사를 전원 동원할 수는 없었다. 그것은 손권의 명장 여몽(呂蒙)이 육구에서 버티고 있어 강릉의 허점을 노릴 염려가 있었기 때문이었다. 그래서 어느 정도의 병력은 강릉에 남겨 놓고 북상하였다. 번성만 함락하면 조조의 중원이 바로 눈앞에 있었기 때문에 관우는 항시 이곳을 노렸다.

형주의 북부 지방을 거의 지배하고 오직 번성 하나만 남겨 놓았던 관우는 강릉으로부터 북상하여 번성의 전초 기지 양양(襄陽, 호북성)을 탈취하였다. 조조도 관우의 움직임에 위기감을 느꼈다. 일찍이 자신의 포로였지만 손님으로 대접했던 관우의 실력을 잘 알고 있는 조조는 허창에 있는 도읍을 딴 곳으로 옮기고 관우의 예봉을 피하고자 막료들과 의논하였다. 그러자 사마의(司馬懿)가 진언하였다.

관우

"유비와 손권은 외면상으로는 화해한 듯 보이나 속마음은 견원지간이나 다름 없습니다. 손권에게 사람을 보내 관우의 배후를 습격하게 하십시오."

조조는 사마의의 계책에 따랐다. 이때가 건안 24년(219)으로 손권과 조조는 2년 전에 화친을 맺은 일이 있었다. 당시 손권 쪽에서도 여몽이 관우를 공략할 것을 제의하였다. 조조와 손권이 모두 관우의 맹렬한 위엄에 위기의식을 느껴 마침내 군사 동맹을 체결한 것이다.

관우가 번성 공격에 한창 열을 올리고 있을 무렵 육구에 있는 오나라 사령관이 교체되었다. 여몽이 사임하고 그 후임에 육손(陸遜)이라는 무명 인물이 사령관이 되었다.

관우의 묘

여몽은 진작부터 지병으로 건강이 좋지 않다는 소문이 파다하였다. 이 소식을 들은 관우는 오나라 군사 따위는 두려워할 것이 없다고 생각하였다. 여몽이 두려워 강릉에 꽤 많은 군대를 남겨 놓았던 것인데 육손은 이름조차 들어본 적이 없는 인물이었기에 안심하였다.

이 시대에는 어느 지역에서나 인물을 평론하는 습관이 유행처럼 퍼졌다. 웬만한 인물이면 사람들의 입에 오르내리는 것이 보통이었는데, 육손이란 전혀 들어보지도 못한 이름이었기에 관우는 재능이 없는 사람으로 단정했던 것이다.

여몽의 건강은 확실히 좋지 않았으나 육손의 임명은 관우를 안심시키기 위한 작전상 후퇴였다. 목구멍에서 손이 나올 정도로 병력이 필요했던 관우는 마침내 강릉에 남겨 두었던 군대에게 북상 명령을 내렸다. 그러자 사임한 줄로 알았던 여몽이 오나라 대장으로서 장강에 그 모습을 나타내어 텅빈 강릉을 힘들이지 않고

**화타** 관우의 팔을 치료하는 화타

점령하였다. 오나라로서는 사전에 계획한 일이었기 때문에 눈 깜짝할 사이에 끝났다.

번성을 공략하던 관우는 강릉에서 원군이 도착하자 용기백배하여 조인을 맹렬히 공격하였다. 번성이 함락 일보 직전의 위기에 몰렸을 무렵, 조조는 손권으로부터 받은 군사 동맹 요구서를 복사하여 강한 화살에 매어 쏘아 보냈다. 함락 직전의 위기에서 사기가 떨어져 있던 조인군은 이 글을 보자 금세 떨듯이 힘이 솟구쳤다. 반면 관우는 비록 손권이 조조와 군사 동맹을 맺었다 하더라도 여몽이 없는 오나라 군사는 별 것이 아니라고 생각하고 있었다. 그러나 관우의 생각과는 달리 비참한 보고가 들어왔다.

"강릉이 함락되었으며 적의 사령관은 여몽이라 합니다."

'설마가 사람 잡는다.'는 말이 있다. 바로 이런 경우를 비유한 말일 것이다. 관우는 여몽의 계책에 완전히 속아넘어간 것이다. 관우군은 갑자기 사기가 떨어져 퇴각하여 당양의 맥성(麥城)으로 들어갔다. 지금까지 번성을 공략하고 있던 관우군은 이제 공격을 당하게 되었다. 그런데다 오군의 사령관은 관우가 가장 꺼려하는 여몽이고 부사령관은 손권의 사촌동생 손호(孫皓)였다.

관우는 맥성을 탈출, 위험 지역을 벗어나려 하였으나, 손권의 군사에게 퇴로를 차단당해 마침내 체포되었다.

관우는 양아들 관평과 함께 목이 베어졌고, 관우의 머리는 낙양에 보내졌다. 이때가 건안 24년(219) 12월의 일이었다. 관우의 목을 벤 손권의 군사는 형주를 무난히 차지하였다.

이듬해 정월 조조는 낙양에 이르러 손권에게서 보내온 관우의 머리를 확인하였다. 그러나 공교롭게도 조조는 그 달 경자일에 향년 66세로 세상을 떠났다.

일찍이 조조는 건안 13년(208) 스스로 승상이 되고 건안 18년(213)에는 위공(魏公)이, 건안 21년(216)에는 다시 위왕(魏王)이 되어 천자와 똑같은 수레와 의복을 착용하고 그가 거동할 때는 경호병을 앞세웠다. 그의 아들 조비(曹丕)를 왕태자(王太子)라 일컬었다.

조조가 죽자 왕태자 조비가 뒤를 이었다. 위의 군신들은 제위를 조비에게 물려주도록 한의 헌제를 협박하였다. 나라 이름을 위(魏)로 고치고 도읍을 낙양에 두었다. 그해가 건안 25년(220)으로 오랫동안 명맥만 유지해오던 후한은 완전히 막을 내렸다.

여몽의 수훈으로 관우를 제거하고 형주를 차지한 손권은 1억 전(錢)의 돈과 황금 500근을 포상하려 하였으나 여몽은 이를 굳이 사양하여 받지 않았다. 손권은 포상 대신 그를 봉작(封爵)할 것을 고려하고 있었으나 봉작이 주어지기 전에 여몽이 42세의 젊은 나이로 죽었다. 여몽의 갑작스런 죽음에 대하여 당시 사람들은 관우의 원혼이 저주했기 때문이라고 생각하였다. 설사 여몽은 지병으로 죽었다손 치더라도 당시 부사령관으로 있었던 손호까지도 얼마 후에 죽은 것은 확실히 불가사의한 일이 아닐 수 없다. 관제

* 관제묘(關帝廟) : 관
우를 제사 지내는 사당

묘(關帝廟)*를 세우게 된 것도 이 같은 사실에 영향을 받았기 때문으로 해석된다.

관우는 죽었지만 그는 무신(武神)으로서 추앙되고 있다. 그의 주군이며 의형이었던 유비보다도 오히려 더 융숭하게 백성들로부터 받들어져 중국 전역에서 뿐만이 아니라 우리나라에도 관제묘가 세워져 있다. 황제도 아니고 왕도 아니었던 그를 제(帝)로서 받들어 제사 지내는 것은 백성들의 동정심이 모아졌기 때문이었다. 번성 함락의 숙원을 이루기 직전에 억울하게 목숨을 잃었기에 죽었으면서도 차마 죽을 수 없었던 관우에 대하여 당시 사람들은 무한한 동정을 보냈다. 이러한 동정심은 민족이나 국경을 초월한 공통된 것이라 할 수 있다.

# 삼국의 정립

촉한 · 위 · 오 3국 중 어느 나라를 정통(正統)으로 인정하느냐 하는 문제에 대하여는 학자들의 의견이 엇갈린다.

위나라를 정통으로 보는 학자로는 《삼국지(三國志)》의 저자 진(晋)의 진수(陳壽), 《십팔사략(十八史略)》의 저자 원(元)의 증선지(曾先之), 《자치통감》의 저자 송(宋)의 사마광(司馬光) 등이고, 촉한을 정통으로 보는 학자로는 《통감강목(通鑑綱目)》의 저자 송(宋)의 주희(朱熹), 《십팔사략》의 편저자 명대(明代)의 유염(劉剡) 등이다.

정통이란 후한의 뒤를 이을 바른 계통이 어느 나라인가를 말하는 것이다. 이 책에서는 주희의 《통감강목》의 취지에 따라 촉한의 유비를 정통으로 보아 서술했음을 밝혀둔다.

위나라 조비가 제위에 오른 이듬해 '위의 조비가 헌제를 시해했다.'는 소문이 나돌았다. 한중왕 유비는 천자의 죽음을 온 나라 안에 발표하고 유비 자신도 상복을 입고 헌제에게 효민 황제(孝愍皇帝)라는 시호를 올렸다. 그해(221) 여름 사월에 유비는 성도에서 황제의 위에 올랐다. 나라 이름을 촉한(蜀漢), 연호를 장무(章武)로 정하고 전국에 대사령을 내렸다. 헌제는 조비에게 제위를 물려준 후 산양공(山陽公)에 봉해져 조비보다 훨씬 오래 살았다는 설도 있다.

제갈공명을 승상, 허정(許靖)을 사도(교육 담당)에 임명하고, 부인 오씨(吳氏, 손권의 누이)를 황후로, 아들 유선(劉禪)을 황태자로 세웠다.

유비는 관우의 전사를 치욕적인 것으로 생각하여 일대 복수전을 계획하고 있었다. 제갈공명은 오나라와 화친을 맺고 북쪽 위나라와 싸워 천하통일의 대업을 이룩해야 할 때라고 누차 설득하였다. 그렇게 제갈공명의 말이라면 잘 듣던 유비였건만 이 일만은 제갈공명의 설득력도 효력이 없었다.

국가를 경영하는 제왕에게는 사정이 용납될 수 없다. 그럼에도 유비는 관우와의 정의를 내세워 동원령을 내렸다. 제갈공명도 그 이상 만류할 수가 없었다. 만약 조조였다면 확실히 개인 간의 사정을 버렸을 것이며 그 사정을 멋진 시로 토로하였을지도 모른다. 이런 점이 유비의 결점이었지만 일면에서 보면 유비의 매력이라고도 할 수 있다. 유비에게 이러한 인정미가 있었기 때문에 많은 인재들이 그의 밑에 모여들었던 것이다.

유비는 일찍이 형제의 의를 맺은 장비에게도 동원령을 내렸다. 장비는 이를 갈며 복수전 준비를 서둘렀으나 출병에 앞서 불행히도 그의 부하에게 살해당하였다. 유비는 이 비보를 듣고 크게 비통해했다.

"장비가 무례하고 부하를 사랑할 줄 몰라 내 항상 경계하였거늘, 내 말을 듣지 않더니 기어코 슬픈 일을 당하였구나!"

7월에 유비는 직접 장수가 되어 오나라 공격에 나섰다. 그는 무협(巫峽)에서 이릉(夷陵)에 이르기까지 수십 개의 진영을 세워 오나라 군사와 대치하였다. 6개월간의 대전 끝에 오나라의 총사령관 육손은 40여 개의 유비 진영을 격파하며 큰 타격을 주었다. 유비는 대패하여 밤에 백제성(白帝城)으로 후퇴하였다.

위주(魏主)* 조비는 오나라의 손권이 항복하여 봉작을 받고 인질을 보내기로 한 약속을 지키지 않은 데 분개하여 오나라를 쳤다. 그러나 이미 유비를 격퇴시킨 오나라로선 위나라의 힘을 빌릴 필요가 없었다. 오나라 손권도 왕이라 칭하고 나라 이름을 오나라라 정했다. 그는 장강의 요새를 이용하여 위나라의 공격을 막아 지켰다. 앞서 손권은 유비가 관우의 설욕전을 위하여 대대적인 공격을 감행하자 위나라에 구원을 요청하기 위하여 위주 조비에게 항복하고 인질을 보내겠다고 약속하였다.

유비가 오나라 육손에게 대패하여 백제성으로 도망친 것은 장무 2년(222) 6월의 일이고 이듬해 4월 63세로 일생을 마쳤다. 육손에게 패한 후 실의에 빠진 나머지 병이 들어 재위한 지 불과 3년에 영면하였다. 촉한에서는 유비에게 소열제(昭烈帝)의 시호를 올리고 태자 유선이 그 뒤를 이어 제위에 올랐다.

유선의 자는 공사(公嗣)이고 이름은 선이다. 소열제의 아들

* 위주(魏主) : 한의 유비를 정통으로 보아 위왕이라 칭하지 않고 위주라 칭함. 오나라도 오주(吳主)라 칭하기로 함

로 그의 나이 17세였다. 연호를 건흥(建興)으로 고치고 승상 제갈공명이 소열제의 유조를 받들어 정사를 보좌하게 되었다.

소열제는 죽음을 앞두고 제갈공명에게 다음과 같은 간곡한 유언을 남겼다.

"공의 재주는 위나라 조비보다 10배나 뛰어나니 반드시 국가를 편안히 하고 천하통일의 대사업을 성취할 수 있을 것입니다. 내 자식 선은 노둔한 아이입니다. 만약 보좌할만 하거든 보좌하여 천하의 주인이 되게 하고, 그렇지 않거든 공이 스스로 차지하도록 하시오."

제갈공명은 눈물을 흘리며 말하였다.

"신은 있는 힘을 다하여 충성을 다할 것을 폐하에게 죽기로써 맹세하겠습니다."

신명을 바쳐 유선을 보좌하겠다는 결의였다. 관우도 죽고 장비도 이미 죽은 촉한의 운명은 이제 모두 제갈공명의 두 어깨에 매달리게 되었다.

관우와 장비의 죽음에 대하여는 앞서 언급했거니와 《삼국지》의 기록에 의하면, '관우는 강직한 성격과 강한 긍지를 가지고 있었다.'고 소개하고 있다. 이처럼 관우는 자존심이 강한 인물이었다. 손권이 자신의 아들과 관우의 딸을 결혼시키자고 제의했을 때 관우는 크게 노하여 손권의 사자를 꾸짖고 창피를 주어 돌려보낸 일이 있었다. 강직하고 자존심이 강한 사람은 남을 무시하는 단점이 있다. 강릉에 있던 촉한의 태수 미방(糜芳)이나 부사인(傅士仁) 등은 관우로부터 무시를 당해 항시 불만을 품고 있었다. 그 때문에 관우가 북벌을 위해 군수물자를 조달할 때 미방·부사인 등은 비협조적이었다. '평소 자신들을 무시했으니 적극적으로 협조한들 무슨 소용이 있겠느냐.'고 생각하였다. 이에 대하여 관우는 "개선해 돌아와서 마땅히 치죄하겠노라."라는 한마디 말을 남기고 북벌에 임했다는 것이다.

미방과 부사인의 입장에서는 관우의 개선이 달갑지 않았다. 그들은 오나라가 강릉을 공략하자 곧바로 촉한을 배반하였다. 강릉에는 북벌군의 처자들이 있었으니 강릉의 함락이 관우의 군사에게 어떠한 충격을 주었을 것인가는 상상하고도 남는다.

자신의 아들과 혼인하자는 제의를 일언지하에 거절하여 손권을 격노케 한 것은 외교의 실패이고, 자기 편의 간부에게 불만이나 공포심을 가지게 한 것은 내정의 실패라고 할 수 있다. 그런 관점에서 볼 때 관우는 스스로 죽음을 부른 것이라고 할 수 있다. 제갈공명이 관우를 형주에 남겨 놓고 성도로 돌아올 때 관우에게 앞으로 취할 기본 전략을 지시하였다.

'동쪽으로 손권과 화친하고, 북쪽으로 조조를 막아야 한다.'

관우가 만약 제갈공명의 지시를 지켰던들 그런 억울한 죽임을 당하지는 않았을 것이라는 아쉬움이 남는다.

장비의 죽음은 부하에 의한 암살이었다. 장비는 부하를 다루는 방법이 지나치게 혹독하여 무슨 과오가 있으면 즉결 처분하고 매일같이 군사

**인물화조문 거울** 중앙 왼쪽에 술잔을 든 인물과 시동이 있고, 위쪽으로 달, 꽃나무, 고양이 등이, 아래쪽에는 원앙, 학, 바위 등이 있다.

들에게 매질을 하였다. 유비가 이것을 보고 여러 차례 타일렀으나 장비는 고치려 하지 않았다. 이것이 화근이 되어 그는 부하로부터 크게 원망을 사 자고 있는 사이에 목이 잘렸다. 장비의 목을 자른 부하는 그 수급을 가지고 손권에게 달려갔다.

유비 진영의 두 호걸 관우와 장비는 최후까지 유비의 추종자로 머물렀을 뿐이다. 《삼국지》의 저자 진수는 관우·장비 두 사람은 각각 그들의 단점 때문에 목숨을 잃었다고 논평하고 있다.

## 촉한의 북벌

제갈공명은 오나라와 화친을 맺은 후 북벌군을 출동시켜 천하통일의 대업을 이룩하려 하였다. 그러나 이때 운남 지방에서 만족(蠻族)의 추장 맹획(孟獲)이 반란을 일으켰다. 이에 공명은 먼저 남방을 평정한 후 북벌을 할 계획을 세웠다. 맹획은 용맹이 뛰어나 그 지방의 한인들까지도 두려워하는 인물이었다.

225년 봄 제갈공명은 마침내 남정(南征) 길에 올랐다. 참군(參軍) 마속(馬謖)이 전송차 나왔다. 마속의 자는 유상(幼常)으로 현령·태수를 역임한 재략이 뛰어난 웅변가이며 군사 이론가였다. 공명은 그 재주를 사랑하여 출병에 즈음하여 작전을 물었다. 마속은 공명의 물음에 이렇게 진언하였다.

"이번의 남정에는 성(城)을 공격하는 것을 하책으로 삼고, 마음을 공격하는 것을 상책으로 삼아야 할 것입니다."

배후를 안정시키기 위해서는 무력에 의해 일시적으로 굴복시

**황학루** 원래는 삼국 오나라 때 군사상의 목적으로 지어진 것이다. 황학루에는 춤추는 학의 전설이 있다. 한 노인이 장강변 신씨의 주막에 술값 대신 벽에 학을 그렸다. 신씨가 그림 앞에서 노래를 부르면 학이 날아와 춤을 추었다. 10년 후에 다시 찾은 노인은 피리로 학을 불러내 학을 타고 구름 위로 날아갔다고 한다.

키는 것보다 마음을 굴복시켜야 한다는 의견이었다. 촉한이 북벌에 총력을 기울일 경우 그 힘이 남쪽에 미치지 못할 것을 눈치채면 그들은 다시 배반할 것이니 마음속으로부터 항복을 받아 다시 배반할 생각을 가지지 않게 해야 한다는 계책이었다.

공명은 마속의 진언을 받아들였다. 대군을 거느리고 노수(瀘水)를 건너 맹획의 군사를 추격하였다. 공명은 어떻게든 맹획을 귀순시킬 생각으로 죽이지 말고 생포하라는 명령을 내렸다. 맹획은 산간 지대로 들어가 유리한 지세를 이용하여 저항하였다. 촉한군은 험한 지형을 무릅쓰고 산 중턱까지 추격하였다. 그러자 맹획은 좋은 기회라 생각하고 촉한군을 맞아 싸웠다. 잠시 후 촉한군이 퇴각하자 맹획은 촉한군이 겁이 나서 도망치는 줄로 알고 추격해왔다. 맹획은 이것이 유인 작전인 줄을 미처 깨닫지 못하였다.

맹획은 촉한의 복병에게 여지없이 생포되고 말았다.

공명은 맹획에게 벌을 가하지 않고 오히려 환대하며 촉한군의 진영을 두루 구경시켰다. 맹획은 촉한군의 진영이 정연하고 군기가 엄하며 사기가 왕성함을 보고 마음속으로 혀를 내둘렀을 것이 분명하나, 그런 눈치를 애써 감추면서 호언장담하였다.

"이번 싸움은 내가 진 것이 아니고 촉한군의 책략에 말려들어 복병에게 생포되었을 뿐이다. 촉한군의 허실(虛實)을 몰라 생포되긴 하였지만, 촉한군도 그리 대단한 것은 아니다. 내 힘을 모두 발휘하여 정면으로 대결하면 우리가 이길 자신이 있다."

공명은 미소를 지으면서 대답하였다.

"그렇습니까? 그렇다면 장군은 돌아가서 인마를 재정비하여 다시 한 번 싸우기로 합시다."

과연 맹획은 인마를 정비하여 진용을 가다듬고 다시 공격해 왔다. 그러나 이번에도 또 생포되는 신세가 되었다.

이러한 상태가 거듭 일곱 번이나 반복되었다. 공명은 또다시 맹획에게 돌아가라고 말했으나 맹획은 돌아갈 생각을 아니했다. 맹획은 그들의 풍습에 따라 한쪽 웃통을 벗어부친 채 무릎을 꿇고 정중히 말하였다.

"남쪽 사람은 예의를 모른다고 하지만 부끄러움은 알고 있습니다. 일곱 번 생포되고 일곱 번 석방시켰다는 일은 일찍이 들어본 적이 없습니다. 승상의 위엄과 신의에 완전히 감복하였습니다. 다시는 반란을 일으키지 않겠습니다."

맹획은 곧바로 투구를 벗어 버렸다.

이것이 이른바 맹획의 칠종칠금(七縱七擒)의 고사이다. 이렇게 해서 운남 지방은 평정되었다. 공명은 맹획과 그 지방 소수민

**위문제 조비**

족의 수령을 관리로 임명하여 그 지방을 관할하도록 하였다. 나중에 맹획은 촉한의 중앙 정부에서 어사중승의 벼슬을 지냈다. 이 벼슬은 조정의 관리를 감찰하는 장관이었다.

운남 지방을 평정한 후 제갈공명은 행정 구역을 개편하고 정치 개혁을 추진하였다. 운남 일대에서 지금까지 사용되지 않았던 철제의 호미와 낫, 쟁기, 소를 이용한 밭갈이를 도입하는 등 진보된 농업 기술을 보급시켰다. 또 비단을 짜는 직조 기술과 여러 가지 수공업을 교육시켰고, 한편으로는 도로를 개척하여 문화의 교류를 도모하였다. 천 수백 년이 지난 지금에도 서남 지역의 카와족 사이에서는 제갈공명이 자기들의 선조들에게 집짓는 기술과 대바구니 짜는 방법을 가르쳤다는 이야기가 전해지고 있다.

226년 위나라 조비가 죽고 그의 아들 조예(曹叡)가 그 뒤를 이었다. 일찍이 조비는 조예를 데리고 사냥을 나간 적이 있었다. 때마침 어미사슴과 새끼사슴을 발견하고 조비가 먼저 어미사슴을 쏜 다음 조예에게 새끼사슴을 쏘라고 명령하였다. 조예는 눈물을 흘리며 말하였다.

"폐하께선 이미 어미사슴을 쏘아 죽이셨습니다. 신은 그 새끼사슴을 차마 쏘아 죽일 수가 없습니다."

조비는 이 같은 조예의 심중을 헤아리고 조예를 황태자로 세웠다.

조비가 죽은 이듬해인 건
흥 5년(227) 제갈공명은 전군
을 이끌고 북쪽 위나라 토벌
에 나섰다. 출정에 앞서 그는
후주(後主) 유선에게 글을 올
렸는데 이것이 역사상 유명한
'전출사표(前出師表)'이다.
이 출사표는 제갈공명이 정성
을 기울여 그의 충성심을 토

전 출사표 위를 치러
가기 전에 유선에 출
사표를 올리는 공명

로한 장문의 의견서로 우국의 충정에 넘치는 글이다. 이 글을 보
고 눈물을 흘리지 않는 사람은 인간이 아니라고 할 정도로 사람들
의 폐부를 찌르는 글이다. 여기서는 핵심 부분만을 발췌하여 소개
한다.

'선제 소열 황제께오서 창업을 이루시던 중도에 돌아가시고 지금 천
하는 세 갈래로 갈라져 서로 다투고 있사온데 우리 익주*는 가장 피폐
하오니 진실로 국가의 존망이 걸린 중요한 시기라고 아니할 수 없습
니다. 폐하께서는 오로지 성청(聖聽)을 열으시어 충성과 충간하는 길
을 막지 마시옵기 간절히 바라옵니다. 어진 신하를 가까이 하시고 소
인을 멀리 하시어 신상필벌로 공평무사한 정사를 널리 천하에 펴시
옵기 바랍니다.
신은 본래 벼슬이 없는 선비로서 남양 땅에서 농사를 지으며 어지러
운 세상에 목숨을 보전하려고 했을 뿐 세상에 나아가 벼슬을 하여 일
신의 영달을 꾀할 생각은 추호도 없었사옵니다. 그러하오나 선제께
오서 신의 비천함을 탓하지 아니하시옵고 높으신 몸을 굽히시어 세

* 익주 : 당시 천하 3
분의 상황을 보면 촉한
은 3주(州) 22현(縣), 위
나라는 13주 91현, 오나
라는 5주 43현으로 되
어 있었다. 촉한의 3주
는 익주 · 양주(梁州) ·
교주(交州)인데 익주는
촉한을 가리키고 있다.

차례나 거듭 신의 거처를 찾아오셔서 당세의 시무를 하문하셨습니다. 신은 여기에 감격하여 선제를 위하여 일신을 바칠 것을 맹세하였습니다. 선제께오서는 신의 그동안의 충성을 헤아리시어 붕어(崩御)*에 임하여 신에게 국가의 대사(천하의 통일)를 부탁하셨습니다.

* 붕어(崩御) : 천자가
세상을 떠남

선제의 유조를 받자온 이래 신은 밤낮으로 조심하여 선제의 명령을 어떻게 하면 이룰 수 있을까 노력해왔으며 또한 부탁하신 보람이 없이 선제의 명예를 더럽히지나 않을까 늘 두려워하였습니다. 그래서 작년 5월 남쪽 노수를 건너 깊이 불모(不毛)*의 땅에 들어가 남방의 만족을 평정하는 데 성공한 후 장병들의 힘을 기르고 무기를 충족시키는 데 힘을 기울여 왔습니다. 이제야 대군을 거느리고 북진을 개시하여 위나라를 토벌하여 중원을 평정하고 한나라를 부흥시켜 도읍을 낙양이나 장안으로 옮기는 일만이 신이 선제의 은혜에 보답하고 폐하에게 충절을 다하는 일이오며 또한 신의 평생의 임무입니다.'

* 불모(不毛) : 문화가
미개함

출사표를 올린 후 제갈공명은 군대를 한중에 출진시키고 이듬해 기산(祈山, 감숙성)을 공략하였다. 위나라에서는 촉한의 황제 유비가 죽은 후 수년 동안 아무런 충돌이 없었기 때문에 촉한에 대한 방비가 소홀하였다. 이런 때에 갑자기 제갈공명이 공략해 온다는 급보가 전해지자 조야가 벌벌 떨며 어찌할 바를 몰랐다. 위주 조예는 이때 허창을 떠나 낙양에 있었는데 그는 급히 장안으로 달려와 장합(張郃)에게 군사 5만 명을 거느리고 촉한군을 막도록 하였다. 공명은 마속에게 작전을 지시하여 제군의 지휘를 맡기고 자신은 가정(街亭)에서 위나라 군대와 싸웠다. 그러나 마속이 공명의 지시를 어기고 제멋대로 작전을 펼치다가 장합에게 대패하였기 때문에 공명은 할 수 없이 나머지 군사를 수습하여 한중으로 돌아왔다.

공명은 마속에게 산밑에 진지를 구축하라 하였는데 마속은 산꼭대기에 진지를 구축하여 위나라 군사가 수도(水道)를 차단했기 때문에 패하였다. 일찍이 유비가 살아 있을 때 그는 마속을 신임하지 않았다. 마속을 중요 관직에 등용하는 것을 본 유비는 제갈공명에게 자주 신중하라는 말을 했었다.

한중으로 돌아온 공명은 다시 북벌을 시도하여 후주(後主) 유선에게 글을 올렸다. 이것을 '후 출사표'라 한다. 여기서는 그 첫 부분과 끝 부분만을 소개하기로 한다.

'촉한과 역적 위나라는 양립할 수 없으며 또 왕업(王業)은 촉과 같은 변경 지방에서 가만히 앉아서 이룩되는 것이 아니옵고 반드시 중원에 진출함으로써만 가능한 것입니다. 신은 이 대업을 이룩하기 위하여 항상 조심하고 노력하여 혼신의 힘을 다하여 쓰러진 후에 그칠 작정입니다. 왕업의 성패와 전쟁의 승패는 신이 정확히 알 수는 없사오나 오직 목적을 향하여 맹렬히 나아갈 따름입니다.'

공명은 군사를 거느리고 산관(散關)으로부터 진격하여 진창(陳倉)을 포위하였으나 승패가 나지 않았다. 공방전은 20여 일 계속되어 피차 간에 기계(奇計)와 비책(秘策)을 다 썼으나 촉한군의 군량이 다하였기 때문에 일단 한중으로 철수하였다.

그 후 공명은 다시 위나라를 공격하여 기산을 포위하였다. 위나라에서는 장군 사마의를 총사령관에 임명, 전군을 통솔하여 촉한군을 방어하도록 하였다. 사마의는 공명과의 대전에서 공격보다는 그저 굳게 지키는 수비 작전으로 일관했기 때문에 촉한군이 아무리 싸우려 해도 응해주질 않았다. 사마의의 부장 가후(賈詡)가 충고하였다.

"장군께서는 촉한군을 범처럼 두려워하고 있으니 그렇다면 천하 사람들의 치소거리가 되지 않겠습니까?"

그러자 사마의는 비로소 장합에게 군사를 주어 나가 싸우게 하였다.

공명은 장합을 맞아 싸워 위나라 군사를 일단 대파하였으나 공명의 군사는 군량이 다하였기 때문에 일시 퇴각하였다. 장합은 퇴각하는 공명의 군사를 무조건 추격하다가 촉한군의 복병이 쏜 화살에 맞아 전사하였다. 공명은 군사를 이끌고 귀국하여 농업을 장려하고 무술을 연마하여 군사력의 강화에 힘써 재기를 다졌다. 그는 또 목우유마(木牛流馬)*를 만들어 식량과 물자를 운반하는 데 사용하고 군량을 비축하고 백성들과 군사들을 쉬게 하였다. 이

* 목우유마(木牛流馬) : 나무로 만든 소와 말

렇게 힘을 기른지 3년 후에 공명은 북벌 이래 최대를 자랑하는 10만의 군사를 동원하여 사곡(斜谷)으로부터 진출하여 위나라를 공략하고 위수 남쪽에 진지를 구축하였다. 위나라 총사령관 사마의는 군대를 이끌고 공명의 군사를 막는 데 힘을 다하였다.

공명은 지금까지 여러 차례 북벌을 감행하였으나 그때마다 군량의 수송이 끊겨 그 뜻을 이루지 못했음을 감안하여 이번에는 군대를 나누어 둔전제(屯田制)*를 실시하여 휴전 중에는 농업에 종사하도록 하였다. 공명은 자주 사마의에게 싸움을 걸었으나 사마의는 성문을 굳게 닫고 지킬 뿐 나와 싸우려 하지 않았다. 어느 날 공명은 위나라 진영에 사자를 보내 사마의에게 여자용 두건과 목걸이, 그리고 여자의 옷을 선물로 보냈다. 사마의가 남자답지 못하다고 비웃는 뜻으로 그를 조롱하여 화를 돋우어 나와 싸우게 하기 위함이었다. 공명의 사자가 사마의의 진영에 도착하자 사마의가 물었다.

* 둔전제(屯田制) : 평시에는 농사를 짓고 전쟁이 일어나면 싸움에 임하는 군사

"공명은 몇 시에 일어나고 몇 시에 자며 식사는 어느 정도 드는가? 또 하는 일은 바쁘지 않은가?"

공명의 생활에 대하여 자세히 물을 뿐 군사적인 일은 일체 묻지 않았다.

"제갈공명께서는 아침 일찍 일어나고 밤늦게 쉽니다. 형벌도 장 20대 이상의 범법자는 친히 다스리십니다. 그런데도 식사는 하루에 3, 4홉에 지나지 않습니다."

생선을 다듬는 사람

이 말을 들은 사마의는 그의 좌우들에게 말하였다.

"공명은 먹는 것은 적고 일은 많으니 어찌 오래 살

《삼국영웅지전》

수 있겠는가."

사마의의 예견은 적중하였다. 과
연 공명은 병이 들어 중태에 빠졌다.
어느 날 밤 붉고 긴 꼬리를 그으면서
큰 별이 오장원(五丈原)의 진중에
떨어졌다. 잠시 후 제갈공명은 54
세를 일기로 영면하였다. 양의(楊
儀)와 강유(姜維)가 촉한의 군대를 정비하여 철수 작
전을 지휘했다.

공명이 죽었다는 정보가 사마의에게 전해지자 사마의는 즉시
추격전을 벌였다. 사마의의 군사가 점점 가까이 추격해오자 강유
는 양의에게 깃발의 방향을 돌리게 하고 진군의 북을 둥둥 울리며
당장 사마의를 향하여 싸울 듯한 태세를 취하도록 하였다. 그러자
사마의는 제갈공명이 죽었다는 정보가 혹시 거짓인가 의심하여
추격을 멈추고 돌아갔다.

이 소문을 들은 백성들은 사마의를 비웃었다.

"죽은 공명이 산 사마의를 도망치게 하였다."

이런 말을 전해들은 사마의는 쓴웃음을 지으면서 이렇게 변
명하였다.

"나는 공명이 살아 있을 동안에는 그의 능력을 충분히 헤아
릴 수 있었지만, 죽은 후까지의 능력은 헤아릴 수가 없었기 때문
에 그리 했노라."

공명은 227년으로부터 234년까지의 7년 동안 6회에 걸쳐 북
벌을 감행했다 하여 육출기산(六出祈山)이라는 말이 남아 있다.
기산은 지금의 감숙성 예현 동쪽 기산보(祈山堡)를 가리킨다. 이

곳에는 삼국 시대 쌓아 놓은 성터가 지금까지 남아 있어 당시의 격전을 대변해주고 있다. 이렇듯 여러 번에 걸친 싸움에서 공명은 항상 교묘한 계략으로 사마의를 위기일발의 함정에 몰아넣어 숱한 일화를 남겨 놓았다.

공명은 일찍이 병법의 원리를 발전시켜 팔진도법(八陣圖法)*을 창안하였다. 이 진법은 적이 도저히 접근할 수조차 없는 독특한 진법이었다. 촉한군이 철수한 후 사마의는 제갈공명 진지의 교묘함에 새삼 놀라 혀를 내두르며 감탄하였다.

* 팔진도법(八陣圖法) : 천 · 지 · 바람 · 구름 · 용 · 범 · 새 · 뱀

"제갈공명은 참으로 천하의 기재이다."

공명의 정치는 사심이 전혀 없이 공평하였다. 마속은 공명의 남정 때 전략의 기본 방침을 제의하여 공명이 채용했을 정도로 신의가 두텁고 재략이 뛰어났다. 그러나 북벌 때 공명의 작전 명령을 어겨 전략상의 요충지를 잃게 되자 공명은 마속의 재주를 애석히 여기면서도 군법의 준엄성을 보이기 위하여 눈물을 흘리며 처형하였다. 이것이 읍참마속(泣斬馬謖)의 고사이다. 촉한에서는 제갈공명을 정군산(定軍山)에 안장하고 충무후(忠武侯)라는 시호를 내렸다.

# 제갈 무후

제갈공명에 대하여는 다음과 같은 이야기가 전한다.

명(明)나라 태조 주원장(朱元璋)을 도와 명나라를 세우고 개국 공신으로서 성의백(誠意伯)에 봉해진 유기(劉基)가 천하를 두

루 구경하던 중 옛 촉한의 땅이었던 촉땅에 들어섰다. 역사의 고적과 풍물들을 두루 구경하면서 날이 저물어 어떤 절에서 하룻밤을 쉬게 되었다. 새벽 첫닭이 울 무렵이 되어 잠이 깨었는데 어디선가 닭 우는 소리가 들려왔다. 유기는 혼잣말로 중얼거렸다.

"인가가 워낙 멀리 떨어져 있어 닭의 울음소리가 들리지 않을 터인데 웬 닭의 울음 소리일까?"

아침에 일어난 그는 궁금하여 주지에게 물었다.

"절에서 닭의 울음 소리가 들리니 웬일이오?"*

주지는 웃음띤 얼굴로 대답하였다.

"이 절에는 옛부터 전해 내려오는 보물이 있사온데 그것이 바로 흙으로 빚어 만든 닭이옵니다. 그 닭은 옛 촉한 시절의 제갈공명이 이 절에서 하루 저녁을 지내고 가시다가 기념으로 빚어 놓은 닭이라 하옵는데 공교롭게도 새벽 닭 우는 시간이 되면 영락없이 울어 시간을 알려주곤 합니다."

원래 유기는 제갈공명을 과소평가했었다. 자신은 명태조를 도와 천하를 통일하여 명나라를 세우게 하였는 데 비하여 제갈공명은 겨우 천하를 삼분하는 데 그쳤으니 자신보다 못하면 못하지 절대 나을 것이 없다고 평소 생각하고 있었다. 그런데 공명이 빚은 흙닭이 오랜 세월이 지난 지금에까지 시간을 맞추어 운다니 새삼 놀랄 일이 아닐 수 없었다. 도대체 흙닭 속에 무엇을 넣었기에 그토록 신통하게 시간을 맞추어 우는 것일까? 그는 그 속에 무엇이 있는가를 확인해보고 싶은 충동을 느꼈다. 그는 그 흙닭을 가져오라 하여 팽개쳐 깨뜨렸다.

그 안에서는 아무런 신기한 것은 발견할 수 없었고 오직 글발이 적힌 조그마한 종이 두루마리가 있을 뿐이었다. 그 두루마리에

* 당시 절은 사람·짐승의 소리가 들리지 않는 곳에 있는 것이 보통이었다.

는 '유기는 내가 만든 흙닭을 깨뜨릴 것이다(劉基破土鷄)'라는 5자가 적혀 있을 뿐이었다.

유기는 고개를 갸우뚱거리며 자신도 흙닭을 하나 빚어 시험해보았다. 그러나 유기가 빚은 흙닭은 울기는 울되 도대체 일정한 시간 없이 밤낮으로 울어대는 것이었다.

이 일이 있은 후 유기는 제갈공명에 대한 평가를 다시 하게 되었으나 여전히 자신을 우위에 놓았다.

다음날 유기는 제갈공명의 사당이 있는 지역으로 들어섰다. 제왕이나 위인들의 사당에 참배하려면 신분과 상관없이 사당에 이르기 전 하마비가 세워져 있는 곳에서 모두 말에서 내려야 한다. 그러나 유기는 하마비에서 내리지 않고 그대로 말을 타고 통과하려 하였다.* 제갈공명을 대수롭지 않은 인물로 보았기 때문이었다. 그러나 그 하마비를 통과하려는 순간 말발굽이 땅에 달라붙어 말이 옴짝달싹도 못하였다. 할 수 없이 유기는 말에서 내려 종자로 하여금 말발굽 밑을 파보도록 하였다. 그곳에서도 유기를 훈계하는 듯한 내용의 글발이 나왔다.

> '때를 만나면 천지도 함께 힘을 도와 주어 일이 순조롭게 이루어지지만, 운수가 없으면 영웅의 계략도 들어맞지 않는 법이라오.'
> **時來天地皆同力 運去英雄不在謀**

유기는 머리를 한 대 얻어 맞은 듯 정신이 퍼뜩 들었다. 마치 자신의 행동을 지켜보는 것 같아 저절로 머리가 숙여졌다. 온갖 미사여구를 다 동원하여 제갈공명을 칭찬하던 사람들을 비웃던 유기는 두 번에 걸친 공명의 신통력에 그저 감탄할 따름이었다.

* 우리나라에도 옛날에는 왕릉이 있는 곳은 대소 인원이 모두 말에서 내리는 하마비가 세워져 있었다. 지금도 그 비가 남아 있는 곳이 있다.

**제갈공명**

공명의 사당 참배를 마친 유기는 공명의 묘소로 발길을 옮겼다. 공명의 묘소가 시야에 들어오자 유기는 고개를 갸우뚱거렸다. 공명이 지리(地理, 음양 풍수설)에 너무 어둡다는 것을 발견했기 때문이었다. 공명의 묘소 뒷쪽에는 제왕지지(帝王之地)\*가 될 만한 큰 명당 자리가 있는 데도 공명은 그것을 모르고 보잘 것 없는 묏자리에 자신을 장사 지내게 하였으니 과연 공명은 유기 자신이 평소 생각한 대로 그렇게 훌륭한 인물이 아니라는 생각이 들었다.

유기는 공명의 묘소에 올라 참배를 마치고 일어서려는데 이상하게도 무릎이 땅바닥에서 떨어지질 않았다. 일어서려고 힘을 쓰면 쓸수록 더욱 굳게 달라붙는 것이었다. 종자를 시켜 그곳을 파보니 글발이 나왔다.

'충신은 죽어서도 제왕의 곁을 떠나지 않는 법이라오(忠臣不離君王側).'

"내가 어찌 지리를 모르겠는가? 죽어서도 제왕을 모시기 위하여 이곳에 묻혔음을 알라."

유기의 귀에는 제갈공명의 말이 들려오는 것 같았다. 유기는 감탄한 나머지 한숨을 몰아쉬며 이렇게 말하였다.

"유사 이래 현세에 이르기까지 공명만한 사람 없고, 역사가 이어지는 영원한 앞날에서도 공명만한 사람은 없을 것이다(前無後無諸葛武侯)."

유기는 마침내 제갈공명에게 머리를 숙이고 지난날의 그릇되었던 자신을 부끄럽게 여겼다.


## 촉한의 멸망

제갈공명이 죽은 후 장완(蔣琬)이 대사마가 되어 정치를 담당하였다. 그러나 양민(楊敏)은 장완을 못마땅하게 생각하여 비방하였다.

"장완의 정치는 도무지 제갈공명만 못한 점이 한두 가지가 아니다."

어떤 사람이 이 말을 듣고, 장완에게 귀띔하였다.

"일국의 재상을 비방하였으니 마땅히 그 죄를 물어 처벌해야 할 것입니다."

장완은 괘념치 않았다.

"나는 아무래도 제갈공명만 못한 것이 사실이거늘 어떻게 그 사람을 처벌할 수 있단 말이오."

장완이 죽은 후 대장군 비위(費褘)와 동윤(董允)이 정치를 담당하였는데 두 사람 모두 공명 정대하고 성의를 다하여 충성을 바쳤다. 동윤이 죽은 후 강유(姜維)와 비위가 뒤를 이었다.

제갈공명이 죽은 후 5년째 되던 해에 위주 조예가 병으로 사망했다. 그는 죽음을 앞두고 장안에 있는 사마의를 불러들여 태부

**무후사** 유비와 제갈공
명 등을 모신 사당

(大傅)로 삼고, 조상(曹爽)을 대장군으로 삼아 8세의 어린 아들
조방(曹芳)을 보좌하도록 하였다. 이때부터 조씨와 사마씨의 세
력 다툼이 시작되었다.

처음에 사마의는 조상이 나이도 젊고 해서 마음을 놓았으나,
그 후 조상이 다른 사람의 사주를 받아 세력을 확대시키며 사마의
의 군사 권력을 박탈하였다.

사려 깊은 사마의는 조상의 세력이 날로 강성해지는 것을 보
고 병을 일컫고 집에 돌아와 사태를 관망하고 있었다. 그러면서도
아들 사마사(司馬師)에게 친위군의 지휘권을 장악하게 하여 정세
의 변화를 지켜보고 있었다.

한편 조상은 사마의가 아무래도 마음에 걸렸다. 그는 심복 이
승(李勝)을 보내 사마의의 동정을 살펴보고 오도록 하였다. 사마
의는 이승이 병문안을 온다는 소식을 듣고 아들 사마사와 사마소
에게 말하였다.

"이승은 조상의 첩자임에 틀림없다. 이 기회에 꾀병을 부려 이승을 감쪽같이 속여넘겨야 한다."

사마의는 짐짓 중병에 걸린 것처럼 머리를 흐트러뜨리고 병상에 엎드려 있다가 이승이 들어오자 두 하녀로 하여금 몸을 부추기게 하여 간신히 일어났다. 이승이 병문안의 인사말을 하자 그 말을 못들은 척하고 엉뚱한 말을 하였다. 잠시 후 사마의가 손으로 입을 가리키자 하녀가 죽 한 그릇을 가져왔다. 사마의는 그 죽을 훌쩍훌쩍 마시면서 병상의 마룻바닥까지 줄줄 흘리고 아무 말도 없이 병상 옆으로 누운 채 고통스러운 듯 어깨를 들썩거리며 숨을 몰아쉬었다. 마치 며칠 못 살 것처럼 다 죽어가는 시늉을 하였다.

병상을 무대로 한 사마의의 연극은 이승의 눈을 완전히 속이고도 남았다. 정말 멋진 한 토막의 코미디였다. 이승은 돌아가 조상에게 보고하였다.

"사마공의 병은 이미 깊어 정신 상태도 이상한 지경에 이르러 있습니다. 얼마 안 가 세상을 뜰 것입니다."

이승의 보고를 들은 조상은 가슴이 후련했다. 사마의는 두려워할 필요가 없다고 생각하고 활개를 폈다.

284년 겨울의 일이다. 새해를 맞이한 조상은 위주 조방을 따라 낙양 남쪽에 있는 고평황릉(高平皇陵)에 나아갔다. 복수의 칼을 갈며 기회를 노리고 있던 사마의는 비밀리에 조직한 결사대 3천 명을 이끌고 쿠데타를 일으켰다. 수도 낙양을 제압하고 이어서 낙수와 교통의 요충지를 장악한 다음 조상의 죄를 고발하는 조서를 발표하였다.

결국 사마의의 쿠데타는 성공하여 조상은 군사 지휘권을 사

**〈융중대(隆中對)〉** 제갈공명이 유비에게 정치, 군사상의 천하삼분지계를 설명한 것

마의에게 넘겨야 했다. 조상의 가족과 그의 일당은 잠시 후 보기 좋게 토멸되었다. 이 쿠데타는 역사상 '고평릉 사변'이라 불린다.

이 사변을 계기로 위나라의 정치적 실권은 사실상 사마씨의 손으로 넘어가게 되었다. 이로부터 2년 후 71세의 사마의가 세상을 떠나고 그의 아들 사마사, 사마소 형제가 뒤를 이어 정권을 장악하였다. 위나라 중신과 장군들이 몇 차례 군사를 일으켜 사마사를 토멸하려 하였으나 번번이 실패하였다. 214년에는 22세의 위주 조방도 폐위되고 그 대신 14세의 조모(曹髦)가 허수아비 위주의 자리를 이었다. 사마사가 죽은 후 그의 동생 사마소가 승상으로서 정치를 장악하게 되자 임금 따위는 무시하고 제멋대로 권력을 휘두르며 정권을 빼앗을 야망에 불타고 있었다. 이때 항간에서는 다음과 같은 동요가 유행하였다.

'이쪽 청룡은 우물로 빠지고, 저쪽 황룡은 우물에서 나왔다.'

어렸던 위주 조모도 이제는 약관의 나이에 가까워지자 사마

소가 제멋대로 정사를 휘두르는 것이 분통이 터져 견딜 수가 없었다. 조모는 청룡·황룡의 동요 소문을 듣고 마음이 흔들려 '잠룡시(潛龍詩)' 한 수를 지어 그의 울적한 심사를 토로하였다.

"불쌍한 청룡은 우물 속에 갇히어 넓은 바다를 자유롭게 헤엄칠 수 없구나. 심지어 미꾸라지나 뱀장어까지도 무시하며 청룡 앞에서 잘난 척 날뛰고 있구나! 불쌍한 청룡아, 내 처지와 네 처지가 어쩌면 그렇게도 똑같단 말이냐!"

조모가 시를 지었다는 사실은 즉시 사마소에게 전해졌다. 화가 난 사마소는 얼마 후 자신을 진공(晉公)이라 일컫고 옛 제도에 따라 최고의 예우를 내리도록 위주를 협박하였다. 이것은 왕위를 빼앗자는 속셈이었다.

위주 조모는 사마소의 기세가 날이 갈수록 등등해지는 것을 보고 분하고 답답한 마음을 누를 길이 없었다. 어느 날 조모는 상서 왕경(王經)과 두 대신 왕침(王沈)·왕업(王業)을 불러들여 평소의 불만을 털어놓았다.

"경들도 잘 알다시피 사마소의 속마음은 길 가는 사람까지도 다 알고 있소. 이 이상 어떻게 참을 수가 있단 말이오. 나는 앉아서 죽음을 기다리는 것보다 차라리 미련 없이 최후의 일전을 벌일 작정이오."

이 말을 들은 왕경은 위주에게 생각을 바꾸도록 간하였다.

"그런 생각은 마시옵소서."

그러나 왕침과 왕업은 아무 말이 없었다. 조모는 가슴속 깊이 간직해 두었던 황색 비단에 쓴 조서를 꺼내놓고 잘라 말했다.

"우리들의 마음은 이미 결정되었소. 죽음 따위도 족히 두려워할 것이 없소이다."

사마의

그러나 왕침과 왕업은 조모의 앞에서 물러나자 곧바로 이 같은 사실을 사마소에게 고해 바쳤다.

한편 위주 조모는 사마소를 치기 위해 궁중의 위병 수백 명과 하인, 급사 등을 총동원하였으나 미처 사마소를 발견하기도 전에 사마소의 일당인 가충(賈充)이 거느리고 달려오는 군사와 마주쳐 삽시간에 전투가 벌어졌다. 가충의 부하 성제(成濟)가 창을 빼어 조모를 찌르자 조모는 중상을 입고 외마디 비명을 지르며 수레에서 떨어져 죽었다. 젊은 위주 조모는 죽었지만 '사마소의 마음은 길 가는 행인들까지도 다 알고 있다.' 라는 그의 말은 영원히 남아 있다.

사마소는 자신의 횡포가 너무 지나쳤다는 가책을 느끼고 또 백성들의 마음을 무마하기 위하여 자신이 불민하여 임금을 보호하지 못했다고 자못 그럴싸하게 자기 비판을 하며 능청을 떨었다. 그리하여 황제를 죽인 범인을 체포하기로 하였으나 심복인 가충을 희생시킬 수 없었기 때문에 성제에게 모든 죄를 뒤집어씌워 그의 일족을 멸하였다.

물론 성제의 입장에서 보면 어처구니없는 일이었다. 처형을 앞두고 성제는 사마소에게 입에 담지 못할 욕설을 퍼부어댔으나 사마소는 어쨌든 성제를 처형함으로써 자신을 비판하는 여론을 진정시키려 하였다. 그러나 악사천리(惡事千里)*라는 말대로 사마소의 연극은 아무런 효과도 없었다.

마침내 사마소는 황제의 자리에 오를 수가 없었다. 할 수 없

* 악사천리(惡事千里) : 나쁜 일은 곧 세상에 널리 퍼짐

이 15세인 조조의 손자 조환(曹奐)을 위주로 세웠다. 이것이 260년의 일이었으나, 위나라의 정권은 사실상 유명무실한 상태가 되었다.

일찍이 사마의가 조상 일파를 토멸하자 조상파의 장수 하후패(夏侯覇)가 촉한으로 망명하였다. 이때 촉한의 재상은 강유였는데 그는 하후패에게 물었다.

"이제 사마의는 위나라 정권을 손에 넣게 되었는데 다른 나라를 칠 의향이 있는 것 같습디까?"

하후패는 고개를 가로저으며 대답하였다.

"사마의는 위나라를 빼앗는 일에만 급급할 뿐 다른 나라를 정벌할 겨를이 없습니다. 그러나 종사계(鍾士季)라는 자가 있사온데 아직 나이가 약관에 지나지 않지만 만약 그가 조정 일을 맡게 된다면 촉한과 오나라의 근심거리가 될 것입니다."

촉한의 대장군 비위는 지나치게 사람을 믿어 항복한 위나라의 장수 곽순(郭循)에게 암살당하고 강유가 비위를 대신하였다. 강유는 그 후 11년 동안에 여러 차례 위나라를 공략하여 위나라를 괴롭혔다.

비위가 살아 있을 때도 강유는 자신의 무용과 재주만을 믿고 대군을 일으켜 위나라를 치려고 하자 비위가 만류하였다.

"우리들이 승상 제갈공명만 못하다는 것은 너무나도 확실한 일이오. 제갈공명께서도 중원을 평정하지 못하셨는데 하물며 우리들이 어찌 하겠소. 지금은 국가를 보전하고 백성을 잘 다스려 사직을 굳게 지키는 것이 우리들의 과제요."

비위를 대신한 강유가 위나라를 괴롭히자 사마소는 고심 끝에 등애(鄧艾)와 종회(鍾會)*를 장수로 삼아 촉한을 공격하도록 하

* 종회(鍾會) : 자는 사계

였다. 종회는 사곡, 낙곡, 자오곡으로부터 한중에 진출하고, 등애는 적도로부터 감송, 답중에 진출하여 강유의 군사를 견제하였다. 강유는 종회가 이미 한중에 진출했다는 정보를 입수하고 군사를 수습하여 답중으로부터 후퇴하려 하자 등애가 추격전을 벌여 대승을 거두었다.

강유는 패주하여 검각(劍閣, 사천성)의 요새에 진을 치고 종회의 군사를 방어할 태세를 취하였다. 강유가 검각에서 방어할 태세만 취할 뿐 등애가 험난한 길을 뚫고 성도에 육박할 줄을 전혀 예상치 못한 것이 촉한의 패망 원인이 되었다.

* 음평(陰平) : 감숙성과 사천성의 국경 지대로 일찍이 사람의 발길이 닿지 않은 험준한 산악지대

한편 등애는 계속 진군하여 음평(陰平)*에 이르러 사람들이 살지 않는 산야 700리 길을 산을 깎아 길을 만들고 계곡에는 사닥다리 길을 만들어 진군하였다.

산이 높고 골짜기가 워낙 깊어 발붙일 수 없는 험난한 곳을 만나면 대장 등애는 융단으로 몸을 둘둘 말아 다른 군사가 밀어 떨어뜨리게 하였다. 강행군이 이어졌다. 지형에 따라서는 나무에 기어오르기도 하고 혹은 절벽에 기어올라 흡사 고기 꿰미처럼 로프로 매달려 일렬로 진군하였다. 이렇게 촉 땅에 도착하여 등애는 촉한의 대장 제갈첨(공명의 아들)에게 격문을 보내 항복을 권하였다. 제갈첨은 그 사자의 목을 베고 면죽관(綿竹館)에 진을 치고 적군을 막아 싸웠다. 그러나 등애의 군사에게 패하고 장군 제갈첨은 전사하고 말았다.

제갈첨의 아들 제갈상(諸葛尚)은 이렇게 말하며 홀로 말을 채찍질하며 적진에 돌입하여 분전하다가 애석하게도 전사하였다.

"우리 부자는 국가의 후한 은혜를 입었다. 일찍이 간신 황호(黃皓)의 목을 베지 못하였기 때문에 국가가 망하고 백성이 전멸

하기에 이르렀다. 살아 있은들 무슨 보
람이 있겠는가!"

촉한의 조야에서는 위나라 군사가
그렇게 신속히 진격해오리라곤 상상도
못하고 있었기 때문에 최후까지 싸울
준비가 되어 있지 않았다. 게다가 등애
가 이미 평토(平土)까지 진출했다는
소문이 돌자 백성들이 모두 동요하여
산과 들로 도망쳐 흩어지니 조정에서
는 이를 제지할 힘이 없었다. 마침내

**백제성** 오를 치기 위
해 친히 군대를 이끌
고 나왔던 유비가 병
사한 백제성

후주 유선은 사자에게 천자의 인수를 받들어 적장 등애의 군문에
나아가 항복할 뜻을 전하게 하였다. 이때 후주의 아들 유심(劉諶)
은 크게 분격하여 유선에게 눈물을 흘리며 간하였다.

"만약 적에게 대항할 도리가 없고 힘이 다하여 국가가 패망
할 지경에 이르렀으면 부자·군신이 모두 성을 등지고 죽기로써
싸우다가 죽어서 선제를 배알하는 것이 당연한 일이거늘 항복이
란 가당치도 않습니다."

그러나 유선은 이를 받아들이지 않았다. 유심은 소열 황제(유
비)의 사당에 나아가 통곡한 다음 그의 처자를 먼저 죽이고 자신도
목숨을 끊어 일생을 마쳤다.

등애가 성도 북쪽에 이르자 후주 유선은 군신을 거느리고 성
에서 나와 항복하였다. 이로써 촉한은 유비가 황제의 위에 오른
지 43년 만에 멸망하였다. 그해가 263년이고 강유도 황제의 칙명
에 따라 그의 부장 은화·장익·동궐 등과 함께 종회의 군문에 나
아가 항복하였다. 위나라에서는 항복한 촉한의 후주 유선을 낙양

에 보내 안락공(安樂公)에 봉하였다.

어느 날 진왕 사마소가 유선을 잔치에 초대하고 촉한의 음악과 무용을 상연하도록 하였다. 좌우에서 함께 구경하고 있던 사람들은 유선의 속마음을 안타깝게 여겨 동정의 눈물을 흘렸으나 유선은 전혀 그런 눈치가 없이 그저 기뻐서 어쩔 줄을 몰랐다. 나중에 진왕이 유선에게 물었다.

"당신은 옛 당신의 나라 촉한이 생각나지 않습니까?"

유선은 진왕의 물음에 아무런 생각도 없이 대답하였다.

"이곳 생활이 이토록 기막히게 좋은데 무엇 때문에 촉한 생각이 난단 말씀이오."

이 말을 들은 사마소는 유선이 진짜 유비의 아들인가를 의심할 정도로 그가 어리석다고 생각했다. 사마소는 다른 사람에게 이렇게 탄식하며 말하였다.

"제갈공명이 있어도 이런 상태의 군주로는 도저히 보좌할 수가 없을 정도인데 하물며 강유야 어쩔 도리가 있었겠는가!"

## 위나라 · 오나라의 패망

촉한이 멸망한 2년 후인 265년 사마소가 죽고 그의 아들 사마염(司馬炎)이 그 뒤를 이었다. 위나라의 마지막 임금 조환은 성대한 의식을 베풀고 양위한다는 내용의 조서를 발표하였다.

"고대의 성군 요 · 순의 교훈에 따라 임금의 자리를 어진 신하에게 물려주고 자신은 은퇴하겠노라."

그러나 위주 조환은 양위의 의식을 마치고 자신의 거처로 돌아오자 통한의 눈물로 밤낮을 지샜다.

이 양위의 의식에서 사마소의 아들 진왕(晉王) 사마염은 조조의 아들 위주 조비가 후한의 헌제로부터 임금의 자리를 물려받은 때와 마찬가지로 세 번 사양의 뜻을 표한 후 황제의 인수를 받았다. 나라 이름을 진(晉)이라 일컫고 수도를 낙양에 정하였다. 위나라는 조비가 위주의 자리에 오른 후 46년 만에 멸망하였다.

촉한과 위나라는 중원을 무대로 서로 밀고 밀리는 싸움을 되풀이하다 보니 동쪽 오나라에 신경을 쓸 여유가 없었다. 손권은 장강을 근거지로 삼아 중원에 발을 들여놓을 수 있는 좋은 기회라 생각하여 군침을 삼켰다. 그러나 병력과 군마가 부족하여 우선 동남 지역의 개발에 힘을 기울여 국가의 기틀을 튼튼히 다진 후 중원을 노려보기로 하였다.

손권이 지배하는 강동, 즉 강소·절강 일대는 춘추 시대 후기에 오나라와 월나라가 패업을 이룩한 근거지이며, 전한 초기에는 오왕 유비가 이 지방의 광산과 소금으로 부를 이룩하여 오초 칠국의 난을 일으킨 곳이기도 하다. 이처럼 강동 지방은 원래 자원이 풍부한 곳이었으나 이것은 동남쪽의 연해 지방에 국한되었을 뿐이고 장강의 중류·하류의 넓은 지역은 여전히 미개발 상태에 놓여 있었다.

이 일대의 산간 지대에는 산월족(山越族)이 살고 있었는데 그들의 사회 형태는 원시 사회 말기의 단계를 벗어나지 못하고 있었다. 손권은 이곳에 병력을 투입하여 강제적으로 산월족을 평지로 이주시켜 노예로 삼거나 세금을 거두고, 젊은 남자를 병력으로 선발하였다. 기록에 의하면 오나라 군사 가운데 산월족의 수가 무려 10만 명에 달했다고 한다.

이러한 동남 지역의 개발은 오나라의 장기 안정에 있어 풍부한 물질적 기반이 되어 수공업과 농업이 급격히 발전하였으며 도예 공업도 유명하였으나 그러나 최고는 조선 공업(造船工業)이었다.

당시 건조된 배는 길이가 70미터, 수면상의 높이 7~10미터, 상하가 5층으로 탑승 인원 5,600명, 중량 1천 톤의 규모였다.

배의 겉면은 회화와 조각으로 장식되어 그 정교함은 멀리서 바라보면 누각을 방불케 하였다. 개중에는 3천 명 이상이 탑승할 수 있는 대형 선박도 있었다. 이러한 조선업의 발달은 오나라 연해 지대의 개발을 돕고 외국과의 교역상 유리한 조건이 되었다.

이렇게 동남 개발에 박차를 가하여 국가의 기틀을 다져가던 오나라도 4대째인 손호(孫皓) 시대에 들어서면서 그 양상이 달라지기 시작하였다. 오주 손호는 덕으로써 정치를 행하지 않고 오로지 영토의 확장만을 고집하였다. 어느 날 오주 손호는 방술사(方術士)를 불러 천하를 차지할 시기에 대하여 점을 치도록 명하였다. 점을 친 방술사는 이렇게 대답하였다.

＊ 청개차(靑蓋車) : 푸른색깔의 뚜껑을 한 수레로 옛날 황태자, 황자, 왕이 타던 수레

"경자년(庚子年, 이때부터 16년 뒤)에 청개차(靑蓋車)＊를 타고 낙양에 들어갈 것입니다."

이것은 항복하러 낙양에 들어간다는 뜻이었다. 그러나 어리석은 오주 손호는 그 속뜻을 알아차리지 못하였다. 오주 손호는 경자년에는 천자가 되어 화려한 행렬을 앞세우고 위풍도 당당히 낙양성에 입성할 것으로 착각하여 더욱 기고만장하였다.

오주 손호는 그 후 제장들의 계략을 받아들여 진나라 국경을 침범하였다. 육항(陸抗)은 이를 부당하다고 주장하였으나 손호는

그의 말을 듣지 않았다.

오나라가 국경을 침범하자 진나라에서는 가만히 있지 않았다. 오나라를 멸망시키고 명실 공히 천하를 제패할 좋은 기회라 생각하고 장군 양호(羊祜)로 하여금 호북·형주의 군사를 통솔하도록 하였다. 한편 오나라에서는 육항에게 제군의 지휘 감독권을 맡겼다. 양군은 진나라와 오나라 국경인 양양에서 대치하였다. 양호·육항은 둘 다 만만찮은 명장으로 서로 간의 소식을 교환하고 있었다.

삼각연신수경 《위서》 〈왜인전〉에 야마타이국 여왕 히메코가 위에 조공을 바치고, 구리 거울 백 개를 받은 것으로 기록되어 있는데, 이 삼각연신수경이 그중 한 개일 가능성이 있다.

어느 날 오나라의 육항은 양호에게 술을 보냈다. 양호는 기뻐하면서 아무런 의심없이 그 술을 벌컥벌컥 마셔댔다. 육항이 병에 걸리자 이번에는 양호가 조제약을 보내왔다. 육항은 이것을 의심하지 않고 즉석에서 마셨다. 좌우의 부하들이 물었다.

"적국에서 보내온 약을 마시는 것은 위험하지 않습니까?"

육항은 대답은 간결했다.

"양호는 그렇게 사람을 독살할 야비한 사람이 아니오."

진나라 장수 양호는 오군과 대치하고 있는 중에도 덕으로써 백성들을 대하니 오나라 백성들도 그를 잘 따랐다. 전투를 벌일 때에는 애당초 그 날짜와 시간을 통보하여 정정당당히 싸우고 절대로 기습 따위는 하지 않았다. 오나라의 육항도 국경의 모든 부대에게 명령을 내리고 경고하였다.

"각 부대는 각각 담당 구역을 굳게 지킬 것이며 자신의 공적을 세우기 위하여 다른 일을 일으키지 말라."

얼마 후 오나라 명장 육항이 병으로 죽자 진나라 장수 양호는 오나라 공략을 주청하였다. 그러나 조정의 중신들은 대부분 이에 반대하였다. 양호는 탄식하며 말하였다.

"천하를 차지하는 일은 뜻과 같이 이루어지지 않는 법이다. 하늘이 내린 좋은 기회를 잃게 되다니 안타까운 일이로다."

그러나 두예(杜預) · 장화(張華) 두 사람만은 양호의 의견에 찬동하였다. 그 후 양호는 병에 걸렸으나 여전히 오나라를 토멸해야 한다는 본래의 뜻에는 변함이 없었다. 그는 병든 몸을 이끌고 직접 황제에게 주청을 드렸다.

황제는 마침내 오나라 토멸의 뜻을 굳히고 양호는 병이 들었지만 수레에 누워서라도 출진하여 제장을 감독하라고 하였다. 그러자 양호는 이런 말을 남기고 숨을 거두었다.

"오나라를 토멸하는 데는 신이 출진하지 않더라도 아무 근심이 없다고 생각합니다. 다만 신이 근심하는 것은 오나라를 평정한 후 폐하의 성려(聖慮)를 번거롭게 하는 일이 있을까 두려울 뿐입니다."

진왕은 두예를 진남 대장군으로 삼아 형주의 군사를 지휘 · 감독하도록 하였다. 이때 오주 손호는 포학과 난행이 날로 심하여 갔다. 주연을 베풀어 술이 곤드레만드레가 되어 신하들의 얼굴을 칼로 긁어버리거나 눈동자를 후벼 빼는 등 잔악한 행동을 서슴지 않자 백성들의 마음은 점점 그의 곁에서 멀어져 갔다. 이 같은 정보를 입수한 두예는 즉시 오나라 토멸을 주청하였다. 이 주청문이 황제의 처소에 이르렀을 때 황제는 마침 장화와 바둑을 두고 있었는데 장화가 바둑판을 밀치고 바둑알을 놓으며 황제에게 오나라 토멸의 결단을 내리도록 재촉하였다. 진왕은 마침내 오나라를 토멸하라는 명령을 내렸다.

**남경** 현재의 남경 모습. 남경은 오나라로부터 시작해 명, 청, 중화민국 임시정부에 이르기까지 수많은 왕조의 도읍지였다.

    진나라에서는 대군을 출동시켜 오나라 토멸 길에 올랐다. 두예는 강릉에서 출진하고 왕준(王濬)은 파촉으로부터 장강을 따라 내려가 오나라를 공략하기로 하였다.

    오나라 군사는 장강의 모래톱 요처마다 쇠사슬로 강을 가로질러 둘러쳐서 배의 운행을 차단시키고 또 비밀리에 한 질 길이의 송곳을 강 가운데 빽빽이 꽂아 군함의 진격을 방해하였다. 이에 대하여 진나라 장수 왕준은 길이가 백여 보에 이르는 큰 뗏목 수십 개를 만들었다. 그 위에 풀을 묶고 허수아비를 만들어 갑옷을 입혀 삿대를 쥐게 하였다. 그런 다음 수영에 익숙한 병사를 태워 맨 앞에 서서 송곳과 부딪치면 그 송곳과 뗏목을 잡아매고 병사는 헤엄쳐 돌아오게 하였다. 그러자 송곳은 뗏목에 휩쓸려 뗏목과 함께 흘러내려갔다. 왕준은 또 큰 횃불을 만들어 거기에 참기름을 적셔 둘러친 쇠사슬을 닥치는 대로 태워버렸다. 이런 작전으로 진

삼국의 정립

195

격을 계속하여 곧바로 강 언덕에 착륙하여 먼저 장강 상류 지방의 여러 군을 격파하였다. 진나라 장수 두예는 또 그의 부장 주지(周旨) 등에게 기습부대를 거느리고 야음을 틈타 장강을 건너 오나라 진영을 급습하게 하였다.

오나라 장수들은 그들이 쳐놓은 쇠사슬과 송곳 때문에 진나라 군사가 그렇게 쉽게 오리라고 생각지 못하였다. 불의의 급습을 받은 오나라 군사들은 "북쪽에서 온 진나라 군사는 장강을 날아서 건너왔단 말인가." 하고 겁을 내며 흩어지기 시작하였다.

이에 두예는 일부 군사를 나누어 왕준의 군사와 함께 무창(武昌)을 공격하여 함락하였다. 무창을 함락한 두예는 제장들을 모아놓고 금후의 작전을 의논하였다. 제장들은 모두 이 정도에서 이번 작전을 끝내고 장강의 물이 적어지는 내년 겨울을 기다려 다시 오나라를 공략하자는 쪽으로 의견이 기울어졌으나 두예는 이를 단호히 거절하였다.

"지금 우리 군사의 사기는 크게 진작되어 있다. 예컨대 칼로 대나무를 쪼개는 것과 같아서 처음 힘을 들여 두서너 마디를 쪼개

**진회수** 주요 교통로였던 남경의 진회수

면 그 뒤는 별 힘을 안 들여도 저절로 쪼개지게 마
련이다. 폐일언하고 우리 군사의 사기는 바야흐로
파죽지세(破竹之勢)에 있다."

진격을 결심한 두예는 각 부장에게 전략을 하
달하여 즉시 오나라 수도 건업을 향하여 진격을
개시하였다.

왕준의 휘하 군사 8만 명은 장강에 배를 띄워
진용을 갖추니 그 길이가 10리에 달하였다. 일제
히 흰돛을 올려 쏜살같이 달려 건업에 다달았다.
건업에 상륙한 왕준군은 큰북을 울리고 함성을 지
르며 오나라 최후의 보루 석두성(石頭城)에 돌입
하였다. 오나라는 이에 대항할 힘이 없었다. 오주
손호는 할 수 없이 손을 뒤로 묶고 얼굴만 드러낸
채 관을 뒷수레에 싣고 왕준의 군문 앞에 나와 항
복함으로써 오나라는 4대 52년 만에 멸망하였다.

오나라의 죽간

촉한 · 위 · 오의 삼국은 소설 《삼국지연의》의 무대이기도 하
다. 이 책의 서술은 진(晉)의 진수(陳壽)가 쓴 《삼국지》에 의거하
였기 때문에 유비 · 관우 · 장비가 도원에서 형제의 의를 맺는 데
서 시작하는 소설체로 풀어쓴 《삼국지연의》와는 다르다는 사실
을 밝혀 둔다.

# 삼국의 계보

## 촉한(유씨) 蜀漢(劉氏)

1.소열제(비) 昭烈帝(備)(221~223) ── 2.후주(선) 後主(禪)(223~263)

## 위(조씨) 魏(曹氏)

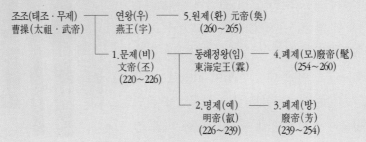

조조(태조·무제)
曹操(太祖·武帝)

── 연왕(우) ── 5.원제(환) 元帝(奐)
　　燕王(宇)　　　　(260~265)

── 1.문제(비) ── 동해정왕(임) ── 4.폐제(모)廢帝(髦)
　　文帝(丕)　　　東海定王(霖)　　　 (254~260)
　　(220~226)

　　　　　　── 2.명제(예) ── 3.폐제(방)
　　　　　　　　明帝(叡)　　　 廢帝(芳)
　　　　　　　　(226~239)　　　(239~254)

## 오(손씨) 吳(孫氏)

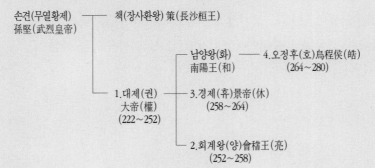

손견(무열황제)
孫堅(武烈皇帝)

── 책(장사환왕) 策(長沙桓王)

── 1.대제(권)
　　大帝(權)
　　(222~252)

　　── 남양왕(화) ── 4.오정후(호)烏程侯(皓)
　　　　南陽王(和)　　　　(264~280)

　　── 3.경제(휴)景帝(休)
　　　　　　(258~264)

　　── 2.회계왕(양)會稽王(亮)
　　　　　　(252~258)

서진 시대

# 서진 시대

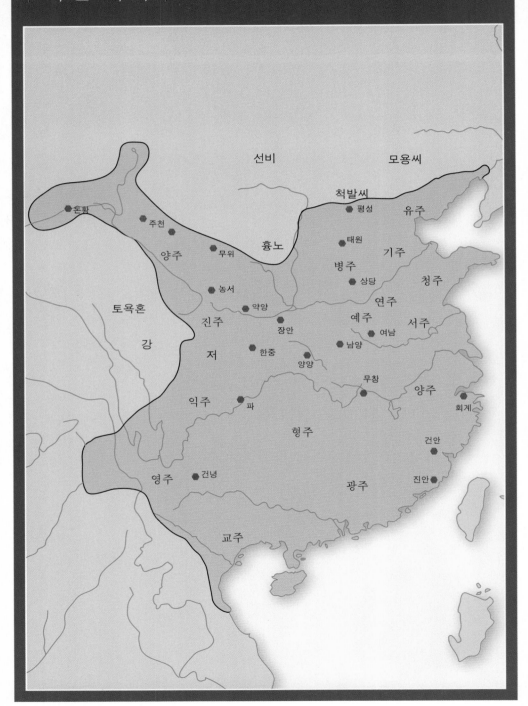

선비

모용씨

척발씨

평성 · 유주

돈황 ·

주천 ·

무위 ·

흉노

양주

태원 ·

기주

병주

청주

상당 ·

토욕혼

농서 ·

진주

약양 ·

연주

장안 ·

예주

서주

강

저

한중 ·

여남 ·

남양 ·

양양 ·

무창 ·

양주

회계 ·

익주

파 ·

형주

건안 ·

영주

건녕 ·

진안 ·

광주

교주

## 서진 시대

호족 출신 사마의는 조조 이래 위나라에 벼슬하여 249년에는 승상이 되고 이후 그의 아들 사마사, 사마소 등이 사실상 위나라의 정권을 장악하였다. 사마소는 촉한을 토멸한 공로로 진왕(晉王)이 되었으며 그의 아들 사마염은 265년 위나라로부터 선양을 받아 서진왕조를 세웠다.

무제 사마염은 귀족의 특권을 옹호하고 정치를 안정시켜 나갔다. 즉위 초에는 검소한 생활로 모범을 보였으나, 점점 사치와 방탕에 빠지자 귀족들도 다투어 마치 경쟁이라도 벌이듯 사치와 부를 과시하였다. 특히 천하의 부호 석숭과 왕개의 사치 싸움은 당시의 부패상을 여실히 드러냈다. 무제가 죽고 혜제가 즉위하자 국정은 점점 문란해지고 제실의 울타리로써 강력한 군사력을 장악하고 있던 왕들이 난을 일으켰는데 이것이 역사상 팔왕의 난이다. 팔왕의 난은 무제의 황후 양씨 일족과 혜제의 황후 가씨 일족들의 권력 다툼에서 비롯되었다. 이를 계기로 여남왕, 초왕, 조왕, 제왕, 장사왕, 성도왕, 하간왕, 동해왕의 팔왕이 16년에 걸쳐 싸움을 벌여 마침내는 영가의 난이 일어났다.

결국 팔왕의 난이 영가의 난을 부르고, 영가의 난이 서진을 멸망시키는 결과를 가져와 중국 북부에서 오호십육국 시대의 막이 열리게 되었다.

팔왕의 난이 일어나자 당시 중국 내륙에 많은 이주민을 보내고 있던 유목민족이 무력 침략을 시작하였다. 산서 지방의 남흉노의 수장 유연이 자립하여 황제라 칭하고 북한을 세웠다. 그의 아들 유총이 311년 낙양을 함락하고 영가의 난을 계기로 서진의 회제를 사로잡았다. 이어 장안에서 즉위했던 민제도 316년 북한의 유요에게 사로잡힘으로써 서진은 52년 만에 멸망하였다.

이보다 앞서 팔왕의 난이 한창일 때 왕실의 일족인 사마예는 건업(남경)에 주둔하고 있었는데 왕도 등 중원의 호족과 토착 호족들의 추대를 받아 317년 동진을 세움으로써 중국 북부의 오호십육국과 남북으로 대치하는 남북 분열의 시대가 열렸다.

# 사치를 겨룬 석숭과 왕개

진나라는 사마염이 위나라로부터 천자의 자리를 물려받은 후 15년이 지나 태강 원년(280)에 오나라를 멸망시켰다. 이로써 분열되었던 중국은 재통일되었다. 진나라는 전·후반을 합쳐 156년간 지속되었는데 전반 52년간은 수도를 낙양에 두었기 때문에 역사상 서진(西晉, 265~316)이라 하고, 후반 104년간은 수도를 건강(建康, 지금의 남경)에 두었기 때문에 동진(東晉, 317~420)이라고 부른다.

* 치두구(雉頭求衣) : 꿩의 머리털로 짠 고가의 가죽옷

서진 왕조를 창립한 무제(武帝) 사마염은 즉위 당시에는 진상품인 치두구(雉頭求衣)*를 사치품이라 하여 대주전 앞에서 불태워 없앰으로써 검소한 기풍을 솔선수범하는 등 어진 정사를 실현시키려 하였으나 점차 사치와 방종에 흘러 1만 명에 가까운 미녀들을 후궁에 불러들였다. 당시 전국의 총인구가 대략 1,600만 명이었다고 하니 인구 비율로 따져 볼 때 그가 차지한 여자의 수는 엄청난 숫자가 아닐 수 없다. 미인이 너무 많았기 때문에 황제 자신도 어떤 여자를 골라야 할지 몰라 매일 양이 끄는 수레를 타고 양이 발길을 멈추는 곳의 후궁 처소에 들러 식사를 하고 그곳에서 밤을 지냈다. 후궁들은 확률로 따지면 만분의 일의 임금의 총애를 받기 위하여 처소 문 앞에 댓잎을 꽂고 길거리에는 소금물을 뿌리는 어리석은 일을 벌였다. 양이 댓잎과 소금을 좋아했기 때문이다.

그러나 황제는 여기에 만족하지 않고 계속해서 미녀를 구하기에 열을 올렸고 또 관리들은 이를 미끼로 백성들을 쥐어짜는 바

람에 도처에서 소동이 일어났다.

　신하들도 황제의 음탕과 호사에 뒤질세라 경쟁을 벌이면서 지배 계급 전체가 부패한 생활에 젖어들었다.

　승상 하증(何曾)이란 자는 하루에 1만 전을 들여 상다리가 부러질 정도로 차린 산해진미 앞에서도 먹을 만한 음식이 없다고 짜증을 부렸고, 그의 아들 하소(何劭)도 하루에 2만 전을 들여 오로지 먹는 일에 부를 과시하였다. 하씨 부자의 호사한 생활도 유명했지만 무제의 사위 왕제(王濟)와 비교하면 새발의 피에 불과하였다.

　어느 날 무제가 왕제의 저택을 방문했을 때의 일이다. 비단과 보석으로 몸을 장식한 수많은 하녀들이 진기한 유리(보석의 일종) 그릇에 담은 산해진미를 분주하게 나르고 있었다. 그 잔치상 한가운데 구이 요리로 된 돼지고기가 보기좋게 놓여 있었다. 무제의

**진무제**

눈에도 그 고기가 무척 먹음직스러워 한 점 시식을 해보니 무제로서도 일찍이 경험한 적이 없는 기막힌 맛이었다. 무제는 그 요리를 맛있게 먹으면서 물었다.

　"어떻게 해서 이 고기의 맛이 이렇게도 훌륭한가?"

　왕제는 자랑스러운 듯 대답하였다.

　"이 고기는 사람의 젖으로 기른 돼지고기이옵니다."

　왕제의 사치스런 생활은 이렇듯 듣는 사람들을 놀라게 할 정도였으나 뛰는 놈 위에 나는 놈 있다는 말이 있듯이 왕제보

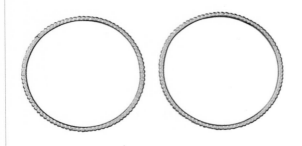

**금팔찌** 귀족 여성의
금팔찌

다 몇 갑절 더한 인물이 서
진 시대에 존재하였다.

석숭(石崇)과 왕개(王
愷) 두 사람은 마치 무슨 경
주라도 벌이듯 부와 사치를
겨루었다는 이야기가 전해
지는데 이것은 부패한 서진 시대 호족의 전형이며 그 축도라고 할
수 있다.

왕개가 부를 과시하기 위하여 맥아당(麥芽糖)을 사용하여 식
기를 씻었다. 그러자 석숭은 뒤질세라 섶 대신 백랍(白蠟)을 사용
하여 음식을 지었다. 왕개는 석숭을 제압하기 위하여 자색 비단으
로 20킬로미터를 둘러칠 수 있는 큰 장막을 만들었다. 이에 대하
여 석숭은 왕개가 사용한 비단보다도 값이 훨씬 비싼 비단으로 25
킬로미터를 둘러칠 수 있는 어마어마한 장막을 만들었다. 그들의
경쟁은 여기서 그치지 않았다. 석숭이 향료의 열매로 방의 벽을
바르자 왕개는 적석지(赤石脂)*로 담을 발라 맞섰다.

* 적석지(赤石脂) : 피
륙의 물감이나 인쇄 잉
크의 원료

석숭 · 왕개의 사치 싸움은 수도 낙양에 파다하여 석숭이 이
기느냐, 왕개가 이기느냐를 놓고 왈가왈부 말이 많았으나, 왕개가
석숭에게 한 걸음 뒤진다는 것이 대체적인 의견이었다.

왕개가 열세라는 소문을 들은 황제는 외삼촌인 왕개를 후원
하기 위하여 두 자가 넘는 산호수(珊瑚樹)를 왕개에게 주었다. 이
에 왕개는 득의양양하여 석숭을 초대하여 그 산호수를 자랑삼아
구경시켰다. 그러나 석숭은 코웃음을 치더니 쇠막대기로 산호수
를 내리쳐서 산산조각으로 만들어버렸다. 왕개가 사색이 되어 노
발대발하자 석숭은 태연한 표정으로 말하였다.

"이 정도 물건이 그렇게도 아깝습니까? 아무 염려 마십시오. 내가 깨끗이 변상해 드리리다."

석중은 그 자리에서 하인을 시켜 자신이 소장하고 있는 산호를 모두 가져오도록 하였다. 하인이 가져온 산호수를 본 왕개는 눈이 휘둥그레졌다. 높이 3, 4척 되는 산호수 6, 7개 그 모두가 눈길을 끄는 훌륭한 물건이었다. 이에 비하면 황제가 왕개에게 보낸 산호수 따위는 보잘 것 없는 물건에 지나지 않았다.

석숭은 왕개에게 말하였다.

"이 가운데서 마음에 드는 것으로 하나 골라 가져 가시지요."

청자대서용

이 말을 듣는 왕개는 그저 어안이 벙벙하여 자신의 패배를 인정하지 않을 수 없었다.

석숭과 왕개가 어떻게 해서 이런 부를 축적할 수 있었는지 자못 궁금하고 의아스럽다. 그 해답은 두 사람 모두 대대로 관료나 지주로서 오랜 세월을 두고 백성들을 착취했기 때문이었다.

서진의 정치 체제는 이러한 호족의 자제들을 9등급으로 나누고 모든 관리를 그 가운데서 선발 임용하였다. 일단 관직에 임용되기만 하면 그 직위야 어쨌든 넓은 토지가 수여되고 세금이 면제되었다. 또 본인뿐만 아니라 친척, 친구들까지도 납세와 부역의 의무가 면제되었다.

이렇게 해서 지주 계급 가운데서도 특권층인 관료 지주가 형성되었다. 이것을 역사상 세습 호족이라 부른다. 세습 호족들은 모두 창두·가동·노비라는 명목의 하인들을 거느렸는데, 이것은 사실상 노예나 반 노예와 같았다. 석숭의 집에는 '창두 8백여 인'이 있었다고 한다. 이들 호족들의 집은 모두 고래등 같은 누각이 즐비하게 이어져 있었는데 모두가 농민의 피와 땀으로 다져지고 노예들의 희생을 토대로 이룩된 것이었다.

그러나 사실은 이 정도에서 그치지 않고 보다 악랄하고 비정한 행위도 있었다. 석숭은 형주 자사로 있을 때 심지어 행상들까지도 습격하여 그들의 짐을 빼앗아 부를 축적했다고 한다. 이들 특권 계층은 세습의 대관료 지주였을 뿐만 아니라 노예주이자 강도이기도 하였다.

왕개와 석숭에 대하여는 다음과 같은 이야기도 전한다.

왕개가 손님을 초대하여 잔치를 벌이고 손님들의 흥을 돋구기 위하여 여자 악사를 시켜 피리를 불도록 하였다. 그런데 피리를 연주하던 중 1절을 건너뛰었다. 이를 알아차린 왕개는 즉석에서 여자 악사를 끌어내어 죽여버렸다.

또 석숭은 손님을 초대하여 잔치를 벌일 때 미녀들로 하여금 손님들에게 술을 권하도록 하고 그 손님이 술을 다 마시지 않으면 그 미녀를 죽여버렸다. 언젠가는 손님이 술을 마실 줄 몰라 세 사람의 미녀를 죽인 적도 있었다.

서진보다 앞선 전한 말기에 조정의 권력자 왕망은 그의 아들이 노비 한 사람을 죽이자 자결로써 그 죄를 받도록 하였다. 후한 초기에는 노비 해방령을 내려 노비의 인

**서진 청유벽사**

서진 기사용

권을 보호하고 노비를 살상한 자를 처벌하는 법령을 제정하였다. 그러나 서진 왕조의 세습 호족들은 노비를 쓰레기 같은 존재로 취급하여 제멋대로 살상했지만 아무런 제재도 받지 않았다.

이러한 서진 호족의 부패는 왕공 대신들의 물질적인 사치뿐이 아니고, 귀족 자제들의 정신적인 면에도 영향을 주어 그들은 세상이 어떻게 돌아가는 줄도 모르고 그저 무위 도식의 생활 속에서 사치만을 일삼게 되었다.

부패한 세대 가운데서도 가장 심한 것은 무제의 아들 사마충(司馬衷)이었다. 사마충은 궁중에서 자라 세상 일은 도무지 아는 것이 없었다. 흉년이 들어 수많은 백성들이 굶주려 죽는다는 말을 듣고 그는 이렇게 말했다.

"쌀이 없으면 고기라도 먹을 것이지 왜 죽는단 말이오."

정말 어처구니없는 일이다. 이렇게 젊은 세대들이 타락하여 구제불능의 늪에 빠져든 사실은 서진의 지배 계급이 이미 황혼기에 다가갔음을 시사해주는 것이다.

# 죽림 칠현

완적(阮籍, 210~263)은 죽림 칠현의 한 사람으로 갖가지 기행(奇行)으로 유명한 사람이다. 그는 마음이 맞는 사람은 청안(靑眼)*으로 대하고, 싫은 사람은 백안(白眼)*으로 대하였다.

* 청안(靑眼) : 보통 눈
* 백안(白眼) : 노려 보는 눈

다른 사람을 업신여기고 냉정히 대하는 것을 '백안시(白眼視)한다.'고 하는 말은 이 완적의 고사에서 유래한 말이다.

완적이 바둑을 두던 중 그의 모친이 사망했다는 소식을 들었다. 그러나 완적은 그대로 바둑을 계속하였다. 잠시 후 그는 술을 잔뜩 들이키고는 큰소리를 내어 울면서 붉은 피를 토했다고 한다.

상 중에는 술과 고기를 먹지 않는 것이 당시의 규범이었으나 완적은 이에 구애받지 않았다. 잔치에도 나아가 실컷 고기와 술을 먹었다. 사마소가 있는 자리에서도 괘념치 않고 술을 마셔댔다.

사예교위(치안본부장) 하증이 분개하여 "명공(사마소)께서는 효로써 천하를 다스리고 계십니다. 하온데 완적은 상 중인데도 명공의 자리에 나타나 술과 고기를 먹었습니다. 마땅히 그를 나라 밖으로 추방하여 풍속을 바로잡아야 할 것입니다." 하고 완적을 탄핵하였다.

사마소는 완적의 수척한 모습을 보고 "병중에 술과 고기를 먹는 것은 상례에 어긋나는 일이 아니오."라며 탄핵의 상주를 묵살하였다.

완적은 모친의 장례 때 조문(弔問) 온 혜희(嵇喜)를 자기와 뜻이 맞지 않는 사람이라 하여 백안으로 대했다. 혜희가 매우 섭섭하게 생각했음은 당연한 일이었다. 그의 동생 혜강(嵇康)이 이

소문을 듣고 술병과 거문고를 휴대하고 조문하였다. 이번에는 완적이 청안으로 맞이했음은 말할 것도 없다. 혜강도 죽림 칠현의 한 사람이었기 때문에 서로 마음이 통했던 것이다.

혜강(227~263)의 자는 숙야(叔夜)이고 초군(안휘성 숙현) 출신으로 위나라 말기 명사의 한 사람으로 꼽혔다. 문학을 잘하고 회화에도 능하였으며 특히 거문고를 좋아했다. 그의 거문고 솜씨에 대하여는 다음과 같은 이야기가 전한다.

혜강은 청년 시절에 낙서에 유람하여 그곳 인물과 풍물에 취하여 돌아갈 줄을 몰랐다. 밤에는 화양정(華陽亭)에 머물면서 교교히 비치는 달과 반짝이는 별빛에 취하기도 하고 시정(詩情)에 젖어 손가락으로 거문고를 타며 시간 가는 줄을 몰랐다. 삼경을 알리는 북소리가 이미 울렸건만 그는 북소리조차 듣지 못하고 어느덧 날이 밝을 무렵이 되어서야 거문고를 치울까 하고 생각하고 있었다. 그런데 언뜻 보니 꼿꼿한 자세로 선 채 조용히 자신이 타는 곡에 귀를 기울이는 노인의 모습이 보였다. 그 노인은 허리가 약간 굽어 있었고 눈은 얼빠진 사람처럼 보였다.

혜강은 아무렇지 않은 듯 그 노인에게 물었다.

"노인장께서도 거문고를 타실 줄 아십니까?"

"글쎄요, 조금 타는 시늉은 합니다만."

노인은 조심스럽게 대답하였다.

젊은 혈기에 넘치는 혜강은 자신의 솜씨에 자신이 있었기 때문에 노인의 솜씨를 한번 시험해보고 싶은 생각이 들었다.

"제 솜씨가 어떻다고 생각하셨습니까? 어딘가 고쳐야 할 점이 있습니까?"

노인은 가슴까지 드리운 흰 수염을 쓰다듬으면서 말하였다.

"다루는 솜씨는 흠잡을 데가 없습니다만, 유감스럽게도 감정이 들어가 있지 않은 듯하였습니다. 비창한 곡인 데도 지나치게 완곡한 탄법(彈法)을 쓰고 있다고 느껴졌습니다."

**죽림 칠현** 죽림 칠현을 조각한 청대의 죽세공

혜강은 자신의 단점을 선뜻 지적해 내는 노인 앞에 무릎을 꿇었다. 그리고 가르침을 청한다는 뜻에서 한 곡조 타주십사 간청하였다.

노인은 혜강에게 향을 피우게 하고 손을 깨끗이 씻은 후 자세를 바로잡은 다음 책상다리로 앉았다. 그리고는 눈을 감고 잠시 동안 묵상에 잠겼다. 이윽고 여유 있는 태도로 거문고를 손가락으로 타기 시작하였다.

오동나무로 만들어진 거문고에서는 슬픔에 넘치는 곡이 울려 퍼지면서 마치 어두운 구름이 드리우듯 그 슬픔이 가슴속을 찌르는 듯하였다. 곧이어 경쾌한 리듬으로 바뀌자 어두운 구름이 말끔히 걷히고 밝은 달이 훤히 비치는 듯 듣는 사람들에게 희망과 격려를 주는 듯한 멜로디가 흘러나왔다.

노인의 손가락은 아직도 거문고 줄 위에서 춤을 추듯 움직이며 천변만화(千變萬化)하는 멜로디를 타고 있었다. 때로는 파도가 힘차게 밀려와 언덕을 세차게 밀어치듯, 때로는 소곤소곤 속삭이듯, 그런가 하면 금세 슬픈 애조로 돌아와 가냘픈 여인의 눈물어린 사연을 호소하듯 멜로디가 호수의 수면에 닿자 호수의 물마저 슬픔에 견디지 못하여 오열하는 듯하였다.

거문고 소리가 갑자기 딱 멎은 뒤에야 혜강은 비로소 제 정신이 들었다. 노인을 바라보니 거문고 타기 전의 모습과는 달리 두 눈은 샛별처럼 빛나고 생기 발랄한 표정으로 바뀌어 있었다.

혜강은 깊이 감동하여 자세를 바로잡고 그 노인에게 신기에 가까운 거문고의 비법을 가르쳐 달라고 애원하였다.

노인은 만면에 웃음을 지으면서 이 곡의 유래에 대하여 설명하였다.

"이 곡은 원래 광릉(지금의 강소성 양주) 일대에 전해 내려오는 산곡(散曲)으로서 〈광릉산(廣陵散)〉이라 불리고 있는데, 장사 섭정(聶政)이 한(韓)의 간신 협루(俠累)를 척살(刺殺)*한 고사를 주제로 한 것이지요. 이야기는 전국 시대로 거슬러 올라갑니다."

〈주덕송(酒德頌)〉 죽림 칠현 중 한 사람인 유령(劉伶)이 지은 술을 찬양하는 〈주덕송〉. 서예는 조맹덕의 작품

* 척살(刺殺) : 찔러 죽임

진(秦)나라가 다른 여섯 나라를 집어삼키고자 할 때 맨 먼저 한나라를 공격 대상으로 삼았다. 한나라 대신 협루는 진나라와 내통하여 사리사욕을 위하여 한나라를 팔아넘기려 하였다. 그러자 대신 엄중자(嚴仲子)는 협루의 의견에 반대하다가 마침내 제나라로 망명하였다. 그는 그곳에서 장사 섭정과 만나 사귀게 되었다.

섭정은 원래 백정이었으나 의협심이 강한 대장부였다. 섭정은 엄중자의 간청을 받아들여 한나라에 가 협루를 척살하였다. 임무를 마친 섭정은 얼굴을 알아보지 못하게 하기 위하여 눈꺼풀, 코, 귀를 자르고 얼굴을 으갠 다음 자신의 목을 찔러 죽었다. 한나라에서는 그의 시체를 노상에 효수하고 현상금을 내걸어 자객의 신원을 밝히려 하였다.

섭정의 누이 섭보는 한나라 간신이 척살되었다는 소문을 듣고 분명 자신의 동생이 자객이었을 것이라고 생각하였다. 그 후 '자객'이 자신의 얼굴을 으깨고 자결하였다는 소문을 듣고 그녀는 내심 생각하였다.

**죽림 칠현의 악기** 죽림 칠현의 한 사람인 완함이 애용했다는 4현 악기

'동생은 누이가 연루될까 두려워 그리했구나.'

그러나 누이 또한 대의를 소중히 여기는 사람이었다. 내 자신의 안전을 위하여 동생의 명예로운 이름을 세상에 알리지 않으면 안 되겠다는 생각이 들었다. 그녀는 의연히 동생의 시체 곁에 다가가 소리 내어 슬피 울어 애도의 뜻을 표하고 동생의 이름을 관중들에게 알렸다. 그

리고 형리에게 체포되기 전에 시체 옆에서 자결하였다.

이 이야기를 듣던 혜강은 그만 감격하여 할 말을 잊었다. 노인은 잠시 말을 멈추고 있다가 다시 말을 이었다.

"거문고를 다루는 법이란 단순히 지법(指法)의 숙련만으로는 부족합니다. 그 곡의 내용, 하소연하고자 하는 핵심을 파악하고 곡 가운데 감정을 이입(移入)하지 않으면 안 됩니다. 연주자 자신이 감격에 젖어야만 청중의 마음을 감동시킬 수 있는 것입니다."

노인의 설명에 귀를 기울이던 혜강이 다시 한 번 노인의 모습을 바라보려 하였으나 노인은 어디론가 사라져 그 모습은 찾을 길이 없었다.

혜강의 〈광릉산〉은 이를 계기로 비약적으로 향상되었으며, 이 고대 악곡은 혜강의 이름과 함께 전국으로 퍼져 나갔다.

이상의 이야기는 전설이기 때문에 다소 과장이 있을지 모르나 이 전설에는 확고한 역사적 뒷받침이 있다.

혜강이 거문고의 명수이고, 특히 〈광릉산〉의 탄주로 유명했다는 사실은 역사서에 기록된 그대로이다. 혜강의 문장도 많이 남아 있지만, 특히 《금부(琴賦)》로 유명하다. 《금부》 안에는 옛 거문고의 주법과 표현 방법이 상세히 소개되어 있다.

혜강은 뛰어난 음악가이며 문학자인 동시에 '죽림 칠현'의 한 사람이기도 하였다.

위나라 말기 사마씨 일파들이 국정을 장악하여 황제의 자리를 넘보자 이에 불만을 품은 혜강·완적은 산도·향수(向秀)·완함(阮咸)·왕융(王戎)·유영(劉伶) 등의 당대 명사들과 함께 죽림에서 청담(淸談)을 나누며 지냈기 때문에 사람들은 이를 '죽림의 칠현'이라 불렀다.

위진(魏晉) 시대의 청담은 노자·장자의 철학론이 중심을 이루었고 때로는 허무주의적 색채를 띠기도 하였는데 이것은 정치 권력으로부터 멀어지려는 색채가 농후하였다.

이들 죽림 칠현은 나중에 사마씨의 회유책에 의해 해산되었으나 혜강과 같은 고집쟁이는 의연히 사마씨의 세력에 굴복하지 않았다.

혜강은 그 정신적 고통을 달래기 위해 시작(詩作)과 회화에 몰두하고 그래도 울분이 풀리지 않으면 거문고를 탔다. 이에도 만족하지 못하면 혜강은 상기된 얼굴로 쇠붙이를 힘껏 두들기기도 하였다. 거문고를 잘 타는 문인이 한낱 대장간의 대장장이로 변신해 버린 것이다.

어느 날 혜강은 불에 달군 쇠붙이를 두들기고 그의 친구 향수는 대장간의 풀무를 손으로 움직이고 있을 때 사마씨의 심복인 종회가 방문했다.

종회는 혜강의 학식과 명성을 사모하여 그와 교제하려고 방문한 것이었다. 혜강은 종회가 온 뜻을 훤히 알고 있으면서도 짐짓 모르는 척 방약무인한 태도로 탁탁 쇠붙이만 두들겼다. 종회도 또한 혜강의 뜻을 훤히 알고 있으면서도 쉽게 그곳을 떠나려 하지 않았다. 서먹한 분위기가 오래 계속되자 참다못한 종회가 부아를 내면서 일어서 나갔다.

혜강은 그제야 비로소 입을 열었다.

"무슨 소문을 듣고 왔다가 무엇을 보고 가는 거요?"

종회가 홱 돌아서면서 응수하였다.

"들을 만한 소문을 듣고 왔다가 볼 만한 것을 보고 가오."

불과 네 마디의 말이 오고간 데 지나지 않지만, 혜강의 말투에는 자만이 차 있고 종회의 말투에는 분노가 차 있다.

　당시 조정의 권력을 제멋대로 휘두르던 사마씨는 완적과 혜강을 자신의 세력으로 끌어들이기 위하여 갖가지 회유책을 썼다. 완적은 술과 익살스런 말로 그때 그때의 위기를 무난히 모면하였으나 혜강은 끝까지 사마씨 일파와 직설적으로 대결하였기 때문에 마침내 희생양이 되고 말았다. 사마씨 일파들은 혜강의 죄를 날조하여 그를 형장으로 끌고 갔다.

　혜강은 형장에서 한나라의 간신을 죽인 섭정의 행동에 깊은 감동을 받으면서도 간신을 제거하지 못하고 도리어 그들의 술책에 빠져든 자신의 무력함에 회한과 통한의 분노를 삼켰다. 혜강은 그 자리에서 거문고를 빌어 〈광릉산〉 한 곡조를 탄주하였다.

　자신이 가장 소중히 여기던 거문고, 그것은 혜강의 분신이나 다름이 없었다. 자신의 온 생애를 바쳐 갈고 닦아온 그 곡조를 거문고에 실었다. 이승에 마지막 작별을 고하는 그의 비장한 멜로디가 흡사 장송곡처럼 온 형장 안에 울려퍼지자 주위 사람들은 모두 눈물을 흘렸다.

　혜강은 거문고를 손에서 내려놓고 하늘을 우러러 탄식하였다.

　"내가 죽는 것은 하나도 억울하지 않다. 그러나 광릉산아, 너는 이후부터 세상에서 사라지게 되었으니 그것이 원통할 뿐이로다!"

　혜강이 죽으니 그의 나이 겨우 40세였다. 그러나 다행히도 광릉산은 사라지지 않았다. 그 곡조는 금사(琴師)들 사이에서 계속 탄주되었으며 900여 년 후 뜻있는 음악가에 의해 《신기비보(神奇秘譜)》 안에 수록되어 현재까지 전해지고 있다.

　다만 곡은 있지만, 혜강처럼 온 생애의 정열을 담은 신기에 가까운 〈광릉산〉을 탈 줄 아는 사람은 그 후 아무도 없는 것이 아쉬울 뿐이다.


# 팔왕의 난과 영가의 난

서진 왕조를 실질적으로 무너뜨린 전란을 역사상 '영가의 난'이라 부른다.

그러나 사실은 영가의 난 이전에 서진 왕조는 이미 내부 항쟁 때문에 토대가 흔들리고 있었다. 이 내부 항쟁이란 말할 것도 없이 '팔왕(八王)의 난'을 가리키는 말이다. 여덟 사람의 황족이 거의 16년 동안 밀고 당기는 싸움을 벌였다. 그들은 싸움에서 이기기 위하여 제각기 흉노나 선비족 등 외부 세력을 불러들이게 되었다. 이렇게 중원의 내부 항쟁에 무력으로 개입한 이민족은 마침내는 중원에 그들의 정권을 수립하기에 이르렀다.

결국 팔왕의 난이 '영가(永嘉)의 난'을 유발시켰고 이 난으로 서진이 멸망하면서 중국 북쪽에 오호 십육국(五胡十六國) 시대의 서막이 열리게 되었다.

그러면 여기서 팔왕의 난으로부터 이야기의 실마리를 풀어보자. 팔왕의 난이라는 명칭에서 풍기는 이미지는 일견 황족들 간의 싸움으로 느껴지지만, 실제로는 외척도 개입된 꽤 복잡한 싸움이었다. 초대 황제인 무제 사마염이 죽자 팔왕의 난이

**서진의 무사 인형**

싹트기 시작하였다.

계보에서 알 수 있듯이 서진 왕조는 형식적으로는 무제 사마염으로부터 시작되었으나 그의 조부 사마의 시대부터 이미 절대적인 실력자로 군림하고 있었다. 무제가 위나라에서 황제의 자리를 물려받고 나서 그의 조부 사마의에게는 선제(宣帝), 그의 아버지 사마소에게는 문제, 그의 백부 사마사에게 경제라는 시호를 각각 추증하였다.

서진의 거울 불상과 봉황 문양이 있다.

팔왕의 난의 주역으로 등장한 여덟 사람의 황족은 무제의 아들이 3명, 조카가 1명, 숙부가 2명, 증조부를 함께 하는 6촌이 2명이었다.

서진이 멸망한 후 남쪽으로 내려가 다시 동진(東晉) 왕조를 세워 황제가 된 것은 무제의 숙부에 해당하는 낭야왕 사마주(司馬주)의 자손이었다.

내분에는 으레 여성이 끼어들게 마련이다. 팔왕의 난도 여성의 농간으로부터 시작되었다.

무제는 황태자 사마충(司馬衷)이 너무 어리석기 때문에 한때는 자신의 동생 사마유(司馬攸)에게 양위할 것을 고려하였으나 사마유가 무제보다 먼저 죽어 그럴 수가 없었다. 사마유의 죽음도 석연치 않은 점이 있었다. 사마유의 아들 사마경이 아버지의 죽음이 의사에 의한 모살(謀殺)이라고 주장하여 의사가 주살당하는 소동이 있었다. 이것이 팔왕의 난의 전주곡이었다.

무제는 오나라를 평정하여 천하통일의 꿈을 이루었으나 장래의 일을 생각하면 골치가 아팠다. 황태자의 장래가 걱정되었던 것이다.

서진 육기의 〈평복첩〉

어느 날 무제는 능운대(陵雲臺)에서 성대한 잔치를 벌여 군신들과 더불어 술을 마시고 흠뻑 취해 있었다. 이때 60 고개를 넘은 온건한 소부(少傅) 위관(衛瓘)이 옥좌 곁에 모습을 나타냈다. 취한 척하고 있었으나 실은 취한 것이 아니었다. 홍당무처럼 붉은 얼굴에 손을 휘저으며 취한 척하던 위관이 갑자기 무릎을 꿇으면서 말하였다.

"폐하께 긴히 아뢸 말씀이 있습니다."

무제는 조용히 위관의 다음 말을 기다렸으나, 위관은 말을 집어삼켜 버렸다. 잠시 동안 침묵을 지키던 위관은 이윽고 손을 뻗쳐 옥좌를 어루만지며 혼잣말로 중얼거렸다.

"이 자리가 너무 과분합니다."

무제는 위관의 속뜻을 선뜻 알아차리고서도 짐짓 모르는 척하며 한마디 했다.

"경은 정말 너무 취했구료!"

우국충정의 노신 위관도 더는 말하지 못하고 물러났다.

잔치가 파한 후에도 줄곧 무제의 기분은 우울하기만 했다. 무제는 태자 충의 실력을 시험해볼 생각으로 동궁에서 잔치를 열고 대소 신료들을 불러서 몇 개의 문제를 출제하도록 하였다. 그리곤 이를 밀봉하여 태자에게 보내 답안을 작성하도록 하였다.

태자의 처소에 시험 문제가 보내져 왔으나 태자의 실력으로는 손을 댈 수조차 없었다. 그러자 태자의 비 가남풍(賈南風)도

당황하였다. 가남풍은 황제와 대신들이 태자의 폐립을 논의하고 있다는 사실을 가충(賈充)*으로부터 들어 익히 알고 있었다.

* 가충(賈充) : 태자비의 친정 아버지

가남풍은 여기서 수완을 발휘했다. 그녀는 시험 문제를 가져온 관리를 매수하여 시험 문제의 답을 모두 알아냈고 그 답을 태자 충이 베껴서 답안을 작성하였다. 무제는 이 답안을 보자 매우 만족해했다. 그리고 이 답안을 소부 위관에게 보이자 위관 또한 깜짝 놀랐다.

결국 황태자비 가남풍의 수완 덕분으로 어리석은 황태자 충의 자리는 요지부동으로 굳어버렸다.

태희 원년(290) 4월 무제가 55세의 나이로 죽었다. 그는 죽음에 임하여 후사를 황후 양씨의 아버지 양준(楊俊)과 황족의 원로인 사마양(司馬亮) 두 사람에게 위탁하고자 이 두 사람을 불러들였다. 그러나 예주(豫州)에 있던 사마양은 양준의 방해로 수도 낙양으로 올라오지 못하고 결국 양준이 홀로 후사를 위탁받았다. 양준이 사마양의 상경을 방해한 것은 자신이 외척으로써 정권을 독점하기 위해서였다.

무제가 죽자 황태자 사마충이 혜제로 즉위하고 황후 양씨는 황태후가 되었으나 정치적 실권은 황태후의 아버지 양준의 손으로 넘어 갔다.

양준이 정권을 장악하자 이를 매우 못마땅하게 생각하는 여성이 있었다. 다름 아닌 혜제의 황후 가남풍이었다. 가남풍은 앞에서도 말했듯이 대단한 여성이었다. 얼굴은 못생긴데다 키가 작고 거기에다 피부색까지 검어 질투심이 강하고 권모술수에 능한 여인으로서 가만히 앉아 있는 것이 오히려 이상할 정도였다. 그

기수인

녀가 황태자비로 간택된 데는 그녀의 아버지 가충이 사마소의 반위(反魏) 쿠데타는 물론 오나라를 토멸한 공이 있었기 때문이었는데, 뇌물 공세를 폈다는 소문도 돌았다.

양씨를 제거해야 한다는 가황후의 주장은 그 나름대로의 명분이 선다고 여겨진다. 진나라는 사마씨의 것인데 황태후 일족인 양씨가 전권(專權)한다는 호소는 충분히 설득력이 있었다. 그러나 가황후의 속셈은 양씨를 제거하고 대신 가씨가 정권을 독점하는 세상을 만들고 싶었던 것이다.

가황후는 양씨의 반대파인 맹관(孟觀)·이조(李肇)·동맹(董猛) 등 중신들과 더불어 쿠데타를 추진하였다. 우선 이조를 여

**항아리** 윗부분이 창고 모양으로 되어 있다.

남왕 사마양에게 보내 군사를 일으키도록 종용하였다. 앞에서도 언급했듯이 여남왕은 황족의 원로로서 무제는 그의 숙부인 여남왕 사마양에게 뒷일을 부탁하려 했었다. 권력을 자기 한 사람의 손아귀에 넣으려고 사마양의 상경을 방해한 양준의 처사도 가증스럽지만, 당시의 사마양은 나이가 많은 탓이었는지 매우 소극적이었다. 이조로부터 거병의 권유를 받자 그는 재빨리 허창(許昌)으로 떠나버렸다. 전쟁의 소용돌이에서 벗어나기 위해서였다.

할 수 없이 이조는 다시 초왕 사마위(司馬瑋)에게 접근하였다. 초왕 사마위는 혜제의 이모제(異母弟)로 용맹한 21세의 청년이었다. 영평 원년(291) 2월 형주 도독이었던 초왕 사마위는 즉시 군사를 이끌고 낙

양으로 올라와 양준에게 모반죄를 뒤집어씌워 죽이고, 그의 일당을 체포해 처형하였다. 양태후도 폐하여 서인으로 삼고 양태후의 어머니 방씨도 모반인의 아내라는 이유로 체포하였다. 이때 양태후는 어머니 방씨를 살리기 위하여 울부짖으며 가황후의 처소에 찾아가 자신을 '첩'이라고까지 칭하면서 살려달라고 애원하였다. 그러나 가황후는 끝내 이를 거절하고 방씨를 처형해버렸다. 이에 절망한 양태후는 단식 끝에 34세의 젊은 나이로 죽었다.

양씨의 천하가 가씨의 천하로 바뀌게 된 것이다. 가황후는 이 신정권의 중신으로 황족의 원로인 여남왕 사마양과 72세의 노신 위관을 기용하여 여남왕을 태재(太宰)라는 새로운 관직에 임용하고, 위관을 태보(太保)로 삼았다. 이 두 사람의 기용은 확실히 성공적이었다. 위관은 촉한을 토벌할 때 공을 세운 일도 있었지만, 그보다는 정치가·문인으로 알려져 있었다. 그는 초서의 명수였으며 '구품관인법(九品官人法)'의 폐지를 주장한 사실로도 유명하였다.

누구한테도 불만을 사지 않는 이 두 원로의 등용은 사실 가황후의 음흉한 방패막이 공작에 불과하였다. 정권을 독점하려는 가황후의 입장에서 보면 가장 방해가 되는 것이 이 두 사람이었다. 조야의 인망을 얻고 있다는 사실만으로도 기분이 좋지 않은 데다 특히 위관과는 이미 앞서 언급했듯이 혜제가 태자로 있을 때 태자의 폐립 문제로 가황후를 몹시 괴롭혔던 원로 대신이 아니었던가. 가황후는 13년 전의 원한을 씻을 기회를 노린 것이다. 이 원로 대신들을 가씨 정권의 방패막이로 실컷 이용한 후 제거해 버리자는 단수 높은 술책이었다.

이러한 가황후의 술책으로 인하여 초왕 사마위는 두 원로 대신들을 몹시 원망하여 다음과 같은 불만을 털어놓았다.

"양씨 정권을 무너뜨린 주역은 나 초왕 사마위이다. 여남왕 사마양 따위는 허창으로 도망친 늙은이 주제에 높은 자리에 올라 추태를 보이고 있다."

그러나 두 원로는 초왕에게서 병권을 회수하고 그를 먼 변방의 나라에 봉할 것을 고려하고 있었다.

"초왕 사마위는 젊은 혈기만 믿고 우쭐대는데다 성격이 잔인하여 사람 죽이는 일을 꺼리지 않는 자다. 그 위에 군대를 거느리고 있으니 만약의 경우 위험천만한 인물이다."

그러나 이들 두 원로의 계획은 사전에 누설되어 초왕의 귀에 들어갔다. 초왕은 크게 노하여 날뛰었다. 가황후는 이들 두 파의 불화를 이용하여 두 원로 대신을 제거할 음모를 꾸몄다.

가황후는 혜제에게 "두 원로 대신은 황제의 폐립을 모의하였으므로 그 관직을 삭탈하노라."라는 조서를 만들게 하여 초왕에게 군대의 출동을 명하였다. 초왕은 화풀이로 여남왕 사마양과 위관을 체포하여 살해하였다.

가황후는 즉시 다음 단계의 조치를 취하였다. 대군을 거느리고 있는 잔인한 성격의 황족 사마위의 존재는 가씨의 천하에도 커다란 장애물임에 틀림이 없었다. 그를 제거하는 데 좋은 기회는 바로 이때라고 판단한 가황후는 "초왕 사마위는 제멋대로 사람을 죽였으니 사형에 처하노라."라는 조서를 내려 사마위를 형리에게 넘겨 목을 베게 하였다. 사마위는 죽기 직전에 비로소 자신이 가황후에게 이용당했음을 알았다.

결과적으로 가황후는 여남왕 사마양, 초왕 사마위, 원로 대신 위관을 일거에 제거하고 실질적인 가씨 정권을 수립하는 데 성공했다. 일석삼조(一石三鳥)라는 말은 어쩌면 이런 경우를 위해 생겨난 말인지도 모른다.

그 후 가씨의 천하는 당분간 계속되었다. 《진서(晋書)》〈후비전(后妃傳)〉에는 가남풍이 음란한 여성으로 묘사되어 있다. 그녀는 태의령(太醫令) 정거(程據)와 정을 통하고, 또 아름다운 소년을 상자에 넣어 궁중으로 데려와 정을 통한 다음 대부분의 소년을 살해했다는 것이다. 간혹 아주 매력이 있고 썩 마음에 드는 소년이 있으면 가황후는 값비싼 선물까지 주어 돌려보냈다.

가황후로부터 희귀한 선물을 받아가지고 돌아간 소년이 어쩌다 이 선물을 훔친 것으로 오인당해 심한 고문 끝에 마침내 가황후와의 관계를 드러내 고문이 중단되었다는 사례까지도 세세히 기록하고 있다.

가황후는 공주만 네 명 낳았을 뿐 황자를 낳지 못하였다. 가황후는 그의 친정 동생이 낳은 아들을 양자로 키웠다. 그것도 자신이 낳은 것처럼 위장하기 위해 의복 밑에 짚을 넣어 임신한 것처럼 가장하였다. 만약 가황후가 황자를 낳을 경우 친자식이 아닌 황태자 사마휼(司馬遹)의 운명은 풍전등화일 것이 뻔했다.

양씨의 천하는 1년밖에 이어지지 않았으나 가씨의 천하는 10년 정도 계속되었다. 가황후가 뛰어난 정치적 수완을 발휘했기 때문이었다. 그의 배경이 되는 가씨들의 실력이 양씨의 실력과는 비교되지 않을 정도로 강력했다는 사실도 큰 이유였다. 가황후의 아버지 가충은 진나라가 반위(反魏) 쿠데타를 일으켰을 때의 주역 참모로서 그의 실력은 누구나가 인정하고 있었다. 가남풍이 황후가 되었을 때 충은 이미 죽었지만 그의 양손인 가밀(賈謐), 가황후의 사촌 오빠 가모(賈模), 외가 쪽의 곽창(郭彰) 등이 가씨 세력의 중심이 되어 정치를 이끌어 나갔다. 특히 가밀은 문학을 좋아하여 그의 주위에는 당대의 쟁쟁한 문학자들이 모여들어 24우회(二十四友會)라는 문학 그룹이 형성되었다고 한다.

가황후의 배후 세력이 아무리 강력하다 해도 사마씨 일족이 가황후 일당의 전횡을 언제까지고 그대로 둘 리는 없었다. 그들은 기회가 오기만을 기다리고 있었다.

원강 9년(299) 12월, 가황후가 황태자 휼을 폐하였다. 사마씨 일족이 노린 것은 바로 이 기회였다. 앞서 언급했듯이 가황후에게는 황자가 없어 자신이 낳은 것처럼 위장한 양자가 있었다. 사마씨들은 가황후가 취할 다음 조치는 분명 그의 양자를 황태자로 세울 것이라고 짐작하였다. 예상된 절차였기 때문에 조왕 사마윤(司馬倫)과 제왕·사마경(司馬冏)은 그 기회를 노리고 있었다.

이듬해 3월 폐서인이 된 황태자 휼이 살해되었다. 가황후는 태의령 정거와 짜고 독약 넣은 약을 황태자 휼에게 마시게 하였다. 그러나 이를 눈치 챈 황태자가 마시려 하지 않자 약찧는 절구로 쳐죽여버렸다.

기회를 노리던 조왕과 제왕은 마침내 군사를 일으켰다. 가씨 정권의 중심 인물인 가밀을 위시하여 그의 일당들은 모두 체포, 살해되었다. 가황후가 쿠데타의 기미를 알아차리기 전에 대신이 조서를 가지고 가 그를 폐서인하여 금용성에 유폐하고, 그로부터 5일 후 금설주(金屑酒)*를 마시고 스스로 목숨을 끊게 하였다.

* 금설주(金屑酒) : 금 가루를 넣은 술

그러나 조왕 사마윤이 301년 친히 황제의 위에 오르고 혜제를 태상황으로 받들자 제왕 사마경은 장사왕 사마애(司馬乂), 성도왕 사마영(司馬穎), 하간왕 사마옹(司馬顒)과 연합하여 황제를 칭한 조왕을 쳐 죽이고 다시 혜제를 황제로 세우는 한편 제왕이 혜제를 보좌하게 되었다. 그리고 나머지 왕들은 각자 고국으로 돌아갔는데, 제왕은 이들을 정중히 전송하면서 눈물까지 흘렸다고 한다. 이번 조왕의 토벌 때 제왕의 군사가 위기에 빠지자 성도왕의 군대가 지원하는 등 동족 간의 연대감과 정의가 다분히 남아 있긴 하였으나 엄격히 말해 그들은 이미 사마씨 일족 중의 개인이 아니었다. 그들은 가신(家臣)을 거느렸고, 이 가신들을 대표하는 측근의 의견을 존중하지 않으면 안 될 입장에 처해 있었다.

제왕은 대사마로서 혜제를 보좌하였으나 주색에 빠져 정치를 게을리하였다. 인사 문제도 공평치 못하였다. 제왕은 권좌에 오르기 전에는 현명한 사람으로 인망이 높았으나 권좌에 오르자 바로 타락해버렸다. 그래서 권력이란 마력을 지니고 있다고들 하는 모양이다.

제왕과 연합하여 가씨 정권을 무너뜨린 장사왕, 성도왕, 하간왕은 제왕의 이 같은 태도에 불만을 품고 제왕의 죄를 규탄하여 각각 군사를 이끌고 낙양으로 들어왔다. 제왕은 살해되고 이때부터 이들 세 왕 사이에 분쟁이 시작되었다. 하간왕과 성도왕이 연합하여 장사왕을 불로 구워서 죽였다. 하간왕의 부하에 장방(張方)이라는 잔인한 사람이 있었는데, 그는 사마씨 일족을 휘저어 혼란을 더욱 가중시켰다. 장방의 잔혹한 살해 방법에 대하여는 그의 부하들까지도 눈물을 흘렸다.

가황후가 황후의 자리에서 쫓겨나자 혜제는 양씨(羊氏)를 황후로 세우고 황태자까지도 책봉하였다. 그러나 제왕을 대신하여 승상으로서 혜제를 보좌하게 된 성도왕 사마영은 황후나 황태자를 폐하고 자신이 황태제(皇太弟)가 되었다. 혜제 다음에 자신이 황제의 자리에 오르겠다는 뜻을 분명히 한 것이다.

동해왕 사마월(司馬越)과 예왕 사마치(司馬熾)가 성도왕의 이 같은 처사에 불만을 품고 성도왕을 공격하여 혼전이 계속되는 동안 황후 양씨는 황후의 자리에서 쫓겨났다가 다시 복위되고 혜제도 장안으로 끌려갔다가 다시 낙양으로 돌아오는 등 원인 모를 혼란이 되풀이 되었다.

팔왕 가운데 남은 것은 동해왕, 하간왕, 성도왕 세 사람이었는데 광희 원년(306) 10월 성도왕은 두 아들과 함께 죽임을 당하고, 12월에는 하간왕 또한 3인의 아들과 함께 죽임을 당하였다. 잔인하기로 악명 높은 장방도 그 전에 하간왕에게 살해되었다.

성도왕과 하간왕이 죽는 동안 혜제도 48세의 나이로 불행한 생애를 마쳤다. 황태제로 있던 사마치가 혜제의 뒤를 이어 황제의 위에 오르니 이 이가 회제(懷帝)이다. 회제는 팔왕 가운데 유일한 생존자인 동해왕 사마월의 보좌를 받게 됨으로써 팔왕의 난은 막을 내리게 되었다.

이 내란은 무려 16년에 걸쳐 이어졌는데 그동안에 흉년과 기근이 계속되어 백성의 생활을 더욱 괴롭혔다.

각 진영에서는 일보도 양보할 수 없는 싸움이었기 때문에 병력의 부족을 보충하기 위하여 흉노족과 선비족의 군대까지도 불러들여 내란은 마침내 외세의 개입을 유발시키고야 말았다.

남흉노의 유연(劉淵)은 진나라로부터 오부대도독(五部大都督)에 임명되어 건위 장군의 칭호까지 받았지만 흉노족 일부에서 모반 행위가 있어 일시 해임되어 있었다. 성도왕 사마영이 업(鄴)에 있을 때 유연을 삭녕 장군(朔寧將軍)으로 삼아 자신의 진영에 끌어들였다. 성도왕의 입장에서는 흉노군이 자신의 전력 증강에 크게 도움이 되기 때문이었다.

그러나 흉노의 여러 부족 사이에서는 진나라의 사마씨들이 내란을 벌여 천하가 가마솥처럼 끓고 있는 이때야말로 나라를 일으키는 절호의 기회라고 부르짖는 함성이 높아지고 있었다. 나라를 일으키는 대사업에는 강력한 지도자가 필요했다. 흉노의 원로격인 우현왕 유선은 업에 밀사를 파견하여 유연의 귀환을 독촉하였다. 유연을 그들의 지도자로 추대하기 위해서였다. 밀사로부터 연락을 받은 유연은 성도왕에게 돌아갈 뜻을 비쳤다.

"흉노에 장례식이 있으니 잠시 동안 다녀올까 합니다."

그러나 성도왕은 허락하지 않았다. 그 후 성도왕이 병력이 필요하게 되자 유연은 "흉노의 군대를 이끌고 오겠습니다."라는 구실을 붙여 겨우 귀국하게 되었다.

유연이 귀국하자 흉노의 여러 부족은 유연을 대선우(大單于)로 추대하니 잠깐 사이에 유연 밑에 5만 명의 군사가 집결하였다. 영흥 원년(304) 10월 유연은 한왕(漢王)이라 칭하고 연호를 원희(元熙)로 정하여 수도를 이석(離石)에서 평양(平陽, 산서성 임분시 서북쪽)으로 옮겼다. 우현왕 유선을 승상으로 삼는 등 한의 제도를 모방하는 정치 체제를 형성하였다.

유연이 황제를 칭한 것은 이로부터 4년 후인 영가(永嘉) 2년(308)의 일이었다.

한의 황제 유연은 하서 2년(310) 7월 기묘일(己卯日)에 죽었다. 《십육국춘추(十六國春秋)》에는 8월로 기록되어 있는데 8월에는 기묘일이 없다. 황제 유연이 죽자 그의 태자 유화(劉和)가 그 뒤를 잇게 되었으나 곧바로 내분이 일어나 태자의 동생 유총(劉聰)이 형을 죽이고 제위에 올랐다.

역사서에는 태자 유화가 의심이 많고 부하를 사랑하지 않았다고 기록되어 있다. 그렇기 때문에 대사마, 대선우로서 10만 명의 군대를 지휘하고 있는 그의 동생 유총을 숙청하려다가 도리어 역습을 당한 것으로 되어 있다. 유화가 죽은 후에도 유총은 아버지 유연의 정처 선씨가 낳은 동생 유애(劉乂)를 황제로 추대하였으나 유애가 울면서 한사코 사양하였기 때문에 하는 수 없이 유총이 즉위했다는 것이다.

이 기록은 액면 그대로 받아들이기는 어렵지만, 어쨌든 유총이 유능했다는 사실은 부인할 수 없다. 그의 아버지 유연이 그를 대사마, 대선우라는 어마어마한 요직에 임명하여 병권을 장악하게 한 점으로 보더라도 그가 범상한 인물이 아니었음을 알 수 있다.

유연이 서진에서 이탈하여 황제를 칭할 정도로 강력한 정권을 세울 수 있었던 것은 흉노의 여러 부족을 규합할 수 있었기 때문이었다. 동족뿐이 아니고 흉노와 다른 부족인 갈족(羯族)까지도 그의 산하에 넣었다. 이 갈족의 유능한 지도자는 석륵(石勒)이었다.

영가 5년(311) 한의 유총은 낙양을 목표로 공격을 개시하였다. 그들의 작전은 우선 하남의 모든 지역을 점령하여 낙양을 고립시키는 것이었다.

서진의 태부(회제의 후견역) 동해왕은 전국에 격문을 보내 낙양의 위급을 고하고 구원병을 모집하였다. 그러나 구원병은 그림자도 비치지 않았다. 일찍이 무제가 오나라를 항복시킨 후 군비를 대폭 삭감하는 조치를 취했기 때문에 대부분의 지방에는 정규군이 없는 상태였다. 그러니 어느 곳에서 구원병이 오겠는가.

동해왕은 사방에서 긁어 모은 4만 명의 군사를 거느리고 낙양 동쪽 허창에 주둔하였다. 회제는 동해왕이 제멋대로 행동하는 것이 분하고 괘씸하여 구희(苟晞)라는 자에게 밀조를 보냈다.

"동해왕을 토멸하라."

그러나 불행히도 구희가 붙잡혀 밀조가 발각되고 동해왕이 밀조의 내용을 알게 되었다. 동해왕은 울분을 참지못해 병이 들었고, 그해 3월 항성에서 죽었다. 후사를 태위 왕연(王衍)에게 부탁하였다.

국가의 운명이 위급한 상황에 놓여 있는데 그들이 하는 짓이 이러했다. 팔왕의 난은 막이 내렸지만 다른 내분의 막이 열린 것이다. 동해왕과 구희는 원래 의형제처럼 가까운 사이였는데 동해왕이 구희를 청주 자사로 임명하여 산동 지방으로 보낸 것이 불화의 원인이었다고 한다.

후사를 부탁받은 왕연은 동해왕파였음이 확실하나 서진 왕조를 끝까지 지키겠다는 충성심은 없었고 고립무원의 낙양에서 어떻게 하면 빠져나갈 수 있을까 하고 탈출할 기회만을 노리고 있었다. 동해왕의 죽음은 왕연에게 있어 아수라장의 위험 지역으로부터 벗어날 수 있는 좋은 기회였다. 동해왕의 영구를 호송하여 동해(산동성)에 귀장(歸葬)한다는 구실로 황제는 낙양에 남겨둔 채 황족·귀족·명문의 자제 등 10만 명을 거느리고 낙양을 떠났다. 왕연은 애당초 10만 명을 데리고 갈 생각은 없었으나 낙양 사람들이 다투어 그를 따랐다고 역사에는 기록되어 있다. 굶주림과 내란에 싫증을 느낀 낙양 시민들이 고향을 버린 것이다.

10만 명의 많은 사람들은 금세 눈에 띄었다. 갈족의 장군 석륵은 고현(苦縣)의 영평성에서 이들의 이동 소식을 듣고 즉시 공격을 개시하였다. 서진의 10만 군중이 우왕좌왕하자 석륵군은 힘들이지 않고 대승을 거두었다. 석륵이 포로 왕연을 심문하자 그는 진나라가 이 지경에 이른 이유를 아무 부끄러움 없이 진술하였다.

"이것은 내 죄가 아닙니다. 국정 지도에 관여한 일도 없으며 정치에 관심도 없습니다."

왕연은 이렇게 발뺌하려 하였다. 석륵은 치사한 행동을 하는 왕연을 노려보면서 호되게 꾸짖었다.

"당신은 소년 시절에 벼슬길에 올라 그 이름을 사해에 떨쳤으며, 지금은 태위라는 막중한 중책을 맡고 있소. 그런데도 정치에 관심이 없다는 말을 함부로 지껄이니 천하를 망친 것이 당신이 아니고 누구란 말씀이오."

석륵은 흙벽을 무너뜨려 왕연을 깔아죽였다.

임성왕 사마제(司馬濟, 사마의 동생의 아들) 등은 항성에서 가져온 동해왕의 영구를 때려부수고 시체를 불태워 버렸다. 사마제는 동해왕의 유해를 불태우면서 다음과 같이 말하였다.

"천하를 어지럽힌 자는 바로 이 사람이다. 나는 천하를 위하여 그의 죄를 물어 유골을 불태워 천지신명에게 고하노라."

석륵이 왕연 일행을 습격한 것은 4월이고, 흉노군이 낙양성에 다다른 것은 5월의 일이었다. 그 다음달에 낙양은 함락되고 회제는 포로가 되었으며 태자 사마전 이하 3만여 명이 희생되었다.

회제의 형뻘 되는 오왕 사마안(司馬晏)의 아들 업(鄴)이 장안에서 황제로 추대되어 민제(愍帝)로 불렸으나 이것은 서진 왕조의 마지막 발버둥질에 불과하였다. 낙양이 함락됨으로써 서진 왕조는 사실상 막을 내린 것이나 다름없었다.

일찍이 흉노군이 낙양성을 공략할 주역으로 유요(劉曜), 석륵, 호연안(呼延晏), 왕미(王彌)의 4군이 합동으로 공략하기로 작전이 짜여져 있었다. 이 가운데 왕미는 한인 출신 장군이었다.

왕미는 유요의 군대가 오기 전에 먼저 낙양을 공략하고 약탈을 자행하였다. 왕미 부대의 약탈이 너무 혹독하였기 때문에 총사령관 격인 유요가 이를 제지하였으나, 왕미는 듣지 않았다. 유요는 왕미의 부장 왕연(王延)의 목을 베고 질서를 유지하려 하였다. 이에 대하여 왕미가 격노하였음은 말할 것도 없었지만 그는 총사령관 격인 유요와 다투어 봤댓자 이로울 것이 없다고 생각해 유요에게 사죄함으로써 그들의 불화는 표면적으로 일단락되었다. 그러나 두 사람 사이에는 미묘한 감정의 대립이 있었다.

왕미는 낙양이 천험의 요새이고 궁전도 다 갖추어 있으니 수도를 평양에서 낙양으로 옮기는 것이 어떻겠느냐고 유요에게 건의하였다. 유요는 낙양은 사면으로부터 공격받기 쉽고 지키기는 어려운 지형이라며 반대하였다. 그러나 단순히 반대한 데 그치지 않고 유요는 깨끗이 낙양을 불태워버렸다.

동탁에 의해 불타버린 낙양은 그로부터 약 120년 후 다시 유요에 의해 불타버리는 비운을 맞게 된 것이다.

이에 왕미는 한마디 말을 남기고 부하들을 거느리고 동쪽으로 향해 떠났다.

"흉노의 자식이 감히 어찌 제왕의 뜻을 품는단 말인가. 너희는 천하를 어찌할 수 없을 것이다."

왕미가 동쪽으로 향한 이유는 낙양 동쪽에 있는 석륵을 습격하여 그 군대를 빼앗아 장차 천하를 도모할 속셈에서였다. 그러나 왕미의 속셈을 알아차린 석륵은 복병 전술을 활용하여 왕미를 죽이고 반대로 왕미의 무리를 합쳤다. 이렇게 해서 흉노진영의 강력한 한족 부대는 사라지게 되었다.

'일세의 효웅, 비참한 최후를 마치다.'

이것이 역사에 남은 왕미의 죽음에 대한 기록이다.

낙양을 함락한 유요는 양씨를 자기 여자로 삼았다. 가황후가 쫓겨난 후 혜제의 황후가 된 양헌용(羊獻容)이라는 여성이었다. 가황후는 추녀였으나 양황후는 절세의 미녀였다.

이 시대의 인물들은 권좌에 오르면 바로 타락해 버리는 경향이 있었다. 한의 황제 유총도 낙양 함락 후에는 타락하여 군왕으로서의 위신을 잃는 일이 많았다.

# 서 진 왕 조 의 계 보

**사마씨(司馬氏)**

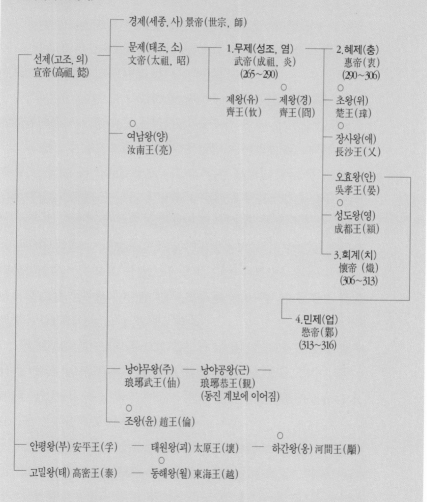

선제(고조, 의)
宣帝(高祖, 懿)

경제(세종, 사) 景帝(世宗, 師)

문제(태조, 소) 文帝(太祖, 昭)

1.무제(성조, 염) 武帝(成祖, 炎) (265~290)

제왕(유) 齊王(攸) — 제왕(경) 齊王(冏)

여남왕(양) 汝南王(亮)

2.혜제(충) 惠帝(衷) (290~306)

초왕(위) 楚王(瑋)

장사왕(애) 長沙王(乂)

오효왕(안) 吳孝王(晏)

성도왕(영) 成都王(穎)

3.회계(치) 懷帝(熾) (306~313)

4.민제(업) 愍帝(鄴) (313~316)

낭야무왕(주) 琅邪武王(伷) — 낭야공왕(근) 琅邪恭王(覲) (동진 계보에 이어짐)

조왕(윤) 趙王(倫)

안평왕(부) 安平王(孚) — 태원왕(괴) 太原王(壞) — 하간왕(옹) 河間王(顒)

고밀왕(태) 高密王(泰) — 동해왕(월) 東海王(越)

주 : ○표는 팔왕의 난에 관계한 자임.

# 4

동진 · 오호십육국 시대

# 오호십육국 형세도 / 흥망도

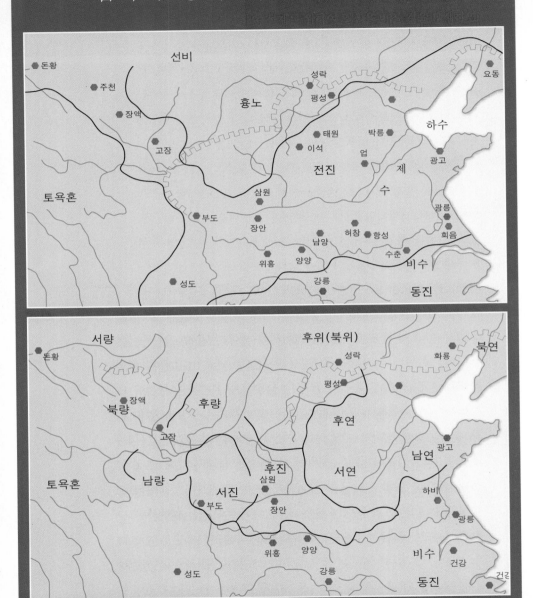

**[상단 지도]**

선비

돈황 · 주천 · 장액 · 고장

흉노

성락 · 평성

요동

하수

태원 · 이석 · 박릉 · 업 · 광고

전진

제

수

토욕혼

부도 · 삼원 · 장안

광릉 · 회음

허창 · 항성

남양 · 수춘

위흥 · 양양

강릉

비수

동진

성도

**[하단 지도]**

서량

후위(북위)

북연

돈황 · 장액 · 북량 · 고장

성락 · 화룡

평성

후량

후연

후진 · 서연

삼원

남연

광고

서진 · 남량

부도 · 장안

하비

광릉

토욕혼

위흥 · 양양

비수

건강

성도

강릉

동진

건강

## 동진·오호십육국 시대

서진이 316년에 멸망하자 서진의 일족인 사마예는 317년 건업(현재의 남경)을 건강으로 개명하고 이곳을 수도로 정해 동진을 세웠다. 사마예는 동진의 관중이라 불리는 왕도의 도움으로 강남 지방 호족들을 복종시켜 동진의 기반을 튼튼히 해나갔다.

동진 정권이 수립된 후 6년째에 동진의 중신 왕돈이 형주에서 군사를 일으켜 건강을 함락하고 반대파 중신들을 죽이거나 추방하였다. 동진의 황제 사마예는 왕돈의 반란에 심한 분노를 느껴 발병하여 죽고 그 후 왕돈의 난은 평정되었다.

동진 정권은 북방에서 내려온 호족 왕씨와 강남 지방의 호족 세력이 2대 지주를 이루었는데 약 100년 동안은 왕씨 일족과 그 뒤를 이은 유씨(庾氏), 사씨(謝氏), 환씨(桓氏) 등이 조정의 실권을 장악하였다.

동진은 끝내 중국 북부를 수복하지는 못하였으나 383년에는 비수(淝水)의 대전에서 전진왕(前秦王) 부견의 대군을 격파함으로써 양자강 이남의 땅을 확보하였다. 그러나 동진은 말기에 이르러 남조 송(宋)을 세운 유유(劉裕)에게 멸망당하였다.

한편 동진 왕조와 때를 같이 하여 중국 북부에서는 흉노·선비·갈·저·강 등 다섯 이민족이 약 130년간에 걸쳐 중국 북부에 16개의 왕조를 세웠다. 이를 오호십육국이라 부른다.

이들 이민족은 일찍이 후한 말·삼국 시대에 이미 중국 북부에 이주하여 한민족과 섞여 살았다. 서진 왕조의 통제력이 약화되어 304년 남흉노의 수장 유연이 산서에서 독립하고 316년 그의 아들 유총이 서진 왕조를 멸망시켜 중국 북부가 분열 상태에 놓이자 오호십육국 각지에 할거하게 되었다.

그동안 전진이 중국 북부를 한때 통일하였으나 비수의 대전에서 동진에게 패함으로써 통일의 꿈이 와해되었다. 다음으로 선비족의 척발씨가 세운 북위가 점점 강력해져 주위의 여러 나라를 정복하고 439년 다시 중국 북부를 통일함으로써 오호십육국 시대에 종지부를 찍었다. 중국 북부는 북위가 통일하고 중국 남부는 송의 유유가 통일함으로써 남북조 시대가 열리게 되었다.

# 동진의 관중 왕도

팔왕의 난과 영가의 난으로 인하여 진나라 황족은 거의 다 죽었지만 동쪽 낭야를 거쳐 서주·양주의 군사 도독으로 있던 낭야왕 사마예(司馬睿)는 그의 측근 왕도(王導)의 의견에 따라 건업(建業, 남경)을 본거지로 정함으로써 살아남을 수 있었다.

낭야왕 사마예가 건업을 근거지로 삼게 된 경위는 다음과 같다. 팔왕의 난이 한창 진행되고 있던 혜제 영흥 원년(304) 당시 황태제로 있던 성도왕 사마영은 동안왕 사마요를 죽였다. 당시 29세의 젊은 좌장군(左將軍) 낭야왕은 동안왕의 조카로써 동안왕과는 가까운 사이였다. 동안왕이 죽임을 당했다면 그와 가장 친한 낭야왕도 위기 의식을 느끼지 않을 수 없었다. 낭야왕은 이때 혜제를 따라 업(鄴)에 있었다. 낭야왕의 측근인 왕도는 끈질기게 낭야왕의 귀국을 종용하였다.

왕도는 낭야 지방의 이름 높은 호족 왕씨의 일족으로 낭야왕보다 9살이 더 많았다. 그는 낭야왕에게 황족 간의 분쟁이 이미 이성을 잃고 있으니 지금은 그 분쟁에 휘말리지 않는 것이 가장 중요하다고 끊임없이 설득하였다.

**양모양 그릇** 동진 시대의 그릇

낭야왕도 왕도의 의견에 따라 그곳을 탈출하려 하였으나 성도왕이 경계의 눈을 번뜩였기 때문에 쉽게 탈출할 수가 없었다. 황족이나 대신들이 자기의 감시 밖으로 뛰쳐나가 반대 운동을 일으키지나 않을까 하여 성도왕은 잠시도 경계의 눈초리를 누그러뜨리지 않았다.

어느 날 갑자기 짙은 구름과 안개가 끼어 사방이 어두컴컴하고 뇌성벽력이 요란하게 치는 바람에 잠시 동안 경계가 소홀하였다. 낭야왕 사마예는 이 틈을 타 그곳을 탈출하여 낙양으로 돌아와 그의 모친을 모시고 일단 낭야로 갔다가 왕도의 의견에 따라 건업에 근거지를 마련하였다.

낙양과 장안이 모두 함락되었다는 소식이 전해지자 낭야왕 사마예는 주위 사람들로부터 황제의 자리에 오를 것을 권유받았으나 그는 이를 끝까지 사양하고 일단 '진왕(晋王)'이

(위지선비전)

라 칭한다는 조건으로 왕위에 올랐다. 이것이 317년의 일로 진왕은 연호를 건무(建武)로 정하고 천하에 대사령을 내렸으나, 유총과 석륵만은 이 대사령에서 제외한다는 단서가 붙었다. 종묘와 사직을 건업에 세우니 이것은 실질적으로 진제국(晋帝國)의 중흥을 의미하는 것이었다.

낭야왕 사마예가 황제라 칭하지 않고 왕이라 칭한 이유는 장안이 함락되어 서진 왕조는 멸망하였지만 포로가 된 민제가 평양으로 연행되어 살아 있었기 때문이었다. 그러나 사실은 바로 그해에 민제가 죽임을 당했고 이 소식이 남쪽 건업에 전해진 것은 이듬해 3월이었다. 진왕 사마예는 이때에 비로소 황제의 위에 오르고 연호를 태흥(太興)으로 고쳤다. 그리고 건업(建業)의 업(業)

자가 민제의 이름인 업(鄴)과 비슷하다 하여 이를 피하기 위하여 '건강(建康)'으로 고쳤다.

건강은 서진의 수도 낙양보다 약간 동쪽에 위치해 있었기 때문에 이를 동진(東晉)이라 불렀다.

동진의 초대 황제 사마예의 할아버지는 사마의의 아들 사마주였다. 사마사·사마소의 동생으로 팔왕의 난 때 멸망한 여남왕 사마양과 조왕 윤과도 형제지간이었다. 3대에 걸쳐 낭야왕으로 있었기 때문에 낭야의 호족들과도 친숙했다. 앞에서 언급했듯이 낭야에는 왕씨라는 호족이 있어 그들 일족이 동진 정권을 지원하였다. 동진의 초대 황제 원제(元帝)와 함께 낭야에서 건강으로 이주해온 왕씨 일족과 그 지방의 토착민들, 그리고 강남에서 북쪽으로 갔다가 다시 돌아온 사람들, 팔왕의 난과 영가의 난 때 북쪽에서 피난온 사람들, 이들 모두가 동진 왕조를 형성하게 되었다.

사마예가 처음 건강에 이르렀을 때 남방의 호족들은 사마예를 거들떠보지도 않았다. 그들은 사마예와 함께 북쪽에서 이주해온 사람들을 교양이 없는 사람이라는 뜻으로 '창부(傖夫)'라 불렀다. 사마예가 도착한 지 한 달이 지나도록 그 지방의 관리나 호족의 우두머리가 되는 인물들 가운데 일부러 찾아와 인사하는 사람은 단 한 명도 없었다.

당시 강남 지방에서는 매년 3월 3일을 '계절'이라 하여 남녀노소 없이 냇가에 나와 액을 물리치고 행운을 빌며 하루를 즐기는 풍습이 있었다.

307년 계절일을 맞자 사마예는 호사스럽게 꾸민 수레를 타고 냇가에 나와 사람들의 눈길을 끌었다. 특히 그들을 놀라게 한 것은 사마예의 뒤에 왕도, 왕돈(王敦) 등 북쪽에서 온 호족들이 모

두 줄을 이어 따르는 긴 행렬이었다.

이러한 모습을 처음 구경한 강남의 호족들은 비로소 사마예에 대한 인식이 달라졌다. 그들의 중심 인물인 고영(顧榮)·기첨(紀瞻) 등이 자진해서 길가에 나와 사마예에게 인사를 올리고 배알하였다.

그 후 사마예는 왕도로 하여금 고영 등을 방문하도록 하여 출사(出仕)할 것을 권유하였다. 그 결과 강남의 호족들은 차례 차례 나와 새로운 왕조를 지지·협력하였다.

사마예가 3월 3일에 연출한 연극의 각본은 원래 왕도가 쓴 것이었다. 아무래도 동진 왕조의 초창기는 망명 정권의 성격을 띠었기 때문에 토착민의 지지 없이는 기반을 다질 수가 없었다. 이런 점을 간파한 왕도는 궁리 끝에 이러한 연극을 연출하여 강남의 호족들로부터 지지를 얻어 기반을 튼튼히 하고자 하였다. 왕도는 공

**동진의 두루마기 그림**

적을 인정받아 원제 사마예를 보좌하고 함께 국사를 의논하는 대
신에 임명되었다. 왕도의 사촌형 왕돈은 군사를 담당하는 요직에
올랐다.

이러한 통치 체제가 10여 년 동안 계속되자 원제의 형주·양
주(지금의 양자강 중류와 하류 일대)에서의 정권은 안정되어 갔고
왕씨 일족도 세력을 확장해나갔다.

동진의 건국을 축하하는 식전에서 원제 사마예는 문무백관들
을 거느리고 황제의 옥좌에 올랐다. 이때 사마예는 왕도에게 이렇
게 권하였다.

"왕공(王公)도 나와 함께 이 옥좌에 앉아서 문무백관들의 하
례를 받으시지오."

그러나 왕도는 굳이 사양하고 옥좌에 앉지 않았다. 황제와 신

하가 함께 옥좌에 앉는 것은 전례가 없는 일이지만 황제의 입에서
이 같은 말이 튀어나온 것은 당시 통치자 내부의 역학 관계를 단
적으로 나타내는 것으로서 결코 우연한 일은 아니다.

　'왕씨, 마씨와 함께 천하를 다스린다.'

　당시에 이런 내용의 민요가 불려졌다고 하는데 여기서 마씨
는 사마씨를 가리키는 말이다. '함께 천하를 다스린다.'의 '함께'
라는 말에는 사마씨의 정권이 호족 세력의 지지 없이는 성립할 수
없다는 사실과 호족의 정치 세력이 조정과 패권을 겨룰 만큼 성장
했음을 시사하는 것이다.

　동진 초기에는 정치는 왕도, 군사는 왕돈이 담당하여 두 사람
의 유력한 낭야 왕씨들이 국가의 두 기둥 역할을 하였다. 왕도는
동진의 관중이라고 일컬을 정도로 지략이 있고 충직한 사람이었
으나, 왕돈은 나중에 형주에서 군사를 일으켜 건강을 공략하고 반
대파 중신들을 죽이거나 추방하는 반역 행위를 저질렀다.


## 왕돈의 반란

왕돈은 왕도의 사촌이고 무제 사마염의 딸을 아내로 맞이한 명문
출신이었다. 일찍이 낙양에서 석숭·왕개·왕제 등의 무리가 사
치와 부의 경쟁을 벌이고 있을 때의 일이다. 그때 석숭의 집에서
는 화장실에 화사한 옷차림을 한 아름다운 시녀 10여 명이 늘어서
서 향을 피우고 손님에게는 새로운 옷을 갈아입히는 시중을 들고
있었다. 당시의 상류 계급에서는 화장실에 가면 대기실에서 옷을

모두 벗도록 되어 있었다. 아마도 옷에 악취가 배는 것을 방지하기 위함이었을 것이다. 석중의 집에서 이러한 서비스를 하였기 때문에 대부분의 사람들은 화장실에 갈 기회를 잃거나 혹은 화장실에 가더라도 부끄러워하며 서비스를 받는 것이 보통이었다. 그러나 왕돈은 전혀 개의치 않고 오만무례한 태도로 끝까지 서비스를 받았다는 것이다. 시녀들은 입을 모아 말했다.

"이 사람이야말로 엄청난 일을 저지를 사람이다."

화장실에 얽힌 이야기를 하나 더 소개하기로 한다.

무제의 딸이었던 왕돈의 처는 시집에 와서도 궁중에서 하던 습관처럼 화장실 안에 옻칠한 상자를 놓아두고 그 상자에 항시 대추를 담아 놓았다. 화장실 안의 냄새를 맡지 않으려고 대추로 코를 막기 위해서였다. 그러나 왕돈은 그 대추를 모르는 척 다 먹어버렸다. 또 화장실에서 나오자 시녀가 물과 콩가루가 담긴 유리그릇을 금쟁반에 받쳐들고 기다리고 있었다. 이 콩가루는 손을 씻기 위한 것이었으나 왕돈은 또 모르는 척 콩가루를 물에 타 마셔 버렸다.

명문 출신 자제들이 간혹 고의적으로 거친 행동을 하는 일이 있는데 왕돈이 그런 사람이었다. 야심이라기보다는 남에게 지지 않으려는 자존심에서 그랬는지도 모른다. 자기 출신이 낭야 왕씨임을 지나치게 의식하는 점도 있었던 것 같다.

왕돈은 일찍이 양주 자사가 되어 군권을 장악하고 있다가 그후 진동 대장군(鎭東大將軍)으로 승진하여 강(江)·양(揚)·형(荊)·상(湘)·교(交)·광(廣) 주(州)의 군사 도독이 되고 다시 강주 자사를 거쳐 형주 자사가 되었다. 왕돈은 이 같은 그의 권력을 내세워 자존과 오만에 가득 차 제멋대로 행동하는 일이 많았다. 원제는 왕돈의 이 같은 행동이 한편으로는 두렵고 한편으로는 괘씸하여 유외(劉隗)·조협(刁協) 등을 심복으로 끌어들여 점차 왕씨들의 세력을 견제하려 하였다.

태흥 3년(320) 8월 상주 자사 감탁(甘卓)이 양주 자사로 전출되자 왕돈은 그 후임으로 자신의 막료인 심충(沈充)을 추천하였다. 그러나 원제는 왕돈의 추천을 묵살하고 그의 숙부인 초왕(譙王) 사마승(司馬丞)을 상주 자사로 임명해버렸다.

이듬해 7월 원제는 대연(戴淵)을 정서 장군에 임명하여 합비(合肥)에 주둔시키고 유외를 진북 장군에 임명하여 회음(准陰)에 주둔시켰다. 명목상으로는 북쪽의 호족(胡族)을 막기 위한 것이었으나 그 속셈은 왕돈을 견제하기 위한 포석임이 분명했다. 그 위에 아무 잘못이 없는 왕도가 조정으로부터 소외당하고 있다는 소문이 왕돈의 귀에 들어왔다.

영창 원년(322) 정월, 왕돈은 임금 곁에 있는 간신을 제거한다는 이유를 들어 무창(武昌)에서 군사를 일으켰다. 임금 곁에 있는 간신이란 말할 것도 없이 왕씨 일족의 세력을 약화시키려는 유외·조협을 가리키는 말이다.

원제는 즉시 유외·조협을 불러 수도의 방위를 명했으나 왕돈군에게 대패하여 도망치다가 조협은 중간에서 붙잡혀 죽임을 당하고, 그 수급은 왕돈에게 보내졌다. 유외는 끝까지 도망쳐 후조(後趙) 석호(石虎)에게 망명하였다가 11년 후 석호가 장안성을 공략할 때 승상 좌장사로 종군하여 동관에서 전사하였다.

왕돈은 군사를 거느리고 수도 건강에 입성하여 승상으로서 중외의 제군을 통솔하였다. 얼마 후 감탁과 사마승의 행동이 불온하다는 정보가 전해지자 왕돈은 무창으로 돌아가 두 사람을 모두 죽였다.

　원제는 왕돈의 포학하고 자만한 행동에 울분을 느낀 나머지 병이 들어 그해 11월에 죽고, 노란 수염의 태자 소(紹)가 그 뒤를 이었다. 이 이가 명제(明帝)이다.

　명제는 어려서부터 총명하였다. 어느 날 장안으로부터 사자가 왔을 때 원제는 장난삼아 태자 소에게 물었다.

　"장안이 가깝겠는가? 태양이 가깝겠는가?"

　"장안이 가깝다고 생각되옵니다. 그 까닭은 사람이 장안에서 왔다는 말은 들었사오나 태양에서 사람이 왔다는 말은 일찍이 들어본 적이 없사옵니다."

　원제는 태자의 대답을 듣고 매우 기특히 생각하였다.

　어느 날 원제가 군신과 더불어 담소를 나누고 있을 때 화제가 태자의 이야기에 미치자 원제는 자못 자랑스러운 듯 군신들 앞에서 또 전과 같은 질문을 태자에게 던지자 태자가 답하였다.

　"태양이 가깝습니다."

　원제가 깜짝 놀라 다시 물었다.

　"어째서 전에 대답한 말과 다른고?"

　"머리를 들면 태양은 보이지만, 장안은 보이지 않습니다."

　이 대답을 듣고 원제는 더욱 태자를 소중히 여겼다. 태자 소는 성장함에 따라 인자 효순의 덕을 갖추었다. 문학과 무예를 좋아하며 어진 자를 존경하고 선비를 우대하여 바른 간언을 받아들였다. 그리하여 유양(庾亮)과 온교(溫嶠) 등의 평민과도 교제하였다.

　이즈음 왕돈은 석두성(石頭城)에 있었는데 태자 소가 용기가 있고 지략이 있음을 두려워하여 불효자라는 터무니없는 죄를 날

조하여 태자를 폐할 궁리를 하고 있었다.

왕돈은 백관들을 모은 자리에서 온교에게 물었다.

"태자는 무슨 덕이 있기에 사람들로부터 그렇게 칭찬을 받고 있다는 거요?"

"황태자께서는 뭇사람이 미처 생각하고 보지 못하는 일까지 달관하고 계시며 또한 부군(父君)에 대하여는 효심이 두텁기 때문에 사람들로부터 칭찬을 받고 계시옵니다."

온교의 대답에 자리를 가득 메운 군신들이 입을 모아 말했다.

"그렇습니다."

왕돈은 할 수 없이 그 계책을 포기하는 수밖에 없었고, 결국 태자 소가 제위에 올랐다. 왕돈은 제위를 빼앗을 계획으로 그의

군진을 강동의 고숙(姑熟)으로 옮기고 스스로 양주목(揚州牧)이
되었다.

　　명제는 왕도를 사도(司徒)로 임명하여 대도독의 직책을 겸임
시키는 한편 제군을 통솔하여 왕돈을 토벌하도록 하였다. 사태가
이에 이르자 왕돈은 반란군을 일으켰으나 그는 이미 병이 들어 있
었다. 군진 속에서 곽박(郭璞)에게 이번 거사의 길흉을 점치게 하
였다. 곽박은 점을 친 다음 말하였다.

　　"만약 명공께서 일을 일으킨다면 멀지 않아 그 화가 반드시
공의 신상에 미칠 것입니다."

　　왕돈이 크게 노하여 물었다.

　　"그렇다면 너는 몇 살까지 살 수 있겠는가?"

　　곽박은 서슴지 않고 대답하였다.

　　"제 목숨은 오늘 해를 넘기지 못할 것입니다."

　　왕돈은 즉석에서 곽박의 목을 베었다.

　　명제는 친히 왕돈의 진영을 정찰하였는데 이때 왕돈은 낮잠
을 자고 있다가 태양이 자기 진영을 돌고 있는 꿈을 꾸었다. 왕돈
은 깜짝 놀라 눈을 뜨면서 그의 측근에게 말하였다.

　　"수염이 노란 선비족의 아이(명제)*가 우리 진영에 온 것이
분명하다."

* 명제의 어머니 순씨
(荀氏)가 선비족 출신이
었다

　　왕돈은 급히 군사를 보내 명제를 추격하도록 하였으나 붙잡
지 못하였다. 명제는 제군을 이끌고 남황당(南皇堂)에 주둔하다
가 밤중에 장사를 징발하여 강을 건너 왕돈의 형 왕함(王含)의 군
진을 습격하여 대승을 거두었다.

　　왕돈은 형의 패전 소식을 듣고 "우리 형은 늙은 계집종과 같
아서 아무런 쓸모가 없는 사람이었다. 벌써 우리 집 가운이 기울

어져 인망이 끊겼단 말인가!" 하고 혼잣말을 하였다. 그리곤 억지로 힘을 내어 병석에서 일어나 혼자 힘으로 움직이려 하였으나 이미 기력이 쇠진하여 그대로 넘어지면서 숨을 거두었다.

왕돈의 잔당들은 모두 평정되고 왕돈의 무덤은 파헤쳐져 부관참시되었다. 중신들은 왕도를 포함한 왕씨 일족들을 처벌해야 한다고 진언하였으나 명제는 다음과 같은 조서를 내렸다.

"사도 왕도는 대의를 위하여 친족을 죽인 큰 충신이므로 앞으로 10대에 걸쳐 그 죄를 용서해야 할 것이다."

왕도의 죄를 묻지 않았다. 왕도는 계속하여 동진의 재보(宰輔)로서 정치를 담당하였다.

# 전조와 후조

4세기 초 서진이 멸망할 무렵 중국 북부와 서부에 근거지를 두고
있던 흉노(匈奴)·갈(羯)·저(氐)·강(羌)·선비(鮮卑) 등 이른
바 오호(五胡)들이 다투어 중원 지역에 그들의 정권을 수립하여
마침내 장강(양자강) 상류와 황하 유역에는 16개의 정권이 할거하
는 양상을 띠게 되었다. 역사상 이를 오호십육국이라 부른다.

   최초로 성립한 나라는 흉노의 한국(漢國)으로, 한국의 창시
자 유연은 500년 전 흉노의 추장으로서 용맹을 떨친 묵특 선우의
자손이었다. 묵특 선우가 한의 고조 유방과 화친하여 형제의 의를
맺은 것을 계기로 성을 유씨라 칭하였다.

   유연의 아들 유총 때에 서진을 멸망시켰으나 유총이 죽은 후
내분이 일어나 한국은 유요(劉曜)의 전조(前趙)와 석륵(石勒)의
후조(後趙)로 분열되었다.

   그 후 후조는 전조의 군사를 대파하고 유요를 생포하였다. 유
요와 석륵은 공방전을 끊임없이 계속하여 승패를 되풀이하고 있
었다. 유요가 후조의 금용성(낙양 서북쪽)을 공격하자 석륵은 친
히 장수가 되어 금용성을 구출하고 이어 낙양에서 일대 혼전을 벌
이던 중 유요의 군사가 대패하여 뿔뿔이 흩어져 도망쳤다. 이때
유요는 술이 곤드레만드레가 되어 도망치다가 말에서 떨어져 석
륵에게 생포되었다. 석륵은 군사를 이끌고 돌아가 유요를 죽임으
로써 전조는 나라를 세운 지 37년 만에 멸망했다(329).

   후조(319~350)는 갈족인 석륵이 세운 나라였기 때문에 '석
조(石趙)'라고도 부른다. 갈족은 코가 높고 눈이 움푹 패인 것이

특징이었다.

어느 날 석륵은 잔치를 열어 군신들과 함께 즐기는 자리에서 물었다.

"짐은 역대 임금 가운데 누구와 비교될 수 있다고 생각하오?"

한 신하가 아양을 떨며 말하였다.

"한의 고조 황제보다도 훨씬 위라고 생각합니다."

그러자 석륵은 웃으면서 말했다.

"도대체 사람들은 왜 자기의 기량을 모르는 것일까? 경의 말은 너무 지나친 말이오. 짐은 만약 한의 고조와 같은 큰 인물을 만난다면 마땅히 북면하여 신하가 될 것이오."

석륵은 일자무식의 문맹이었으나 그의 정치는 볼 만했다. 구품관인법(九品官人法)에 의해 관리를 등용하였고, 특히 유명한 것은 '군자영(君子營)'의 운영이었다. 군자영에는 한족 출신 학자들이 모여 있었는데, 석륵은 이들로부터 정치상의 조언을 받았다고 한다.

백성들의 소송 사건이나 충돌 사건을 해결하는 데 있어서도 흉노족은 흉노족이 다스리고, 한족은 한족이 다스리는 방법을 취하였으며 한족이 흉노를 오랑캐라고 부르는 것을 금하였다. 또 한편으로는 흉노가 한족을 멸시하는 일이 없도록 주의를 기울이는 등 민족 문제에 대단한 관심을 기울였다.

석륵은 재위 15년(333)에 죽고 태자 석홍(石弘)이 즉위하였으나 곧바로 석호에게 제위를 빼앗긴 후 살해되었다. 석홍의 제위를 빼앗은 석호야말로 오호 십육국 시대의 잔인 무도한 폭군으로 그는 악마 그 자체였다.

천으로 만든 신발

석호는 아름다운 궁녀의 목을 칼로 자르고 그 목을 접시에 올려놓고 바라보는가 하면 쇠고기 · 양고기와 섞어서 찢어 먹는 등 정말 그러했을까 의심할 정도로 잔인하고 오만하였다.

석호는 여러 아들 가운데 특히 석도(石韜)를 사랑하였다. 후계 문제를 둘러싸고 그의 자식들 간에 분쟁이 일어나 석선(石宣)이 석도를 죽이는 사건이 발생하였다. 그러자 석호는 석선을 처치하는데 차마 눈을 뜨고 볼 수 없을 정도로 잔혹한 방법을 썼다. 그는 석선의 목에 쇠고리를 채워 창고 속에 처넣어 개 · 돼지처럼 여물통에서 식사를 하게 하고, 처형할 때는 세상을 놀라게 할 정도로 혹독한 방법을 썼다. 머리털을 뽑고 혀를 뺀 후 도르래줄로 꼭꼭 묶어 손과 발을 자르고 눈을 으깨며 배를 도려냈다. 그리고 사방에서 불을 질러 태워 죽였다. 석선의 처자 9명도 모두 죽여버렸다. 석선의 자식은 바로 자신의 손자였으나 한 사람도 용서하지

**대하국의 석마상** 오호십육국 시대에 대하국에서 만든 석마상

않았다.

석호는 또 청주(青州)를 공략하고 주민을 전멸시키라는 명령을 내렸다. 그러나 이때 석륵이 임명한 청주 자사가 항의하였다.

"선제(석륵)께오서 나를 자사로 임명한 것은 백성을 다스리기 위함이었소. 그런데 이제 백성을 모두 죽이라 하니 나는 자사의 소임을 감당할 수 없습니다."

이렇게 해서 겨우 700명이 목숨을 보존하였다.

황제를 칭한 석호는 동진을 공략하기 위해 징병제를 실시하고 병사 5명을 1조로 하여 각 조에서 수레 한 대, 소 두 마리를 공출하도록 하였다. 이 외에 또 각 1인당 쌀 15말, 비단 10필씩의 공출을 명하였다. 이를 이행하지 못하는 자는 즉석에서 목을 베니 백성들은 죽음을 면하기 위하여 가재도구를 급매하고 급기야는 자식까지도 팔았다.

석호는 또 아름다운 여성을 잡아다가 첩으로 삼고 궁전 증축 공사에 백성들을 동원해 마치 소와 말처럼 혹사시켰다. 폭풍우가 몰아닥치는 가운데도 공사를 강행하는 바람에 백성들이 참사하는 사고도 많이 일어났다.

석호의 공포 정치에도 한계가 있었다. 그의 생전에도 소규모의 반란이 있었으나 석호의 죽음을 신호로 하여 한꺼번에 불이 붙듯 반란이 일어났다. 결국 갈족 정권인 후조를 넘어뜨린 것은 석호의 양손 염민(冉閔)이었다. 석호는 석륵이 살아 있을 때 석륵의 명령에 따라 염첨(冉瞻)이라는 한인을 양자로 삼았는데 염첨이 염민을 낳았다. 염민은 용맹이 뛰어나 건절 장군이 되고 수성후에 봉해졌다.

석호가 죽은 후 왕위 계승을 둘러싼 형제간에 피비린내 나는 싸움이 벌어져 석호의 뒤를 이은 석세(石世)는 재위 33일 만에 형 석준(石遵)에게 살해되고, 석준 또한 즉위 83일 만에 동생 석감(石鑑)에게 살해되었다. 게다가 석감도 즉위한 지 103일 만에 석호의 양손 염민에게 목숨을 빼앗겼다. 염민은 석감을 죽인 후 황제의 자리에 오르고 나라 이름을 위(魏), 연호를 영흥(永興)이라 칭하였다. 석호에게는 13명의 아들이 있었다. 이 가운데 8명은 형제끼리 싸우다 죽고 5명은 염민에 의해 살해되었다. 손자도 38명이나 되었는데 모두 죽임을 당하였다.

석호의 잔인 무도한 행위는 바로 그의 자식이나 손자들에게 앙갚음으로 되돌아갔다. 이 얼마나 무서운 인과응보이며 역사의 냉혹한 심판인가.

후조 30년의 통치는 민족 간의 감정을 극도로 악화시킨 잔인한 정치였다. 그래서 갈족의 인심은 염민에게서 멀리 떠나 있었다. 이 같은 사실을 안 염민은 업성(鄴城, 하북성 임장현 부근)의 성문을 활짝 열어젖히고 포고하였다.

"나와 마음을 함께 할 자는 성에 남고 반대하는 자는 좋은 곳으로 떠나라."

그러자 갈족들은 앞을 다투어 업성을 떠났고, 반대로 업성 주변에 있던 한족들은 다투어 업성으로 들어왔다.

후조의 석호가 한족을 닥치는 대로 죽인 이민족 말살 정책을 염민도 그대로 이어받았기에 포로로 잡힌 갈족은 남녀노소를 가리지 않고 모두 죽였다. 이렇게 해서 불과 수일 동안에 20만 명이 넘는 갈족이 죽임을 당하여 시체가 산을 이루었다. 개중에는 코가 높고 눈이 움푹 파였기 때문에 갈족으로 오인되어 죽임을 당한 사람도 적지 않았다고 한다.

염민의 이민족 말살 정책은 그의 통치력을 약화시켰을 뿐 아니라 민족 간의 감정 대립을 극도로 격화시켰다. 마침내 염민은 선비족 모용씨(慕容氏)의 포로가 됨으로써 3년의 단명 왕조로 막을 내렸다. 모용씨가 세운 전연(前燕)은 염민을 멸망시킨(370) 십수년 후 저족(氐族)의 전진(前秦)에 의해 멸망되었다.

## 전진과 동진의 대전

전진(351～394)은 저족(氐族)의 부씨(符氏)가 세운 정권으로 '부진(符秦)'이라고도 부른다.

저족은 일찍이 현재의 사천·성서·감숙성 일대에 살고 있던 민족으로 진나라 시대에 이르러 오호의 하나로 인정받게 되었다.

전진왕 부견(符堅)은 저족 출신이었으나 석호나 염민이 취했던 이민족 말살 정책은 취하지 않았다. 그는 백성을 사랑하고 여러 민족을 단결시켜 천하가 마치 한 집안처럼 생활하는 국가를 만들고자 하였다.

부견은 선비·강·갈·흉노 등 여러 민족의 지도자를 중용하는 한편 한족 출신의 정치가나 장군까지도 요직에 기용하였다. 특히 한족 출신의 정치가 왕맹(王猛)을 중용하여 그를 우대하였다.

"나에게 왕맹이 있는 것은 마치 유비 곁에 제갈공명이 있는 것과 같다."

왕맹의 자는 경략(景略)으로 북해(北海, 산동성 창락현) 출신이었다. 그는 고금의 학문에 통달하고 특히 병서를 애독하여 정치

가와 군사가로서의 재능을 모두 갖추고 있었다. 동진의 장군 환온
(桓溫)이 북벌군을 이끌고 관중까지 진격해왔을 때 그는 남루한
옷차림으로 총사령관 환온을 방문하고 아무 부끄럼 없이 이를 잡
으면서 천하의 대사를 놓고 당당히 의견을 교환하였다.

　　환온은 왕맹의 학문과 지략이 뛰어남을 알고 '천하에 왕맹
같은 사람은 다시 없을 것이다.'라고 마음속으로 감탄하여 동진
에 와서 벼슬할 것을 권하였다. 그러나 왕맹은 고개를 가로저었
다. 얼마 후 왕맹은 부견의 고문으로서 그 지략을 천하에 떨치게
되었다.

왕맹

　　왕맹이 부견의 정치 고문으로 맨 먼저 한 일은 부정 부패와
싸우는 일이었다. 왕맹은 저족 호족들의 횡
포에 제동을 걸어 민족 간의 대립을 완화시
키는 정책을 취하였다.

　　지금까지 저족 호족들의 횡포와 부정에
대하여 공격의 화살을 겨눈 사람은 아무도
없었으나 왕맹은 정치를 담당한 지 수십 일
도 못 되어 20여 명의 횡포 호족을 처형하고
그 시체를 저잣거리에 효수하는 과감한 정책
을 취하였다. 횡포 호족들은 이 같은 왕맹의
과감한 조치에 벌벌 떨게 되자 전진왕 부견
은 왕맹이 취한 조치를 높이 평가하여 이렇
게 말하였다.

　　"국가에 법질서가 있음으로 해서 비로소
천자의 존엄성이 유지됨을 알았다."

　　그 후 왕맹은 정치 공정, 군대 개혁, 교육

진흥, 수리시설 개발, 농업·양잠 등의 진흥에 전력을 투입하였고 전진은 바야흐로 풍요와 안정을 갖춘 부국 강병국이 되었다.

당시(257~370) 장안에서 각 주로 통하는 도로 양쪽에 버드나무와 느티나무 가로수를 심고 20리 마다 정자, 40리 마다 촌락을 형성하여 여행자와 상품을 운반하는 수레들이 안전하게 왕래하도록 하였다.

살육과 살상으로 얼룩진 십육국 시대의 난세에 이렇듯 평화롭고 한가한 풍경이 나타났다는 것은 값진 일이라고 생각된다.

전진왕 부견의 '천하는 한 집안과 같다.'는 정치 사상이 왕맹의 뛰어난 재능과 각고의 노력으로 열매를 맺어 전진은 강대국이 되고 중국 북부의 대부분을 통일할 수 있었다.

전진의 판도는 동으로는 창해(滄海), 서로는 구자, 남으로는 양양, 북으로는 대막(大漠)에 이르렀다. 당시 동북의 숙신(肅愼), 서부의 우전, 대완, 강거, 천축(天竺) 등 무려 62개국이 전진에 사자를 보내 공물을 바치고 우호 관계를 맺었다. 이렇게 해서 전진과 대치한 나라는 오직 동진밖에 없는 형세가 되었다.

375년 승상 왕맹이 죽었다. 전진왕 부견은 소리내어 통곡하였다.

"하늘은 내가 천하통일의 대업을 이루기를 원치 않는 모양이다. 어째서 이다지도 빨리 내가 의지하고 있던 왕맹을 빼앗아간단 말인가!"

왕맹은 임종에 앞서 전진왕 부견에게 다음과 같은 유언을 남겼다.

"진(동진)나라가 비록 중원에서 떨어져 장강 남쪽에 있으나 촉한 이래 정통의 제위(帝位)를 승계하고 있으며 군신 상하가 질서를 존중하고 화목합니다. 신이 죽은 후 폐하께서는 진(晉)을 토벌할 생각은 하지 마옵소서. 그보다는 선비족과 강족이야말로 우리 전진의 숙적입니다. 얼마 후 우리의 근심거리가 될 것이오니 차차 이들을 제거하여 나라의 기반을 튼튼히 하지 않으면 아니 될 것입니다."

그러나 그 후 얼마 지나 전진왕 부견은 동진을 토벌할 욕심이 생겼다. 당시 전진의 전력은 동진보다 훨씬 우세하였다. 382년 10월 부견은 중신 회의를 열어 의견을 물었다.

"지금 사방은 이미 다 평정되었으나 오직 동남쪽에 있는 동진만이 남아 있다. 우리 전진에는 97만 명의 병력이 있다. 짐이 친히 이 군대를 거느리고 출진했으면 하는데 그대들의 의견은 어떠하오."

줄지어 늘어선 중신 가운데는 부견의 의견에 찬동하는 사람이 있었다.

"지금이야말로 절호의 기회입니다. 강한 우리 나라가 약한 동진을 토벌하는 것이오니 대왕의 군대는 백전백승, 반드시 승리할 것입니다."

그러나 많은 사람은 반대 의견을 제시하였다.

"동진의 군대가 숫자적으로는 적지만 군신이 화목하고 내외가 합심하여 백성들로부터 절대적인 지지를 받고 있습니다. 토벌을 하지 않는 것이 좋다고 생각합니다."

황태자 부굉(符宏) 등도 반대 의견을 제시하였다.

"동진은 천운(天運)을 타고 났을 뿐 아니라 또한 지리적으로 유리하여 우리 군사가 장강(양자강)의 험난한 길을 넘기는 어려울 것입니다."

화가 오른 부견은 호언하였다.

"하늘이 내려준 좋은 기회라고 하는 이른바 천도(天道)라는 것은 누구도 알 수 없는 것이다. 괘념할 일이 아니며, 장강의 험난함을 내세우지만 오나라도 역시 멸망하지 않았던가. 우리 군사가 향하는 곳에 적군이란 있을 수 없고, 우리의 말채찍을 장강에 던지면 장강의 거센 물결도 멈출 것이다. 우리 군사 앞에서는 동진이 믿고 있는 천험의 요새 따위가 있을 수 없다."

회의를 마친 후 부견은 그의 동생 부융(符融)을 조용히 불러 의논하였다. 부융은 뛰어난 전술가이며 문무를 갖춘 수재로서 왕맹과 함께 부견의 한팔이라고 인정받는 인물이었다. 부융은 조용히 입을 열었다.

"수천 리 떨어져 있는 동진이 공격해오지 않는데 우리들이 먼저 출진할 필요는 없다고 생각합니다. 그보다는 가까이 있는 강족·갈족·선비족에 대처해야 할 것입니다. 만약 우리 군대가 강남에 원정하고 있는 사이에 수도에서 무슨 이변이 일어난다면 어떻게 하겠습니까? 후회해도 소용이 없을 것입니다."

부융은 다음 말을 이었다.

"나는 어리석은 사람에 지나지 않습니다만 재상 왕맹의 유언을 잊지 마시기를 폐하께 간곡히 진언하는 바입니다."

부융은 왕맹의 유언을 상기시켜 부견을 설득하려 하였던 것이다. 부견은 부융의 말을 듣자 얼굴 빛이 변하며 혼잣말로 중얼거렸다.

"우리에게는 1백만 명의 병력과 자금, 무기 등이 충분히 갖추어져 있다. 우리들은 세찬 가을 바람이 낙엽을 떨어뜨리듯 단숨에 동진을 멸망시킬 수 있다. 그런데도 조정 내외가 모두 나의 동진 토벌을 반대하고 있으니 이해할 수 없는 일이다. 게다가 너까지도 반대하다니…."

전진왕 부견이 이렇듯 반대 의견에 부딪혀 초조해하고 있을 때 경조윤(수도의 장관) 모용수(慕容垂)가 입조하였다.

모용수는 선비족이 세운 전연 왕실의 일족이었다. 그는 재능과 지략이 뛰어난 자로서 일찍이 전연이 동진으로부터 공격을 받아 위기에 처했을 때 군사를 지휘하여 패색이 짙은 전국을 승리로 이끈 주역이었다. 그러나 조정에서는 그의 공적에 알맞은 대우를 하지 않고 그를 박대했을 뿐 아니라 그를 제거할 음모마저 꾸미고 있었다. 이에 분격한 모용수는 전연을 떠나 부견에게로 와서 신임을 받고 경조윤의 자리에 오른 자였다. 왕맹이 살아 있을 때 부견에게 진언했다.

"전진의 앞날을 위하여 모용수를 제거하는 것이 좋습니다."

그러나 부견은 다음과 같은 말로 모용수를 보호하였다.

"나는 바야흐로 사방의 영웅들을 포섭하여 천하를 평정하려 하오. 그런데 어찌 그를 죽이겠소. 또 그가 처음 왔을 때 나는 이미 그를 믿고 받아들이기로 하였소. 필부들도 일구이언을 꺼리는 법이거늘 하물며 만승(萬乘, 천자)인 내가 그러겠소."

이 날 모용수는 부견에게 이렇게 진언하였다.

"강자가 약자를 병탄하는 것은 세상의 이치이옵니다. 이러한 절호의 기회를 앞에 두고 동진을 토벌하지 않는다는 것은 언어도단입니다. 동진 토벌의 막중대사를 자손들에게 물려주려 하시옵니까?"

이 말을 듣고 부견이 기뻐하는 모습을 본 모용수는 다시 말을 이었다.

"큰일을 성공시키려면 대왕께서 스스로 결단을 내리는 수밖에 없습니다. 달리 조정 중신들의 의견을 듣다간 아무 일도 못할 것입니다."

부견은 손뼉을 치면서 기뻐하였다.

"나와 함께 천하를 평정할 사람은 당신밖에 없소."

부견은 모용수에게 큰 상을 내렸다.

부견이 동진 토벌의 결의를 굳혔다는 소문은 전진의 조야를 불안 속으로 휘몰아 넣었다.

부견이 가장 사랑하는 여인 장부인은 만류하였다.

"폐하께서 동진 토벌의 명령을 내리시는 것은 천도와 민심을 배반하는 일입니다."

**중장기병** 오호십육국 시대 이후 출현한 중장기병의 모습

그러나 부견은 듣지 않았다.

"전쟁하는 일에 여자가 무슨 참견이오."

이번에는 가장 사랑받고 있는 아들 중산공 선(中山公 詵)이 중신들의 의견을 듣도록 간하였다.

"조정 중신들의 의견에 귀를 기울이느냐 안 기울이느냐 하는 것은 국가의 존망이 달려 있는 중대한 일이옵니다."

그럼에도 부견은 받아들이지 않았다.

"아이들이 무엇을 안다고."

부견은 열렬한 불교 신자였으나 당대의 명승 도안(道安)의 토벌 중지 권유에도 그

**부용 장군의 집**

저 웃어넘길 뿐 그의 말을 받아들이려 하지 않았다.\*

383년 8월 8일 전진왕 부견은 마침내 동진 토벌의 명령을 내렸다. 부견은 마치 천하를 통일하고 동진의 황제를 자신의 무릎 앞에 꿇린 양 기고 만장하여 다음과 같이 호언장담하였다.

"동진왕 사마 창명(司馬昌明)을 장안에 데려와 짐의 상서좌복야\*로 삼겠다. 동진의 재상 사안(謝安)은 이부상서(吏部尙書)에 임명하고, 장군 환충(桓沖)을 시중(侍中)에 임명하여 짐의 시종 장관(侍從長官)으로 삼겠노라. 우리 군사는 곧 출전한다. 그 날이 오는 것은 멀지 않을 것이다. 수도에 동진왕 사마 창명의 저택을 마련하도록 하라."

부견의 이 같은 호언은 승리감에 도취된 당시의 자만과 오만을 그대로 나타내 주는 것이라 하겠다.

부견은 전진의 주력 부대인 보병 60만 명, 기병 27만 명을 거느리고 장안을 출발하였고, 부융에게 선발대 30만 명을 배속시켜 영구(潁口, 안휘성 영산현)까지 진출하였다.

전진군의 좌익은 팽성(강소성 서주시)에 입성하고 우익은 장강을 따라 진격하였다. 후위군(後衛軍)은 이때 함양까지 진출해 있었다.

전진군의 보병 60만 명, 기병 27만 명이 수로와 육로로 동서 만리에 뻗혀 진군하는 모습은 마치 천지를 뒤흔드는 듯 장관을 이루었다.

100만 명의 전진군이 공격해온다는 소식에 접한 동진의 조야는 불안에 휩싸여 벌벌 떨었다.

당시 동진의 재상 사안은 심사숙고 끝에 전국에 동원령을 내리고 동생 사석(謝石)을 토벌 대장군, 조카 사현(謝玄)을 선봉장에 임명하는 한편 아들 보국 장군 사담(謝琰)까지도 종군시켜 도합 8만 명이 일치 단결하여 전진군을 맞아 싸울 태세를 갖추었다. 원래 동진군은 북방에서 이주해온 병사들로 이루어진 정예 부대인 북부군(北府軍)과 장군 환충(桓沖)이 거느리는 서부군(西府軍)으로 조직되어 있었다. 이번의 전투에서 북부군은 유뢰지(劉牢之)의 지휘 아래 선봉을 담당하였다.

동진군의 사기는 왕성하였으나 숫자적으로 볼 때 전진군의 1/10분에 불과하여 동진의 장군들은 내심 불안에 떨고 있었다.

사현이 사안에게 전략을 묻자 사안이 대답하였다.

"문제 없다. 작전은 내 가슴속에 있다."

동진의 서부군(西府軍) 사령관 환충이 그의 정예병 3천 명을 수도의 방위에 충당하려 하자 사안이 말했다.

"수도를 방위할 병력은 충분하니 염려할 것 없소."

그리고는 서쪽 양양 방면의 방비를 튼튼히 하라고 명하였다. 북부군의 선봉장 사현과 서부군의 총수 환충은 불안하기 짝이 없었다.

환충은 탄식하며 말하였다.

"사안은 정치적으로는 훌륭한 재상이지만, 뛰어난 군략가라고 말할 수는 없다. 이런 작전이라면 우리들이 적군의 포로가 되지 않으리라고 누가 장담할 수 있겠는가."

동진은 병력면에서는 열세에 있었으나 백만 대군이 공격해오는 민족 존망의 위급한 상황에 처하여 계급 간의 대립을 떠나 군민이 일치단결하여 죽음으로써 민족의 생존을 위해 싸운다는 의기가 충천해 있었다.

전진군과 동진군은 비수( 水, 안휘성 북쪽, 회하 지류)를 사이에 두고 포진하여, 적벽의 대전에서 조조와 유비·손권이 삼국 정립의 대세를 가르듯 전진과 동진의 역사의 흐름을 결정짓는 일대 결전을 벌이게 되었다.

10월에 전진군의 선봉 부대는 수양(壽陽, 안휘성 수현 서남쪽)을 공략하여 서전을 승리로 장식하였다. 동진군의 일부는 협석(石夾石, 수현 서쪽)까지 거슬러 올라가 보고문을 본대에 보냈다.

'적군의 사기 매우 왕성함. 아군 군량이 떨어져 본대와의 합류가 위태로움.'

그러나 보고문은 중간에 전진군의 수중에 들어가고 말았다.

전진군의 선봉장 부융은 즉시 이 보고문의 내용을 부견에게 알렸다. 부견은 즉시 8천 명의 기병을 거느리고 항성에서 수양으로 달려와 부융과 극비 회담을 가진 후 주서(朱序)를 동진군의 진영에 파견하여 항복을 권하도록 하였다.

주서는 원래 동진의 장군으로 양양의 수비를 맡았을 때 전진과의 싸움에서 패하고 포로가 되어 그 후 부견 밑에서 관리로 일해오던 사람이었다. 비록 몸은 부견 밑에 있었으나 마음은 언제나 고국 동진에 있었다. 사자가 되어 동진군의 진지에 이른 주서는 사석 등에게 비밀 계책을 말하였다.

"전진의 군사 1백만 명은 아직 집결되지 않은 상태입니다. 만약 이 1백만 대군이 완전 집결한다면 이를 격파하기는 어려울 것입니다. 지금의 기회를 놓치지 마시고 전진의 선봉 부대를 두들겨 부수어 그 사기를 꺾는다면 가히 전진의 군사는 무너뜨릴 수 있을 것입니다."

그리고 자신도 전진군 내부에서 동진군에 호응해 싸우겠다고 약속하였다.

11월 동진군의 유뢰지가 거느리는 북부군이 낙간(洛澗)*에 주둔하고 있는 전진군에 맹공격을 가하자 전진군 5만 명이 크게 패하여 앞을 다투어 강을 건너다가 1만 5천 명을 넘는 군사가 물에 빠져 죽었다. 동진군의 승리였다.

동진군은 계속해서 수양에서 멀리 바라보이는 비수의 동쪽 언덕까지 다다르고 있었다. 이 보고를 받은 전진왕 부견은 그의 동생 부융과 함께 수양성에 올라 동진의 진지를 바라보았다. 동진군의 군사 배치와 진지 구축은 실로 엄정하여 한 치의 틈도 없었고 군기 또한 엄숙하고 투지 왕성하였다. 부견은 한편으로 감탄하고 한편으로 놀랐다. 눈을 돌려 팔공산 (회남시 서쪽)을 바라보니 바람에 흔들리는 초목이 모두 동진의 군사로 보이는 듯하였다.

* 낙간(洛澗) : 낙하(洛河)가 회하(淮河)로 흘러 들어가는 지점. 현재의 안휘성 회남시 동쪽

**동진의 사안**

"군사도 많고 정예하다. 강적이다, 강적!"

부견은 두려운 빛을 감추지 못했다.

전진군은 비수의 서안에 포진하여 동진군과 대치하고 동진군의 도하(渡河)를 저지하였다. 전진군은 후속 부대가 오기를 기다렸고, 동진군은 전진의 후속 부대가 도착하기 전에 적군을 공략하여 타격을 주자는 작전을 세웠다.

며칠이 지난 후 전진군의 선봉 부대에 동진군의 선봉 부대로부터 도전장이 날아들었다. 그 도전장에는 이렇게 쓰여 있었다.

"양군이 강을 사이에 두고 대치하다간 싸움이 길어지게 마련이오. 만약 전진이 속전 속결을 원한다면 조금 후퇴하여 동진군이 강을 건넌 후 싸움을 벌여 승패를 결정짓는 것이 어떻겠소?"

전진의 장군들은 후퇴해서는 안 된다고 주장하였으나 부견은 고개를 가로저으며 말하였다.

"조금 후퇴하여 동진군이 반쯤 건넜을 때 기병으로 돌진하여 동진군을 포위해 반격한다면 승리는 우리들의 것이다."

부융도 부견의 의견에 찬동하였다. 전진군이 후퇴하기 시작하자 고향을 멀리 떠나 전쟁에 끌려온 전진의 병사들은 개죽음이 두려워 보를 튼 물줄기처럼 앞을 다투어 도망치기 시작하였다. 동진군은 이틈을 노려 노도처럼 전진군을 추격하였다. 전진왕 부견의 작전은 동진군이 비수를 반쯤 건너기를 기다려 방향을 바꾸어 역포위 작전으로 동진군을 섬멸할 계획이었으나 동진군이 계속 추격해오기 때문에 방향을 돌릴 겨를도 없이 그대로 도망치기에 바빴다. 그것도 당황하여 허둥거리며 단숨에 도망쳐버린 것이다.

부견은 전혀 예기치 않았던 사태에 눈을 의심하였다. 역전공격은 군의 기밀이었기 때문에 일반 병사들은 알 까닭이 없었다.

이야기 중국사 · 2

후퇴 명령에 따라 그저 후퇴했을 뿐이었다. 동진군이 강 중간쯤에 이르렀을 때 "뒤로 돌아 돌격"이라는 명령이 내려졌어야 할 터인데 그 명령이 내려지기 전에 "우리는 졌다, 도망쳐라!"라는 고함 소리가 전진의 진영을 뒤흔들었다.

주서가 동진군에 내응하겠다는 비밀 약속을 했다는 말은 앞서 언급한 바 있다. 주서가 그의 심복들과 짜고 후퇴하는 군중에 섞여 고함을 질러댔던 것이다.

'한 마리 개가 그림자를 보고 짖으면 뭇 개들이 덩달아 짖는다.'는 말이 있다. 이번 주서의 계책은 바로 헛고함을 질러 전진의 군사를 혼란에 빠뜨리자는 것이었다.

패주하는 전진군에는 후속 부대들이 비수를 향해 진군해오고 있었다. 이들 부대들은 패주하는 전진군과 만나 "패전이다, 패전!"이라는 소문을 듣고는 덩달아 그대로 도망쳤다. 마치 골패짝 쓰러지듯 전진의 군사는 밤낮을 가리지 않고 패주하여 전진의 군사 7, 8할이 굶주림과 추위에 희생되었다. 부융은 싸움 도중에 죽고 부견도 유시(流矢)에 맞아 부상을 입어 겨우 목숨만 부지하여 장안으로 돌아왔다. 3개월 전 백만 대군을 거느리고 기고만장하여 출진했던 부견이 장안에 돌아올 때는 겨우 10만 명의 군사가 따를 뿐이었다.

한편 동진의 재상 사안은 손님과 바둑을 두고 있다가 승전보를 들었다. 사안은 별로 기뻐하는 듯한 기색도 보이지 않은 채 그대로 바둑을 계속하였다. 손님이 물었다.

"승리의 소식을 전해들은 감상이 어떻습니까?"

사안은 그제야 대답했다.

"응, 자식놈들이 전진의 군사를 깨뜨렸다는구먼."

《세설신어(世說新語)》
중국 남조 송나라의
유의경이 편집한 후한
말부터 동진까지의 명
사들의 일화집

그러나 사실 사안은 몹시 흥분되어 있었다. 손님을 전송하고 방으로 돌아오다가 신발굽이 문지방에 걸려 꺾인 것조차 모르는 상태였다.

비수에서의 승전이 너무 멋진 것이었기 때문에 마치 기적처럼 들릴지 모르지만, 사실은 북상한 동진군의 전력도 막강하였음을 간과해서는 안 된다. 그래서 부견과 부융이 수양성에서 동진군의 진용을 바라보고 그 정연함에 두려운 마음을 감추지 못한 것이다. 이런 점으로 미루어 보아 설사 전진군이 애당초 부견의 작전대로 뒤로 돌아 공격을 감행했다손 치더라도 반드시 승리했으리라고 단언할 수는 없을 것이라는 견해도 있다.

도도히 흐르는 비수, 지금까지는 전진과 동진의 국경선을 정하는 경계선이었으나 비수의 대전이 끝난 후 이 국경선은 중국 역사상 이 시대를 구분하는 하나의 경계선으로써 영원히 기록되게 되었다.

비수에서 패주한 부견은 모용수의 힘을 빌어 10여만 명의 패잔병을 모아 일단 낙양으로 들어갔다가 다시 장안으로 갔다. 부견의 국세가 날로 쇠퇴해지자 지금까지 부견의 발 밑에 꿇어앉아 있던 소수 민족의 우두머리들은 모두 앞을 다투어 부견의 곁을 떠났다. 모용수는 부견을 따라 장안으로 가던 중 함곡관을 바로 앞둔 민지에 이르렀을 때 부견에게 진언하였다.

"북방 여러 민족이 이번 패전을 계기로 동요하고 있으니 삼가 조서를 받들어 그곳 북방 민족을 선무할까 합니다."

부견의 측근들은 반대하였다.

"모용수를 보내는 것은 마치 우리 안에 가둔 매를 놓아보내는 것과 같습니다."

그러나 부견은 이렇게 말하며 그를 보내고 말았다.

"이미 약속한 일이니 할 수 없다."

그러자 상서좌복야로 있는 권익(權翼)이 말하였다.

"폐하께서는 조그마한 신의를 중히 여기시고 사직은 가벼이 여기십니다. 그는 돌아가면 다시 돌아오지 않을 것이며 관동의 난은 그로부터 시작될 것이 불을 보는 듯하옵니다."

권익은 부견의 남정을 강력히 반대한 대신 중의 한 사람이었다. 과연 권익의 예상대로 모용수는 다시 돌아오지 않았다.

일찍이 전연의 장수였던 모용수는 이 기회를 타 군사를 모아 다시 연(燕)나라를 일으키고 수도를 중산(中山, 하북성 정현)에 두었다. 역사상 이 나라를 후연(後燕)이라 부른다. 비수의 대전이 끝난 지 2년(385) 후의 일이었다.

부견의 실패 원인을 역사가들은 여러 가지로 분석하고 있다. 여러 민족의 융합을 원했던 그는 저족을 동쪽으로 이주시키고 동쪽에 있던 선비족을 서쪽으로 이주시켰다. 그 때문에 수도 장안 주변에는 저족보다는 선비족의 수가 훨씬 많았다. 저족의 나라인 전진에 있어 이러한 정책은 대담하다기보다는 무리한 조치였다고 하지 않을 수 없다. 그렇지만 이상주의자였던 부견은 덕으로써 다스린다는 자신에 넘쳐 상식의 한계를 무시했다.

패전 후 장안에 돌아온 부견을 기다린 것은 관중에 이주시켰던 선비족 모용씨들의 배반이었다. 마침내 부견은 모반의 중심 세력으로 보이는 전연의 폐제 모용위(慕容暐)를 죽였으나 그의 동생 모용충(慕容沖)이 선비족을 규합하여 장안을 빼앗고, 연나라를 세워 황제라 칭하였다. 그러나 그의 곁에 모인 선비족은 동쪽에서 강제적으로 이주해온 사람들이었기 때문에 무엇보다도 고향으로 돌아가려 하였다. 모용충은 결국 이들의 의사를 받아들일 수밖에 없었고 애써 빼앗은 장안을 떠나 동쪽으로 돌아갔다. 이 정권을 후세의 사가들은 서연(西燕)이라 부르지만 단명하였기 때문에 십육국에 넣지 않고 있다. 그립던 동쪽의 고향으로 돌아온 그들 앞에는 이미 모용수가 세운 후연이 기다리고 있었다. 잠시 후 모용충의 '서연'은 모용수의 '후연'에 소멸되고 말았다.

모용충으로부터 장안에서 쫓겨난 부견은 오장산(五將山)에서 일시 난을 피하고 있었다. 그런데 이번에는 강족의 요장(姚萇)이 그의 부장 오충(吳忠)을 파견하여 오장산을 포위하고 부견을 생포하였다.

요장은 부견에게 협박하였다.

"전국 옥새를 내놓으시오."

부견은 노기 띤 얼굴로 요장을 바라보면서 말하였다.

"작은 오랑캐놈아, 감히 천자를 협박하다니. 오호의 반열에 강족의 이름은 없다. 옥새는 이미 동진에 보냈으니 너에게 줄 수 없다."

요장은 다시 윤위(尹緯)를 보내 제위를 선양하도록 설득하게 하였다. 그러자 부견은 이렇게 일축했다.

"선양이란 성군과 성군 사이에 이루어지는 일이거늘 요장 같은 일개 반적의 무리가 그 따위 말을 지껄이다니 가소롭다!"

그러나 설득의 임무를 부여받은 윤위는 논리정연한 말로 부견을 설득하니 마침내 부견도 감동하였다.

"경은 짐의 조정에서 무슨 벼슬을 하였소?"

"상서영사(尙書令史)로 있었습니다."

윤위의 대답을 들은 부견은 탄식하였다.

"경은 진실로 왕맹과 견줄 만한 인물이며 재상의 재목이오. 그런데도 짐은 경을 알아보지 못하였으니 내가 망하는 것이 마땅하오."

그 후 요장은 부견이 유폐되어 있는 신평현 어느 절에 사람을 보내 부견을 죽이고 말았다. 한때는 부견을 천자로 섬겼던 그가 그 주인을 살해한 것이다. 부견은 그가 죽기 전에 지극히 사랑했던 두 딸 보(寶)와 금(錦)을 죽였고 또 가장 사랑하던 여인 장부인과 태자 선은 자살하도록 하였다.

부견이 죽을 때 그의 나이 48세였다. 부견의 죽음을 들은 요장의 장병들은 모두 슬퍼하여 눈물을 흘리며 통곡하였다.

요장은 인망 높은 부견의 후계자가 되었다는 형식을 갖추기 위하여 부견에게 '장렬천왕(壯烈天王)'이라는 시호를 내리고 자신의 나라 이름도 진(秦)이라고 칭하였다. 역사에서는 부견의 전진과 구별하여 요장이 창시한 왕조를 후진(後秦)이라 부른다.

모용수의 후연과 요장의 후진은 동서로 대치하면서 열국 가운데 두 강대국으로 부상하였다. 이 밖에 서진(西秦), 후량(後涼), 남량(南涼), 서량(西涼), 하(夏) 등의 여러 나라가 할거하였으며 후연은 나중에 남연(南燕)과 북연(北燕)으로 분열하였다. 이렇게 하여 비수의 대전이 있기 전 통일되었던 전진의 판도는 대전 후 10개국으로 분열하였다.

이 10개국에 비수의 대전이 있기 전 내란으로 인하여 세워졌다가 멸망한 성(成), 한(전조를 포함), 전량(前凉), 후조(後趙), 전연(前燕), 전진(前秦)을 합하면 모두 16개국이 되어 이를 오호십육국이라 부른다. 십육국은 주요 국가만을 말하는 것이고 이들 16개국 외에 몇개의 작은 나라, 즉 염위(冉魏), 대(代), 서연(西燕), 구지(仇池) 등을 합하면 모두 20개국이 넘는다.

비수의 대전 후 10개국이 할거하여 서로 다투던 중국 북부는 마침내 선비족의 탁발씨(拓跋氏)가 세운 북위(北魏)에 의해 통일되었다. 이 북위가 중국 역사상 북조(北朝)의 막을 열게 됨으로써 130여 년간 이어오던 오호십육국 시대에 종지부를 찍었다.


## 동진의 멸망

비수의 대전에서 승리를 거둔 동진군이 여세를 몰아 계속 추격전을 벌였더라면 한족의 통일 정권을 갈망하던 중국 북부 백성들의 열렬한 지지를 얻어 어쩌면 서진의 옛 땅을 수복했을지도 모르는 일이다.

그러나 전진으로부터의 위협이 사라지자 지금까지 마음속에 쌓였던 호족과 농민 간의 갈등, 권신과 황제와의 조정 내부의 모순이 표면화되어 북벌을 지연시켰을 뿐 아니라 마침내는 동진 왕조를 패망시키는 결과를 가져왔다.

비수의 대전이 끝난 2년 후 재상 사안이 죽고 무제의 동생 사마도자(司馬道子)가 사도 · 양주 자사 · 녹상서(錄尙書) · 도독

중외 제군사가 되어 정권을 장악하였다.

《자치통감》의 주석자 호삼성은 이 항목의 주에서 '도자가 정권을 장악함으로써 동진의 정치가 문란해지다.'라고 기록했다.

북쪽에서는 선비족의 척발규가 뛰어난 지도력을 발휘하여 이웃 여러 민족을 물리치고 점차 그 세력의 범위를 넓혀가고 있어 동진에서는 엄벙덤벙하고 있을 때가 아닌데도 무제는 그저 주색과 유흥에 빠져 정치는 모른 체 하였다.

무제는 불교를 신봉하여 사원의 건립에 막대한 자금을 허비하고 승려를 가까이 하였다. 이 때문에 동진의 조정에는 권세에 아첨하는 사이비 승

**고창 고성** 신장 위구르자치구 투르판에 있는 고창 고성. 고창국은 중국과 서방 문화가 혼합되어 불교가 발달하였다. 당나라 시기까지 존속했다.

려가 모여들어 풍기가 문란해지고 뇌물이 공공연히 거래되기도 하였다.

정치 행정의 기본이 되는 '구품관인법'이 유명무실할 정도로 관리 임명도 질서를 잃었다.

태원 21년(396) 정월 궁중에 청서전(淸暑殿)이 증축되었다. 그해 9월 어느 날 무제는 새로 세워진 청서전에 거둥하였다. 그에게는 장귀인이라는 총희가 있었는데 이때 장귀인의 나이 30세였다. 장귀인과 베개를 나란히 한 무제는 농담삼아 말하였다.

**영은사 대불** 동진 시대에 지어지고 명나라 때 재건되었다.

"네 나이도 이제 30이 되었구나. 더 젊고 어여쁜 여인의 품이 그립구나."

장귀인은 이 말을 진정으로 알아들었다. 무제가 나이 어린 젊은 여인을 사랑하고 자신을 버릴 것으로 생각한 그녀는 무제의 머리를 이불로 뒤집어씌워 질식시키고 말았다.

무제의 장남 사마 덕종(司馬德宗)이 즉위하니 이 이가 안제(安帝)이다. 이때 안제의 나이 15세였는데 말도 제대로 못하고 춥고 더운 것조차도 모르는 중증 정신 박약아였다. 안제의 동생 사마 덕문이 안제의 곁에서 일일이 시중을 들어야 했다. 사마 덕문은 나이가 어리고 성질이 공손하여 오로지 형의 시중들기에 전념할 뿐 정치적 야심은 조금도 없었고 모든 정치는 황숙인 사마 도자의 손에서 요리되었다.

당시 북부군의 총수는 연주 자사 왕공(王恭)이었다. 북부군이라면 말할 것도 없이 비수의 대전에서 대승을 거둔 주역이었다. 왕공은 귀족 출신으로서 국가의 기강을 바로잡아야겠다고 생각했다. 국가의 기강이 얼마나 문란해 있으면 일개 후궁이 황제를 이불 속에서 손쉽게 시해할 수 있단 말인가. 통탄할 일이었다.

왕공은 북부군을 동원해 조정에 압력을 가하여 정치 쇄신을 강요하였다. 사마 도자는 할 수 없이 지금까지의 모든 잘못을 왕국보(王國寶) 한 사람에게 책임지우고 그 죄를 물어 그를 사사하였다. 그러나 동진 정권의 부패는 구조적인 것으로서 왕국보 한 사람을 처분했다 해서 정화될 턱이 없었다.

융안 2년(398) 왕공은 북부군을 재차 동원하여 조정 개혁을 강요하였다. 개혁을 요구하는 것은 좋으나 군대를 동원하였으니 모반이나 다름이 없는 행위였다.

왕공은 자신이 북부군의 최고 수뇌이므로 자신의 명령이면 어떠한 행동도 가능할 것으로 생각하였지만 그것은 큰 오산이었다. 북부군의 병사들이 신뢰하고 있는 것은 오직 자신들과 함께 생사고락을 같이 하며 싸우던 장교, 장군이었지 그 위에 군림하는 인물에 대하여는 친근감을 느끼지 않았다. 게다가 왕공은 북부군의 고급 장교에 대해서도 한낱 용병 대장으로밖에 취급하지 않고 그저 전쟁의 도구로만 생각하였기에 상하 간의 감정 대립이 격화되었다.

비수의 대전에서 큰 공을 세운 유뢰지도 왕공의 태도를 긍정적으로 보지 않았다. 유뢰지의 증조부는 군(郡)의 태수를 지냈고 아버지는 정로장군(征虜將軍)을 역임한 바 있어 그의 가문도 그다지 낮은 편이 아니었으나, 왕공은 낭야 왕씨로서 무제의 황후 왕씨의 오빠였기 때문에 유뢰지 따윈 거들떠보지도 않았다.

조정의 정권을 한손에 쥐고 있는 황숙 사마 도자는 주색을 좋아할 뿐 별로 대단한 인물이 아니었다. 오히려 그의 아들 사마 원

**사신 화상전** 당시에 유행했던 사신의 모습

현(司馬元顯)이 훨씬 유능하였다. 왕공이 군사를 움직이자 사마
도자는 모든 일을 아들 원현에게 일임하였다. 원현은 북부군의 실
정을 잘 알고 있었다. 그는 정토 도독의 책임을 맡고 있는 위장군
(衛將軍) 왕순(王恂)과 우장군(右將軍) 사염(謝琰)을 왕공 토벌
에 투입하는 한편 원래 북부군의 장관(將官)을 지낸 여강 태수 고
소(高素)를 비밀리에 유뢰지에게 파견하여 왕공에게 배반하도록
설득하였다. 물론 유뢰지를 설득하는 데는 조건이 붙어 있었다.
'만약 왕공을 배반하면 현재 왕공이 가지고 있는 직권을 모두 유
뢰지에게 준다.'는 것이었다.

　　개혁을 강요한다 하더라도 군대를 움직여 조정에 대항하는
것은 명백한 모반 행위이므로 설사 유뢰지가 왕공을 배반한다 하
더라도 그것은 결코 배신이 아니고 조정에 충성을 다하는 일인 것
이다.

　　북부군을 사실상 장악한 것은 유뢰지였으므로 이 사람에게
배반당하면 왕공은 옴짝달싹 못하는 상황이었다. 마침내 왕공은
유뢰지의 아들 유경선(劉敬宣)으로부터 공격을 받고 곡아의 장당
호(長塘湖)까지 도망쳤으나 그곳에서 포로가 되어 수도 건강으로
압송되어 참수되었다.

　　이렇게 해서 유뢰지는 북부군의 군단장이 되었다. 지금까지
북부군의 수뇌는 낙하산식 인사 방법으로 임명되어 외부로부터
기용되었으나 이번에 처음으로 북부군 내부에서 수뇌가 탄생한
셈이었다.

　　왕공의 모반이 실패한 이듬해(399) 손은(孫恩)이 난을 일으
켰다. 이때 동진 조정의 실권자는 사실상 사마 원현이었다. 그는
유능했지만 성격이 너무 가혹한데다 대담하고 과감한 행동파였

다. 손은이 반란을 일으키자 그는 동방 연안 지방의 소작인들을 징집하여 병역에 복무시키겠다는 명령을 내렸다. 그러나 이 조치는 손은을 유리하게 만드는 결과를 가져와 소작인들이 모두 손은의 반란군에 가담해버렸다. 이 때문에 손은은 군사를 일으킨 지 불과 열흘 안에 수십만 명의 군사를 거느리게 되었다.

손은은 도교를 신봉하는 자로서 그의 반란군은 도교 계통의 교단을 주축으로 형성되었다.

손은은 해도(海島)에서 반란군을 이끌고 먼저 회계군을 습격하였다. 회계 내사 왕응지(王凝之)는 서성(書聖)으로 일컬어지는 왕희지(王羲之)의 아들이었다. 그는 도교의 일파인 천사도(天師道)를 신봉하였기 때문이었는지 반란군의 습격에 대비하여 군사를 모집할 생각조차 않고 있었다. 손은군이 접근한 다음에야 부랴부랴 군사를 출동시켰으나 이미 때가 늦어 패하고 말았다. 왕응지를 위시하여 그의 처자가 모두 생포되어 죽임을 당하였다.

이 같은 사실로 미루어 볼 때 손은의 반란은 종교 반란의 성격을 띠었다고 할 수는 없다. 천사도는 오두미도(五斗米道)의 별명이므로 사실상 손은은 같은 신앙을 가진 왕응지를 죽였기 때문이다. 정동장군(征東將軍)을 자칭한 손은은 사람들을 도취시키고 열광시키는 마력을 지니고 있었다. 그는 사람들을 열광시켜 관리들을 죽이고 그 자식까지 죽였다. 또 관리를 죽여 소금에 절이고 그것을 그의 처자들에게 먹여 먹지 않는 자는 학살해버렸다. 심지어는 혼음(混淫) 파티를 열고 재물과 여자를 몹시 탐했다.

손은의 반란군에는 해상 생활에 익숙한 자들이 많았다. 그들 생활의 근거지는 섬이거나 바다 연안이었기 때문에 이들 반란군의 수군은 매우 강한 면모를 보였다. 손은이 거느리는 수군은 장강을 거슬러 올라와 동진의 수도 건강을 공략할 기세를 보였다.

동진의 실권자 사마 원현은 손은의 반란군 토벌에 북부군을 출동시켰다. 동진의 북부군은 장강을 따라 내려가 손은의 반란군을 대파하고 추격전을 벌여 해상으로 완전히 쫓아버렸다.

이번 작전에서 손은의 반란군과 지리적으로 가까운 북부군이 동원되어 이를 격파하였지만, 반란군이 수도에 입성하려 한다는 중대 정보를 입수한 서부군도 군사를 동원하여 형주에서 장강을 따라 내려갈 태세를 취하였다. 이때 서부군의 총수는 환현(桓玄)이었다.그는 동진 정권을 찬탈하려 했던 환온의 아들로, 아버지로부터 야심을 물려받아서였는지 또는 동진 정권의 무능에 혐오를 느껴서였는지 어쨌든 평소 조정의 위정자에 대해 매우 비판적이었다.

동진의 조정에는 배우와 사이비 승려들이 출입하여 기강이 문란하였음은 물론 수도 건강은 걷잡을 수 없을 정도로 퇴폐의 물결이 거세게 몰아붙이고 있었다. 때문에 서부군의 중심지인 무창 주변의 형주 지방에는 수도의 퇴폐적 분위기에 실망을 느낀 건전하고 양심적인 인물들이 이주해오는 상황이었다.

서부군의 총수 환현이 비판의 화살을 겨눈 인물은 당시 조정의 실권자 사마 원현이었다. 사마 원현은 환현이 수도를 방위하기 위해 서부군을 동원하여 장강을 내려오고 있다는 소식을 듣자 얼굴이 흙빛으로 변했다. 환현이 수도에 들어올 경우 그는 쿠데타를 일으킬 공산이 크기 때문이었다. 다행히 손은의 반란군은 북부군에 의해 격퇴됨으로써 서부군은 다시 무창으로 뱃머리를 돌려 돌아갔다.

손은 반란군 진압의 수훈갑은 유뢰지의 부장 유유(劉裕)였다. 태수나 장군의 후예인 유뢰지마저도 직업전쟁인이라 하여 왕공으로부터 멸시를 당한 일이 있었으나 유유는 유뢰지의 가문과도 비교가 안 될 정도로 미천한 가문 출신이었다. 오로지 전쟁에 강하다는 이유만으로 두각을 나타냈지만 누구도 이 사람이 장차 동진을 대신하여 새로운 왕조를 세워 황제가 되리라고는 꿈에도 생각하지 않았을 것이다.

손은의 반란군이 격퇴되고 환현의 서부군이 돌아가자 동진 조정의 대표자 사마 원현은 안도의 한숨을 내쉬었다. 그러나 환현이 있는 한 그는 베개를 편히 베고 잘 수 없었다. 이에 사마 원현은 환현을 토벌하려 하였다. 손은의 반란군을 격퇴시킨 용감한 북부군만 동원한다면 환현 토벌은 문제 없을 것으로 믿었다.

원흥 원년(401) 정월 환현 토벌의 조서가 내려져 사마 원현은 정토 대도독이 되고 북부군의 총수 유뢰지는 선봉 도독에 임명되었다. 이 소식은 즉시 환현에게 전해졌다. 환현도 서부군을 동원하여 장강을 내려오고 있었다. 장강 일대에는 바야흐로 전운이 감돌았고 폭풍의 전야처럼 적막감에 휩싸였다. 북부군과 서부군이 격돌할 경우 동진의 운명은 장차 어떻게 될 것인가. 그러나 운명의 신은 북부군과 서부군의 격돌을 피하는 쪽으로 미소를 보냈다.

환현은 유뢰지의 친척 하목(何穆)이란 사람을 유뢰지에게 보내 호응하도록 설득하니 마침내 유뢰지는 환현과 내응할 것을 약속하였다.

유뢰지가 지휘하는 북부군이 움직이지 않으면 사마 원현은 허수아비나 다름이 없었다. 환현은 무저항 상태에 있는 수도에 들어가 사마 도자, 원현 부자를 비롯하여 그의 일당을 일거에 숙청하고 드디어 정권을 장악하였다. 환현은 곧바로 유뢰지를 회계내

사(會稽內史)에 임명하는 조치를 취하였다. 회계내사는 요직임에는 틀림이 없었으나 회계 땅에 부임하게 되면 북부군에서 떨어져 나가게 된다. 환현의 인사 조치는 위험 인물인 유뢰지를 군대로부터 떼어놓으려는 의도에서 나왔다.

유뢰지를 군권에서 떼어놓는 것은 그를 죽이는 것과 마찬가지였다. 유뢰지는 그의 막료들을 모아 강북에 웅거하여 환현을 토벌할 계책을 논의하였다. 이 자리에서 참군 유습(劉襲)은 한마디 말을 내뱉고 달아나버렸다.

"세 번씩이나 배반한다면 무슨 힘으로 자립할 수 있단 말씀이오?"

그러자 막료들도 서로 눈짓을 하면서 슬금슬금 그의 곁을 떠나 달아났다.

"왕공, 사마 원현 두 사람을 배반하고 이번에는 또 환현을 배반하려 하니 사람으로서 그럴 수가 있느냐."

그의 측근들도 모두 떠나버렸다. 마침내 유뢰지는 북쪽으로 도망치다가 신주(新洲)에서 자살하였다. 그의 영구가 단도(丹徒)로 돌아오자 환현은 그의 관을 열고 유해의 머리를 베어 저자에 효수하였다. 환현의 이 같은 행동은 북부군 장병들의 감정을 자극시켰다.

환현은 단지 유뢰지의 부하였다는 이유만으로 오흥 태수 고소(高素), 장군 축겸지(竺謙之), 그리고 유뢰지의 '세 번 배반' 행위를 규탄한 유습까지도 숙청하였다.

북부군의 고급 참모들은 전멸당하고 중급 장교 이하만이 겨우 죽음을 면하였으나 각지로 분산되었다. 유유도 다행히 숙청을 면한 사람에 끼이게 되었다. 해도에서 반란을 주동했던 손은은 얼마 후 자살하였으나 그의 매부 노순(盧循)이 잔당을 규합하여 아직도 저항을 계속하고 있었다. 때문에 환현은 북부군의 야전 지휘관은 남겨두어야겠다고 생각했다. 그래서 유유는 노순의 부장 서도복(徐道覆)을 토벌하라는 명령을 받고 동양(東陽)에 파견되어 있었고 그 사이에 환현은 북부군의 지도자였다는 이유로 기주 자사 손무종(孫無終)을 숙청해버렸다. 그런데 유유는 유뢰지를 섬기기 전에 손무종의 휘하에 속해 있었다.

환현은 북부군의 총수에 그의 사촌 환수(桓修)를 기용하였다. 수뇌진을 숙청하고 야전 부대장을 전속 배치 혹은 분산시킴으로써 북부군의 문제는 일단 해결된 것으로 판단했으나 결론적으로 환현의 판단은 큰 오산이었다.

북부군에 대한 환현의 처사는 오히려 북부군 장병들의 가슴에 환현에 대한 증오의 감정을 깊게 심어 놓았을 뿐이었다.

환현은 눈깜짝할 사이에 태위·대장군·상국을 거쳐 초왕(楚王)이 되었다. 이것은 찬탈자의 정해진 일로 다음 단계는 선양을 빙자하여 황제의 자리에 오르는 것이었다. 이듬해(403) 12월 환현은 마침내 안제(安帝)를 폐하고 황제가 되었다. 나라 이름을 초(楚), 연호를 '영시(永始)'로 고쳤다.

환현은 또 폐제 안제를 심양(瀋陽)에 유폐시켰는데 심양군 태수의 소재지는 시상(柴桑)이었다. 이곳이야말로 전원 시인 도연명의 고향이기도 하였다.

환현의 초왕조는 겨우 3개월의 단명 왕조로 막을 내렸다. 이듬해(404) 2월 유유는 환현 토벌군을 일으켜 경구성(京口城)을 빼앗고 북부군의 총수로 임명된 환수의 목을 베었다. 그리고 수도 건강을 향해 진격을 개시하였다.

    초의 환현은 허겁지겁 도망쳤으나 추격하는 유유군에게 죽임을 당하고 말았다. 심양에 유폐되었던 안제가 다시 건강으로 돌아와 복위하였다.

    안제는 복위하였으나 동진 왕조는 사실상 환현에게 멸망당하였다고 해도 좋을 것이다. 복위 후의 안제는 사실상 유유의 허수아비에 불과하였다.

    얼마 후 유유는 중서랑 왕기지(王紀之)에게 명하여 안제를 시해하고 그 뒤를 이은 동진의 마지막 황제 공제(恭帝)를 협박하여 제위를 선양받고 송왕조(宋王朝)를 세우니 이것이 남조의 서막이다.

    남과 북에서 대치하는 남조와 북조, 이것이 비수의 대전을 계기로 일어난 중국의 기본적 정치 상황이라 할 수 있다.

# 동 진 왕 조 의 계 보

**사마씨(司馬氏)**

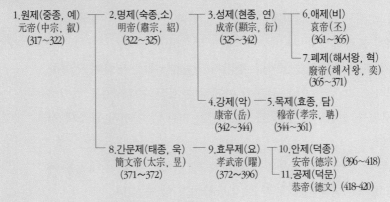

1. 원제(중종, 예)
元帝(中宗, 叡)
(317~322)

2. 명제(숙종, 소)
明帝(肅宗, 紹)
(322~325)

3. 성제(현종, 연)
成帝(顯宗, 衍)
(325~342)

6. 애제(비)
哀帝(丕)
(361~365)

7. 폐제(해서왕, 혁)
廢帝(해서왕, 奕)
(365~371)

4. 강제(악)
康帝(岳)
(342~344)

5. 목제(효종, 담)
穆宗(孝宗, 聃)
(344~361)

8. 간문제(태종, 욱)
簡文帝(太宗, 昱)
(371~372)

9. 효무제(요)
孝武帝(曜)
(372~396)

10. 안제(덕종)
安帝(德宗) (396~418)

11. 공제(덕문)
恭帝(德文) (418-420)

## 오호 십륙국 시대 왕조표(*— 십륙국 이외의 나라)

| 민족 | 왕조(존속한 햇수) | 창시자 | 수도 |
|---|---|---|---|
| 흉노(匈奴) | 한(漢) → 전조(前趙) (304~329) | 유연 | 좌국성 → 평양 → 장안 |
| | 하(夏) (407~431) | 혁련발발 | 통만성 |
| | 북량(北凉) (397~439) | 저거몽손 | 장액 → 고장 |
| 갈(羯) | 후조(後趙) (319~531) | 석록 | 양국 → 업 |
| 선비(鮮卑) | 전연(前燕) (307~370) | 모용황 | 극성 → 용성 → 계 → 업 |
| | 후연(後燕) (384~409) | 모용수 | 중산 → 용성 |
| | *서연(西燕) (384~394) | 모용충 | 장자 |
| | 남연(南燕) (398~410) | 모용덕 | 광고 |
| | 대(代) → 북위(北魏) (315~534) | 척발의로 | 성락 → 평성 → 낙양 |
| | 서진(西秦) (385~431) | 걸복국인 | 원천 → 금성 → 원천 |
| | | | 염천 → 낙도 → 서평 |
| | | | → 낙도 |
| 저(氐) | 전진(前秦) (351~394) | 부건 | 장안 |
| | 성(成) 한(漢) (304~347) | 이특 | 성도 |
| | 후량(後凉) (386~403) | 여광 | 고장 |
| 강(羌) | 후진(後秦) (384~417) | 요장 | 장안 |
| 한족(漢族) | 전량(前凉) (317~376) | 장궤 | 고장 |
| | *염(再) 위(魏) (350~352) | 염민 | 업 |
| | 서량(西凉) (400~421) | 이고 | 돈황 → 주천 |
| | 북연(北燕) (409~436) | 풍발 | 용성 |

# 5

남북조 시대

# 남북조 시대

유연

걸안

돌궐

영주

주천

평주

장액

운강

유주

무위

정주(중산)

박골률진

병주(중산)

토욕혼

기주

청주

북위

제주

연주

맥적산

서주

장안

낙향

황하

저

양주

옹주

남연주

남서주

건평

건강

익주(성도)

선성

파

영주

강주(심양)

회계

주제

송

상주(장사)

예장

운남

장가

난강

진안

영주(건녕)

영릉

장강

시건

광주(남해)

서강

월주(임장)

교주(교지)

## 남북조 시대

남북조의 시대 구분에는 동진 왕조가 성립한 때부터 수나라가 남북조를 통일하기까지의 시기를 가리키는 설과 동진 왕조가 멸망한 때부터 수나라가 천하를 통일하기까지를 가리키는 설이 있다. 이 책에서는 후자의 설에 따라 서술하였으며 문화의 소개는 편의상 육조 시대 (오·동진·송·제·양·진)에 포함시켜 서술하였다. 따라서 남조는 동진 왕조에 이어 강남 지방에 세워졌던 송(宋, 420~479), 제(齊, 479~502), 양(梁, 502~557), 진(陳, 557~589)의 4개 왕조를 말하고, 북조는 오호십육국의 혼란을 통일한(439) 북위(北魏, 386~534)를 비롯하여 동위(東魏, 534~550), 서위(西魏, 535~556), 북제(北齊, 550~577), 북주(北周, 556~581)의 다섯 왕조를 가리킨다.

연대적으로는 북위가 북부 중국을 통일한 439년부터 남조의 진이 수나라에 멸망되어 남북조로 갈라졌던 중국이 통일된 589년까지의 약 150년간을 가리킨다. 이 시대의 특징은 왕조의 교체가 빈번하여 사회 혼란이 극심하였다는 점이다.

남조의 지배 계급은 북부 중국에서 이주해온 귀족들로 전통 있는 문화 보호에 힘을 기울였고, 북조의 지배 계급은 강력한 무력을 바탕으로 한민족을 억압하는 정책을 폈다.

남조에서는 문학·예술이 크게 발달한 데 비하여 북조에서는 한문화의 섭취에 힘썼으나 특별히 발전된 것은 없었다.

남북조 모두 불교가 융성했다는 사실은 중국 역사상 주목할 만한 일이다. 특히 남조의 양무제는 즉위 초에는 명군으로서 백성들을 위한 정치를 폈으며 남조 시대 불교를 공전의 전성 시대로 만들어 '황제 보살'로 불려지기도 하였으나 만년에 이르러서는 부정 부패를 막지 못해 자신은 물론 국가까지 멸망시키는 결과를 가져왔다.

이 시대에는 중국 문화의 중심이 황하 유역으로부터 강남 지방(양자강 유역)으로 옮겨져 화려하고 정교한 육조 문화를 이룩하였다. 문학에는 전원시의 창시자이며 〈귀거래사〉, 〈도화원기〉로 유명한 도연명, 서예에는 서성 왕희지, 회화에는 화성 고개지 등의 명인이 배출되어 찬란한 문화의 꽃을 피웠다.

# 남북조의 성립

남조(南朝)는 동진에서 송(宋)으로, 송에서 제(齊)로, 제에서 양(梁)으로, 양에서 진(陳)으로 전해지고, 북조(北朝)는 십육국으로 분열되었던 여러 나라가 북위(北魏)에 병합되었다가 북위는 서위(西魏)·동위(東魏)로, 동위는 북제(北齊)로, 서위는 후주(後周)로, 후주는 북제를 병합했다가 수(隋)로 전해지고, 수는 다시 남조의 진을 병합함으로써 비로소 남북이 통일된 왕조를 세우게 되었다. 여기서는 먼저 남조의 역사를 일괄 서술하고 그 다음에 북조의 역사를 일괄 서술하기로 한다.

# 남조

### 송조(宋朝)의 성립

송조를 세운 고조 유유는 어렸을 때 이름을 기노(寄奴)라 불렸다. 그는 경구(京口, 지금의 강소성)의 가난한 집안에서 태어나 젊었을 때에는 농업과 어업에 종사하였다.

그 후 유유는 동진군의 북부군에 가담하여 유뢰지의 부하가 되었다가 동진의 반역자 초왕 환현을 토멸함으로써 비로소 동진의 정권을 한손에 쥐게 되었다. 그는 자신과 같은 미천한 신분으로 이렇다 할 공적도 없이 나라를 다스리기는 매우 어려울 것으로 생각하여 세상을 놀라게 할 만한 큰 공을 세워 위신을 드높일 야

망에 불타고 있었다. 그는 이 야망을 달성하기 위하여 친히 대군
을 거느리고 북벌을 개시하여 남연(南燕)을 공격하였다. 남연은
선비족이 세운 정권이었다.

남연의 수도 광고(廣固, 산동성)는 유유의 대군에 포위되어
함락 일보 직전에 있었다. 남연은 이웃 강국인 후진에 특사를 보
내 원군을 요청하였다. 후진은 강족이 세운 정권이었다.

남연으로부터 구원을 요청받은 후진의 군주 요흥(姚興)은 장
안에서 유유에게 사자를 보내 다음과 같이 엄포를 놓았다.

"우리 진(후진)나라는 연(남연)나라의 우방으로 연나라의 위
기를 방관할 수 없습니다. 이미 철기 10만이 장안을 출발하여 낙
양으로 향하였으니 만약 동진이 군사를 철수시키지 않으면 우리
군사와 동진의 군사 사이에 일대 전투가 벌어질 것입니다."

**남북조 시대의 촛대**

유유는 그 사자의 말이 끝나자마자 불끈 성을 내
면서 사자를 쫓아버렸다.

"돌아가 요흥에게 전하라! 나는 연나라를
멸망시키고 군사를 3년 휴식시킨 다음 낙양
과 장안을 탈환하려 하였다. 그러나 네 진
나라가 서둘러서 죽음을 재촉한다면
하는 수 없다. 빨리 공격해오라. 사
양하지 않겠다."

유유와 후진의 사자 사이에 오가는 말을
듣고 있던 유유의 모사 유목지(劉穆之)는 유유
의 공갈이 후진왕 요흥의 비위를 거슬러 후진과 남
연이 연합하여 공격하는 중대 사태가 벌어진다면
도저히 방어할 능력이 없지 않겠느냐며 걱정하였

유유 송나라 무제

다. 그러나 유유는 태연한 자세로 잘라 말하였다.

"군대란 신속을 제일로 여기는 것이 군략가의 상식이다. 만약 후진이 남연을 도울 생각이라면 벌써 군대를 출동시켰을 것이지, 이제야 천 리 먼 길에 일부러 사자를 보내는 따위의 바보 짓은 하지 않을 것이다. 후진왕 요흥은 허세를 부렸을 뿐이다. 아무 걱정할 것 없다."

유유의 판단은 정확하였다. 후진은 계속 병력의 출동을 주저하는 바람에 유유의 대군은 남연을 멸망시켰다(410).

그로부터 7년 후 유유는 재차 대군을 이끌고 후진을 공략하여 수도 장안에 입성하여 후진 왕실의 악기·제기·천체의·해시계·측량기록차·지남차 등을 실어 왔다. 항복한 후진왕 요흥도 건강에 압송하여 참수함으로써 후진은 멸망되고 말았다.

유유의 2차에 걸친 북벌이 모두 성공함으로써 동진의 북쪽 국경선은 회하·비수에서 황하의 남쪽까지 연장되어 1백년에 걸쳐 이민족에게 점령당했던 장안에는 다시 한족 왕조의 깃발이 나부끼게 되었다. 이 2차에 걸친 북벌 사이에 유유는 다시 형주·익주까지 출병하여 승리를 거두었다.

이로써 동진 왕조의 정령(政令)은 멀리 장강의 중류·상류 지대까지 미치게 되었다. 유유는 동진 왕조 탄생 이래 어떠한 권신·명장의 힘으로도 불가능했던 큰 공적을 세워 그의 명성이 널리 퍼졌다. 유유는 이 같은 명성을 배경으로 정적을 누르고 송왕(宋王)에 봉해졌다.

410년 동진 최후의 황제 공제는 유유 측근들의 협박에 의해
유유에게 천자의 자리를 선양한다는 조서를 내렸다. 마침내 유유
는 공제의 선양을 받아 제위에 오르고 나라 이름을 송(宋)이라 하
고 수도를 건강에 두었다. 역사상 이 나라를 유송(劉宋)이라고도
부른다.

호족 출신의 권신 · 명장, 이를 테면 왕돈, 환온, 환현 등의 무
리는 모두 사마씨의 임금 자리를 노렸으나 모두 실패하였다. 그러
나 사마씨의 임금 자리는 마침내 평민 출신의 무장 유유의 손에
넘어가고 말았다. 이것은 누구도 예상하지 못했던 일이었다.

그러나 이 같은 현상은 결코 우연한 일이 아니고 지배층 내부
에서 호족의 세력이 쇠퇴하고 그 대신 평민 출신의 세력이 대두했
음을 시사해주는 것이다. 물론 장기간에 걸쳐 형성된 호족의 거대
한 정치세력이 하루아침에 소멸된 것은 아니고 2세기의 오랜 역
사를 거치는 동안 점차 그 힘을 잃은 것이다.

**석조동물상**

유유는 재위 2년에 죽고 그 뒤를 이은
문제(文帝) 유의륭(劉義隆)은 비교적
현명한 군주로서 역사상 '원가(元嘉)의
치(治)'로 일컬어지는 선정을 베풀었으
나 그 밖의 군주들은 모두 폭군이었
다. 특히 유유의 증손, 즉 전폐제(前廢
帝)로 일컬어지는 유자업(劉子業)은
포학하기로 이름난 군주였다.

유자업은 16세에 즉위하자
마자 그의 조부의 동생 유의
공(劉義恭)과 유의공의 네

아들을 모두 죽였다. 유자업은 또 그의 동생들이 성장하면 임금의 자리를 넘보지나 않을까 두려워 어린 두 동생을 죽인 외에 그의 숙부 6명도 죽이려 하였다. 이처럼 유자업은 그의 친족을 모두 죽이려 하였기 때문에 궁정 안은 항시 전전긍긍하며 공포 분위기에 휩싸여 있었다.

유자업은 또 변태적인 정력가였다. 그를 시중드는 궁녀의 수는 헤아릴 수가 없었고 심지어는 갓 시집 온 숙모를 강제로 자신의 아내로 삼기도 하였다. 유자업의 핏줄이 그래서였는지 그의 누이 산음내친왕(山陰內親王) 또한 대단한 음란 여성이었다. 유자업은 누이의 욕구를 충족시켜 주기 위하여 36명의 남자 첩을 거느리게 하였으며, 그의 측근에게도 궁정 안의 여성을 마음대로 희롱하게 하였다.

이렇듯 포학의 한계점까지 치닫던 폭군 유자업도 급기야는

**둔전제** 위진 시대 묘실 벽화. 고대 군영의 정황을 그렸다. 당시 둔전제의 정경을 보여주고 있다. 둔전제란 군량 확보나 재원 확보를 위해 국가 주도 하에 관유지 등을 집단적으로 경작하는 제도이다.

그의 동생에게 목숨을 빼앗기고 말았다.

　　유송 왕조의 후반 30년은 한마디로 말해 폭군에 이은 폭군의 정치, 왕위를 차지하기 위해 피로써 피를 씻는 친족 간의 살육극으로 얼룩진 시대였다.

　　유유에게는 9명의 아들이 있었는데 이 가운데 제명대로 살다가 죽은 사람은 단 한 사람뿐이었다. 유유의 아들 유의륭의 아들 19명, 유유의 손자 유준의 아들 28명, 유목의 아들 12명의 대부분이 왕위싸움에 휘말려 죽임을 당하였다.

　　유송 왕조는 이러한 내분이 이어지는 동안 점차 쇠퇴해갔다. 유송 왕조가 멸망한 후 유유의 많은 자손들 가운데 그 전에 북위에 투항한 사람을 제외하고 남조에 있던 사람은 모두 죽임을 당하였다.

　　유송 왕조 일족의 살육은 중국 역사상 매우 드문 사실로서 당시 유행하던 민요에도 이 같은 비극의 역사가 담겨 있다.


　　저 멀리 우뚝 솟은 건강의 성
　　강물은 구불구불 굽이쳐 흐르는데
　　앞 굽이 바라보면 아비 죽일 자식의 형상이요
　　뒷 굽이 바라보니 형 죽일 아우의 형상이로다


## 제조의 성립

유유가 창시한 송나라는 479년에 멸망하고, 대신 제나라가 탄생하게 되었다.

　　제(齊)나라는 장군 소도성(蕭道成)이 세웠기 때문에 소제(蕭

제 고조

齊)라고도 부르며, 역사상으로는 남제(南齊)라 부른다.

소도성은 전한 건국의 원훈 공신 소하의 24세손이라 일컬어지는 인물이다. 처음에는 변방에 주둔하는 지방군의 하급 참모였는데 만만치 않은 수완가인 데다 침착하고 신중하여 자주 전공을 세움으로써 요직에 오르게 되었다. 송나라가 왕위 다툼을 벌여 친족 간에 살육극을 일삼고 있을 때 친위군의 실권을 장악한 그는 당시 네 실력자 중 한 사람으로 부상하였다.

유송의 마지막 황제로 후폐제(後廢帝)라 일컬어지는 유욱(劉昱)도 역시 폭군으로서 정치는 거들떠 보지도 않고 유흥과 난폭에 빠져 있었다.

어느 날 유욱이 갑자기 친위군의 병영에 모습을 나타냈다. 무더운 여름날이어서 소도성은 알몸으로 자고 있었다. 원래 소도성은 몸이 비대한 데다 배가 앞으로 불룩 튀어나온 올챙이배였다. 이 같은 소도성의 배를 본 황제 유욱은 호기심이 생겨 배꼽을 중심으로 둥글게 원을 그리고 그곳을 표적으로 삼아 화살을 쏘려 하였다. 잠에서 깨어난 소도성이 소스라치게 놀라 머리를 조아리며 용서를 빌었다. 주위 사람들도 소도성의 목숨을 구하려 하였다.

"소장군의 올챙이배를 표적으로 삼는 것은 매우 흥미있는 일이오나 진짜 화살로 쏘아 맞히면 생명을 잃게 되어, 단 한번의 놀이로 그칠 것이오니 진짜 화살 대신 뼈로 된 살촉을 단 화살로 쏘면 몇 번이고 즐기실 수 있을 것입니다."

이 말을 들은 폭군 유욱도 관심을 보이며 말하였다.

"응, 그것도 재미있겠군!"

그리고는 뼈의 살촉을 단 화살을 쏘아 소도성의 배꼽을 명중시키고 뽐내며 좋아하였다.

"중신들, 내 활솜씨가 어떻소!"

이런 일이 있은 후부터 소도성은 언젠가는 유욱에게 죽임을 당하지나 않을까 두려워 남몰래 그의 부장 왕경칙(王敬則)에게 명하여 황제의 호위가 유욱을 암살하도록 하였다.

어느 날 폭군 유욱은 또 야단법석을 떨었다.

"호위를 죽여버리겠다."

황제의 이 같은 행동은 소도성과 왕경칙의 계획을 알아차리고 있었기 때문이었는지도 모른다. 그날 밤 호위는 자고 있는 유욱의 머리를 잘라 왕경칙의 처소로 가져왔다. 왕경칙은 곧바로 그 머리를 소도성의 집으로 가져가 문을 두드렸으나 소도성은 혹시 유욱의 농간일지도 모른다는 의아심에서 문을 열지 않았다. 왕경칙은 하는 수 없이 유욱의 머리를 소도성의 집 뜰에 던져 버렸다. 소도성이 뜰로 나와 그 머리를 깨끗이 씻고 자세히 살펴보니 틀림없는 유욱의 머리였다. 소도성은 즉시 문을 열고 무장을 갖추어 군사를 거느리고 달려들어가 궁전을 점거하였다.

날이 밝자 소도성은 중신 회의를 열어 제위 계승 문제를 논의하였다. 황족의 실력자 유병(劉秉)과 호족의 실력자 원찬(袁粲)이 이것 저것 의아한 태도를 취하는 데 반하여 평소 신중하고 미소를 잃지 않았던 소도성은 이날 따라 평소와는 달리 눈을 부릅뜬 채 사람을 위압하는 무시무시한 태도로 회의에 임하였다. 소도성의 심복 왕경칙이 칼을 빼어들고 외쳐댔다.

"천하는 소씨의 것이다. 이의를 제기하는 자가 있으면 한칼에 목을 날려 버리겠다."

그리고는 소도성에게 곧바로 옥좌에 오르도록 권하였다.

"쇠뿔도 단김에 빼야 한다고 했습니다."

그러나 소도성은 군인 출신의 왕경칙과는 달라 어렸을 때 유학의 대가인 뇌차종(雷次宗)에게서 유학의 경전을 배워 봉건 왕조 교체의 역사를 익히 알고 있었다. 그래서 소도성은 선왕의 예에 따라 선양을 받는 형식으로 황제의 위에 오를 연극을 꾸미기로 하였다.

이 연극은 2년 가까이 계속되다가 마침내 479년 4월 최후의 1막이 연출되어 송조의 마지막 황제 순제(順帝)로부터 선양을 받아 제위에 오르니 이 이가 제나라의 고제(高帝)이다. 나라 이름을 제(齊)라 일컬었는데 역사상 남제(南齊)라 부른다. 이날 13세의 어린 황제 순제는 죽임을 당할까 두려워 궁전의 불전 깊숙한 곳에 몸을 숨겼으나 결국 발각되어 끌려

**도제 우마차**

나와 수레에 실려졌다. 어린 순제는 사색이 되어 왕경칙에게 애원하듯 말하였다.

"나를 죽이려오, 제발 살려주오."

"죽이지는 않습니다. 다른 궁전에 옮겨 사시게 할 뿐입니다. 당신의 조상이 사마씨의 천하를 빼앗을 때도 이러했습니다."

순제는 호송하는 수레에서 눈물을 흘리며 말하였다.

"내 자손들은 제발 제왕의 자손으로 태어나지 않았으면 !"

그러나 순제는 곧바로 죽임을 당하였다.

《자치통감》의 주석자 호삼성은 이 항목에 이르러 '이후부터 선양의 임금이 생명을 보전한 사람이 드물다.'라고 서술하였다.

후한의 헌제는 위의 조비에게 선양한 후 산양공에 봉해져 천수를 누렸고, 또 사마씨에게 선양한 위의 원제도 양위 후 40년 가까이 살아 천수를 누렸으나 남북조 시대에 들어서면서 송의 유유는 백치인 안제를 죽이고 사마 덕문을 공제로 세웠다가 선양받은 이듬해에 죽였고, 제의 소도성도 선양받은 후 어린 순제를 곧바로 죽여버렸다.

선양 후 천수를 누렸던 옛 역사를 돌이켜 볼 때 그 같은 선양이 목가(牧歌)처럼 느껴지기도 한다.

소도성은 즉위 후 자신의 왕위가 자자손손으로 이어져 만세까지 뻗어나갈 토대를 구축하는 데 전력을 기울였다. 그는 재위 3년에 죽었는데 임종 때 자손들을 불러 유언을 남겼다.

"나는 원래 서민의 집에서 태어나 황제가 되겠다는 생각은 꿈에도 해보지 않았다. 그러나 유송이 피로써 피를 씻는 내분으로 나라가 멸망하는 바람에 우리 제나라가 대신하게 되었던 것이다. 너희들은 송나라가 멸망한 역사를 교훈으로 삼아 형제간에 서로 화목하고 협조하지 않으면 안 될 것이다. 송나라의 역사를 되풀이하는 행위는 절대 해서는 안 되느니라."

그러나 역사는 이 서민 출신의 황제를 조소라도 하듯 엉뚱한 방향으로 전개되었다.

소도성이 죽고 태자 소적(蕭蹟)이 무제로서 제위에 올랐다. 무제의 태자 소장무(蕭長懋)는 무제보다 먼저 죽었기 때문에 그의 아들 소소업(蕭昭業)이 황태손으로 세워졌다. 그러나 소업, 소문(昭文) 두 어린 황제의 뒤를 이은 것은 무제의 사촌인 소란(蕭鸞)으로 이 이가 명제(明帝)이다.

남조 황실 내의 동족 살육극은 유송 때도 대단하였으나 남제의 명제 시대는 유송 때 이상으로 처참하였다. 무제에게는 일찍 죽은 태자 장무 외에도 17명의 아들이 있었고, 그의 형제가 12명, 그 밖에 여러 명의 손자가 있었다. 명제는 이들을 닥치는 대로 죽여버렸다. 그런데 이들을 죽이는 방법이 너무나도 위선적이었다.

명제는 이들을 죽이기에 앞서 향을 사르고 대성통곡하며 눈

**제조의 금 장신구**

물을 흘렸다. 그러면 형리들이 이들 황족들의 죄상을 고발하여 주살할 것을 주청하면 명제는 이를 윤허하지 않고 재차 주청한 다음에야 마지 못해 윤허하는 능청을 떨었다 하니 연극 치고는 너무나 어색하고 가증스러웠다.

이러한 위정자를 어떤 백성이 따르겠는가. 백성들의 마음은 이미 그의 곁을 떠난 지 오래였고, 게다가 황족이나 귀족이 지방 장관이나 지방 사단장에 부임하면 반드시 황제 직속의 감시역이 그림자처럼 따라다니게 되어 있어 귀족들로부터도 외면당하였다. 명제가 죽고 그 뒤를 이은 둘째 아들 소보권(蕭寶卷)은 명제보다 한 술 더 뜨는 극악무도한 인물이었다. 남제의 앞길은 암담하기만 하였다. 누가 하루라도 빨리 이 지긋지긋한 왕조를 무너뜨리느냐 하는 일만 남아 있을 뿐이었다.


## 양조의 성립

502년 옹주 자사(雍州刺史)로 있던 소연(蕭衍)은 군사를 이끌고 건강을 공략하여 황제 소보권을 죽이고 우선 소보권의 동생 소보융(蕭寶融)을 세워 그로부터 선양을 받아 제위에 오르고 나라 이름을 양(梁)이라 일컬으니 이 이가 양의 창시자 무제이다.

소연(464~549)은 난릉(蘭陵) 출신으로 자는 숙달(叔達)이었다. 그는 36세에 즉위하여 46년간 재위하여 86세에 죽었다. 어려서부터 독서를 좋아하여 손에서 책을 놓지 않았다. 경서·역사에 조예가 깊었고《군경강소(群經講疏)》,《통사(通史)》등을 저술하였으며 초서와 예서에 능한 서예가이기도 하였다.

양의 무제는 확실히 남조 유일의 명군으로서 찬란한 문화의

**양무제**

* 조식(粗食) : 검소한 음식

꽃을 피웠다. 역사를 읽다가 양의 무제 때에 이르면 숨이 트이고 안도의 한숨이 쉬어진다. 이것이 인간이 할 짓인가 하고 회의를 느낄 정도로 잔학 행위가 이어지다가 이때에 이르러서는 눈이 훤해지는 역사로 전개된다. 역사가들도 양무제에게 많은 찬사를 보내고 있다.우선 양무제는 정무에 열중하여 아무리 추운 겨울이라도 사경(四更, 새벽 2시)에 일어나 등잔불의 심지를 돋우며 서류를 결재하고 공무를 처리하느라 손발이 터졌다고 한다. 또 생활이 검소하여 하루 세 끼니의 식사가 모두 조식(粗食)*이었으며 이불은 2년, 모자는 3년을 썼다고 한다. 봉건 시대의 제왕으로서 이 같은 생활방식을 취했다는 것은 매우 보기 드문 일이었다.

그러나 아무리 명군이라도 재위 기간이 길면 마음이 해이해지고 정치가 문란해지는 모양이다. 양무제의 전기는 그렇듯 칭찬받는 정치였으나 만년에 이르러서는 차츰 정치를 게을리하고 불교에 귀의하여 하루 한 끼니의 식사로 그치고 술 · 고기 · 음악을 금하였다. 그는 또 무명옷을 입을 뿐 비단옷을 입지 않았다. 비단을 짤 때에는 많은 누에를 살상하지 않으면 안 되었기 때문이다. 이것은 살생을 금하는 부처님의 가르침을 배반하는 것이라 하여 비단옷을 입지 않았다.

무제는 노년기에 이르러 더욱 불심이 깊어져 어쩌다 범인을

소림사 초조암 하남 숭산 소림사의 초조암 은 달마대사의 면벽 수련을 위해 지어진 곳이다.

처형하게 되면 며칠 동안을 불쾌한 기분으로 지냈다고 한다. 그 후 양무제는 제위에서 물러나 불문에 귀의하겠다고 말하고 4차례나 건강 최대의 사원인 동태사(同泰寺)에 들어간 적이 있었다. 이 때마다 군신들이 당황하여 1억만 전(錢)이라는 막대한 돈으로 황제를 도로 사는 소동을 벌이기도 하였다. 이 때문에 양무제는 '황제 보살' 이라는 별명으로 불리기도 한다.

황제 보살은 여러 가지 일에 손을 댔지만 그중에서 손꼽히는 일은 사원·불탑을 세우고 불상을 만들어 남조 시대 불교를 공전의 전성 시대로 발전시킨 일이다.

건강은 동서남북이 각각 20킬로미터의 도시였는데 도시의 거리마다 사원이 줄을 이어 세워졌고, 누각·보탑(寶塔)이 여기저기 우뚝 솟아 일대 장관을 이루었다. 수도 건강 한 곳에 세워진 사원의 수만도 무려 500여 사이고, 승려 수가 10만 명을 넘었다고 한다.

중국 선종(禪宗)의 시조로 일컬어지는 달마 대사(達磨大師)가 인도에서 건너온 것도 무제 때의 일이다. 달마 대사는 양무제 보통 원년(520) 양무제와 만나 불교에 대해 문답을 나눈 후 북위의 낙양으로 가다가 숭산(嵩山)의 소림사(少林寺)로 들어갔다는 설이 있다.

황제 보살의 시정 가운데 또 하나 특기할 것은 손에 염주를 쥐고 몸에 가사를 걸치고 사원에 거주하는 지주는 물론, 황족이나 호족들 지배 계층의 축재를 눈감아 준 일이었다.

황제 보살의 여섯 번째 동생 임천왕 소굉

**달마도** 양자강을 건너는 노엽 달마도. 자신을 칭송해주길 바라는 양무제의 청을 무시해 군대에 쫓기자 갈대에 몸을 싣고 강을 건넜다는 설이 있다.

(蕭宏)은 매우 욕심쟁이로 재산을 모으기에 혈안이 되어 있었다. 그는 1백 간이나 되는 창고를 가지고 있었는데 그 가운데 30여 간에는 1간당 1천만 전이 들어 있어 총액 3억만 전이라는 어마어마한 돈을 소유했다. 그 밖의 다른 창고에는 옷감, 옷, 꿀, 납, 주사(朱砂) 등이 산더미처럼 쌓여있었다.

어느 날 황제 보살은 소굉의 집에 거동하여 창고를 구경하고 싶다고 말하였다. 소굉은 검소하기로 이름난 형이 금은보화로 가득 찬 창고를 보면 반드시 크게 노하여 엄한 처벌을 내리지 않을까 하여 전전긍긍하였다. 그러나 황제 보살은 성내기는커녕, 오히려 소굉을 칭찬하였다.

"응, 썩 잘하고 있군!"

황제 보살의 이 같은 정치는 일반 백성들의 뼈 속까지도 긁어내는 결과를 가져와 백성들을 크게 괴롭혔다. 백성들은 일할 힘을

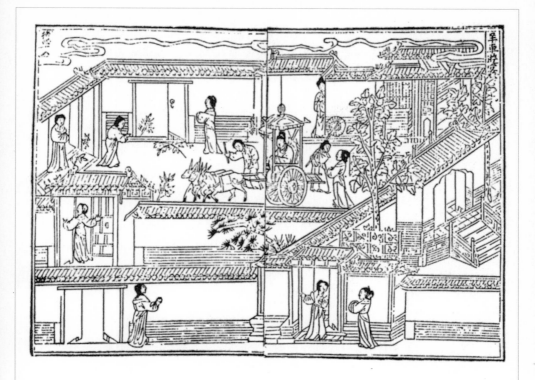

양거를 타고 노는 무
제 양이 끄는대로 궁
녀의 방을 찾아 노는
무제의 퇴폐상이 이민
족 봉기의 원인이 되
었다.

잃고 병사들은 싸울 의욕마저 잃어 군대를 모집할 때 고랑을 채우
거나 쇠사슬로 매어놓지 않으면 모두 도망치는 형편이었다.

　황제 보살의 노년에 이른 548년에는 후경(侯景)의 반란이 일
어났다.

　후경은 원래 북쪽 동위(東魏)의 장군으로서 547년 양나라에
투항한 자였다. 후경이 양나라에 투항한 동기는 동위의 고징(高
澄)과 하남 13주의 지배권을 놓고 다투고 있었는데 양나라에 항
복하면 후경을 하남왕에 봉하여 그대로 하남 13주의 지배권을 인
정한다는 조건이었다. 양나라에서는 싸우지 않고 하남 13주의 땅
을 얻을 수 있으므로 후경의 항복을 받아들이고 약속대로 후경
을 하남왕에 봉했다.

    그러나 동위에서는 후경의 배반 행위를 그대로 놓아두지 않았다. 마침내 후경 토벌군을 파견하기에 이르자 양무제도 그의 조카 소연명(蕭淵明)을 도독에 임명하여 후경 구원군을 파견하였다. 그러나 이 싸움은 양나라 군사의 패배로 막을 내렸다. 남조의 황금 시대를 구가하며 근 반세기 동안 안일과 평화에 젖어 있던 양나라 군사는 전쟁만을 일삼던 동위군과 마주치자 금세 통제를 잃고 뿔뿔이 흩어졌으며 도독 소연명은 포로의 신세가 되었다. 이때 후경은 재빨리 800명의 부하를 거느리고 목숨을 보전하여 수춘까지 도망쳐 왔다. 이때가 양무제 태평 원년(547)이었다.

    이듬해 포로가 되어 동위에 가 있던 소연명이 사자를 보내 다음과 같은 사실을 알려 왔다.

    "동위가 양나라에 국교 회복을 희망하고 있습니다."

    이에 양나라에서는 강화 사절을 동위에 파견하였다. 이 사실을 안 후경은 마음이 불안하였다. 강화 조건에 혹시 소연명과 자신을 교환하자는 조건이 포함되어 있을지도 모르는 일이다. 이렇게 걱정한 후경은 마침내 반란의 뜻을 굳히고 수양에서 군사를 일으켜 건강과 마주보는 장강 북쪽 언덕까지 진격하였다. 양나라 조정에서는 장강의 험준한 지세를 의지하여 모든 함선을 남쪽 언덕에 집결시키고 후경의 도하를 저지시키고 있었다.

    이런 상태에서 양무제의 조카 소정덕(蕭正德)이 양무제를 배반하고 후경측에 가담하여 배를 돌려 후경의 군사 8천 명과 군마 수백 마리를 장강 남쪽 언덕에 맞아들였다. 이렇게 하여 건강의 석두성이 후경의 수중으로 들어가고 궁전이 있는 대성(臺城)도 포위되었다. 당시 건강에는 4개의 성이 있었다. 대성은 궁전과 조정의 소재지이고, 그 서쪽의 석두성은 앞에는 강이 흐르고 뒤에는 험준한 산이 있어 수도 건강을 방어하는 천연의 요새였다. 대성 동쪽의 동부성(東府城)에는 재상과 정부 기관이 있었고, 나머지 서주성(西州城)은 양주의 지방 장관이 있는 곳이었다.

후경이 석두성을 점령했다는 소식을 들은 양무제는 크게 놀라 각지에서 2, 30만 명의 지원군을 모집하였다.

양무제의 아들 소릉왕 소륜(蕭綸)은 군사를 거느려 대성 밖에 주둔하고 대신 유진의 아들 유중례(柳仲禮)를 지원군 사령관에 임명하였다. 지원군의 병력은 후경군의 수십 배에 달하였고 군량 또한 풍부하였다.

그러나 웬일인지 유중례와 소륜은 후경군의 대성 포위를 그대로 방관할 뿐 군사를 한 명도 출동시키지 않았다. 이러한 유중례와 소륜의 속마음에는 그들 나름대로의 꿍꿍이가 있어서였다. 그들은 하루 빨리 후경군이 대성을 함락해 자신들이 황제의 자리를 차지할 경우 장애물이 되는 양무제를 죽여 주었으면 하는 속마음을 품고 있었다. 착각 치고는 너무 지나친 것이었다.

이런 궁지에 몰려 있던 당시 85세의 양무제는 대신 유진에게 물었다.

"유중례와 소륜이 꼼짝도 않고 있으니 무슨 일이오?"

유진은 어두운 표정을 지으면서 말꼬리를 흐렸다.

"폐하의 아들 소륜과 신의 자식 중례는 똑같이 불효 불충하와 도저히 후경군을 쳐서 이길 승산이 없는 듯하옵니다."

오직 양나라 장군 양간(羊侃) 한 사람이 고군분투하였으나 후경군은 대성을 포위한 지 130일 만에 대성을 함락하였다.

후경은 대성에 입성하여 무제를 만났다. 이때 무제는 86세의 노령이었으나 역시 황제로서의 관록이 있었다. 후경은 땀을 줄줄

《통감양기(統鑑梁紀)》
양조에서는 현학(玄學)
이 왕성했다.

흘리며 감히 무제를 바라보지도 못했다.

"경은 어느 고을 사람이기에 감히 여기까지 왔는가. 그대의 처자는 아직도 북쪽에 있을 테지?"

무제가 이렇게 물었건만 후경은 감히 대답을 못하였다. 임약(任約)이라는 자가 후경의 곁에 있다가 대신 대답하였다.

"처자는 모두 고씨에게 죽임을 당하였고 신 혼자만이 폐하에게 돌아왔습니다."

문답은 또 이어졌다.

"처음 강을 건널 땐 몇 명이었나?"

"1천 명 정도였습니다."

후경은 이때서야 비로소 자신의 말로 대답할 수 있었다.

"대성을 포위한 건 몇 명이었나?"

"19만 명이었습니다."

"지금은 몇 명이나 되는가?"

"온 나라 안의 백성 모두입니다."

후경의 대답이 이에 미치자 양무제는 힘없이 고개를 떨어뜨리고 입을 다물어 버렸다.

그 후 양무제는 유폐당하여 음식마저 제대로 공급받지 못하고 울분하여 병이 들었다. 그는 입맛이 써 꿀물을 요구하였으나 이것마저 거절당하자 두 차례나 "괘씸한 놈"이라고 목멘 소리를 내다가 얼마 후 죽었다. 양무제는 죽음을 앞두고 자신을 조소라도 하듯 혼잣말을 했다.

"자업자득이로군, 새삼스럽게 무슨 할 말이 있단 말인가!"

황제는 "무슨 할 말이 있겠는가." 하고 죽어갔지만 이 싸움은 강남 백성들에게 크나큰 재난을 안겨 주었다.

풍요를 자랑하던 강남의 땅에도 인가에서는 연기가 사라지고 시체가 산더미처럼 쌓였다. 300여 년에 걸쳐 다섯 왕조의 수도였던 역사의 도시 건강에는 28만 호가 즐비하게 들어서 번화함을 자랑했건만 건강이 함락되던 날 주민의 7, 8할이 죽었다고 한다. 500여 개의 사원도 형적도 없이 파괴되었다.

물론 이 같은 재난을 안겨준 장본인은 후경이었지만 47년간 남조를 지배했던 양무제도 그 책임을 면할 수는 없는 것이다.

종교마저도 지배자의 탐욕과 잔인한 마음을 구원하지 못하였고, 그렇게 해서 부패한 정치가 마침내 양왕조의 멸망을 가져왔다고 할 수 있을 것이다.


## 진조의 성립

양무제가 죽자 황태자 소강(蕭綱)이 그 뒤를 이으니 이 이가 간문제(簡文帝)이다. 그러나 후경이 스스로 황제가 되어 나라 이름을 한(漢)이라 칭하니 간문제는 이름만의 황제일 뿐 실권은 후경의 손으로 넘어갔다.

황제가 된 후경의 정치는 잔인함의 한계를 넘어선 무시무시할 정도였다. 그는 자신에게 반대하는 남조의 백성들을 체포하면 석두성에 설치한 커다란 맷돌로 쳐서 죽였다. 그리고 자신의 위신을 천하에 과시하기 위하여 성을 공략해오는 자는 한 사람도 남김없이 모두 죽여없애라는 엄명을 내렸다.

후경군이 광릉(廣陵, 강소성 양주시)을 공략했을 때는 광릉의

**진선제** 무제인 진패선의 아들이며 문제의 아우. 조카를 폐하고 왕위에 올랐다.

성주 조호(祖皓)를 차열형(車裂刑)에 처하는 잔학한 방법으로 죽였다. 그리고 광릉의 주민들은 남녀노소를 막론하고 하반신을 땅에 묻었으며 그 주위를 후경의 병사들이 말을 타고 돌아다니면서 화살을 쏘았다. 후경군은 이들이 처참하게 죽어가는 모습을 구경하며 즐겼다.

이 같은 잔학 행위는 강남 백성들의 반항심을 격앙시키고야 말았다. 지방에 있던 양나라의 관리나 장군들, 그리고 호족들이 모두 군사를 일으켰다.

이렇듯 수많은 반란군 가운데서 특히 강력했던 것은 형주의 왕승변군(王僧辯軍)과 영남(嶺南, 광동, 광서 지방)의 진패선군(陳覇先軍)이었다.

진패선은 고요(高要, 광동성 조경시)의 태수로 있었는데 군사를 거느리고 시흥(始興, 광동성 소관시)을 출발하여 대유령을 넘어 공수(贛水)를 따라 진격하였다. 공수 연안의 백성들은 앞을 다투어 진패선군에 가담하거나 식량을 보내 격려하는 바람에 그의 병력은 순식간에 눈덩이처럼 불어났다. 진패선군은 분성(湓城, 강서성 구강시)에서 왕승변군과 합류하였다.

당시 왕승변의 형주군은 군량이 부족하여 군사들이 동요하고 있었다. 진패선은 자신이 가지고 있는 50만 석의 군량 가운데서 30만 석을 형주군에 보내주니 형주군의 사기는 하늘을 찌를 듯하였다. 이렇게 해서 진·왕 양군은 힘을 합하여 후경군을 대파하고 건강을 공략하였다.

후경은 그의 가족과 측근 수십 명과 함께 배를 타고 바다로 도망치려 하였다. 그런데 배가 작아서 일행 전원이 탈 수 없게 되자 후경은 그의 두 자식을 강 속에 밀어 떨어뜨리고 강을 내려왔다. 배가 바다에 접근하자 후경은 마음이 놓여서였는지 코를 골면서 녹아 떨어졌다. 그러자 그의 측근들은 뱃머리를 경구(京口)로 돌렸다.

배가 경구 가까이 이르렀을 때 후경은 갑자기 눈을 뜨고 당황하는 표정을 지었다. 측근들은 후경에게 이렇게 말했다.

"오랫동안 땀을 흘리며 당신을 섬겨 왔지만 아무런 소득이 없었다. 그래서 지금 당신의 목을 갖고 왕승변·진패선에게 가서 약간의 수당을 받을까 한다."

측근들은 후경이 반항할 틈조차 주지 않고 죽였다. 후경의 시체는 건강으로 보내져 효수되었다.

후경을 마음속으로부터 증오했던 강남의 백성과 관리들은 다투어 후경의 시체 곁으로 다가와 그의 고기를 씹어 먹었다. 뼈를 태워버리자 늦게 도착한 자들은 타다 남은 뼈를 술에 넣어 술잔을 돌리며 취하도록 흠뻑 마셔 그들의 한을 풀었다고 한다. 이것이 양의 원제 승성(承聖) 원년(552) 4월의 일이었고, 간문제는 이미 후경에게 죽임을 당한 뒤의 일이었다.

후경을 토멸하고 건강을 탈환한 공로자는 왕승변군과 진패선군이었다. 이에 양의 원제는 왕승변을 태위에 임명하여 석두성을 지키게 하고 진패선을 사공에 임명하여 경구로 파견하였다. 이 두 사람은 그 후에도 친교를 맺어 그의 자녀들끼리 혼인할 정도로 사이가 좋았다.

양의 원제가 죽고 왕·진 두사람은 겨우 13세인 원제의 아홉째 아들 진안왕 소방지(蕭方知)를 황제로 옹립하고 경제(敬帝)라 칭하였다.

진패선은 한족이었으나 왕승변은 원래 선비족 출신으로 성이 오환씨(烏桓氏)였다. 왕·진 두사람이 어린 황제 경제를 보좌하고 있을 때 북방의 선비족 왕조인 북제(北齊)가 군사를 동원하여 남쪽을 침공하였다. 그리고 사자를 왕승변에게 보내 다음과 같이 말하였다.

"양왕조는 지금 다사다난한데다 황제가 어리기 때문에 어떤 문제가 일어날지 모릅니다. 나이 많은 소연명을 황제로 옹립하는 것이 어떻겠습니까. 소연명은 황제로서 적임자입니다. 만약 소연명이 황제의 자리에 오르게 된다면 제나라는 곧바로 군사를 철수함은 물론 두 나라가 길이 사이 좋게 지낼 수 있을 것입니다."

뽕따기와 수렵 감숙성 고분군 묘벽에서 선명한 색채의 화상벽돌이 발견되었다. 벽돌 하나하나에는 여러 가지 생산 노동에 종사하고 있는 사람들이 묘사되어 있다.

소연명은 양무제의 조카로 8년 전에 양나라와 제나라(8년 전에는 동위였음)가 후경의 문제로 싸움을 벌였을 때 포로가 된 사람이었다. 북제가 포로로 잡고 있는 사람을 남조의 황제로 추천해온 그들의 저의는 무엇이었을까? 그것은 너무나도 뻔한 일이다.

왕승변은 진패선의 강력한 반대에도 불구하고 소연명을 건강으로 맞아들여 황제로 삼고 대신 경제는 황태자로 격하시켰다. 이렇게 해서 한족의 양왕조는 선비족의 북제가 요구한 조건대로 황제를 교체함으로써 사실상 북제에 대하여 한족이 투항하는 결과를 가져오고 말았다.

왕승변의 이 같은 독단적인 처사는 강남 백성들의 강한 반발을 불러일으켰다.

진패선은 부하 장군에게 이렇게 말하였다.

"나와 왕승변은 똑같이 양나라의 대신이거늘 왕승변이 저렇게 이민족에게 아첨하는 까닭이 무엇일까?"

　　기회를 노리고 있던 어느 날 진패선은 극비리에 경구에서 진격하여 건강에 들어가 왕승변을 죽이고, 소연명을 폐하는 한편 다시 소방지를 황제로 옹립하였다.

　　이 같은 정보를 입수한 북제는 다시 대군을 출동시켜 종산(鐘山, 남경시 동부 자금산)까지 공략해왔다. 그러자 왕승변의 잔류 부대도 이들과 합류하여 반기를 들었다. 진패선은 진두에 서서 이같은 어려운 상황을 극복하고 북제군과 왕승변의 잔류 부대를 진압하였다.

　　연일의 호우로 대홍수가 일어나 양군의 전투는 교착 상태에 빠지고 설상가상으로 진패선군은 군량마저 부족하여 사기가 떨어져가고 있었다. 그러나 강남의 백성들은 어떻게든 한족의 나라를 지켜야겠다는 결의에 차 있었다. 그들은 연잎에 밥과 오리고기를 싸 진패선군에 공급하여 장병들을 격려하였다. 이러한 남조 백성들의 강한 지원에 힘입어 진패선군은 분발하여 마침내 대승을 거두었다.

　　북제군은 도처에서 패배하여 북쪽으로 패주하고 왕승변의 잔류부대도 깨끗이 소탕되었다.

　　이렇게 해서 진패선은 강남 백성들의 기대에 보답하여 선비족에게 유린당할 뻔한 남조를 구출하고 한족의 독립과 자주 정권

**관인** 북방 민족은 위와 진에 조공을 바치고 관직을 받았다. 도장들은 이들의 관직을 표시하는 관인이다.

을 지키게 되었다.

557년 진패선은 양의 경제로부터 선양을 받아 제위에 오르고 나라 이름을 진(陳)이라 하고 무제라 칭하였다. 진의 무제는 재위 3년에 죽고 문제·선제가 그 뒤를 이었다.

진왕조는 남조 가운데 가장 작은 나라로 그 세력 범위는 장강의 중류·하류 일대에 불과하였으나 나중에 광주(廣州)·계주(桂州)를 합쳐 어느 정도 세력 범위를 넓혔다.

선제가 죽고 그의 아들 진숙보(陳叔寶)가 즉위하니 이 이가 진왕조의 마지막 황제 후주(後主)이다. 후주는 태자 시절부터 술에 빠져 있었다. 제위에 오르자 얼마 안 되어 임춘(臨春)·결기(結綺)·망선(望仙)의 세 각을 세웠다. 그 높이가 모두 수십 장(丈)에 수십 간이나 되었으며 침수향(沈水香)·매단향(梅檀香)이라는 항목으로 지었기 때문에 향기가 코를 찔렀다. 그 위에 금·진주·비취 등으로 장식하고 보옥으로 꾸민 주렴과 의복, 기구 등을 사용하여 근세에 보기 드문 호화와 사치를 누렸다. 또 각의 아래에는 돌을 쌓아 산을 만들고, 물을 끌어들여 연못을 조성하여 각종 기화요초를 심었다. 그리고 노래를 부르고 춤추며 군신이 함께 어울어져 세월 가는 줄을 몰랐다.

이렇게 진의 후주가 사치와 유흥에 빠져 있을 무렵 북조의 북주(北周)를 멸망시킨 수(隋)의 문제(文帝) 양견(楊堅)은 진왕(晉王) 양광(楊廣)을 원수로 삼아 군

**진후주** 진나라의 마지막 황제

대를 이끌고 진을 공략하도록 하였다.

후주는 수나라 군사가 공격해왔다는 보고를 받고도 여전히 풍악을 울리고 술을 마셔대며 놀이를 계속하고 있었다.

"천자의 운수가 나에게 있거늘 수나라가 무엇을 어쩌겠다는 말인가?"

수나라 군사는 곧장 주작문으로 쳐들어갔다. 적군이 궁중에 침입했다는 소식을 듣고서야 후주는 두 총희와 함께 경양전(景陽殿)의 옛 우물에 들어가 숨었다. 이를 발견한 수나라 군사가 우물 뚜껑을 열어젖히고 돌을 떨어뜨리려 하자 후주는 애원하였다.

"제발 살려주오."

이에 수나라 군사는 밧줄을 우물 안에 던져 후주·장여화·공귀빈을 함께 묶어 우물 밖으로 꺼내어 생포하였다. 이로써 진나라는 나라를 세운 지 22년 만에 멸망하였다.

## 북조

### 북위의 흥망

선비족의 탁발규가 오호십육국 시대의 마지막 왕조 북량(北凉)을 멸망시키고 중국 북부를 통일했다는 이야기는 앞서 언급하였다. 북위의 창시자 탁발규가 죽고 그로부터 6대째에 문제(文帝)가 즉위하였다. 문제는 어려서부터 총명하고 침착하였다. 세 살 때 황태자가 되었으며 네 살 때는 아버지의 종기 고름을 자신의 입으로 빨 정도로 효성이 지극하였다.

그가 다섯 살 때 아버지 헌문제로부터 제위를 물려받자, 그의 조모 문명 황후가 태황 태후로서 섭정하게 되었는데 태황 태후는 정권욕이 강한 여류 정치가였다. 그녀는 젊어서 미망인이 되었는데 사람들로부터 비난받는 행동을 많이 하였다.

태황 태후는 헌문제의 존재가 자신에게 불리하다고 생각하여 헌문제가 23세 되던 해에 독살하였다. 그뿐 아니라 어린 문제의 존재마저도 거추장스럽게 여겨 살해할 기회만 엿보고 있었다.

그녀는 어느 추운 겨울날 어린 문제에게 얇은 홑옷만을 입혀 방안에 가두고 3일씩이나 굶긴 일이 있는가 하면 터무니없는 참소의 말을 믿고 심한 매질까지 한 일도 있었다.

그러나 태황 태후는 선정을 베푼 일면도 있었다. 그가 정무를 보살피고 있을 때 문제의 명의로 봉록제(俸祿制), 삼장제(三長制), 균전령(均田令) 등을 제정한 것을 그 일례로 들 수 있다.

이 같은 제도의 실행은 북위의 지배권을 강화함은 물론 사회의 발전을 꾀하고 역사의 전진에 기여하는 것이라 하겠다.

490년 태황 태후가 죽고 문제의 친정이 시작되었다. 태황 태후는 문제에게 큰 기대를 걸지 않았으나 문제는 태황 태후의 착실한 손자로서 조모의 개혁 정치를 이어받아 왕조의 통치력을 크게

**성악 고성 유적** 북위 중요 근거지였던 성악 고성 유적

강화하였다.

그러나 혁신을 추진하는 데는 반드시 이를 제지하려는 반대 세력이 있게 마련이었다. 개혁과 반개혁의 싸움은 우선 천도(遷都) 문제를 둘러싸고 격렬하게 전개되었다.

문제는 천도를 희망하고 있었으나 수십 년 전부터 천도에 대한 제안이 여러 차례 귀족과 고관들의 반대에 부딪쳐 묵살되었다는 사실을 잘 알고 있었다. 그래서 이번의 천도는 극비리에 결행하기로 하였다.

문제는 신하들을 모아 회의를 열고 대군을 출동시켜 남쪽을 원정하겠다고 발표하였다. 임성왕 탁발징(拓跋澄)을 비롯한 문무백관들은 이에 강력히 반대하였다. 그러자 문제는 크게 노하였다.

"이 나라는 짐의 것이오. 임성왕이라 하더라도 짐이 군사를 출동시키는 일을 막는 것은 용서하지 않겠소."

탁발징은 이에 반박하여 말하였다.

"이 나라는 폐하의 것이지만 저도 이 나라의 대신입니다. 군사를 출동시키는 것이 나라를 위태롭게 한다는 것을 뻔히 알면서도 가만히 있을 수는 없습니다."

회의가 끝난 후 문제는 탁발징을 비밀리에 궁중으로 불러 비밀 회담을 갖고 이번 원정이 노리는 속셈을 털어놓았다.

"우리들 선비족은 몽골 사막 남쪽에서 평성(平城)에 걸쳐 살고 있소. 평성은 확실히 군마를 조달하고 군사들을 집결 배치하여 싸움을 벌이기에는 적합한 곳이라 할 수 있습니다. 그러나 문화의 중심지로는 적합하지 않을 뿐더러 강남과 대치하여 북방을 굳게 지키고 안정된 정치를 행하자면 중원의 힘을 빌리지 않고서는 불가능한 실정이므로 낙양으로 도읍을 옮기는 것이 상책이라 생각

운강 석굴 중국에서 가장 큰 석굴 사원으로, 높이 약 17미터의 서방 양식의 대불이 있다.

하오. 짐은 남방을 원정한다는 명목으로 낙양으로 천도할 생각인데 대신의 의견은 어떻소?"

이 말을 들은 탁발징은 문제의 의견에 동의하여 천도를 지지하게 되었다.

493년 문제는 친히 보병·기병 30만 명의 대군을 거느리고 황하를 건너 낙양에 진주했다. 때마침 가을이어서 가을비가 끊이지 않고 내려 문무백관들의 기분도 가을비처럼 어둡고 을씨년스러웠다. 모두들 "황제는 정말 원정을 감행할 작정인가?"하고 한편으로 의아해하고 한편으로 근심하고 있었다.

선비족이 이렇게 남방의 원정을 두려워하고 있는 이유는 43년 전 40만 명의 대군을 출동시켜 의기 양양하게 남방 원정에 나섰다가 수백 명의 군사에게 참패당한 일이 있었기 때문이었다.

그해 9월의 어느 날 군복으로 갈아입은 문제는 말에 올라 삼군에게 출격 명령을 내렸다. 문무백관들은 모두 문제의 말 앞에 엎드려 머리를 땅에 대고 남방 원정 계획의 취소를 호소하였다. 문제는 얼굴을 붉히고 성을 내면서 호령하였다.

"짐이 천하를 통일하려는데 너희들은 여러 차례 짐의 대계를 저지하였다. 이 이상 반대하는 자가 있으면 그 죄를 묻겠다."

그리고는 말에 채찍을 가하여 출발할 태세를 취했다. 이때 탁발휴(拓跋休)라는 선비족의 귀족이 또한 문제 앞에 엎드려 눈물을 흘리면서 원정 계획을 취소할 것을 호소하였다. 탁발휴의 호소를 듣는 문제의 얼굴빛이 차츰 누그러지기 시작했다. 이윽고 문제는 부드러운 어조로 다음과 같이 힘주어 말하였다.

"이번의 원정은 군신 상하가 모두 노력하여 진행해온 일이오. 그런데 아무런 성과가 없다면 곤란하오. 원정을 취소하려 한다면 이번 기회에 천도라도 할 생각인데 이에 대한 대신들의 의견을 듣고 싶소. 찬성하는 자는 왼쪽에, 반대하는 자는 오른쪽에 서시오."

수십 년 전부터 문무백관은 모두 천도를 반대해왔으나, 남방으로 원정하느냐, 천도하느냐 하는 두 문제를 비교할 때 천도하는

**북위의 묘들**

쪽이 훨씬 낫다고 생각하여 모두 왼쪽에 가서 섰다. 이렇게 해서 대군은 그대로 낙양에 머무르고 문제가 천도를 위해 연출했던 연극은 성공리에 막을 내리게 되었다.

천도 후 선비족의 대귀족 목태(穆泰)·육예(陸叡)는 평성에 또 하나의 정권을 세워 낙양의 조정에 대항하려 하였다. 황태자 탁발순(拓跋恂)도 이들 구세력의 사주를 받아 낙양에서 평성으로 도망쳐 반란에 가담하였다.

그러나 역사적 조건은 지금까지의 상황과는 달리 크게 변하여 혁신 세력의 인심이 뿌리를 깊이 내리고 있었기 때문에 구세력의 반란은 실패로 끝나고 황태자 탁발순은 폐위됨과 동시에 자결하라는 처분이 내려졌다.

문제의 천도로 평성에서 낙양에 이주한 사람은 1백만 명에 달하였으며, 이 사람들을 '대천호(代遷戶)'라 불렀다. 그 뜻은 대도(代都)*에서 이주해온 사람들이라는 뜻이다.

* 대도(代都) : 산동성 대동시 일대로 북위 왕조의 발상지

문제의 개혁령에 따라 이들 대천호는 모두 낙양적(洛陽籍)에 입적되었으며 죽은 후는 낙양 북쪽 북망산에 묻히게 되었다. 또 대천호는 모두 선비족의 옷을 벗어 버리고 한족의 옷을 입을 것, 선비족의 언어를 사용하지 말고 낙양의 언어를 배울 것, 선비족의 성을 한족의 성으로 바꿀 것 등 법령이 제정, 공포되었다.

황실에서도 탁발이라는 성을 버리고 원(元)으로 고쳤다. 문제는 또 선비족의 귀족과 한족의 귀족 간의 혼인을 권장하여 솔선수범하는 뜻으로 한족의 최(崔)·노(盧)·정(鄭)·왕(王)씨 등 네 가문의 딸을 후비로 삼고, 5명의 동생들에게도 정처로서 한족 호족의 딸과 혼인시켰다. 한편 황녀를 한족 호족에게 시집보내 노씨 일가에만도 세 사람의 황녀가 출가하게 되었다.

문제는 여러 방면에 걸쳐 착실히 개혁을 실행시켜 나갔다. 어느 날 문제는 낙양 거리에서 선비족의 옷차림을 한 부인이 수레에 타고 있는 모습을 보고, 이 일을 회의에 상정시켜 회의석상에서 임성왕 탁발징을 개혁 실현의 책임자로서 감독이 불충분하다고 크게 꾸짖었다. 그러자 탁발징이 변명하였다.

"그런 일은 극소수에 불과합니다."

문제는 탁발징을 호되게 나무랐다.

"선비족 모두가 선비족의 옷차림을 하고 있을 때 비로소 감독이 불충분하다고 말해야 되겠소."

그리고는 기록관에게 이 사실을 기록하도록 명하였다.

문제의 개혁은 선비족의 한족화가 그 핵심이었으나 한족화의 실질은 봉건화에 있었다. 북위의 지배력은 그의 봉건화가 진행됨에 따라 보다 안전하고 견고하게 다져졌다.

야만족의 정복자는 그가 정복한 민족보다 고도한 문명에 정복당하는 것이 역사의 상식이다. 중국의 역사에서도 몇 차례 민족 대융합이 있었다.

만약 황제(黃帝)의 시대를 제1차로 본다면, 춘추·전국 500년은 제2차, 그리고 위진 남북조(魏晋南北朝)의 근 400년은 제3차 민족의 대융합이라고 할 수 있을 것이다. 흉노·갈·저·강·선비·모용씨 등은 한걸음 앞서 이 같은 역사의 과정을 밟았고, 선비족의 탁발씨는 얼마쯤 늦었다고 하겠지만 역시 이 같은 역사의 방향에 따라 전진하지 않으면 안 될 운명에 처했던 것이다.

499년 33세의 문제는 남방 원정에 나섰다가 병이 들어 귀국 도중에 죽었다.

## 동위와 북제

문제가 죽고 2, 30년이 지나자 북위의 정치는 점점 부패해졌고 북방 여러 민족의 반란이 잇따라 일어났다.

치열한 전투 끝에 반란은 평정되었으나 북위 왕조는 점점 쇠퇴해 마침내 한족 출신 고환(高歡)에게 지배당하는 결과를 가져왔다. 고환은 북부 변경 지방의 선비족 군인의 힘을 배경으로 이름을 떨친 인물이었다.

북위의 마지막 황제 무제는 고환의 모욕을 견디다 못해 장안으로 도망쳐 관서 대도독 우문태(宇文泰)에게 몸을 의탁하고 그를 대승상에 임명하였다. 고환은 무제를 체포하려고 추격하였으나 따라잡지 못하였다. 결국 청하왕의 세자 선견(善見)을 세워 황제로 삼고 나라 이름을 여전히 위라 칭하였다. 역사에서는 이 나라를 동위(東魏, 534~550)라 부른다. 이로써 북위는 초대 황제 도무제로부터 12대 149년 동안 이어오다가 이때에 이르러 동위·서위(西魏)로 갈라지게 되었다.

장안으로 도망쳐 우문태에게 의탁했던 무제는 반년이 지나자 우문태와 불화가 생겼다. 우문태는 무제를 독살하고(534) 남양왕 보거(寶炬)를 황제로 세우고 나라 이름을 위라 칭하였는데 역사상 이 나라를 서위(535~

동위의 여자 인형

동위의 불상

556)라 부른다.

이렇게 해서 통일되었던 북위가 동위와 서위로 분열되고 두 황제가 동서로 대치하였으나 두 황제는 사실상 허수아비에 지나지 않았으며 유폐된 죄인과 다를 바가 없었다.

동위의 정제 선견은 어느 날 울적한 기분을 풀기 위하여 말이라도 탈 생각으로 말이 있는 곳으로 다가갔으나 그 순간 감시역으로 있는 관리가 달려와 꾸짖었다.

"천자께서는 말을 타시면 아니됩니다. 대장군께서 크게 노할 것 입니다."

또 어느 날은 고환의 아들 고징(高澄)과 술을 마시다가 무의식 중에 자신을 짐(朕)이라고 말하자 고징이 크게 노하였다.

"짐, 짐이라고, 네가 말하는 짐 따위는 개도 먹지 않는다."

그리고는 주위 사람들로 하여금 황제를 구타하게 하였다. 정

북제의 호위병

제는 이 같은 무례를 책망하기는커녕 오히려 구타한 자에게 머리를 숙이고 비단 100필을 보냈다고 한다.

550년 고환의 또 다른 아들 고양(高洋)은 이 '개도 먹지 않는 짐'을 폐하고 스스로 황제의 자리에 오르고 나라 이름을 제(齊)로 고쳤다. 역사상 이를 북제(北齊, 550~581)라 부른다.

한편 우문태의 아들 우문각(宇文覺)도 556년 서위의 황제를 폐하고 장안에서 황제의 자리에 오르고 나라 이름을 주(周)로 고쳤다. 역사상 이 나라를 북주(北周, 556~581)라 부른다. 이렇게 해서 북위의 명목상의 지배도 종말을 고하게 되었다.


## 북제와 북주

북제와 북주는 황하를 사이에 두고 대치하고 있었다. 처음에는 황하 서쪽에 있는 북주가 북제보다 열세에 놓였다.

혹시 얼음이 얼어붙은 황하를 북제군이 건너 공격해오지 않을까 두려워해서 해마다 북주의 병사들은 황하의 얼음판을 깨어 북제군의 도하를 저지하였다. 그러나 얼마 후 북주의 세력이 점점 강성해지자 이번에는 반대로 북제군이 황하의 얼음판을 깨어 북주군의 도하를 저지하게 되었다.

이 같은 사실은 북제·북주 양국의 힘의 변화를 단적으로 보여주는 것이라 하겠다. 북주의 병사들이 얼음판을 깨는 것을 바라보고만 있던 북제가 얼음판을 깨지 않으면 안 될 입장으로 바뀐 원인은 여러 가지 있겠으나 북제가 한족의 선비족화 정책을 취한 것도 그 주요 원인의 하나로 지적될 수 있다.

북제의 창시자 고환은 선비족화한 한족으로 그의 부하도 대부분 북방 변경지대의 비한족화한 선비족이었다. 선비족의 군인은 난폭하였지만 전투에는 용감하였기 때문에 고환은 이러한 선비족 군인의 힘을 배경으로 정권을 유지하고 있었다.

고환의 부하에는 한족을 비롯하여 여러 민족이 있었기 때문에 고환은 민족 문제에 많은 신경을 썼다. 그는 선비족 앞에서는 자신은 선비족이라 하여 선비족의 언어를 사용하고, 한족 앞에서는 또 한족 출신이라 하여 한족의 언어를 사용하였다.

북제의 초창기 고환의 아들 고양이 즉위했을 당시 100여 명의 장군·대신 가운데 선비족과 선비족화한 한족이 8, 90명에 이르렀고, 한족 출신 관리는 요직에 있는 자가 거의 없었다.

어느 날 고양은 한족 관리인 두필(杜弼)에게 물었다.

"나라를 잘 다스리려면 어떤 사람을 등용하는 것이 좋겠소?"

두필은 자기 소신대로 다음과 같이 대답하였다.

"선비족은 말과 수레를 다루는 데만 익숙할 뿐입니다. 나라를 다스리는 데는 역시 한족을 등용해야 할 것입니다."

고양은 두필의 말이 한족을 선비족화하려는 자신의 정책과 일치하지 않는다 하여 두필을 멀리 하였고 급기야는 두필을 죽이고 말았다. 고양은 자신의 아들 고은(高殷)마저도 한족화의 영향을 받은 한족의 성격을 가졌다 하여 황태자가 된 후에도 폐위된 황자처럼 대우하였다.

그러나 이 같은 정책의 강행으로 북제는 강대해졌어야 할 터인데도 불구하고 그의 정치적 기반은 점점 약화되어 국세는 나날이 쇠퇴해 갔다. 황하의 얼음판을 건너가 북주의 공격을 제지했던 일도 한낱 옛 일로 기억될 순간이 다가오고 있었다. 북제는 결국 자기보다 훨씬 약했던 북주에게 멸망당하고 말았다.

우문태가 죽은 후 그의 아들 우문각이 서위를 멸망시키고 북주를 세웠다는 이야기는 앞에서 언급했다. 560년 우문각의 넷째 아들 우문옹(字文邕)이 황제가 되니 이 이가 주의 무제이다.

무제는 선비족의 구습에서 탈피하여 한족 문화의 장점을 받아들인 봉건 왕조의 위대한 황제였다. 그는 국정면에서 많은 성과를 올렸지만 그중에서도 특기할 일은 노비의 석방, 불교의 폐지, '형서요제(刑書要制)'의 제정이었다.

우선 노비의 해방 문제로서 선비족 귀족들은 봉건 시대에 들어와서도 그들 본래의 야만적 습관을 그대로 답습하는 사례가 많았다. 예컨대 전쟁에서 생포한 자를 노비로 부리는 것이 하나인데, 북위 시대 이래 200년 동안 전쟁에서 생포되어 노비가 된 사람이 수없이 많아 커다란 사회 문제로 대두되고 있었다.

우문태의 시대에도 이러한 습관이 그대로 이어져 한 번의 싸움에서 수천, 수만 명에 이르는 사람들이 생포되어 노비의 신세가 되었다. 무제는 조서를 내려 이같이 지적하였다.

* 잡호(雜戶) : 노비보다는 높고 평민보다는 낮은 지위

"옛 제도에서도 아버지가 죄를 범했을 경우 그의 자식까지 연좌되는 법은 없다. 그런데 지금은 아버지가 노비였을 경우 그의 아들 손자까지도 노비로 삼고 있는 실정이다. 이 같은 일은 옛 제도에도 위배될 뿐 아니라 법이라고 할 수 없다."

**북제의 백옥 불상**

그리고 모든 노비와 잡호(雜戶)*를 석방하도록 거듭 명령하였다. 이로써 위진(魏晉)이래 수백 년 동안 골치를 앓았던 노예제 문제는 근본적으로 해결되었다.

다음은 불교 폐지 문제이다. 남북조 시대는 전란과 천재가 잇따라 몰아닥친 시기로 백성들은 생활고에 시달려 무엇인가에 의지하려는 감정이 고조되어 불교를 믿는 자들이 많았다. 때문에 도처에 사원이 즐비하게 세워지고 승려들이 거리를 메워 국고의 재정과 병력의 자원 문제에 커다란 위협이 되고 있었다.

577년 무제는 업성(鄴城, 하북성 임장현)에 승려 500명을 모아놓고 불교 폐지를 발표하였다. 당시의 고승 혜승 법사는 이에 대하여 다음과 같이 위협하였다.

"불교 폐지를 제창하는 사람은 죽어서 지옥에 떨어져 많은 고통을 받을 것입니다."

무제도 지지 않고 응수하였다.

"백성들의 생활만 편안해진다면 나 한 사람 지옥에 떨어지는 일쯤은 개의치 않겠소."

마침내 무제는 불교 폐지를 단행하여 4만 개가 넘는 사원과 그에 따른 토지가 모두 왕공(王公)의 소유로 돌아가고 300만 명에 가까운 승려가 환속함으로써 생산의 증가에 크게 기여하였다.

**북제의 불상 머리**

다음은 '형서요제'를 제정한 일이다. 이것은 무제가 법에 의해 나라를 다스린다는 중요 문서로써 본질적으로는 백성들을 억압하는 내용이었으나 조항 가운데는 호족이나 부정 관료에 대한 형벌 규정도 있어 범법자에 대하여는 신분의 귀천을 가리지 않고 평등하게 다스린다는 형평 사상이 나타나 있었다.

이 같은 무제의 선정으로 중국 북부는 차츰 강대해지고 북부의 각 소수 민족도 강대한 봉건적 정치와 경제를 토대로 서로 융합하여 공동 문화를 형성하게 되었다.

무제는 웅대한 지략의 소유자로서 577년 북제를 멸망시킨 후 북쪽으로는 돌궐(突厥)을 멸망시키고 남쪽으로는 장강을 사이에 두고 대치하고 있는 남조의 진을 평정하여 천하를 통일할 꿈과 야망에 불타고 있었다.

돌궐은 흉노 · 선비에 이어 몽골 고원에서 유목 생활을 하고 있는 강대한 민족이었다. 578년 무제는 친히 오로(五路)의 대군을 거느리고 돌궐 정벌에 나섰으나 도중에 병사하였다. 그때 그의 나이 36세로 그는 천하통일의 꿈을 실현시키지 못한 채 죽었다. 그가 죽은 4년 후 북주의 토대가 무너져 한족 양견(楊堅)*이 북주를 무너뜨리고 수나라를 세우기에 이르렀다.

* 양견(楊堅) : 수의 창시자

**북주의 무제**

양견은 홍농 화음(섬서성) 출신으로 아버지 양충(楊忠)은 서위와 북주의 요직에 있던 자였다. 서위 시대에는 12대 장군 가운데 한 사람으로 이름을 떨친 바 있으며 북주 때에 수국공(隋國公)에 봉해진 인물이었다. 양충이 죽자 그의 아들 양견이 아버지의 작위를 이어 수국공이 되었으며 그의 딸은 무제의 아들 선제(宣帝)의 황후가 되었다. 선제가 죽고 8세의 어린 황제 정제가 즉위하자 양견은 태후의 아버지로서 정권을 장악하게 되었다.

양견이 태어났을 때 이상한 일이 있었다. 양견의 집 곁에 여승당이 있었는데 양견이 태어나자 이 여승당의 한 비구니가 곧바로 양견을 안고 여승당으로 돌아가 그곳에서 길렀다. 어느 날 비구니가 외출하게 되어 양견의 생모에게 그를 안겨 주었다. 양견을 안은 그의 생모는 소스라치게 놀랐다. 아들의 머리에는 뿔이 나 있었고 살갗에는 용의 비늘이 더덕더덕 나 있는 것이 아닌가. 소스라치게 놀라는 순간 그녀는 그만 양견을 땅에 떨어뜨리고 말았다. 이때 외출해 있던 비구니의 가슴이 갑자기 두근거려 급히 돌아와 보니 마침 양견이 땅에 떨어진 채 울고 있었다. 이 모양을 본 비구니는 안타까워했다.

"우리 아이를 놀라게 했기 때문에 천하를 차지할 시기를 지연시키고 말았구나!"

양견은 성장함에 따라 그의 인상(人相)도 차츰 범인과 달라져 가고 있었다. 어느 날 북주의 관상가 한 사람이 무제에게 이렇

328

이야기 중국사 · 2

게 말했다.

"양견에게는 모반인의 상이 있사오니 조심하셔야 합니다."

이 소문을 들은 양견은 자신의 재능을 깊이 감춰 위기를 모면하였다.

태후의 아버지로서 북주의 정권을 장악하게 된 양견이 북주를 대신하여 수나라를 세우는 일은 마치 물이 아래로 흐르듯 별다른 장애를 받지 않았다.

한족이 별다른 장애를 받지 않고 선비족의 북주를 대신하여 새로운 정권을 세웠다는 것은 선비족의 한족화가 상당한 단계에 도달했음을 시사해 주는 것이기도 하다.

양견은 수나라를 창건한 후 정력적으로 정치에 임했다.

한편 남조의 진왕조에서는 진의 마지막 황제 진숙보가 밤낮으로 주색과 유흥에 빠져 패망을 재촉하고 있었다.

국가의 장래를 우려한 대신 장화(章華)는 다음과 같은 요지의 상소를 올렸다.

"폐하께서는 황제의 자리에 오른 지 이미 5년이 되었건만 선조 창업의 고통을 잊으시고 주색에 빠져 전혀 정사를 외면하고 계십니다. 조상을 제사 지내는 중대 의식에는 한 번도 모습을 나타내지 않으시고 여자 고르는 일에는 반드시 얼굴을 보이시니 이럴 수는 없습니다. 충직한 신하는 조정을 멀리하고 간사한 무리가 조정에 들끓고 있습니다. 만약 폐하께서 이를 시정하지 않으시면 강남의 국토는 황폐해지고 말 것입니다."

진숙보는 이 상소문을 보고도 회개하기는커녕 오히려 장화의 목을 베었다.

588년 수의 문제 양견은 진숙보의 20가지 죄목을 열거하여 이를 30만 부 인쇄하여 강남 지방에 뿌리고 50만 대군을 출동시켜 진을 토멸하라는 명령을 내렸다.

장강을 수비하고 있는 진군으로부터 수나라 군사가 공격해왔다는 보고가 들어오자 진왕조의 중신들은 모두 당황하고 놀랐으나 진숙보는 아무렇지도 않은 듯 말하였다.

"진왕조가 멸망할 까닭이 없다. 북제가 세 차례, 북주도 두 차례나 공격해왔지만 모두 실패하고 도망치지 않았던가?"

측근의 한 사람인 공범(孔範)이 맞장구를 쳤다.

"그렇습니다. 장강의 요새를 수나라 군사가 날아 건너 오기라도 할 수 있단 말입니까? 신은 지위가 낮은 것이 한이었습니다. 만약 수나라 군사가 장강을 건너온다면 신에게는 공을 세울 수 있는 절호의 기회입니다. 맹세코 이 기회는 놓치지 않을 작정입니다."

진숙보 등이 이렇게 꿈에 취해 있을 때 수나라 군사는 장강을 건너 주작문을 통하여 궁전에 들이닥쳤다. 사태가 이에 이르자 진숙보도 당황하여 두 총희와 함께 우물 안으로 숨었다가 생포되고 말았다.

589년 진숙보는 장안으로 압송되고 남조 최후의 왕조 진왕조는 그 막을 내렸다.

남조의 수도였던 건강은 역사상 금릉(金陵)이라고 불리며 손권의 오나라, 동진, 송, 제, 양, 진의 여섯 왕조가 이곳에 수도를 두었기 때문에 육조의 고도라고도 불린다.

이로써 건강은 진왕조의 멸망과 함께 봉건 왕조의 수도로서의 역사적 발자취를 남겼고, 1세기 반에 걸친 남북조 분열의 격동적 국면도 수왕조의 천하통일과 함께 종말을 고하게 되었다.

# 육조* 시대의 문화

* 육조* : 후한 멸망 이후 수의 통일까지 건업(지금의 남경)에 도읍한 오·동진·송·제·양·진의 시대를 가리킴

## 서성 왕희지

왕희지(王羲之, 321~379)의 자는 일소(逸少)이고 낭야 임기(산동성) 태생이었는데 강남으로 이주해 살았다. 그는 선인들이 이룩한 성과를 바탕으로 독특한 서법을 연구·창조함으로써 서예에 새바람을 불러일으켜 '서성(書聖)'이라 불리고 있다.

글씨를 처음 배울 때 그의 글씨는 또래와 비교하여 다소 뒤떨어지는 편이었다. 그러나 글씨에 열중하는 각고면려(刻苦勉勵)의 태도는 누구도 따를 수가 없었다.

왕희지는 글씨에 열중할 때는 그야말로 삼매경에 흠뻑 빠져들어갔다. 다른 학문을 공부할 때, 식사할 때, 길을 거닐 때, 하루 24시간 내내 글씨체의 대소, 구조, 운필(運筆)에 대하여 머리 속으로 생각하고 또 생각하면서 손으로 옷이나 방바닥에 쓰는 시늉을 하는 바람에 옷이란 옷은 모두 달아서 너덜너덜해졌다.

어느 날 식사하는 것마저 잊고 글씨에 몰두하고 있어 가족이 밥상을 차려들고 서재로 가 보았다. 그런데 서재에서는 희한한 일이 벌어지고 있었다. 왕희지는 글씨에 정신이 팔렸음인지 자신의 옷자락을 먹에 묻혀 먹으면서 "맛있다, 맛있다."는 말을 되풀이하면서 기뻐하는 것이었다. 이 모양을 바라보던 가족도 한동안 멍하니 정신을 잃고 있다가 밥상을 가지고 왔음을 의식했을 무렵에는 왕희지의 입안은 온통 먹투성이가 되어 있었건만 왕희지는 전혀 그것을 의식하지 못하고 있었다는 것이다.

왕희지는 곧잘 연못 가에서 글씨를 쓰고 연못의 물로 벼루를

왕희지

씻었는데 얼마 후에는 그 연못의 물이 온통 검게 흐려져 그 연못을 '묵지(墨池)'라 부르게 되었다.

왕희지는 이러한 끈질기고 꾸준한 정신으로 수십 년 간의 노고 끝에 마침내 서예의 오묘한 도를 터득하여 서예계의 정상에 올랐다.

조야의 모든 사람들은 왕희지의 글씨를 '묵보(墨寶)'라 하여 소중히 여겼다.

왕희지는 어느 날 회계 산음서 부채를 파는 노파를 만났다. 대나무로 만든 부채가 너무 허술하였기 때문에 부채를 사는 사람이 한 사람도 없었다. 왕희지는 그 부채에 각각 6자씩 써넣었다. 그러자 노파는 부채를 망쳐놓았다고 투덜거리는 것이었다.

왕희지는 그 노파에게 말하였다.

"이 부채에는 왕희지의 친필이 씌어졌기 때문에 1백 전(錢) 이하로는 절대 팔지 않겠노라고 말씀하십시오."

1백 전이라면 당시 시가의 몇 갑절에 해당하는 금액이었으나 왕희지의 친필이 담겨진 부채라는 사실이 알려지자 순식간에 다 팔려버렸다.

며칠 후 노파는 또 왕희지에게 글씨를 부탁하였다. 그러나 왕희지는 빙그레 웃기만 할 뿐 아무 말도 하지 않았다. 왕희지는 이미 장강 이남에서는 명사로 알려졌을 뿐 아니라 그의 글씨 또한 당대에서조차 구하기가 어렵게 되었기 때문이었다.

산음 땅의 어떤 도사는 왕희지의 글씨를 좋아하는 열렬한 애

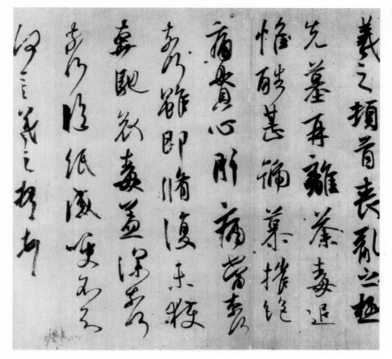

왕희지의 〈상란첩〉

호가였으나 그 글씨를 손에 넣기가 어떻게나 어려웠던지 우선 한 쌍의 흰 거위를 기르기 시작하였다. 왕희지가 흰 거위를 몹시 좋아한다는 소문이 있었기 때문이었다.

일찍이 회계 땅에 의지할 곳 없는 어느 노파가 흰 거위를 기르고 있었는데 그 거위의 울음 소리가 얼마나 좋았던지 소문이 자자하였다. 왕희지가 제자로 하여금 그 거위를 사려 하였으나 노파는 팔지 않겠다며 거절하였다. 왕희지는 그 거위를 가지지는 못할망정 한번 구경이라도 해야 직성이 풀릴 것만 같았다. 그는 친척과 벗들을 데리고 부랴부랴 노파의 집을 찾아갔다.

노파는 왕희지가 친히 찾아왔다는 말을 듣고 크게 당황하였다. 자기 집을 찾아온 명사를 어떻게 대접해야 할지 몰라 쩔쩔매었다. 집안을 샅샅이 뒤졌으나 아무것도 대접할 것이 없었으므로 할 수 없이 거위를 잡아 대접하기로 하였다. 왕희지는 한번 구경삼아 찾아왔을 뿐인데 문제의 거위가 냄비 속에서 요리로 둔갑하고 있다는 사실을 알고는 크게 실망하여 며칠을 두고 애석해했다고 한다.

산음 땅의 어느 도사가 기르는 거위는 그 색깔이 희고 살집도 좋았다. 이 소문을 들은 왕희지는 배를 타고 도사의 집을 찾아가 그 거위를 흥정하였다.

도사가 말하였다.

"이렇게 훌륭한 거위를 팔 생각은 추호도 없습니다. 선물로 드리겠습니다. 그 대신 《도덕경(道德經)》을 베껴 주셨으면 합니다만."

거위를 몹시 좋아했던 왕희지는 대뜸 승낙하고 흔연히 붓을 들어 즉석에서 도덕경을 베껴 주고 거위를 얻어가지고 돌아왔다는 이야기도 있다.

이런 일이 있은 후부터 왕희지의 글씨를 '거위와 바꾼 글씨다.' 라는 이야기가 생겼다.

왕희지의 글씨는 수없이 남아 후세에 전하고 있지만 그중에서도 가장 유명한 것은 《난정서(蘭亭序)》이다. 난정은 회계 산음에 있는 유서 깊은 명소로 산수가 아름답고 대나무 숲이 유명하였다. 특히 난정 부근에는 거울 같은 시냇물이 흘러 예로부터 시인 묵객들의 발길이 끊이지 않았다.

구력 3월 3일은 이 지방 고유의 명절이었다. 353년 3월 3일 왕희지는 사안(謝安)* 등 41명의 명사들을 난정에 초대하여 술잔

* 사안(謝安) : 그 뒤 비수의 대전에서 동진의 군사(軍師)가 됨

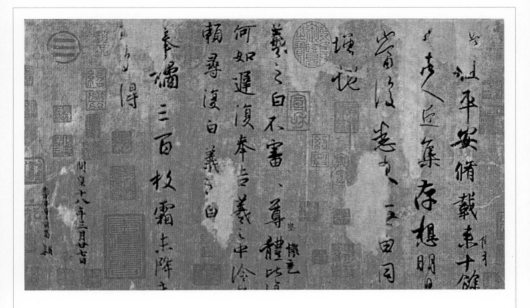

을 주고 받으며 시를 짓는 향연을 벌였다.

　술잔에 술을 가득 부어 시냇물 상류에서 술잔을 띄워 내려 보
내면 각기 냇가의 돌 위에 걸터앉아 술잔이 흘러내려오기를 기다
리다가 술잔이 자기 앞에 닿으면 즉흥시 한 수를 짓고 만약 시를
짓지 못하면 벌주로 세 잔의 술을 연거푸 마시기로 하였다.

　그날 따라 시냇물은 더욱 맑아 보였다. 술잔이 하나 둘 띄워
져 시냇물을 따라 내려왔다. 술잔이 와 닿기를 기다리던 명사들은
술잔이 자기 앞에 이르자 그 술을 단숨에 들이키곤 이내 시 한 수
를 지어 일필휘지(一筆揮之)하였다. 모두가 당세의 명사들이었
기 때문에 벌주를 마신 사람은 한 사람도 없었다. 40여 편의 시가
한꺼번에 완성되었다.

　이 40여 편의 시를 한 책에 모으고 왕희지가 서문을 썼기 때
문에 이것을《난정서》또는《난정집서(蘭亭集序)》,《임하서(臨河
序)》,《계서(禊序)》라고도 한다. 이 서문은 28행 324자로 이루어

**〈평안하여봉귤삼첩〉**
평안첩, 하여첩, 봉귤
첩의 세 첩이 같은 종
이에 쓰여 있는 왕희
지의 서

져 있는데 산뜻하고 매끈한 흘림체로 되어 있고 자체가 유려하여 중국 행서(行書)의 절품(絶品)으로 꼽히고 있다.

후세에 이르러 당태종 이세민(李世民)이 왕희지의 글씨에 매료되어 왕희지의 후손으로부터 《난정서》의 필첩(筆帖)을 얻고는 크게 기뻐하여 소중히 간직하였다. 또 서예가 조모(趙模), 풍승소(馮承素) 등으로 하여금 난정서를 여러 책 베끼게 하여 친족과 측근들에게 하사하였다.

태종은 일생동안 《난정서》를 매우 소중히 여겨 여러 차례 제사(題詞)*를 쓰고, 또 사후에는 부장품으로 하였다. 애석하게도 그 후 태종의 능이 도굴되는 바람에 《난정서》 진필은 유실되고 말았다.

* 제사(題詞) : 책머리에 그 책에 관련되는 일을 적은 글

왕희지의 행서의 대표적 작품은 이렇게 유실되었지만, 태종의 생존시 왕희지의 글씨를 베끼는 일이 활발히 추진되었다. 그 결과 장강 이남에서 이름을 떨치던 왕희지의 글씨는 전국적으로 유명해졌다. 그 후 1천여 년에 걸쳐 왕희지의 글씨는 서체(書體)의 정통(正統)으로서 중국 서예계에 많은 영향을 끼쳤다.

고대의 글씨는 주로 종이와 비단에 씌어졌기 때문에 천 수백 년 동안 보존하기가 어려웠으나 청나라 건륭(乾隆, 1662~1795) 시대에 이르러 동진 때의 왕희지, 그의 아들 왕헌지(王獻之), 왕순(王恂)의 필첩이 발견되었다.

왕희지 묘

왕희지의 필첩은 〈쾌설시청첩(快雪時晴帖)〉, 왕헌지의

필첩은 〈중추첩(中秋帖)〉, 왕순의 필첩은 〈백원첩(伯遠帖)〉이라 불렸다. 이 세 필첩은 희대의 진품으로 지정되어 내부(內府)에 특별 전시실을 설치하고 보존하였으며, 그 전시실을 '삼희당(三希堂)'이라 명명하였다.

현재 절강성 소흥현에 있는 난정은 관광의 명소로 관광객의 발길이 끊이지 않고 있으며, 난정 곁을 흐르는 시냇물과 묵지 연못의 물에는 지금도 그 옛날의 서성 왕희지의 체취가 담겨 있는 듯 관광객들의 발길을 멈추게 하고 있다.

## 화가 고개지

고개지(顧愷之, 약 345~406)의 자는 장강(長康)이고 아명(兒名)은 후두(虎頭)라 했다. 강소성 무석 사람으로 장강 이남의 명문 출신이었다. 어려서부터 총명하고 다재다능하여 시가(詩歌)에 능하고 글씨도 잘 썼으며 특히 회화에 뛰어났다.

고개지가 살아 있을 당시 육조 시대(위 · 진 · 남북조 시대)의 지배적인 미학 사상은 주로 '형사성(形似性)'을 추구하는 것이었으나 고개지의 회화는 이와는 다른 '박진성(迫眞性)'을 특징으로 하고 있었다. 그의 회화 이론도 '형(形)으로써 박진성을 표현한다.'는 논점에서 중국 회화사에 커다란 발자취를 남겼다. 고개지의 회화에 얽힌 다음과 같은 이야기가 전한다.

어느 날 고개지는 다른 사람의 부채에 혜강과 완적 두 사람의 인물화를 그렸는데 두 사람 모두 점정(點睛)*을 하지 않은 채 그 부채를 주인에게 돌려주었다. 부채의 주인이 물었다.

"왜 점정을 하지 않았소?"

* 점정(點睛) : 사람이나 짐승을 그릴 때 맨 나중에 눈동자 찍는 일

고개지는 익살스럽게 대답하였다.

"점정을 해서는 안 되지요. 점정을 하면 그림 속의 사람이 말을 하게 될 터이니까요."

이처럼 그는 인물화를 그릴 때 점정을 하지 않는 것이 보통이었다. 몇 해를 두고도 점정을 하지 않은 채 팽개쳐두는 일까지 있었다.

이번에는 점정을 한 이야기를 해보자.

동진의 수도 건강에 와관사(瓦官寺)가 신축되어 낙성을 축하하는 법회(法會)가 열렸다. 당시의 명사들을 절로 초청하여 축하하는 뜻으로 종을 치게 하고 또 금품을 거둬 절의 경비에 충당하는 것이 당시 관행이었다.

당시 일반 관리나 명사들은 고작 10만 전 정도 시주를 하는 것이 보통이었으나 고개지는 시주 명단에 1백만 전을 기부하겠노라고 써넣었다. 가난한 고개지가 어디서 그 많은 돈을 구할 것인가 하고 사람들은 모두 놀랐다. 그 후 와관사 주지가 기부금을 받으러 오자 고개지가 말하였다.

**육조 시대의 유물**

"절 가운데에 흰 벽 한 쪽만 마련해주십시오. 나에게는 한 가지 묘안이 있소이다."

스님은 고개지의 말대로 시행하였다.

고개지는 흰 벽에 유마힐상(維摩詰像)을

〈여사잠도(女史箴圖)〉
혜제의 비인 가씨 일
족의 지나친 세도를
염려해 궁정 여인의
직책을 경계한 그림책

그리기 시작하였다. 유마힐은 산스크리트 말로 청청 무구(淸淨無
垢)라는 뜻인데 사속여래(舍粟如來)라고도 불리는 유명한 보살
이었다.

화상이 완성되고 마지막 점정할 무렵이 되어서야 고개지는
비로소 주지를 찾아가 말하였다.

"내일 유마힐상에 점정할까 합니다. 주지께서는 신도 여러분
에게 점정하는 모습을 구경하러 오시도록 말씀하여 주셨으면 합
니다. 첫 날에 오는 분은 10만 전, 다음날에 오는 분은 그 반액, 사
흘째 오는 분은 임의대로 시주하면 되겠습니다."

이 소문을 들은 신도들은 다음날 와관사로 몰려들었다. 고개
지는 유마힐상 앞에 서서 잠시 동안 묵상하여 정신을 집중시킨 다
음 정중히 점정하였다. 그 순간 유마힐상은 마치 되살아난 듯 그

**〈낙신부도(洛神賦圖)〉**
산수인물화. 젊은 선
비 조식이 낙수의 선
녀 복비와 사랑에 빠
졌다가 결국 헤어진다
는 내용의 그림

의 자비스러운 눈으로 법당 안을 훤히 비쳐주었다. 몰려든 구경꾼
들은 너도 나도 모두 앞을 다투어 전대의 끈을 풀어 시주하는 것
이었다. 이렇게 해서 삽시간에 수백만 전에 달하는 기부금을 모을
수 있게 되었다.

　고개지는 많은 작품을 남겼다. 당·송(唐宋)의 사료에 기록
되어 있는 작품만도 70여 종에 이르고 있고 회화에 관한 저술도 3
편이나 있다. 현재 전하는 작품으로는 〈여사잠도(女史箴圖)〉, 〈낙
신부도(洛神賦圖)〉, 〈열녀도(烈女圖)〉의 세 작품뿐인데 감정 결
과 이 작품들은 당·송 때의 대가가 모사한 작품으로 평가되고 있
지만 지금까지도 사람들을 매료시키는 기품을 잃지 않고 있다.

　고개지는 회화 예술면에서 다재다능한 인물이었다. 뛰어난
서예가, 시인을 각각 '서성', '시성'이라 부르는 것과 같이 고개
지는 중국 고대의 화성(畵聖)이라 일컬어지고 있다. 확실히 고개
지는 위대한 화가였다.

## 전원 시인 도연명

도연명(陶淵明, 365~427)의 이름은 잠(潛)이고, 연명은 그의 자이다. 심양 시상(강서성 구강) 태생으로 그의 증조부 도간(陶侃)은 동진의 원훈 공신이었고, 그 후 대대로 고관을 지낸 명문이었으나 그가 청년 시절에 이르러 가세가 기울기 시작하였다.

도연명은 어려서부터 큰 뜻을 품고 학업에 열중하여 제세(濟世)*의 대업을 성취시켜 보려는 이상에 불타고 있었으며 한편으로는 세속의 속박을 받지 않는 자연을 몹시 사랑하였다.

\* 제세(濟世) : 세상을 구제함

29세 때 좨주(祭酒)가 되어 벼슬길에 오르고 손은의 난 때는 참군(參軍)을 지냈다. 관직에 있는 동안 그는 관료계의 갖가지 모순과 지배 계급 내부에서 되풀이되는 권력 투쟁을 체험하면서 차츰 회의에 빠졌다.

**도연명**

그는 이 같은 암흑의 현실과 제세의 대업을 펼치려는 자신의 이상과의 모순을 실감하였다. 도연명은 이 같은 세상에서 자신의 이상을 실현시키는 것은 불가능한 일이라 생각하고 세 번 관직에 올랐다가 세 번 사임하였다. 41세 때 가족은 많은 데다 식량마저 떨어지는 경제적 핍박에 못 이겨 호구지책으로 본의 아니게 팽택 현령 (彭澤縣令)의 관직에 올랐다.

취임 후 얼마 안 되어 그는 자신의 본의와 상반되는 행위를 하고 괴로워하는 것이 굶주림과 추위를 견디지 못하여 괴로워하는 것보다 훨씬 견디기 어렵다는 사실을

남북조 시대

341

* 독우(督郵) : 현의
행정을 감독하는 군의
관리

뼈저리게 느꼈다. 그는 관전(官田)의 타작이 끝나는 것을 보고는
관직에서 물러날 결심을 하였다.

때마침 상급 관청에서 정무를 시찰하기 위하여 독우(督郵)*가
파견되어 내려왔다. 현의 관리들은 도연명에게 권하였다.

"의관을 갖추고 정중히 나가 맞이해야 합니다."

그러나 도연명은 관료계의 이 같은 번거로움이 못마땅했을
뿐 아니라 더구나 상급자에게 아첨하는 일은 더더욱 싫어했기 때
문에 분연히 말하였다.

"다섯 말의 쌀 때문에 허리를 굽히면서까지 향리의 소인들과
함께 벼슬살이를 하는 따위 일은 도저히 할 수 없다."

그리고 그는 귀거래사(歸去來辭)를 읊고 곧바로 관직을 사
임하고 의연히 향리로 돌아갔다. 이때도 겨우 80일간 재직했을 뿐
이었다.

도연명은 벼슬길이란 마치 '새장에 갇히는 새'와 같은 것이
고 벼슬을 그만두고 향리로 돌아가는 것은 마치 새가 수풀로 돌아
가고 물고기가 깊은 연못으로 돌아가는 것과 같다고 생각하였다.

향리로 돌아온 도연명은 희희 낙락 술잔을 기울이며 유유자
적하는 생활을 보냈다. 그 후부터 도연명은 어떠한 일이 있어도
벼슬길에는 나가지 않겠다고 결심하였다. 어느 해 단도제(檀道
濟)가 강주 자사로 취임한 후 얼마 안 되어 도연명을 찾아왔다.

그때 도연명은 가난한 데다 병까지 들어 며칠 동안 식사도 들
지 못하는 형편이었다. 단도제는 도연명에게 다음과 같은 충고의
말을 하였다.

"옛 선현들은 세상이 어두워지면 향리로 돌아가고, 세상이
밝아지면 벼슬길에 올라 제민(濟民)의 대업을 성취하였습니다.

지금은 바야흐로 밝은 세상이거늘 선생께서는 어찌 숨어지내고 벼슬길에 나가려 하지 않습니까?"

도연명은 다만 이렇게 대답하여 단도제의 권유를 정중히 거절하였다.

"제가 감히 어떻게 선현들과 비교될 수 있겠습니까. 훨씬 미치지 못할 뿐입니다."

단도제는 떠날 때 식량과 고기를 선물하려 하였으나 도연명은 군이 사양하고 받으려 하지 않았다.

도연명이 벼슬에서 물러나 향리로 돌아온 초기의 시나 문장에는 유유자적하고 경쾌한 심경을 토로한 작품이 많지만 훨씬 뒤의 작품에서는 깊은 사색에 빠진 작품들이 많이 눈에 띈다.

> 울 밑의 국화 한 송이를 꺾어 들고
> 느긋이 남산을 바라본다.
> 採菊東籬下 悠然見南山

이 시는 도연명의 귀향 초기 작품으로 유유자적하는 심정이 담긴 작품이다.

현재까지 전해오는 도연명의 시는 120여 수가 되는데, 그의 대부분이 전원 생활을 읊은 시이기 때문에 '전원시(田園詩)'라고도 부른다. 전원시는 중국 시사상(詩史上) 한 유파를 형성하고 있다. 도연명은 이 전원시의 개척자로서의 역할을 다했을 뿐 아니라 그 성과도 두드러지기 때문에 '전원시의 개조'로 불리고 있다. 위·진 시대의 선인들은 추상적 철리(哲理)로 자신들의 이념을 서술했지만, 시인 도연명의 사색은 아름다운 이미지의 세계, 즉 사람들이 동경하는 도원경(桃源境)*으로서 결실되고 있다.

* 도원경(桃源境) : 유토피아

도연명이 그린 도원경의 세계는 그가 지은 '도화원기(桃花源記)'에 나타나 있다.

'동진 시대 무릉(武陵)에 사는 한 어부가 복숭아꽃이 아름답게 떠내려오는 것을 발견하고 시냇물을 따라 올라가 그 근원을 확인해보려

하였다. 한참 올라가다 보니 갑자기 복숭아나무로 뒤덮힌 숲이 나타났다. 복숭아숲 주위에는 아름다운 갖가지 꽃이 만발하였다. 어부는 그 아름다움에 흠뻑 취하여 자신도 모르게 그 숲을 따라 올라갔다. 복숭아나무 숲이 끝나는 지점에는 산이 가로 막혀 있고 굴이 눈에 띄었다.

어부는 배를 버리고 굴 속으로 들어갔다. 굴 입구는 매우 비좁고 어두웠지만 수십 보 걸어 들어가다 보니 갑자기 훤해지면서 별천지가 나타났다.

널따란 평야, 가지런히 세워진 건물, 논두렁 밭두렁이 보이고 비옥한 전답과 연못, 뽕나무와 대나무가 보기좋게 어우러져 있었다. 장닭이 울고 삽사리가 꼬리를 흔들며 반겼다. 어쩌면 그렇게도 평온하고 아름다운 풍경인가. 어부는 자기 눈을 의심하였다.

〈도화원기(桃花源記)〉의 일부

사람들은 각자 생업에 열중하여 해가 뜨면 밭에 나가 일하고, 해가 지면 집에 돌아와 편히 쉬는 요순 시절의 태평성대를 누리고 있었다.

그들의 이야기에 의하면 이곳에 사는 주민들의 선조가 진(秦)나라 때 난리를 피하여 이곳에 옮겨 왔다는 것이며 그 후 오랫동안 외계(外界)와 단절된 채 오늘날까지 지내왔다는 것이다. 그래서 마을사람들은 외계에서는 이미 진나라에 이어 전한·후한·삼국·서진의 시대가 지났다는 사실도 까맣게 모르고 있었다.

어부는 그곳에서 며칠 동안 머무른 후 작별을 고하였다. 어부는 가족

**여산** 도연명이 거처 삼았던 여산

들을 데리고 다시 그곳에 와 살 생각으로 돌아오는 길에 여러 군데에 표시를 해놓았으나 다시는 찾을 수가 없었다. 이 어부의 이야기를 듣고 여러 사람이 그곳을 찾으려 하였으나 모두 실패하였다.'

도원경은 확실히 아름다운 곳이었다. 그러나 그런 것은 실제 존재하지 않았다. 그것은 선량한 마음을 가진 시인이 어지러운 세

상의 괴로움을 맛본 끝에 동경하고 그리던 이상향이었다. 도원경
은 확실히 비현실적인 것임에 틀림없으나 당시의 현실과 비교할
때 진·선·미와 거짓·악·추함과는 확실히 구별되는 것이다.
여기서 우리는 시인의 순수함을 발견할 수 있다.

# 남북조 시대의 계보

## 남조

(1)송(유씨) 宋(劉氏)

    1. 무제(武帝) ─── 2. 소제(少帝) ─── 3. 문제(文帝) ─── 4. 효무제(孝武帝) ─── 5. 전폐제(前廢帝)

    6. 명제(明帝) ─── 7. 후폐제(後廢帝) ─── 8. 순제(順帝)

(2)남제(소씨) 南齊(蕭氏)

    1. 고제(高帝) ─── 2. 무제(武帝) ─── 3. 울림왕(鬱林王) ─── 4. 해릉왕(海陵王) ─── 5. 명제(明帝)

    6. 동혼후(東昏逅) ─── 7. 화제(和帝)

(3)양(소씨) 梁(蕭氏)

    1. 무제(武帝) ─── 2. 간문제(簡文帝) ─── 3. 동(棟) ─── 4. 원제(元帝) ─── 5. 정양후(貞陽侯)

    6. 경제(景帝) ─── **후량(後梁)** ─── 1. 선제(宣帝) ─── 2. 명제(明帝) ─── 3. 종(琮)

(4)진(진씨) 陳(陳氏)

    1. 무제(武帝) ─── 2. 문제(文帝) ─── 3. 폐제(廢帝) ─── 4. 선제(宣帝) ─── 5. 후주(後主)

## 북조

(1)북위(탁발씨, 선비) 北魏(拓跋氏, 鮮卑)

    1. 태조(太祖) ─── 2. 태종(太宗) ─── 3. 세조(世祖) ‧‧‧‧‧‧ 12. 효무제(孝武帝) ─── 서위(西魏)

    1. 문제(文帝) ─── 2. 폐제(廢帝) ─── 3. 공제(恭帝) ─── **동위(東魏)** ─── 1. 효정제(孝靜帝)

(2)북제(고씨) 北齊(高氏)

    1. 문선제(文宣帝) ─── 폐제(廢帝) ─── 3. 효소제(孝昭帝) ─── 4. 무성제(武成帝)

    5. 후주(後主) ─── 6. 유주(幼主)

(3)북주(우문씨) 北周(宇文氏)

    1. 효민제(孝閔帝) ─── 2. 세종(世宗) ─── 3. 고조(高祖) ─── 4. 선제(宣帝) ─── 5. 정제(靜帝)

6

수나라 시대

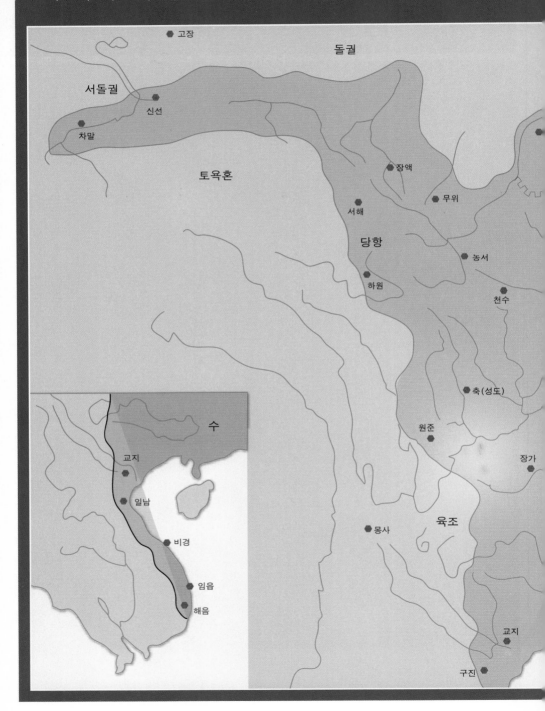

고장

돌궐

서돌궐

신선

차말

토욕혼

장액

무위

서해

당항

농서

천수

하원

축(성도)

원준

장가

수

교지

일남

육조

비경

몽사

임읍

해음

교지

구진

## 수나라 시대

수국공(隋國公)에서 수왕(隋王)이 된 이듬해에 수나라를 세운 수왕조의 창립자 문제는 그때까지의 악정을 과감히 개혁하고 정치에 정진하는 한편 북쪽으로 호족들을 물리치고 남쪽으로 남조 최후의 진(陳) 왕조를 멸망시켜 근 400년 동안 이어오던 대분열의 시대에 종지부를 찍고 천하통일의 대업을 이룩하였다.

문제는 정치적으로 유능한 군주로서 강력한 중앙집권제의 확립과 지방 행정의 간소화를 실시하고 군사 제도의 개혁을 단행하여 병농일치제를 실시하였다. 또 경제면에서는 요역의 경감과 세금을 감소시킴으로써 문제의 선정이 실시된 지 20여 년 후에는 국가가 안정되고 경제가 번영하여 역사상 선정으로 일컬어지는 '개황의 치'를 이룩하였다.

604년 문제가 병상에 눕게 되자 황태자 양광(나중의 양제)이 문제를 시해하고 수나라의 2대 황제가 되니 이 이가 악명을 떨친 수의 양제이다.

양제는 제위에 오르자 동도 건설과 대운하 개설 공사를 시작하였는데 어떤 의미에서는 역사상 위대한 사업을 성취시켰다고도 할 수 있다. 운하 개설과 동도 건설의 토목공사 때문에 백성들은 막대한 희생을 치렀다. 또한 세 차례에 걸친 고구려 원정의 실패는 급기야 각 지방에서 반란이 일어나는 계기가 되었다.

각지에서 호족과 유민들이 반란을 일으키고 군웅이 할거하는 가운데 양현감(楊玄感), 이밀(李密), 이연(李淵) 등이 군사를 일으켰다. 618년 양제는 강도에서 친위군에게 살해되고 그의 손자 공제(恭帝)가 낙양에서 자립하였으나 619년 반란 세력인 왕세충(王世充)에게 제위를 빼앗겼다. 한편 장안을 함락한 이연은 공제의 아우를 황제로 옹립하였다가 그로부터 선양을 받아 제위에 오르고 나라 이름을 당(唐)이라 하니 수나라는 겨우 3대 39년 만에 멸망하였다.

# 문제의 치적

수나라를 창건한 문제 양견은 지금까지의 악정에 단호한 개혁 조치를 취하는 등 정치에 정진함으로써 유능한 군주로서의 재질을 발휘하였다. 그는 먼저 강력한 중앙집권 체제를 확립함과 아울러 지방 행정의 간소화를 단행하였다. 또한 군사 제도의 개혁을 단행하여 병농 일치(兵農一致)의 원칙을 마련하였다.

관리의 임용에 있어서도 지방의 호족이 관리 후보자를 중앙에 추천하던 지금까지의 제도를 지양하고 학과 시험을 치러 선발하는 방법으로 전환하였다. 이 방법은 그 후 단계적으로 정비되어 과거 제도의 효시가 되었다. 이에 따라 중소 지주 계층도 정치에 참여하는 기회가 주어져 지배층의 저변이 확대되는 결과를 가져왔다.

경제면에서는 부역의 경감, 세금의 감소와 농상(農桑) 장려 정책을 취함으로써 생산력 향상과 국력 신장에 기여하였다.

문제는 생산의 발전을 중시함과 아울러 절약을 강조하였다. 먼저 문제 자신이 솔선하여 검소한 생활을 하고 궁중에서 사용하는 물건도 수리 가능한 것은 수리해서 쓰고 황후의 복장도 사치를 금하여 유행에 따른 새로운 디자인의 옷을 금하였다. 관리와 귀족들도 검약을 자랑으로 삼고 금과 옥으로 화려하게 꾸미는 것을 수치스럽게 생각하는 풍토를 조성하는 데 힘썼다. 검약을 중시하는 수나라 초기의 사회 기풍은 이렇게 하여 점점 형성되어 갔다.

문제는 관리의 비행 사실에 대하여는 항시 엄벌주의를 택하여 때로는 너무 지나치다고 생각할 정도로 단호한 조처를 취하였

**수문제**

으나 민생 문제에 대하여는 특별히 배려하였다.

이러한 문제의 선정이 20여 년간 계속되자 사회가 안정되고 경제가 번영하여 서민의 생활도 풍족해져 태평성대의 분위기가 넘쳐 흘렀다. 개황 12년(592) 재정을 담당하는 관리가 다음과 같이 보고하였다.

"창고라는 창고는 모두 꽉 차 곡식과 옷감을 쌓을 곳이 없어 부득이 복도와 처마 밑에 쌓을 수밖에 없는 형편에 이르렀습니다."

문제는 조서를 내려 새로운 창고를 짓도록 하였다. 그러나 얼마 후 다시 보고가 올라왔다.

"새로운 창고를 지었는데도 받아 쌓을 곳이 없습니다."

문제는 다음과 같은 조서를 내렸다.

"각 군현에 고지하라. 부를 백성에게 돌리겠노라. 그리고 금년의 조세를 면제하여 백성들의 생활에 보탬이 되도록 하라."

당시 조정의 창고에 어느 정도의 재화가 쌓여 있었는지 확실한 숫자는 남아있지 않지만 문헌의 기록에 의하면 곡물·옷감 등이 조정에서 5,60년 사용하여도 충분할 정도였다고 한다.

수나라 말기 낙양이 포위되었을 때 옷감이 산더미처럼 쌓여 섶 대신 사용하기도 하고 새끼 대신 물을 긷는 두래박줄로도 사용하였다는 것이다. 어쨌든 당(唐)나라가 수나라를 대신한 후에도 수나라 때 저장해 놓은 옷감을 20여 년간 사용했다 하니 그 양이 엄청나게 많았음을 미루어 짐작할 수 있다.

사회가 안정되고 경제가 번영함에 따라 인구도 급격히 증가하였다. 수나라 초기 북조에는 약 360만 호, 남조에는 약 50여만 호로 도합 400여만 호에 지나지 않았으나 20년 후에는 전국의 호수가 890여만 호, 인구가 4천600여만 명에 이르렀다.

역사가들은 개황기(開皇期)*의 번영은 전한 초기의 '문경지치' 이후 처음 있는 번영이라 기록하고 문제에게 찬사를 보냈다.

수나라 전성기의 중국 판도는 동으로는 서해, 서로는 신강, 남으로는 운남·광동, 북으로는 대사막 지대에 이르러 동서 약 4,600킬로미터 남북 약 7,400여 킬로미터의 광대한 지역에 미치고 있었다.

문제는 봉건 왕조의 제왕이었던만큼 그의 계급적·역사적 한계가 전혀 없었던 것은 아니다. 그에게도 역시 악정이라고 비판받을 정치적 소행이 있었다. 《자치통감》에서도 문제의 업적을 높이 평가하면서도 다음과 같이 그의 단점을 지적하고 있다.

'사람들을 의심하여 까다롭게 감시하고, 참소하는 말을 곧이곧대로 믿어 공신과 옛 친구들 중 생명을 끝까지 보전한 사람이 하나도 없었다. 그리고 자신의 모든 자식들도 원수처럼 되었다.'

실제로 문제는 공신이나 옛 친구들까지도 숙청의 소용돌이에서 한 사람도 살려 두질 않았다. 더욱이 문제가 멸망시킨 북주의 황족 우문씨는 거의 전멸하다시피 죽여버렸다. 다른 사람의 나라를 빼앗고 그의 자손들을 모두 죽여 없앤 잔인성은 변명의 여지가 없다 하겠다.

* 개황기(開皇期) : 개황은 수나라 문제 때의 연호

문제의 다섯 아들 가운데 병사한 양준(楊俊)을 제외하고는 모두 비명에 죽었고 또 그의 자손들까지도 전란에 죽거나 처형당하는 등 전멸했으니 이것은 문제의 잔인 행위에 대한 인과응보라 할 수 있다.

　　문제는 나라를 다스리는 면에 있어서는 확실히 명군으로서 부끄러움이 없었으나 가정을 다스리는 데 있어서는 수완이 부족하였다. 그는 자신의 행운을 지나치게 믿고 또 자기 도취에 빠져 중신들의 어떠한 반대도 두려워하지 않았으나 오직 단 한 사람 앞에서는 기가 꺾여 고개를 들지 못하였다. 다름 아닌 문제의 정처 독고 황후(獨孤皇后)였다.

　　독고 황후는 14세 때 문제의 정처가 되었는데 그때 그녀는 문제에게 다음과 같은 서약을 하도록 하였다.

　　"당신 이외의 여자한테서는 절대로 자식을 낳지 않겠소."

　　이 같은 서약은 우리들이 살고 있는 현대에서는 당연한 일이겠으나 일부다처가 일반화되었던 당시 귀족 사회에서는 이상한 일이 아닐 수 없다. 그녀는 질투심이 매우 강한 반면 문제를 사로잡는 모성애적 포용력을 지닌 여성이었다. 그래서 문제는 어떤 특정 문제에 대하여는 그녀의 자문을 받는 일이 있어 그녀 앞에서 저자세를 취하는 일이 있었던 것 같다.

　　문제가 황족·귀족·공신들에 대하여 지나치게 가혹했다고 하지만 그 대부분이 독고 황후의 사주에 의한 것이라고 추측하는 사람도 적지 않다. 그만큼 그녀는 막강한 힘을 가지고 있었다.

　　문제는 다른 여성과의 사랑을 독고 황후에게 숨겨야만 했다. 그는 자신이 제위를 선양받는 일에 반대하여 그가 숙청했던 울지 형(尉遲迥)의 딸을 후궁으로 삼아 은밀히 사랑하고 있었는데 이 사실이 독고 황후에게 발각되고 말았다. 독고 황후는 문제가 조정에 나간 사이에 울지형의 딸을 죽였다. 그렇지만 문제도 이때만은 강경한 태도를 취하였다. 문제는 크게 노하여 산골짜기로 은신했다. 재상 고경(高熲)이 "고작 일개 부인의 일 때문에 천하의 정치를 방치해서야 천자로서의 체면이 서겠습니까?" 하고 간하여 문제는 겨우 생각을 고쳐먹었다. 그러나 독고 황후는 '고작 일개 부인'이라고 말한 사실을 알고는 크게 노했다는 것이다. 일설에는 이 일로 인하여 고경이 사약을 받고 죽었다고도 한다.

고경이 사약을 받고 죽었다는 일에 대하여는 다른 이야기도 있다. 이것도 또한 독고 황후가 관여한 일인데, 고경이 상처를 하자 독고 황후는 그에게 후처를 얻을 것을 권유하였다. 그러나 이 권유에 대하여 고경은 사양하였다.

"이미 늙었으니 글이나 읽으며 여생을 보내겠습니다."

그런데 그 후 고경이 첩에게서 자식을 낳자 황후는 열화같이 노하여 고경에게 사약을 내렸다는 것이다.

황제인 남편에게까지 정절을 강요하는 일에서 알 수 있듯이 독고 황후는 윤리면에서 남다른 결벽을 지닌 여성이었다. 다른 가정의 일에까지 이렇듯 혹독하게 눈을 번뜩이고 있는 형편이니 자신의 가정에 대해서야 더 말해 무엇하랴! 그녀가 낳은 장남 양용(楊勇)은 이런 의미에서 문제라고 할 수밖에 없었다. 이때 양용은 이미 황태자로 세워져 원씨(元氏)와 결혼한 사이였는 데도 정처를 제쳐 놓고 첩인 운씨(雲氏)를 총애하고 있었다. 그런데 황태자비 원씨가 급사

**12지 나무 조각** 왕충의 《논형》에서 12지를 동물에 비유했다. 그림은 머리는 동물이고 몸은 사람인 수수인신(獸頭人身) 나무 조각

하는 사건이 발생한 것이다. 의심 많은 황후는 혹시 양용이 죽인 것이 아닌가 의심하여 문제에게 황태자의 폐립을 권하였다. 그 결과 양용은 황태자의 자리에서 쫓겨나고 차남인 진왕 양광(晉王楊廣, 수의 양제)이 황태자가 되었다. 이 양광이 수의 2대 황제 양제(煬帝)이다.

황태자 폐립 문제에 대하여도 양제 자신이 계략을 꾸몄다는 설이 유력하다. 문제에게는 다섯 사람의 황자가 있었다. 용, 광, 군, 수(秀), 양(諒)의 다섯 아들로 모두 독고 황후의 소생이었다. 문제는 이 점을 자랑삼아 큰소리쳤다.

"다섯 아들이 모두 한 어머니 소생이므로 진짜 형제임에 틀림없다."

그러나 당시 수나라에서는 장자 상속제가 아니고 유능한 황자가 왕위를 잇게 되어 있었기 때문에 아무리 진짜 형제라 하더라도 경쟁을 하게 마련이었다.

황태자를 정하는 일은 황제의 막중한 권한이었으나 문제의 경우는 독고 황후의 영향력이 더 강하게 작용했다. 그런데다 독고 황후는 남자의 정절마저 강력히 요구하는 맹랑한 여성이었다. 황태자 양용이 다른 여자를 좋아한다는 것은 숨길 수 없는 사실이었기 때문에 설사 양광의 계략이 아니었더라도 장남 양용은 태자의 자리에서 쫓겨날 운명에 처해 있었다. 모친의 성격을 잘 알면서도 자신의 사생활을 노출시킨 것은 양용이 요령이 없었기 때문으로 보인다. 물론 차남 양광이 모친에게 형의 사생활을 밀고했을 가능성도 배제할 수는 없다.

양광이 태자로 세워진 데 대하여는 다음과 같은 설이 있다.

양광은 선화 부인(宣華夫人)에게 아첨하여 자신이 태자의 자리에 오를 수 있도록 배후에서 조종해 줄 것을 요청하였다. 선화 부인은 문제에게 멸망당한 남조 진의 마지막 황제 후주의 누이였다. 나라가 망하자 수나라 후궁이 되었으나 질투심이 강한 독고 황후도 이 선화 부인에게만은 관대하였다. 망국의 황족이라는 데 동정이 갔었기 때문으로 보아진다. 문제는 엄처인 독고 황후를 의식하면서도 정신적으로는 그녀를 경원시하고 남성으로서의 애정은 선화 부인에게 쏟고 있었다.

양광은 사생활을 삼가고 여성을 멀리함으로써 어머니의 신임을 얻으려 하였다. 그리고 선화 부인에게는 무슨 일이 있을 때마다 선물을 전하여 그녀의 환심을 사려 했다. 이것이 사실이라면 양광은 주도 면밀한 양면 작전을 폈다고 할 수 있다.

황태자의 폐립은 개황 20년(600)에 있었다. 그해 6월에 문제의 셋째 아들 양준이 병사하고 10월에 양용이 폐태자되고 11월에 양광이 황태자가 되었다. 서열로 보나 재능과 인격으로 보나 당시로서는 당연히 돌아갈 데로 돌아간 감이 있었을 것이다. 이때 새로운 황태자 양광은 32세였다.

**문관 인형**

그로부터 2년 후 독고 황후는 세상을 떠났다. 문제는 이 여인에게 단단히 혼이 났으나 한편으로는 의지할 곳을 잃은 기분이 들었다. 해방감보다는 오히려 반려자를 잃은 적막감이 강하게 떠올라 문제의 생활은 절제를 잃게 되었다.

이제 질투하는 아내가 없으므로 마치 보를 튼 물처럼 문제는 여자에 빠졌다. 그는 이 일로 인하여 자신의 생명을 단축시켰다고 말할 정도로 여자에게 흠뻑 취하였다. 후궁에서는 선화 부인의 지위가 황후와 같은 지위로 격상되어 양광의 황태자 지위는 반석과 같이 안전하였다. 그 위에 양광에게는 양소(楊素)라는 명참모가 붙어있어 그가 황태자로 세워진 것은 양소가 배후에서 조종했기 때문이라는 소문도 있었다.

인수 4년(604) 문제가 세상을 떠났다. 문제의 죽음에 대하여는 여러 가지 이야기가 전한다. 황태자인 양제 양광이 암살했을 것이라는 설이 유력시되는데, 그렇다면 왜 황태자인 양광이 부왕을 암살했단 말인가.

그해 4월부터 문제는 병상에 눕게 되었다. 문제는 태자 광을 궁중으로 불러들여 궁중에 머물게 하였다. 태자는 문제의 죽음을 예상하고 문제가 죽은 후의 조치에 대하여 서면을 작성하여 그의 참모 양소에게 보냈다. 양소는 태자에게 회답을 보냈는데 취급하는 궁인의 잘못으로 그 회답이 문제에게 전해지고 말았다. 문제는 이 서면을 보고 크게 노하였다.

또 다른 사건도 있었다. 문제가 가장 사랑하는 선화 부인이 병상에서 물러나 옷을 갈아입을 때 태자가 선화 부인을 범하려 하였다. 필사적인 거절로 선화 부인은 겨우 욕을 면할 수가 있었다. 다시 병상에 나갔을 때 문제는 그녀의 안색이 심상치 않음을 보고 그 까닭을 물었다. 부인은 눈물을 흘리며 아뢰었다.

"태자가 무례한 짓을 하려 하였습니다."

이 말을 들은 문제는 크게 노하여 병상을 치며 숨을 거칠게 몰아쉬었다.

"짐승같은 놈, 어떻게 그런 놈에게 국가의 대사를 맡길 수 있단 말인가? 독고(황후)가 이런 놈을 추천하여 나를 그릇치게 하였도다!"

그리고는 명을 내렸다.

"얼마 전에 폐한 태자 양용을 부르도록 하라."

장남 양용을 폐태자한 것은 독고 황후의 진언에 의한 것이었으며 그 때문에 엉뚱하게 빛 좋은 개살구를 태자로 세우게 되었다고 이를 부드득 갈았다. 이 순간이야말로 양용과 양광 두 사람의 운명을 결정짓는 숨막히는 찰나였다. 그러나 호사 다마로 양용을 불러오라는 명령을 받은 병부 상서 유술(柳述) 등이 양광의 참모에게 붙잡혀 그 임무를 수행할 수가 없게 되었다. 때를 같이하여 양광의 심복 장형(張衡)이 문제의 침전에 들어가 그곳에 있던 후궁들을 모두 별실에 가두었다. 잠시 후 '윽 하는 단말마의 비명 소리가 들리며, 피가 솟구쳐 병풍에 튀겼다.' 고 역사는 기록하고 있다.

양광은 그 다음 조치로 자객을 보내 양용을 살해함으로써 무난히 제위에 오를 수 있었으나 수나라의 국운은 바야흐로 내리막 길로 치닫게 되었다.

선화 부인은 후궁의 여성들과 함께 궁중의 참변 소식을 듣고 얼굴이 새파랗게 변하여 벌벌 떨고 있었다. 황제의 총애를 받은 여성은 그 황제가 죽은 후 옛날 같으면 순사(殉死)하는 것이 보통이었다. 이 시대에도 죽음을 강요당하거나 혹은 유폐되기도 하고 비구니가 되기도 하였다. 선화 부인은 이런 여러 가지 생각을 떠올리며 깊은 시름에 잠겨 있을 때 황태자의 사자가 황금으로 된 작은 합(盒)을 가지고 와 바치는 것이었다. 선화 부인은 마음속으로 되뇌었다.

"이제야 올 것이 왔구나. 분명 독약이 들어 있겠지."

그리곤 손이 얼어붙어 그 합을 열어볼 용기마저 나지 않았다.

사자의 성화 같은 재촉에 못 이겨 벌벌 떨리는 손으로 그 합을 열어보니 그 속에 들어 있는 것은 독약이 아니고 황태자의 구애(求愛)편지였다. 선화 부인의 시녀와 후궁들은 모두 기뻐하며 입을 모았다.

"이젠 죽지 않아도 되겠습니다."

죽지 않아도 될지 어떨지는 아직 확실히 알 수 없었으나 선화 부인의 마음은 착잡하였다. 그녀는 노하여 황태자의 구애를 거절하려 하였으나 궁녀들이 설득하는 바람에 하는 수 없이 황태자의 뜻에 따랐다고 역사는 기록하고 있다.

남조 진왕조의 황족이면서 고국을 멸망시킨 수나라의 후궁이 되었다가 문제가 죽자 그 아들의 사랑을 받아들여야 했던 선화 부

**절강도** 항주는 수대부터 절강 지방의 중심이 되었다.

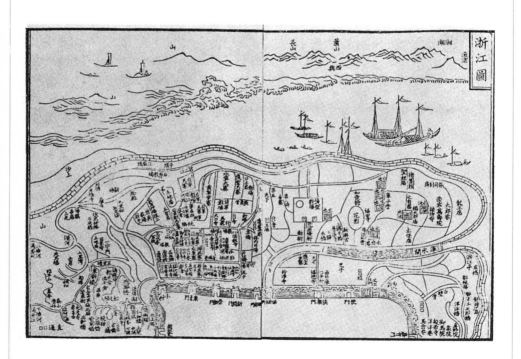

이야기 중국사 · 2

인의 생애는 기구하다고 할 수밖에 없다.

'그날 밤 태자는 윗사람을 범했다(其夜太子蒸).'고 역사는 선화 부인의 이야기를 이어가고 있다. 여기서 독자들은 '증(蒸)'이라는 글자에 주의를 기울일 필요가 있다. 여기서 '증'이라는 글자가 뜻하는 것은 윗 사람을 범했음을 형용하는 말이다. 아버지의 여인을 범했기 때문에 역사가들이 이 말을 사용한 것이다. 자전(字典)을 찾아보면 이 '증'자의 풀이에 '음란함', '사통(私通)함'이라는 뜻이 나와 있다.

수의 양제가 선화 부인을 사랑했다는 사실에서 수나라가 한족이 아니고 선비족이라고 주장하는 설이 있다. 《사기》〈흉노전〉에 유목민의 풍습이 소개되어 있는데 그 가운데는 아버지가 죽으면 자식이 생모 이외의 아버지의 처첩을 모두 자기 소유로 한다는 이상한 풍습이 소개되어 있다. 이런 점에서 수나라 황제의 핏줄이 선비족이냐 한족이냐 하는 문제가 거론되기도 한다.

# 동도의 건설과 운하의 개설

문제의 뒤를 이어 수나라 2대 황제가 된 양광이 바로 중국 역사상 악명을 떨친 폭군 수의 양제(569~618)이다. 그는 확실히 이중 인격자이며, 연기의 명인이라 해도 과언이 아닐 정도로 왕위를 차지하기 위하여 요령과 명연기를 연출하였다.

그의 어머니 독고 황후가 죽었을 때 그는 이미 황태자로 세워져 있었으나 기절할 정도로 슬픔에 잠겨 통곡하는 연기를 펼쳤다.

그러나 자기 방에 들어가서는 평소처럼 음식과 담소를 즐겼다. 그렇다면 양제가 아버지를 죽인 날 밤 선화 부인에게 구애의 편지를 보내고 그 여인을 범했다는 정사의 기록은 신빙성 있는 사실로서 받아들여져야 할 것이다. 형을 대신하여 황태자로 세워진 것은 여성 관계에 악평이 없고 생활이 온건하였기 때문이었다. 그러나 황제의 자리에 오르자마자 여성 관계에 대해서는 지금까지의 행동은 언제 그랬던가 싶을 정도로 달라졌고 그의 생활도 과감하리 만큼 사치와 호사에 흘렀다.

원래는 호화를 좋아하는 성격이었는데 째째하게 검소하고 절약하는 연기를 연출하였다가 제위에 오르자 본래의 자기로 돌아간 것 뿐이었는 데 관객의 입장에서 보면 마치 다른 사람처럼 보이고 이상하게 여겨졌던 것이다.

양제는 즉위하던 해인 대업 원년(605) 장안에서 낙양(동도)으로 천도하기로 결정하였다.

동도 건설이라는 대규모 사업이 당시의 유명한 기술자 우문개(宇文愷)의 지휘 아래 시작되었다. 그해 3월에 공사에 착수하여 이듬해 1월에 완성되었는데 그 사이 매월 약 200만 명의 인부가 동원되었다.

공사에 동원된 농민들은 고향을 멀리 떠나 낙수의 양안(兩岸)에서 동도의 건설을 위해 피와 땀을 흘려야 했다.

대규모적이고 웅대한 궁전을

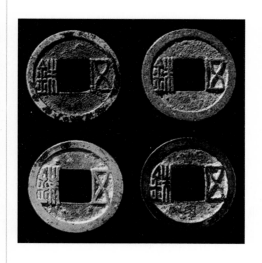

**오수전** 한대에 제정된 오수전은 수나라 때까지도 사용되었다.

짓기 위하여 멀리 장강 이남의 좋은 목재를 벌채하여 이를 운반해왔다. 한 개의 목재를 운반하는 데 2천 명의 인부가 필요하였다 하니 난공사 중의 난공사였음을 미루어 짐작할 수 있다. 낙양성의 웅대하고 화려한 궁전을 더욱 화사하게 꾸미기 위하여 조경 공사가 벌어졌다.

장강에서 오령(五嶺)에 이르는 광대한 지역에 산재해 있는 진기한 나무와 돌, 기화요초, 진조기수(珍鳥奇獸) 등이 모두 수집되어 일대 장관을 이루었다.

이 궁전의 유적은 현재 하남성 낙양시 서쪽에 위치해 있는데 고고학자의 실지 조사에 의해 외성(外城)의 둘레가 20여 킬로미터에 이른다는 사실이 밝혀졌으며 지금까지도 성문과 상수도의 흔적이 뚜렷이 남아 있다고 한다.

궁전의 건축 공사와 운하의 굴착 사업은 같이 시작되었다. 운하의 굴착이라 하지만 전혀 새로운 수로(水路)를 굴착하는 것이 아니고 지금까지 있었던 자연 하천을 연결하는 공사였다.

북쪽의 북경, 천진에서 남쪽 항주(杭州)에 이르는 중국 동부 지역에는 해하(海河)·황하·회하·장강·전당강의 5대 강이 흐르고 있으며 각 강의 지류는 그다지 멀지 않는 작은 물줄기들로 이루어져 이들 작은 물줄기를 연결시키고 강 밑을 파내면 운하가 되는 것이었다. 통제거(通濟渠)의 예를 들면 장안 서원(西苑)에서 곡수와 낙수를 끌어들여 황하에 흐르게 하고 황하의 물을 끌어들여 변수에 흐르게 하고 변수를 끌어들여 쇄수(洒水)에 흐르게 하여 회수에 연결시키는 공사였다. 이 공사를 위하여 수많은 백성

**운하** 언덕이나 기타 다른 육지의 장애물 등을 통과하기 위해 운하를 시공한다. 갑문식 운하는 대부분의 운하에 사용되는 방법으로 수차와 지형차를 이용해 배를 전진시키는 방법이다.

들이 징발되어 간구(刊溝)를 깊게 파 운하를 만들고 이 간구를 장강에 연결하였다. 그리고 이 운하 곁에는 길을 만들어 버드나무로 가로수를 심고 장안에서 강도에 이르는 사이 사이에 40여 개의 이궁(離宮)을 만들었다.

운하의 굴착은 물론 수왕조의 지배를 강화하고 황제의 향락 욕망을 충족시키기 위한 것이었으나 남북간 경제 교류 문제라는 관점에서는 역사적 과업이라 할 수 있다.

진한(秦漢) 시대에는 전국 경제의 중심지가 중원 지방이었으나 후한 이래 남북이 분열되면서 중원에 거주하던 사람의 남방 이주가 시작되어 장강 이남의 지역에서도 점차 개발이 촉진되었다. 수나라 때에 이르러서는 경제의 중심이 남방으로 옮겨져 있었다. 수나라를 이은 당나라 때에는 '조세 수입의 9할을 강남이 차지했다.'고 할 정도로 강남 지방이 경제적 중심지로 부상하였다.

따라서 수나라가 중국 통일을 이룩함으로써 남북 간의 경제 교류는 이미 대세가 지향하는 필연적 사실로 대두되었고 지금까지 해오던 수레나 마소를 이용한 물자 교류 방법으로는 수요 공급을 원활하게 할 수 없는 형편이었다. 따라서 수나라로선 남북을 연결하는 수로가 절대 필요하였으며 결국 운하의 공사는 이 같은 시대적 요청에 부응하여 현실화된 것이라 하겠다.

양제는 또 기술자와 인부를 강남에 파견하여 황제가 탈 용선(龍船)과 유람선 등 수만 척의 배를 만들게 하였다. 장안 서원은 그 둘레가 200리나 되는 넓이였는데 한가운데 큰 호수를 만들었다. 그리고 호수 가운데에는 봉래(蓬萊)·방장(方丈)·영주(瀛州)라는 산을 만들었는데, 모두 신선이 산다는 산의 이름이다.

이들 산의 높이는 각각 100여 자이고 망루(望樓)와 궁전이

산 위에 들어서 장관을 이루었다. 또 호수 북쪽에는 도랑을 파 구불구불 돌아서 호수에 흘러들어가도록 하고 그 도랑을 따라 16개의 어전(御殿)을 만들어 각 어전마다 4품 부인을 두어 주관하도록 하였다. 그리고 문을 모두 도랑쪽으로 세워 수면에 그림자가 드리우게 하였다. 한마디로 화려함의 극치였다.

겨울이 되어 궁전의 나무에 잎이 떨어지면 여러 가지 색비단으로 꽃과 잎새를 만들어 나뭇가지에 매달고 연못에도 색비단으로 만든 연잎과 연꽃을 띄웠다. 양제가 남여를 타고 거동할 때는 얼음을 깨고 꽃을 띄우니 각 어전을 주관하는 4품 부인들은 임금의 은총을 구하기 위하여 임금이 좋아하는 진수성찬을 차려놓고 화려한 옷차림으로 임금을 맞이했다.

양제는 달밤에 자주 궁녀 수천 명을 말에 태우고 서원에서 〈청야유(淸夜遊)〉라는 가곡을 연주시키며 놀았다.

서원의 공사가 완성된 것이 5월의 일이고 8월에는 양제가 강도(江都, 양주)를 순행하였다. 낙양의 현인궁을 떠나 낙구(洛口)에서 용선을 타고 운하를 따라 내려갔다. 배를 젓는 사람이 8만여 명이고 배의 수미(首尾)가 맞닿아 이어진 행렬이 200리에 뻗쳐 강과 육지가 오색찬란한 장막을 이루었다. 말탄 기병이 양쪽 언덕을 호위해 행진하였다. 호위하는 병사들의 황금 갑주는 햇빛에 반사되어 눈부시게 빛났고 줄이은 깃발은 하늘을 가리웠다. 지나는 주현 500리 내에 영을 내려 음식을 헌상하도록 하였다. 많은 곳은 한 주(州)에 100수레나 되었는데 모두가 산해진미요, 진수성찬이었다. 후궁들이 실컷 먹고도 산더미처럼 남아 떠날 때는 모두 땅에 묻고 갔다.

운하의 공사는 4기로 나누어 실시되었는데 대업 원년(605)에

서 대업 6년(611)까지의 공사 기간에는 낙양을 중심으로 북쪽은
탁군(涿郡), 남쪽은 여항(餘杭)에 이르는 장장 2천 킬로미터의 남
북을 연결하는 운하가 완성되었다.

　　동도의 건축과 운하의 굴착, 인공 호수와 인공 산(山)의 조
영, 몇만 척에 이르는 용선과 유람선의 건조, 만리장성의 축조 공

사 등으로 수십만, 수백만에 달하는 인부가 동원되어 노역은 일종의 재난처럼 여겨졌다.

역사적 기록에 의하면 낙양 동쪽과 북쪽 수백 킬로미터의 도로변에서는 매월 인부들의 교대가 이루어졌는데 축성 공사에서 희생된 시체가 도로 여기저기에 널려 있고, 운하의 양 언덕에도 도처에 시체가 뒹굴었다고 한다.

만리장성 공사 현장에서는 10일 사이에 100만 명의 인부 가운데 반 이상이 사망하는 일까지 있었다고 한다.

당시 많은 농가의 전답은 황폐화된 채 그대로 방치되었고 도처에서 남편을 잃은 여인들의 가련한 모습과 고아들의 처참한 모습이 눈에 띄었다. 한마디로 백성들은 생사의 갈림길을 방황하고 있었다. 이렇듯 무서운 노역을 피하기 위하여 얼마나 많은 사람들이 고의로 자신의 팔다리를 잘랐는지 알 수 없는 일이다. 신체 장애자는 노역이 면제되어 만리타향에서 임자 없는 시체로 뒹구는 비운을 면할 수 있었기 때문이었으리라. 당시 이것을 '복수복족(福手福足)'이라 일컬었다 하니 노역으로 인한 희생이 얼마나 많았던가를 짐작할 수 있다.

## 수양제의 폭정

탐학하기 이를 데 없는 폭군 양제는 중원의 수많은 백성들을 희생시킨 것만으로는 직성이 풀리지 않았다. 다음으로 변경 지대의 이민족에게도 국위를 과시하려 하였다.

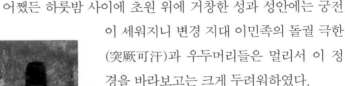

＊ 갑주(甲冑) : 갑옷과
투구, 무장을 뜻함

대업 3년(607) 양제는 친히 갑주(甲冑)＊를 갖추고 50만 명의
군대와 1만 필의 말을 거느리고 만리장성 이북 지역의 순행에 나
섰다. 출발에 앞서 양제는 기술자 우문개에게 관풍행전(觀風行
殿)과 육합성(六合城)을 만들게 하였다.

관풍행전은 수백 명을 수용할 수 있는 거대한 이동식 궁전으
로 수레가 달려 있어 자유롭게 이동할 수 있었다. 세계 최고(最
古)의 이동식 가옥이라 할 수 있을 것이다.

육합성도 조립이 가능한 성으로 둘레만 4킬로미터였다. 널빤
지로 만들어지고 겉면은 휘장으로 장식되어 있었는데 갖가지 회
화도 그려져 있고 기도 세워져 있었다. 무장을 갖춘 병사들이 창
과 칼을 들고 성벽 위를 돌아다니며 경비의 임무를 수행했다 하니
이것도 또한 고대 최대의 이동식 건축물이라 할 수 있다.

**수양제**

어쨌든 하룻밤 사이에 초원 위에 거창한 성과 성안에는 궁전
이 세워지니 변경 지대 이민족의 돌궐 극한
(突厥可汗)과 우두머리들은 멀리서 이 정
경을 바라보고는 크게 두려워하였다.

"이것은 천신의 조화가 아니고는 도저
히 불가능한 일이다."

그들은 성에서 5킬로미터쯤 떨어진 곳
에 이르자 말에서 내려 땅 위에 꿇어앉은
채 앞으로 나오면서 다투어 소, 낙타, 양 등
의 공물을 바쳤다. 이에 양제는 그들에게
많은 금과 비단을 내리고 후대하였다.

이때 양제의 측근이었던 고경, 하약필
등이 은밀히 양제의 처사를 비난하였다.

수당대의 배

　"이번의 순행 행차는 사치가 지나칠 뿐 아니라 돌궐족에게도
지나친 대우를 하는 것 같다."

　이 사실을 안 양제는 조정의 정사를 비방한다 하여 두 사람을
죽여버렸다.

　이듬해에 서역의 사절단과 대상(隊商)들이 수나라에는 무진
장의 금은보화가 있다는 소문을 듣고 수나라를 동경하여 낙양으
로 몰려들었다. 양제는 이들에게 수나라의 국력과 부를 과시하기
위하여 성대한 환영식을 개최하라는 조서를 내리고 궁성 정문 앞
광장에 특설 연극 무대를 설치하도록 하였다.

　이 야외 극장의 둘레는 8킬로미터에 미치고 반주하는 악사들
은 많을 때는 1만 8천 명에 달했다고 한다. 극장을 대낮처럼 밝게
하기 위하여 수많은 등불이 불야성을 이루었고, 밤이 샐 무렵까지

노래와 춤의 향연이 계속되었다.

이 '백희(百戱)'라 일컬어지는 행사는 1월 15일에 개막되어 1개월 동안 공연되었다.

그 사이에 서역 상인들은 거리에 나가 상품을 거래하였다. 거리는 깨끗이 정리되어 있었고 상인들은 모두 깨끗한 옷차림에다 채소 상인들까지도 골풀로 짠 깨끗한 돗자리를 깔았다. 서역 상인들이 요리집에 들어가면 요리집 주인은 그들을 따뜻이 대접하고 손님이 술에 취해 기분 좋게 돌아갈 때도 한푼도 받지 않았다. 이것은 모두 중국의 부를 과시하기 위한 연극이었다.

그러나 서역 상인들도 바보는 아니었다. 어떤 사람은 시장 번화가의 나무에 형형색색으로 장식된 오색 비단을 가리키며 이렇게 물었다.

**이정과 양소** 양제의 공신으로 이정이 평민 신분으로 양소를 만나러 갔을 때 양소가 앉은 채로 맞이하여 이를 꾸짖자 양소가 자세를 고쳤다고 한다.

"수나라에서 비단옷을 입지 못하는 가난한 사람들이 많은데 왜 그들에게 옷을 주지 않고 나무만을 장식하는가?"

이 물음에 시장 사람들은 대답할 말이 없었다.

# 고구려 원정

대업 7년(611, 고구려 영양왕 22년) 2월 양제는 그가 좋아하는 강도(양주)에 있었는데 백관들을 모아 큰 잔치를 베풀었다. 그는 그 길로 고구려 원정에 친히 나서기 위해 용선을 타고 운하를 북상하여 영제거를 지나 하북의 탁군에 도착하였다. 그곳에서 양제는 동원령을 내려 완전 무장한 장병을 탁군으로 집결시켜 고구려 원정 준비에 착수하였다.

동원령이 내려지자 각 군의 병사들이 속속 탁군으로 집결하였다. 하남·회북에서 급조된 전차 5만 대도 줄을 이어 북쪽으로 향했다. 황하 연안의 여양과 낙구에 저장되었던 군량도 배로 운반되어 꼬리를 문 돛대의 그림자가 천여 리까지 이어졌다.

이듬해인 대업 8년(612) 1월 만반의 준비를 끝낸 양제는 마침내 출정 명령을 내렸다. 이 원정군의 총사령관은 양제의 사위 우문사급(宇文士及)의 아버지 우문술(宇文述)이었고 양제도 친정하기로 하였다. 원정군은 좌우 양 날개와 12군단으로 편성되어 총 병력 1백 13만 8천 명이었는데 호왈 200만 명이라 칭하였다. 원정군은 종대로 줄을 이어 장도에 올랐다. 각 군단 간의 거리는 20킬로미터로 매일 1개 군단씩 순서에 따라 출발하였는데 전군이 출발하는 데만 40일이 소요되었다.

113만 대군은 일정 간격을 유지하면서 장사의 행렬로 전진해 나갔다. 행진의 북소리는 천지를 진동시켰고 펄럭이는 깃발은 꼬리에 꼬리를 물어 장장 480킬로미터에 뻗쳤다. 그 뒤를 이어 친위병 6개 군단이 40킬로미터까지 이어졌다.

**수나라 군대 복원도**

수나라 원정군은 요서로부터 요하를 건너 요동성을 공격하였으나 도저히 함락할 수 없었다. 또한 요하의 도하작전에서는 당시 공부상서(건설부 장관)로 있던 우문개가 설계한 부교를 사용하려 하였으나 한 길 남짓이 모자라 연결하지 못함으로써 막대한 사상자를 냈다. 한편 수로군은 산동 반도에서 황하를 건너 패수를 거슬러 올라가 육로군과 합류하여 평양성을 공략하기로 작전이 짜여져 있었다. 수륙 양로군이 합류하여 일거에 평양성을 공략하는 것이 작전의 상식이었으나 수로군의 총사령관 내호아(來護兒)는 단독으로 평양성을 함락해 공을 세우려는 공명심에 사로잡혀 있었다.

내호아는 원래 남조 진의 관리로서 북조 수나라와 내통하여 스파이 활동을 함으로써 수나라가 남북을 통일하는 데 큰 공을 세우긴 했으나 조국을 배반한 양심의 가책은 쉽게 지워지지 않았다. 그래서 그는 오직 큰 공을 세워 크게 부귀 공명을 성취함으로써 양심의 가책을 달래려 하였다. 큰 공을 세울 수 있는 기회가 바로 눈앞에 다가왔으므로 육로군이 도착하기 전에 단독으로 평양성을 공격하려 하였다. 부총관 주법상(周法尙)이 이를 만류하였다.

"육로군이 오기를 기다려 함께 공격해야 안전합니다."

그러나 내호아는 단독 공격을 감행하기로 결정하였다.

고구려의 평양성은 내성(內城)과 외성(外城)으로 이루어져 있었다. 수나라 군사의 공격을 예상한 고구려는 외성 안에 있는 절들을 텅 비워놓고 그 안에 복병을 배치해 놓고 기다리고 있었다.

산해관 수나라 육군은 산해관을 출발해 고구려 원정길에 나섰다.

수나라 군사는 먼저 외성을 공략하였다. 궁전과 관청은 모두 내성에 있었으며 외성과 내성은 성벽으로 막혀 있었다. 외성에 들어간 4만 명의 수나라 군사는 닥치는 대로 노략질을 하였다. 노략질에 정신이 팔려 질서를 잃은 그 순간에 고구려의 복병이 일시에 쏟아져 나와 공격을 감행하자 수나라 군사는 어이없이 대패하여 전선을 정박시킨 선착장으로 도망쳤다. 그러나 살아서 도착한 군사는 수천 명에 불과하였다. 다행히 부총관 주법상은 이 같은 패전을 예상하고 있었음인지 선착장에 포진하고 있다가 추격해오는 고구려군을 겨우 격퇴시키고 패잔병을 전선에 태워 도망칠 수 있었다.

내호아의 패전 보고를 받은 양제는 버럭 성을 냈다. 요동성을 아무리 공격하여도 함락하지 못해 부아가 나 있을 때 설상가상으로 패전 보고를 받은 양제는 총사령관 우문술 등 수뇌들에게 다음과 같은 명령을 내렸다.

"함락하지 못한 성은 그대로 두고 평양으로 직행하라."

요동성뿐만 아니라 그 주변의 여러 성들도 성문을 굳게 닫고 철통같이 지키는 바람에 수나라 군사들도 어쩔 도리가 없었다.

오직 힘만을 믿고 있던 양제는 단숨에 평양성을 함락해 끝장

**을지문덕 장군의 흉상**

* 이 항목과 관련 우리 국사에는 을지문덕이 직접 수나라 우중문의 진중에 들어가 거짓 항복의 뜻을 전한 것으로 되어 있음

* 행재소 : 수의 양제가 있는 요동

을 낼 작정이었다. 우문술, 우중문(于仲文), 유사룡(劉士龍) 등은 압록강을 건너 남하하였으나 오랜 요동벌의 지구전에서 장병들이 지칠대로 지쳐 있었다. 이를 알아차린 고구려군은 싸움을 걸고서는 곧바로 도망치는 작전으로 수나라 군사를 골탕 먹였다. 수나라 군사는 산발적인 전투를 벌여 하루에 7번 싸워 모두 이겼으나 피로가 겹쳐 살수(薩水)를 건너 평양을 눈앞에 둔 때에는 이미 전쟁을 계속할 수 없는 상태에 이르러 있었다.

이때 고구려의 대신 을지문덕이 사자를 보내 제의하였다.*

"만약 수나라가 군사를 물리면 마땅히 고구려 왕을 받들어 모시고 행재소*에 나아가 조회하겠습니다."

이번 수나라의 원정은 고구려 왕이 입조를 거절함으로써 일어난 것이기 때문에 입조를 제의한 이상 수나라로선 전쟁을 중지할 구실이 되는 것이다. 약간 의아스런 생각이 들긴 했으나 수나라 군대가 극도로 피로하여 싸울 힘이 없음을 잘 알고 있는 우문술은 이것을 좋은 구실로 삼아 군대를 철수시키기로 결정하였다. 수나라 군사가 철수하자 그들이 의아했던 대로 고구려군은 도처에서 퇴각하는 수나라 군사에게 공격을 가하여 큰 타격을 주었다. 특히 살수대전에서는 수나라 군사가 살수를 반쯤 건넜을 때 급습을 당하여 전멸 상태에 빠졌다. 이 싸움에서 수나라 군사는 30만 5천 명 가운데 겨우 2,700명이 목숨을 보전하여 돌아갔다.

　양제의 제1차 고구려 원정은 완전 실패로 끝났다. 총사령관 우문술은 함거에 실려 낙양으로 돌아왔다. 그러나 그의 아들 우문사급이 양제의 딸 남양 공주와 결혼한 사이였으므로 처형은 면하고 폐서인이 되었다. 그 대신 장군 유사룡에게 패전의 책임을 물어 그를 처형하였다.

　제1차 고구려 원정의 참패로 양제의 체면은 말이 아니었다. 양제는 1차의 참패를 설욕하기 위하여 이듬해 대업 9년(613) 재차 고구려 원정을 강행하였다. 우문술은 관작을 회복하고 명예를 회복할 기회를 부여한다는 뜻으로 재차 원정군의 총사령관에 임명되었으며 양제도 친정에 나서 요동으로 향하였다.

　이번의 작전은 제1차 작전과는 달리 단숨에 평양을 공격하는 것이 아니고 도중 각 성을 각개격파하는 작전이었다. 제1차 원정 때 퇴각하는 과정에서 각 성에서 출격하는 고구려군에게 곤욕을 당한 악몽이 잊혀지지 않았기 때문이었다.

**압록강** 을지문덕은 압록강을 이용해 수나라 군사와 맞섰다.

　수나라의 원정군이 순조롭게 공격을 진행하여 고구려에 위협을 가하고 있을 무렵 본국에서 반란이 일어났다는 급보가 날아들었다.

　군량의 수송을 담당했던 예부 상서(문교 장관) 양현감(楊玄感)이 수송을 고의적으로 지연시키며 전선에 타격을 주더니 마침내는 반란을 일으킨 것이다. 이와 때를 같이하여 하북, 산동, 하남 등지에서도 농민들의 반란이 불길처럼 타올랐다. 양제는 국내의 반란을 진압하기 위하여 할 수 없이 원정군을 철수시킴으로써 고구려 원정은 사실상 중지되고 말았다.

　양현감은 일찍이 양제가 황태자의 자리에 오를 수 있도록 배후에서 조종했을 뿐 아니라 그 후 양제가 태자의 자리에서 쫓겨날 뻔했던 위기에서 그를 구해낸 명참모 양소의 아들이다. 양소는 양제가 제위에 오른 후 그 공적을 빙자해서인지 교만 무례하고 조정의 연회석상에서도 신하로서의 예를 잃는 일이 종종 있었다. 특히 그의 만년에 양제는 양소에게 높은 명예직만 주었을 뿐 실권을 주지 않았기 때문에 양소는 항시 불만을 품고 있었다. 양소가 병석에 눕게 되자 양제는 전의를 파견하였으나 사실은 양소의 병이 나을까 두려워하였다는 소문도 있었다.

"설사 양소가 병으로 죽지 않았다손 치더라도 언젠가는 그의 일족이 모두 양제의 손에 죽었을 것이다."

이런 연유 때문이었는지 양현감은 예부상서(문교 장관)에 등용되었으면서도 양제에게 그다지 충성심을 가지지 않았다. 그가 반란을 일으키는 데에는 그의 친구 이밀(李密)의 영향이 컸었던 것으로 생각된다. 이밀은 북주 팔주국(北周八柱國)의 한 사람이었던 이필(李弼)의 손자였으므로 수왕조의 양씨와 동등한 호족이었다. 수나라 조정에서 부름을 받아 그의 아버지 포산공(蒲山公)의 작위를 이어받기는 하였으나 병을 구실로 관직에 나가지 않고 오로지 독서로 소일하고 있었다. 양소가 이 같은 이밀을 높이 평가하여 그의 아들 양현감에게 "이밀은 너와는 비교할 인물이 아니다." 하며 이밀을 추앙하였다는 것이다.

양현감은 반란의 뜻을 굳히자 장안에 밀사를 보내 이밀을 그의 임지인 여양으로 불러오게 하였다. 막중한 대사를 결행하자면 이밀이 가장 신뢰할 수 있는 인물이라고 믿었기 때문이었다.

반란 계획에 대한 자문을 요청받은 이밀은 생각 끝에 세 가지 계책을 말하였다.

**첫째,** 요동에 친정 중인 양제의 배후를 공격할 것.

**둘째,** 국도 장안을 공격할 것.

**셋째,** 낙양을 공격할 것.

첫째가 상책이고, 둘째가 중책, 셋째가 하책이라고 이밀은 설명하였지만 양현감은 하책인 낙양을 공격하기로 하였다.

첫째는 상책이긴 하지만 양제의 원정군은 이미 전투 준비를 갖춘 부대이고 그 숫자도 어마어마하였다. 성공하면 일거에 수왕조를 분쇄할 수도 있지만, 그만큼 위험성도 크기 때문에 양현감은 이 계책을 채용하지 않았다. 둘째의 장안 공략도 거리가 워낙 멀기 때문에 곤란하였다.

양현감이 주둔하고 있는 여양은 낙양 가까이 있었다. 당시 수나라는 대흥(大興, 장안)을 수도로 삼고 있었으나 낙양(동도)과 강도(양주)를 준수도라 하여 장안과 거의 동격으로 취급하였다. 장안을 공격하기보다는 가까운 낙양을 공격하는 것이 낫지 않겠는가 하는 것이 양현감의 생각이었다.

이밀이 장안을 공격하는 것이 중책, 낙양을 공격하는 것이 하책이라고 말한 까닭은 건설 중에 있는 장안을 공격하기가 훨씬 수월할 뿐 아니라 반란 소식을 듣고 원정군이 철수할 때 낙양이 보다 가까워 공격을 일찍 받을 것을 염려했기 때문이었다. 그런데도 양현감은 안전만을 택하여 하책을 선택했다.

양현감은 이밀을 모사로 삼아 반란의 깃발을 높이 쳐들고 낙양을 공격하였으나 쉽게 무너지지 않았다. 역시 장안을 공격하는 편이 나았을 것이라 후회하고 공격 목표를 장안으로 돌렸으나 이미 낙양을 공격하는 데 시간을 허비하였다. 그 사이에 고구려 원정군의 우문술과 내호아 등이 돌아와 양현감의 군대를 추격하여 대파하였다. 동관으로 패주하던 양현감은 추격하는 군대에게 잡히기 일보 직전에 동생 양적선(楊積善)에게 자신의 목을 베게 하여 일생을 마쳤다. 이밀도 체포되었으나 낙양으로 호송되는 도중

용케 도망쳐 그 후 책양(翟襄)을 수령으로 하는 반란 집단에 가담하였다.

양현감의 반란으로 제2차 고구려 원정을 중지해야 했던 양제는 이듬해인 대업 10년(614)에 다시 원정군을 편성하였다. 수나라 도처에서 반란의 무리들이 고개를 들고 있었지만 양제의 오기는 고구려 원정을 포기할 수가 없었다. 그러나 원정군의 편성은 반란의 무리들을 도와주는 결과가 되었다. 징병을 기피하여 도망친 장정들이 반란군에 가세하였기 때문이었다.

사실 고구려도 해마다 수나라 군사를 맞이하여 전 국력을 기울여 싸우다 보니 피폐한 것은 마찬가지였다. 양제가 3차 원정에 나서자 고구려에서는 사자를 보내 화해할 것을 청하고 망명해 있던 곡사정을 송환하였다. 곡사정은 원래 수나라 병부시랑*으로 제2차 고구려 원정군의 수뇌였으나 양현감의 반란소식을 듣자 그 길로 고구려에 망명하였다. 그런데 이 인물은 양현감과 내통한 혐의를 받고 있던 자였다. 적국에 망명한 자국의 장군을 양제가 몹시 증오하고 있는 것은 당연하였으며, 그런 인물을 송환한다 하니 양제는 크게 기뻐하여 고구려의 화해 요청을 성의 있는 것으로 받아들였다.

* 병부시랑 : 국방차관

사실 양제로서도 고구려의 화해 요청에 안도의 한숨을 쉬었을 것이 틀림없다. 양제는 제3차 원정 때에도 친정하였는데 회군하다가 한단에서 뜻밖에도 양공경(楊公卿)이라는 도적의 괴수가 거느리는 8천 명의 무리에게 습격을 당하였다. 다행히 도적들이 노린 것은 천자의 목숨이 아니고 천하의 보배로 일컬어지는 천자의 말이었다. 명마 중의 명마로 손꼽히는 42마리의 명마를 삽시간에 날치기 당했으니 수나라도 이미 말기 증상을 드러냈다고 아니

할 수 없다.

국내의 도적떼들까지도 우습게 여기는 수나라를 고구려가 어찌 우러러보겠는가. 고구려는 입조를 약속했지만 끝내 수나라에 오지 않았다. 곡사정은 어차피 수나라 사람이므로 구워 먹든 삶아 먹든 고구려로서는 신경 쓸 일이 아니었다. 양제는 실제로 곡사정을 삶아 죽이고 그것을 백관들에게 돌려가며 맛보도록 하였다.

대업 11년(615) 양제는 장안을 떠나 산서성의 태원을 돌아 분양궁(汾陽宮)에서 피서하고 낙양으로 돌아왔다.

양제는 양현감의 반란 때 불타버린 용선을 다시 만들도록 명령하였다. 한두 척이 아닌 수천 척의 용선을 만들라 하니 얼마나 우매한 짓인가. 3차에 걸친 고구려 원정과 그 밖의 일로 국고가 텅 빈 상태인 데도 다시 유흥을 꿈꾸는 양제의 생각은 폭군의 말로를 재촉하는 포악 행위였다.

뿐만 아니라 회계 땅에는 새로 이궁을 지을 생각까지 하였으나 그곳에서 반란이 일어났기 때문에 실현에 옮기지 못하였다.

대업 11년 강남에서 만들어진 용선이 마침내 낙양에 도착하였다. 이에 양제는 용선을 타고 강도로 행차하려 하였다. 양제의 반란군이 낙양을 목표로 위협을 가해오고 있었기 때문에 일단 남쪽 강도로 후퇴하여 위험을 모면해보려는 꿍꿍이속이 있었던 것이 사실이다.

대신들은 양제가 강도로 이동하면 그만큼 왕조의 붕괴를 재촉하는 결과가 오리라는 것을 알면서도 감히 간하는 사람이 없었다. 오직 임종(任宗)이라는 하급관리가 용기를 내어 상소를 올렸으나 곧바로 궁전 계단에서 타살되고 말았다.

양제 자신도 천하의 형세가 수나라에 불리하게 돌아가고 있다는 사실을 짐작하고 있었다. 천하의 주인이었던 그는 북방의 식량과 물자가 대부분 남쪽에서 공급되는 것을 잘 알고 있었다. 만약의 경우 수나라가 천하를 모두 확보할 수 없다면 북쪽보다는 남쪽을 차지하는 것이 낫다고 판단했을지도 모르는 일이다. 남쪽에서는 자급 자족이 가능했기 때문에 만약의 사태가 발생하면 강도를 거점으로 천하의 반만이라도 확보하겠다는 속셈이었을 가능성이 짙다.

황태자가 일찍 죽고 그의 동생이 있었으나 양제는 그를 신뢰하지 않았다. 양제는 남쪽 강도로 거동할 때 황태자의 아들, 즉 손자인 대왕 양유(楊侑)는 장안에, 같은 월왕 양통을 낙양에 머물게 하였다.

어디서 어떤 변이 일어나더라도 수나라 왕조는 이 세 곳 가운데 어느 한 곳에서라도 이어질 수 있도록 포석(布石)한 셈이었다. 그러나 이것이 얼마나 어리석은 생각이었는가를 역사는 현실로써 증명해 주었다.

양제는 대업 12년(616) 강도로 돌아왔으나 이곳 반란 세력들도 양제의 마음을 편안하게 놔두지는 않았다. 양제는 반란 세력에 잔혹한 탄압을 가하여 반란군들을 피바다에 밀어넣었다. 그러나 '수나라 장군들이 반란군과 싸울 때마다 승리를 거두었으나 반란군은 일단 패했다가도 다시 모여들어 그들의 세력은 더욱 강대해졌다.'고 역사는 기록하고 있다.

각지의 반란군은 여러 차례 이합집산을 거듭한 끝에 차츰 통합된 조직으로 변모하여 비교적 강대한 3개의 조직으로 형성되어 갔다. 이들 3개의 조직은 책양·이밀이 지휘하는 하남 세력, 두건덕이 거느리는 하북 세력, 두복위(杜伏威)·보공석(輔公祏)이 거

**개마무사도** 안악 3호
분 벽화

느리는 강회(江准) 세력이었다.

대업 13년(617)에는 수왕조의 지방 관리, 장령들도 차례 차례
각 지방에 할거하여 자신들의 세력을 구축하고 반란을 일으켰다.
그 가운데 최강의 실력을 자랑하는 것은 당국공(唐國公) 이연(李
淵)이었다. 이연은 태원에서 군사를 일으켜 관중(關中)을 근거지
로 삼아 맹렬한 형세로 그의 세력을 확장하고 있었다. 이연은 나
중에 당나라를 일으킨 당고조이다.

당시의 반란 세력들 가운데 황제나 천자를 자칭하는 자들은
많았지만, 그것은 세상을 모르는 우물 안 개구리에 지나지 않았
다. 확실한 정치 구상을 가진 사람은 오직 이밀 한 사람이었다. 이
밀은 귀족 출신이었기 때문에 관례도 잘 알고 있었다. 갑자기 황

제라 칭하는 것은 웃음거리에 지나지 않고 위나라와 진나라의 관례를 보더라도 우선 국공(國公)이 되고, 다음에 왕이라 칭하고 그 다음에 선양을 받아 황제가 되는 것이 일반적 관례였다. 이밀은 이 같은 관례에 따라 우선 '위공(魏公)'이 되고 연호도 '영평(永平)'이라 정하였다. 여기서 유의할 것은 처음에는 이밀이 책양에게 몸을 의탁하였으나, 그 후 책양은 이밀의 가문과 인격을 존중하여 수령의 자리를 이밀에게 양보한 것으로 보인다.

수왕조의 힘이 쇠퇴했다는 것은 이미 누가 보아도 뻔한 일이었다. 강도에 들어간 양제는 그곳에서 옴쭉달싹도 못하게 되었다. 지금까지는 강남의 풍물을 즐기기 위해 종종 강도에 행차한 일이 있었으나 이번은 전과는 달라 움직일 수가 없게 된 것이다.

'수나라는 이미 끝장이다. 다음은 이밀의 위나라이다.'

이렇게 판단한 각지의 반란군 두목들은 행여 버스 지나간 다음에 손드는 격이 될세라 다투어 이밀의 휘하로 모여들어 그의 무리는 수십만 명에 이르렀다.

이밀이 이미 점령한 낙구창(洛口倉)*에는 곡식이 무진장 있었기 때문에 몇십만 명이 모여들어도 식량 문제는 끄떡 없었다.

낙구창이야말로 이밀 정권의 기반이라 해도 과언이 아니었다. 낙구창은 낙양에서 그다지 멀지 않은 곳에 있었다. 이밀은 우선 낙양을 점령하여 천하정권의 첫걸음을 내디디려 하였다. 맹양(孟讓)을 총관으로 삼아 동도 낙양을 맹렬히 공격하였다.

이때 낙양에는 양제의 손자 양통이 있었는데 나이가 어려 대신들을 통제할 능력이 없었다. 그 일례로 군사령관 배인기(裵仁基)와 참모감군어사 소회정(蕭懷靜)과는 사사건건 대립하고 있었다. 배인기가 전리품을 부하들에게 나누어주려 해도 소회정은

* 낙구창(洛口倉) : 낙수와 황하가 합류하는 지점에 있는 거대한 곡물 창고

이를 허락하지 않는 상태였다. 이런 가운데 배인기는 소회정을 죽이고 이밀에게 항복해왔다. 이밀은 배인기를 크게 환영하여 상주국(上柱國)의 벼슬을 내리고 낙양 공격 사령관에 임명하였다.

낙양은 금방 함락될 것 같았으나 그래도 수나라 삼도(三都, 장안, 낙양, 강도)의 하나였으므로 쉽사리 무너지지 않았다. 회락창(回洛倉)이라는 낙구창과 똑같은 규모의 정부 양곡 창고가 낙양성 가까이 있어 그 창고에서 성내로 양식을 운반할 수 있었기 때문에 이밀은 회락창을 확보하려 하였다. 회락창을 둘러싸고 수나라 군사와 이밀군의 싸움이 맹렬히 전개되었다.

이밀은 회락창 확보에 집착한 나머지 수나라의 수도가 장안이라는 사실을 잊고 있었다. 천하를 차지하는 관건은 그 나라의 수도를 장악하는 데 있다는 것쯤은 상식인데도 이밀은 장안을 중요시하지 않았다. 그보다는 회락창을 확보한 다음 장안을 공격할 작전이었는지도 모른다. 어쨌든 이밀의 작전은 큰 실수를 범하고 말았다.

이밀이 회락창에서 시간을 보내는 동안 태원 유수 이연이 갑자기 남하하여 장안을 급습하고 그곳에 '당왕조(唐王朝)'를 세우리라는 것은 꿈에도 생각지 못한 일이었다.

## 수의 패망

태원 유수 이연(李淵)의 아버지 이병(李昞)은 북주 시대 팔주국(八柱國)의 한 사람으로 당국공(唐國公)에 봉해져 있었으므로 이연은 아버지의 작위를 이어 당국공이 되었다.

수의 양제는 처음 이연을 홍화군(弘化郡) 유수에 임명하였는데 이연은 관대하고 간략한 행정으로 백성들의 신임을 받았다. 양제는 이연의 인상(人相)이 범상하지 않을 뿐더러 당시 유행하는 도참설에 '심수(深水) 황양(黃楊)을 몰(沒)함(深水沒黃楊)'이라는 예언이 있어 이연을 경계하고 미워하였다.*

이연은 양제에게 죽임을 당할까 두려워 술과 여자를 가까이하고 황제의 측근들에게 뇌물을 주는 등 타락한 생활을 가장하여 자신의 재능을 숨겼다.

당시 국내 도처에서는 반란이 일어나 각기 자기 세력을 구축하는 일에 혈안이 되어 있었으나, 이연은 태원 유수로 임명되어 태원(산서 하동)의 일부 병력을 거느리고 있으면서도 천하를 겨냥하려는 야심은 가지지 않고 진양(晉陽, 태원군)의 이궁에서 여자와의 유흥에 빠져 있었다. 이때 잠잠하던 돌궐족이 수나라의 내란을 틈타 국경지대인 마읍을 침범하였는데 이 지역은 태원 유수의 관할 지역이었다. 이연은 고군아(高君雅)를 파견하여 돌궐을 토벌하도록 하였으나 격퇴시키지 못하고 도리어 많은 병력을 잃었다. 이 보고를 받은 양제는 사자를 보내 이연을 강도로 연행해오라는 명령을 내렸다. 강도에서는 엄한 형벌이 기다리고 있음이 분명했다.

이연의 둘째 아들 세민(世民)은 어려서부터 총명하고 용기와 결단력이 뛰어났으며 식견과 도량이 뛰어난 인물이었다. 수나라가 어지러워지는 것을 보고 그는 은근히 천하를 평정하여 인심을 안정시키려는 큰뜻을 품고 이궁의 감독관 배적(裵迪)과 진양현령 유문정(劉文靜) 등과 친교를 맺고 있었다.

* 심수(深水)는 깊은 연못으로 이연의 이름자 '연(淵, 깊은 연못)'이고, 황양(黃楊, 회양목)의 '양(楊)'은 수나라 왕조의 성이므로 깊은 연못이 황양을 몰함, 즉 '淵이 수나라를 멸망시킨다.'고 해석하여 이연을 경계하였다

양제의 소환을 받은 아버지 이연이 망설이고 있을 때 그는 아버지를 설득하였다.

"주상은 무도하고 백성들은 곤궁에 처해 있습니다. 아버지께서 만약 절개를 지키신다면 아래로는 도적이 있고 위로는 엄한 형벌이 있을 뿐 얼마 안 가 저희 집안은 멸망해버릴 것입니다. 민심에 순응하여 의병을 일으켜 전화위복(轉禍爲福)의 기회로 삼으셔야 합니다."

이 말을 들은 이연은 크게 놀라며 이렇게 말하였다.

"너는 어째서 그런 두려운 말을 하느냐. 누구의 사주를 받은 것이 아니냐? 나는 당장 너를 체포하여 현관에게 고발하겠다."

세민은 조금도 동요하지 않고 침착하게 말하였다.

"세민이 곰곰이 세상 사정을 살펴본 바 앞서 말씀드린 바와 같습니다. 누구의 사주를 받았겠습니까. 아버지께서 저를 체포하여 고발하시려거든 처분대로 하옵소서. 소자는 죽음도 두려워하지 않습니다."

이연은 할 수 없이 아들을 타일렀다.

"아비로서 너를 차마 고발할 수는 없다. 차후로는 조심하여 그런 말은 입 밖에도 내지 말라."

그러나 다음날 세민은 다시 아버지 이연을 설득하였다.

"세상 사람들은 모두 도참설의 예언과 같이 이씨 성을 가진 사람이 천하를 차지할 것으로 생각하고 있습니다. 이런 소문 때문에 이금재(李金才)는 아무 죄도 없이 폐하에게 의심을 받아 일족 일당이 모두 죽임을 당하였습니다. 아버지께서도 자주 반란을 평정하셨으므로 그 공은 높으시지만 상은 받지 못하시고 몸은 점점 위태로운 지경에 이르고 계십니다. 다만, 어제 말씀드린 일은 그

**양제의 출행** 명대 《제
감도설(帝鑑圖說)》의
화각본

화를 피할 수 있는 유일한 방법이며 만전의 계책입니다. 아무 의
심 마시옵소서."

　세민의 논리 정연한 말을 들은 이연은 탄식하며 말하였다.

　"나는 어젯밤 내내 네가 말한 일에 대하여 깊이 생각해보니
역시 일리가 있는 말이다. 이제 패가망신하는 것도 네 책임이고,
또한 집안이 변하여 나라가 되는 것도 또한 네 책임이다. 성패가
모두 네 책임이다."

　이연은 마침내 결기할 뜻을 굳히고 병사를 모집하여 반란군
을 일으켰다(617). 그리고 돌궐에게도 사자를 보내 원병을 요청하
였다. 세민은 군사를 거느리고 용약 출진하여 우선 서하군(산서
성)을 함락하고 군의 차관 고덕유(高德儒)를 생포하여 그 죄를 물
어 참수하였다. 세민은 다시 진군하여 곽읍(태원 부근)을 빼앗고

대운하

* 동관 : 섬서성에 있는 관문

임분현, 강군을 공략 함락하고 여세를 몰아 한성과 풍익군을 함락하였다.

이연은 군사를 모아 하동을 포위하고 다시 군사를 나누어 서쪽으로 진격하는 한편 장남 건성(建成)을 시켜 동관*을 지키게 하였다. 세민은 위수 북쪽의 여러 고을을 돌면서 백성들을 설득하여 이들을 복종시키니 관중의 반란 세력이 모두 이연에게 항복하였다. 7월에 진양을 떠난 이연의 군단 3만 명은 10월에 관중에 들어가 장안에 육박했을 때는 20만 명으로 증강되어 있었다.

이연이 거느리는 20만 명의 군단은 장안성 밑에 도착하여 춘명문 앞 서북쪽에 야영하고 민가에 들어가 숙박하는 것을 엄금하였다. 그리고 장안성 안으로 사자를 보내 이번 거사가 반란이 아니고 왕실을 바로잡기 위한 뜻임을 전하였다. 그러나 성 안에서 아무런 반응이 없자 10월 갑진(甲辰)에 마침내 공격을 개시하여 11월

병진(丙辰)에 이연의 군사는 장안성을 점령하는 데 성공했다.

이때 이연은 800여 년 전 유방이 관중에 들어갔을 때 진나라의 가혹한 법률을 모두 폐하고 법 3장을 약속한 일을 재연하였다. 이연은 법 3장으로는 부족을 느꼈음인지 수나라의 법률을 모두 폐하고 12조만을 지키도록 하였으며 10여 명만을 처형하는 데 그쳤다.

장안성에 입성한 이연은 대왕 양유를 천흥전에 맞이하여 즉위식을 올리게 하고 연호도 의령(義寧)이라 고쳤다. 그리고 강도에 있는 양제를 태상황으로 받들었다.

이연의 이런 조치는 선양을 준비하는 과정이었음은 말할 나위도 없다. 당국공이었던 이연은 당왕이 되고 무덕전에서 황제를 대신하여 정권을 장악하였다.

이 무렵 수의 양제는 강도의 이궁에서 미녀들에 둘러싸여 유흥에 젖어 있었다. 궁중에 있는 100여 개의 방에 고르고 고른 미녀를 한 사람씩 놓아두고 하루에 한 방을 돌아다니며 노는 향락에 빠졌다. 그러나 양제의 마음은 즐거움보다는 고통이 많았다. 매일처럼 점쟁이에게 하루의 운명을 점치게 하고 술로써 고통을 달랬다. 어느 날 거울에 비치는 자신의 모습을 바라보고 힘없이 웃으면서 혼잣말로 중얼거렸다.

"목이 참 보기좋게 생겼다마는 누가 이 목을 차지하게 될지 모르겠군!"

양제는 이제 수나라는 끝장이라고 체념하고 있었으며 자신의 목숨도 얼마 남지 않았음을 직감하고 있었다. 양제는 입버릇처럼 독이 든 술을 항시 준비해 두도록 그의 총희들에게 자주 주의를 환기시켰다.

**농민의 반란** 대공사와 궁중의 부패 등으로 농민이 봉기했다. 적양군은 616년 수군을 격파하고 낙양 부근에 있던 전국 최대의 곡창을 공략하여 가난한 사람들에게 식량을 나누어주었다.

"적군이 밀려오거든 너희들이 먼저 이 술을 마시도록 하라. 그 뒤를 이어 짐도 마시겠노라."

양제의 보기 좋게 생긴 목이 잘릴 날이 서서히 다가오고 있었다. 양제를 호위하는 친위군의 우두위 장군 우문 화급(字文化及)을 수령으로 하는 친위군이 쿠데타를 일으켜 양제를 시해한 것이다. 친위군이 쿠데타를 일으키게 된 주요 원인은 친위군의 대부분이 장안을 중심으로 하는 관중 출신이라는 데 있었다. 이들은 고향을 그리는 향수에 젖어 있었는데도 양제는 장안으로 돌아갈 생각은 하지 않고 그대로 강도에 머무르기로 뜻을 굳힘으로써 친위군의 불만이 커졌다. 그들은 양제를 시해해서라도 고향으로 돌아가겠다는 망향의 일념에 사로잡혀 마침내 쿠데타를 일으켰다.

제 몸을 희생시켜서라도 황제의 신변을 지켜야 할 친위군이 배반하니 양제의 목숨도 이제 경각에 달려 있었다. 칼날을 번뜩이며 서 있는 친위 장교에게 양제는 호통을 쳤다.

"주모자가 어느 놈이냐?"

"온 천하가 똑같이 원망하고 있습니다. 어찌 한 사람에 그치겠습니까."

친위 장교가 대답하였다.

양제는 마지막으로 "천자에게는 죽는 방법이 따로 있는 법이다. 독약을 마시고 죽게 해 달라."라고 부탁했으나 이마저 거절당하였다. 양제는 체념한 듯 자신의 허리띠를 풀어 친위군의 장교에게 건네주고 그의 힘을 빌어 목을 매고 죽어갔다. 이때가 대업 14년(618) 3월이었다.

수의 양제가 강도에서 시해되었다는 소식이 장안에 전해지자 이연은 그해 5월에 선양의 형식으로 장안에서 황제의 위에 오르고 나라 이름을 당(唐), 연호를 무덕(武德)이라 칭하였다.

첫째 아들 건성(建成)을 태자로 세우고, 둘째 아들 세민을 진왕(秦王), 셋째 아들 원길(元吉)을 제왕(齊王)으로 삼았다.

이로써 수나라는 3대 37년 만에 멸망하였다.


●

# 손사막과 천금방

중국 의학사상 불후의 명성을 남긴 명의는 손사막(孫思邈, 581~682)이다. 그는 수나라 때 태어나서 당나라 때 102세로 타계했다

**손사막 초상 우표**

고 전해진다.

어느 날 손사막은 우연히 관을 짊어지고 가는 사람들과 마주쳤다. 언뜻 바라보니 관 밑바닥에서는 피가 흘러나오고 관 뒤에는 한 할머니가 울면서 따라가고 있었다. 손사막은 관 쪽으로 다가가 관 밑에서 흘러나오는 피를 으깨 본 다음 할머니에게 물었다.

"언제 죽었습니까?"

몇 시간 전에 죽었다는 대답을 들은 손사막은 다시 할머니에게 말하였다.

"관을 열고 그 시체를 좀 나에게 보여주실 수 있겠습니까?"

할머니는 손사막이 의사라는 사실을 알자 그의 손을 잡고 애원하였다.

"제발 부탁입니다. 나의 단 하나의 혈육인 외동딸입니다. 난산으로 이틀밤을 고생하다가 아이도 낳지 못한 채 죽고 말았습니다. 이 딸이 죽으면 이 늙은이는 도저히 살 수가 없습니다. 어떻게든 내 딸의 목숨을 살려주십시오."

손사막은 "이 피로 보아서는 어느 정도 가망이 있을 듯합니다. 한번 시험삼아 치료를 해보겠습니다."라고 말하고 관의 뚜껑을 열었다.

관 속 산부의 얼굴빛은 그야말로 납덩이처럼 창백하였다. 그러나 맥을 짚어보니 실낱만큼의 박동을 느낄 수 있었다. 손사막은 즉시 경혈(經穴)을 찾아 침을 놓고 독특한 염침법(捻鍼法)*을 시술하였다.

* 염침법(捻鍼法) : 침을 비틀면서 튕기는 치료법

　잠시 후 "응애 응애." 어린 아이의 울음 소리가 터져나옴과
동시에 건강한 아기가 탄생하였으며 산모도 눈을 뜨는 것이었다.
손사막이 가지고 있던 약자루에서 약을 꺼내 산부에게 먹이자, 산
부는 잠시 후 원기를 회복하였다.

　손사막은 침 한 방으로 모자 두 사람의 생명을 구한 것이다.
이 같은 손사막의 행동을 시종 지켜보고 있던 사람들은 모두 감탄
하여 손사막을 가리켜 '산 신령님'이라고 불렀다.

　손사막이 단 한 개의 양파 잎새로 인명을 구했다는 이야기도
있다. 어느 날 손사막은 요폐(尿閉)*로 배가 큰북처럼 부어올라
고생하는 환자를 진찰하였다. 그 환자를 그대로 두었다간 금세 방
광이 터져 죽을 지경이었다. 약을 먹이는 것만으로는 도저히 치료
가 불가능하였다. 어떻게 하면 오줌을 배출할 수 있을 것인가?

　손사막은 한나라 때의 명의 장중경(張仲景)이 관장으로 변비
환자를 치료한 사실을 알고 있었기 때문에 이 방법을 응용하는 것
이 어떨까 하고 생각하였다.

* 요폐(尿閉) : 요도가
막혀 오줌을 못 누는 병

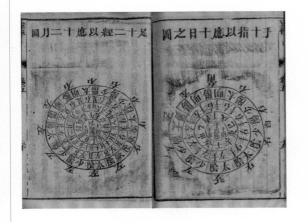

《천금방(千金方)》

한나라 때의 관장은 대롱을 환자의 항문에 집어넣고 돼지의 쓸개즙을 주입시키는 방법이었으나 요도는 장과 비교하여 훨씬 가늘 뿐 아니라 대롱을 삽입하는 것도 여간 어려운 일이 아니었다. 어떻게 하면 좋을까? 손사막은 깊은 생각에 잠겼다.

바로 이때 이웃집 아이들이 양파의 잎새를 풀피리처럼 불고 다니는 것을 보았다.

양파의 잎새는 불에 쬐면 아주 부드럽고 신축성이 있다. 여기서 손사막은 양파 잎새의 끝을 자르고 이것을 조심스럽게 환자의 요도에 삽입하고 밖에서 풀피리를 불듯 숨을 불어넣었다. 잠시 후 요도가 열리면서 오줌이 양파 잎새의 대롱을 따라 서서히 흘러나오면서 환자의 고통은 씻은 듯이 사라졌다.

'요폐'는 현대에 있어서는 그리 대단한 병이라 할 수는 없다. 하지만 1300년 전에는 이렇다 할 도요법(導尿法)*이 없었다. 이런 점에서 손사막은 세계 최초로 도요법을 개발한 의사라고 해도 좋을 것이다.

* 도요법(導尿法) : 오줌을 밖으로 유도해 배출시키는 치료법

손사막은 환자를 진찰 치료함에 있어 그 빈부와 민족을 가리지 않고 치료에 임했다. 왕진 의뢰가 있으면 아무리 멀든, 춥든, 비가 오든, 바람이 불든, 또는 한밤중이든 얼굴 하나 찌푸리지 않고 약상자를 어깨에 둘러메고 나귀를 타고 달려갔다. 먼 곳에서 온 환자는 자기 집에서 유숙시키면서 친히 약을 달여 먹이는 등

가족과 똑같이 대하였다.

손사막은 그의 저서에서 '대의
정성(大醫精誠)'이라는 말을 하고
있다. 여기서 말하는 '정(精)'이란
훌륭한 의술을 뜻하는 말이고, '성
(誠)'이란 의사로서의 높은 윤리를
뜻하는 말이다. 손사막은 모름지기
명의란 이 '정'과 '성'을 겸비하고
있지 않으면 안 된다고 가르쳤는데
그야말로 '대의정성'의 전형이라고
말할 수 있다.

손사막은 70세 때 그의 경험을
총괄하여 《천금요방(千金要方)》이
라는 책을 썼고 100세 때에는 다시
《천금익방(千金翼方)》이라는 저서
를 썼다. '익방'은 '요방'에서 서술
된 문제를 보충하고 전개하여 이 두
저서를 합하면 두 날개를 이룬다는
뜻이 포함되어 있다.

이 두 저서에는 6,500회 이상의
처방이 기록되어 있어 수·당 의학
의 집대성이라 일컬어지고 있다. 후
세 사람들은 이 두 저서를 합쳐 《천
금방(千金方)》이라 부르고 있으며,
이들 저서의 사본은 당나라 때에 한

**약왕 사당**

**손사막 화상** 편작 등
과 함께 약왕 사당에
모셔졌다.

국과 일본에도 전해졌다고 한다.

 이렇게 해서 1300여 년이 지난 오늘날에도 손사막의《천금방》은 세계 한방의학의 교과서이며 그가 제창한 '대의정성'의 가르침과 자신의 명예와 위험을 초월하여 환자를 구한 정신은 세계 한방의의 좌우명인 동시에 노력의 지표가 되고 있다.

# 수 왕 조 의 계 보

**양씨(楊氏)**

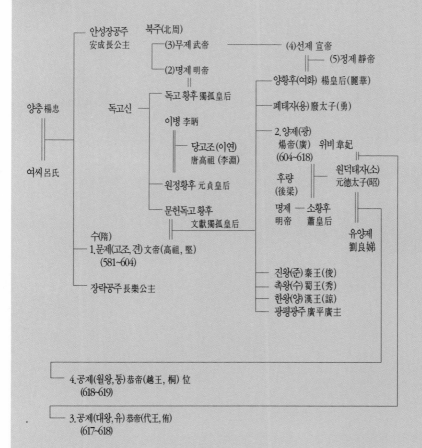

안성장공주
安成長公主

북주(北周)

(3)무제 武帝 ──────── (4)선제 宣帝

(2)명제 明帝 ──── (5)정제 靜帝

독고 황후 獨孤皇后 ─── 양황후(여화) 楊皇后(麗華)

독고신 ─── 이병 李昞 ─── 폐태자(용) 廢太子(勇)

당고조 (이연)
唐高祖 (李淵)

2. 양제(광)
煬帝(廣)    위비 韋妃
(604~618)

양충 楊忠 ─── 원정황후 元貞皇后

후량
(後梁)    원덕태자(소)
元德太子(昭)

여씨 呂氏 ─── 문헌독고 황후
文獻獨孤皇后

명제    소황후
明帝    蕭皇后

유양제
劉良娣

수(隋)
1.문제(고조,견) 文帝(高祖, 堅)
(581~604)

진왕(준) 秦王(俊)
촉왕(수) 蜀王(秀)
한왕(양) 漢王(諒)
광평광주 廣平廣主

장락공주 長樂公主

4.공제(월왕,통) 恭帝(越王, 桐) 位
(618-619)

3.공제(대왕,유) 恭帝(代王, 侑)
(617-618)

# 7

당의 건국과 흥망

당나라 시대

대완
강거
북정대도호부
고묵주
안서도호부
월지
수선

토번

농우도

관내도

안북대도호부

진북대도호부

하북도

선우대도호부

하동도

당항

하남도

창하

토욕혼

봉상부

하남부(낙양)

흥원부

경조부(장안)

촉주

산남도

회남도

소주

성도부

강릉부

장강

금주

강남도

복주

검남도

남조

영남도

광주

안남중도호부

## 당의 건국과 흥망

당의 고조 이연이 수나라를 멸망시키고 당나라를 세우는 데는 그의 둘째 아들 이세민의 활약이 컸다. 당나라 건국 후 이세민의 인망을 질투한 태자 건성이 세민을 제거하려는 불온한 움직임을 보이자 세민은 기선을 제압하여 현무문에서 태자 건성과 동생 원길을 제거하였다.

태종 이세민은 제위에 오르자 안으로 중앙집권제를 확립하고 밖으로는 영토를 확장하여 당왕조 300년의 기초를 튼튼히 하였다. 또한 균전제를 바탕으로 한 조·용·조의 세제와 부병제의 실시, 과거 제도의 확립으로 사회가 안정되고 경제가 부흥하여 역사상 선정으로 일컬어지는 '정관의 치'를 이룩하였다.

제3대 고종의 집권 후부터 고종의 황후 측천 무후가 고종을 대신하여 정권을 전횡하다가 690년에는 스스로 제위에 올라 나라 이름을 주(周)라 칭하였다. 그러나 705년 측천 무후의 정권은 물러나고 당왕조는 다시 회복되었으나 중종의 황후 위씨의 전횡으로 정치는 다시 문란하였다. 이때 즉위한 현종은 정치를 개혁하여 국력의 충실을 기하자 당왕조는 다시 중흥되어 '개원의 치'를 이룩하였다.

그러나 이윽고 현종은 정치에 싫증을 느끼고 양귀비를 총애하면서부터 간신을 등용하게 되었다. 정치는 문란해지고 천하가 크게 어지러워져 급기야 안사(安史)의 난이 일어났다. 이 안사의 난은 9년간 계속되다가 겨우 진정되었으나, 이 난에 이은 번진 세력의 발호와 이민족의 침입, 환관의 횡포 등은 마침내 875년 황소의 난을 일으키는 결과를 가져왔다.

문화면에서는 중국 고유의 문화가 개화된 시기로 시선 이백과 시성 두보를 비롯하여 산문의 대가 한유, 유종원, 서도의 대가 구양순, 안진경 등이 배출되었다.

# 당의 창업

수의 양제가 우문 화급에게 시해당하고 당고조 이연이 황제의 위에 올라 당나라를 세우긴 했으나 그때 당나라는 전국을 통일한 것이 아니고 각지에는 아직도 군웅이 할거하고 있었다.

하남에서는 이밀과 왕세충(王世充)이 대치하였다. 왕세충은 원래 서역 출신으로 반란군을 진압한 공로로 출세한 수나라의 지방 장관이었다. 그는 강남에서 반란군을 진압할 때 농민들을 사원

당고조

의 불상 앞에 모아놓고 항복하는 자는 죽이지 않겠다고 공공연히 약속하였다. 순진한 농민들은 이것이 속임수인 줄을 모르고 반란군에 참가한 사실이 있는 농민 20만 명이 항복하였다.

왕세충은 이들 20만 명의 농부를 황간정 계곡에 생매장시켜 버렸다. 역사는 이 사실을 '수십 리의 깊은 계곡이 시체로 덮였다.'고 기록하고 있다.

이러한 왕세충이 낙양성에 들어가 양제의 손자 양통을 즉위시키고 자신은 낙양 정권의 최고 실력자가 되었다. 연호를 황태(皇泰)로 정하였기 때문에 소년 황제 양통을 황태주라 불렀다.

하북 지방에서는 두건덕(竇建德)이 하왕(夏王)이라 칭하고 나라 이름을 대하

(大夏)라 일컬었다. 그의 군대는 군기가 엄하여 하북 백성들의 많은 지지를 받고 있었다.

또 한 사람 이밀은 여전히 낙구창에 근거지를 두고 낙양을 노려보고 있었다.

그 밖에 강도에서 양제를 시해한 우문 화급이 서북쪽으로 진출해오고 있었다. 이 집단은 친위군의 장병과 강도의 궁녀들까지 포함되어 있는 이질 집단이었다. 그들은 자신들의 고향인 관중으로 돌아가기 위한 집단이었으므로 사기는 저하되어 있었다. 관중에 돌아가려면 우선 낙양을 통과해야 하고, 낙양을 통과하려면 이밀의 세력권을 통과해야 했다.

이밀은 계속해서 낙양을 공격하려 하였으나 남쪽에서 우문 화급의 이질 집단이 북상하고 있었으므로 이들을 상대로 한바탕 싸움을 벌여야 할 운명에 놓여 있었다. 그러나 우문 화급과 싸우고 있는 사이에 낙양의 왕세충에게 배후를 습격당할 염려도 없지 않았다.

낙양성 내의 정세도 복잡하였다. 왕세충은 낙양을 구원한다는 구실로 낙양성에 들어간 신세력이었기 때문에 구세력과의 알력이 있었다. 황태주 양통의 측근은 그때까지 낙양 정권을 장악하고 있었으나 무력이 월등한 왕세충에게 정권을 빼앗겨 사실상 낙양은 왕세충의 독재하에 놓이게 되었다.

우문 화급의 집단은 양호(楊浩)를 받들어 황제로 세우고 왕세충은 양통을 받들어 황제로 세웠기 때문에 형식상 수나라에는 두 사람의 황제가 존재하는 셈이었다. 어떻게 하든 결판을 내야 할 운명에 놓여 있었다.

왕세충의 입장에서 볼 때 우문 화급의 북상군이 낙양에 들어

올 때까지는 이밀이 저지할 수도 있고, 우문 화급과 연합할 가능성도 있었다. 또 왕세충과 우문 화급은 똑같이 황제를 옹립하고 있으므로 어떻게 하든 결판을 낼 수밖에 없는 상황이었만 이밀과 우문 화급과는 그러한 문제가 없었다. 특히 이밀은 배후를 습격당할 염려가 있었기 때문에 우문 화급과 연합할 가능성이 높다고 판단하였다. 두 영웅으로 하여금 싸우도록 하여 그들의 힘을 피폐하게 하려면 낙양 정권에서 이밀의 배후를 습격하지 않겠다는 확증을 보여줘야 한다. 가장 좋은 방법은 이밀을 황태주에게 귀순시켜 그에게 관직을 수여하는 방법이었다.

왕세충에게 정권을 빼앗긴 낙양 정권의 구세력 원문도(元文都) · 노초(盧楚) 등은 이밀 귀순 공작을 추진하였다. 이것은 우문 화급에 대한 대책일 뿐 아니라 왕세충을 견제하기 위한 방법이기도 하였다. 낙양에서 군대를 장악하고 있는 것은 왕세충 한 사람뿐이었으므로 독재가 가능하였으나, 이밀이 대군을 거느리고 낙양에 들어온다면 왕세충의 전횡을 억제할 수 있을 것으로 내다보았다.

황태주(皇泰主)의 명의로 이밀은 수나라 태위* · 상서령 · 동남도 대행 태행 원수 · 위국공 등 어마어마한 관직이 수여되었다. 그리고 위제(가짜 황제) 양호를 옹립하는 우문 화급을 평정하고 낙양에 들어와 진짜 황제를 보좌하라는 명령이 내려졌다.

이렇게 해서 이밀은 그의 부장 서세적(徐世勣)에게 여양을 지키게 하고 자신은 우문 화급군의 배후를 돌아 협공하는 작전을 폈다. 그러자 우문 화급군에서는 진지략(陳智略) · 장동인(張童仁) 등 부장이 부하들을 거느리고 속속 이밀에게 항복해왔다.

결국 우문 화급은 대패하여 위현으로 달아나 황제 양호를 살

* 태위 : 군부의 최고 책임자

해하고 스스로 황제에 올라 나라 이름을 허(許), 연호를 천수(天壽)라 칭하였다. 그러나 그의 부장들이 모두 배반하여 그의 지배력은 패잔병의 주둔지에 불과하였다. 그런데다 하북 일대를 장악하고 있던 두건덕의 공격을 받아 여지없이 생포되고 말았다. 그의 동생 우문 지급, 아들 승기·승지도 모두 참형에 처해졌다. 처형에 앞서 두건덕은 우문 화급의 주군 시해죄를 논죄하고 그 수급을 돌궐의 의성 공주에게 보냈다. 의성 공주는 수나라 황족으로서 돌궐의 계민 극한(啓民可汗)과 결혼했다가 계민이 죽은 후는 돌궐의 풍속에 따라 그의 아들 처라 극한(處羅可汗)의 아내가 되고, 처라가 죽은 후는 그의 동생 힐리 극한(頡利可汗)의 아내가 된 여성이었다.

의성 공주는 자신의 모국인 수나라를 몹시 사랑하는 여인이었다. 수나라가 돌궐에게 그다지 괴롭힘을 당하지 않았던 것은 그의 노력에 의해서였다. 당나라가 힐리 극한에게 많은 시달림을 받게 된 것은 의성 공주가 모국인 수나라를 멸망시킨 당나라를 몹시 증오하여 힐리 극한을 꾀었기 때문이었다. 그러한 의성 공주에게 우문 화급의 머리는 둘도 없는 큰 선물이었을 것이다.

우문 화급을 대파한 이밀은 약속대로 낙양에 들어가 황태주를 보좌하려 하였으나 이밀은 여기서 파멸의 분루를 삼켜야 했다. 앞서 언급했듯이 이밀의 귀순 공작을 추진한 것은 왕세충에게 반대하는 구세력이 그를 견제하기 위한 것이었다. 이 같은 음모가 있었다는 사실을 알게 된 왕세충은 원문도·노초 등 구세력을 일거에 숙청해 버리고 낙양을 목표로 진군해오는 이밀군을 공격하였다. 불의에 공격을 받은 이밀군은 여지없이 패하고 이밀은 분함을 이기지 못하여 자결하려 하였으나 그의 부하에게 저지당하여 장안의 이연에게 몸을 의탁하게 되었다.

한편 왕세충은 낙양의 구세력을 숙
청한 후 그의 독재권을 더욱 강화시켜
나갔다. 얼마 후 그는 황태주를 폐하고
황제 위에 올라 나라 이름을 정(鄭), 연
호를 개명(開明)이라 일컬었다.

여기서 강력한 군웅들의 세력 상황
을 간추려 보면 이밀과 우문 화급은 이

개원통보 당나라의 대
표적인 청동 동전으로
당나라의 창업을 기념
하기 위해 만들었다.

미 제거되고, 나머지는 하왕 두건덕과 정왕 왕세충의 두 사람이
가장 강력하였다. 물론 장안의 이연은 단연 이들 위에 군림하고
있었다.

또 우문 화급이 강도의 수나라 군사를 이끌고 북상함에 따라
장강 유역이 무정부 상태에 이르자 군웅들이 벌떼처럼 일어났으
나 중원에서 정권을 다투는 집단에 비유하면 그 세력은 대단하지
않았다. 가장 강력하다고 인정되는 군소 영웅은 소선(蕭銑)이었
는데 소선은 남조 양나라 황족의 후예였다. 그러나 무덕 4년(621)
에 당의 장군 이정(李靖)에게 멸망하였다.

이 밖에도 서북 지방의 설거(薛擧) 부자, 감숙 서부 하서 지
방의 이궤(李軌), 산서 북부에서 돌궐의 지원을 받은 유무주(劉武
周), 하북의 승려 고담성(高曇晟) 등이 왕을 칭하거나 황제를 칭
하고 세력을 키우고 있었다.

일찍이 이연이 태원에서 군사를 일으켜 장안으로 진격할 때
그의 막내아들 원길(元吉)을 태원에 남겨 놓았다. 빈집을 노리는
도적을 염려해서였는데 과연 돌궐의 지원을 받은 유무주가 침공
해왔다. 이원길은 무예가 뛰어난 젊은 청년이었으나 젊은 혈기만

**근위병 벽화**

을 믿고 난폭한 행동을 자행하였다. 이원길은 유무주의 공격에 견디지 못하여 태원을 버리고 장안의 아버지 곁으로 도망쳐 왔다.

이에 대하여 이연은 태원을 포기할 뜻을 비쳤다.

"병주(幷州, 태원을 중심으로 하는 지방)의 공격은 뒤로 미루고 일단 태원을 포기한다."

그러자 이세민이 강력히 반대하였다.

"태원은 당나라의 발상지이므로 포기해서는 안 됩니다."

이세민은 군사를 거느리고 나아가 유무주를 격파하고 적의 진영에서 울지 경덕(尉遲敬德)이라는 명장까지 얻었다.

무덕 3년(620) 4월 진왕 이세민은 병주 지구를 완전 수복하고 장안에 개선하였다. 전쟁의 피로도 풀 사이 없이 7월에는 낙양의 왕세충 토벌에 나섰다. 그가 아니고서는 낙양 공격에 자신이 없었기 때문이었다.

낙양의 공방전은 몹시 치열하였다.

이세민의 끈질긴 공격에 고전하던 왕세충은 하북의 두건덕에게 원병을 요청하였다.

　　원래 왕세충과 두건덕은 별로 좋은 사이는 아니었으나 낙양성이 함락되면 다음은 두건덕의 차례라는 것을 잘 알고 있었다. 그뿐 아니라 두건덕은 또 다른 생각을 가지고 있었다. 무력면에서 열세에 있는 그는 우선 왕세충과 손을 잡고 당나라를 공격하여 삼자가 힘의 균형을 유지하고, 그 후 기회를 보아 왕세충을 멸망시켜 유리한 입장에 서서 당나라와 천하를 다투자는 꿍꿍이를 가지고 있었다.

　　두건덕의 군대가 사수(汜水, 하남성 형양현)에 접근하자 이세민은 낙양에 일부 군사만을 남겨 그곳을 지키게 하고 그 밖의 대군을 총동원하여 두건덕을 맞아 싸울 작전을 세웠다. 대단한 결단력이었다. 이것저것 생각하여 낙양과 사수에 반반씩 군사를 나누어 대항한다는 고식적인 작전은 쓰지 않았다.

　　사수에서 두건덕의 군사를 막지 못하면 아무리 많은 군사를 낙양에 집결시켜 놓아도 그것은 한낱 적군의 밥이 될 뿐이었다. 이세민은 너무 무리라고 할 정도로 급습 작전을 펴 두건덕의 배후를 돌아 그를 협공하여 일거에 완승을 거두고 두건덕을 포로로 삼았다.

　　믿고 있던 두건덕이 궤멸되자 고립무원의 왕세충은 더 이상 버틸 힘이 없었다. 왕세충은 태자·조신 등 2천여 명을 거느리고 성문을 열어젖히고 진왕 이세민의 군영에 이르러 항복하였다. 이때 왕세충은 흘러내리는 땀조차 닦지 못한 채 이세민 앞에 무릎을 꿇었다.

　　23세의 청년 장군 이세민은 위풍도 당당하게 물었다.

"그 옛날 나를 아이로 취급했던 그대가 이제는 내 앞에 무릎을 꿇다니⋯. 어째서 이런 비굴한 행동을 하는 거요?"

흉포하기 이를 데 없는 왕세충은 오로지 그의 죄를 용서해 달라고 애원할 뿐이었고, 이세민은 예로써 왕세충을 대하였다. 왕세충은 장안으로 압송되었으나 이연은 왕세충의 죄를 용서하였다. 그러나 얼마 후 왕세충은 그의 원수의 손에 암살되었다.

두건덕도 역시 장안으로 압송되었는데 이연은 두건덕을 엄중 질책하여 즉시 사형에 처하고 두건덕의 부하 장병에게도 박해를 가하였다.

고급 관료 출신인 왕세충은 죽음을 면하고 반란군 출신인 두건덕은 죽임을 당한 데 문제가 있었다. 당왕조에 반항한 정도를 따지자면 오히려 왕세충이 더 심하였다. 그런데도 이렇듯 차별 대우를 하는 것을 두건덕의 잔당들은 납득할 수 없었다.

두건덕의 친한 벗이며 장군이었던 유흑달(劉黑闥)은 이 같은 처사에 불만을 품게 되었다. 일찍이 당의 고조 이연의 사촌 회안왕 이신통(李神通)은 같은 황족인 동안 공주(同安公主)와 함께 두건덕의 포로가 된 일이 있었다.

이때 두건덕은 이들 두 사람을 후대하여 돌려보냈고 또 이세적(李世勣)도 두건덕에게 잡혔다가 도망친 일이 있었다. 그의 부하가 이세적의 아버지를 붙잡아 죽이자고 진언하였지만 두건덕은, 세적은 당나라의 신하로서 그의 주군을 잊지 않고 도망쳤으니 충의지사일 뿐 그의 아버지에게는 아무 죄가 없다고 하며 석방하였다. 양제를 죽인 우문 화급의 수급을 일부러 돌궐의 의성 공주에게 보냈다는 사실은 앞서 언급했지만, 이렇듯 두건덕이야말로 이 시대에 보기 드문 의협지사였다.

"당나라 사람들에게도 그렇듯 후히 대했건만 저잣거리에서 목을 베라니, 그럴 수 있단 말인가?"

유흑달의 분노는 하늘을 찌를 것만 같았다. 그는 마침내 그의 동조자들과 함께 반란을 일으켰다. 그들은 반년도 채 못 되어 당나라 수중에 들어갔던 하북 땅을 모두 탈환하였다.

그뿐 아니라 돌궐과 연합하여 당나라 군사를 괴롭히고 이세민을 포위하여 아슬아슬한 위기에 몰아넣은 적도 있었다. 결국 이세민의 용전으로 유흑달은 일단 돌궐 땅으로 도망쳤다가 재차 남하하여 건국에 겨를이 없는 당왕조의 기초를 흔들어 놓았다. 무덕 6년(623)에 이르러서야 유흑달의 반란은 평정되었다.

유흑달에 호응하여 산동 반도에서 난을 일으킨 서원랑(徐圓朗)도 동시에 패사하였다.

소금 장수 출신의 도적 괴수 고개도(高開道)가 그의 부하에게 죽임을 당한 것은 무덕 7년(624) 2월의 일이었다. 이로써 조직적인 반란은 모두 소탕되고 그 후는 산발적인 반란과 간헐적인 돌궐의 국경 침공만 있을 뿐이었다.

이렇게 해서 당왕조의 기초도 겨우 다져지게 되었다. 군웅이 천하를 다투는 일을 '중원에서 사슴을 쫓는다.'라고 표현하는데 결국 사슴(천하)은 당나라 손으로 들어왔다. 장강 이남에서 후량 황제를 일컬었던 소선은 무덕 4년 포로가 되어 장안으로 압송되

**현장법사** 당나라 사람으로 불교 경전을 가져오기 위해 인도로 떠났다. 불교를 연구한 뒤 많은 경전과 불상을 가지고 귀국했다. 가져온 불경을 한역하고 인도 여행기인 《대당역기(大唐西域記)》를 저술했다.

어 왔다. 그는 당의 고조 이연에게 말하였다.

"수나라가 그 사슴을 잃자 영웅이 다투어 그 사슴을 쫓았습니다. 불행하게도 나 소선은 천명이 없어 폐하에게 사로잡히는 신세가 되었습니다."

천하를 차지하느냐 못 하느냐가 '천명'이라고 생각하는 사고방식이었다. 소선이 장안에서 참수되었을 때 그의 나이 39세였다.


# 현무문의 변

당의 고조 이연은 강력한 반란 세력이었던 왕세충, 두건덕을 평정하고 마지막 반란 조직이었던 고개도를 평정함으로써 천하를 통일하였다. 그러나 통일의 축배를 들기도 전에 후계자 싸움에 휘말려 골치를 앓게 되었다.

태자 건성, 진왕 세민, 제왕 원길 이 세 형제간에 미묘한 움직임이 일었기 때문이었다.

당왕조의 창건과 안정에 크게 공헌한 진왕 이세민의 공이 너무나도 컸기 때문에 후계자 문제가 고개를 들게 되었다.

고조 이연도 진왕 이세민의 공을 그 이상 포상할 방법이 없을까 하고 생각하고 있었다. 두건덕과 왕세충을 포로로 하여 장안으로 개선했을 때 고조는 세민에게 '천책 상장(天策上將)'이라는 들어보지도 못한 칭호를 주었다. 세상에서는 천책 상장이라는 칭호를 '준황태자(準皇太子)'로 생각했을지도 모른다. 앞을 내다보는 사람들은 황태자 폐립을 전제로 하여 왕보다 우위인 이 칭호를 우선 이세민에게 준것이라고 추측하기도 하였다.

후계자 문제에 미묘한 그림자를 던져준 것은 아마도 무덕 4년(621)의 천책 상장의 칭호가 그 도화선이 되었는지도 모른다.

무덕 5년(622) 7월 고조는 세민을 위하여 장안성 밖 서쪽에 홍의궁(弘義宮)이라는 궁전을 짓고 그곳에서 거주하도록 하였다. 황태자 건성에게는 동궁(東宮)이라는 자신의 궁전이 있었다. 홍의궁을 지은 것은 동궁을 의식해서 건성과 세민의 차를 좁히고 세민의 측근들의 불만을 해소시키려는 조치였을지도 모른다.

그러나 천책 상장의 칭호나 홍의궁의 축조는 문제 해결에 도움을 주지 못했을 뿐 아니라 도리어 그들의 암투를 부채질하는 결과를 낳았다.

당 태종

태자 건성은 제위 계승자로서 동궁에 살았다. 지모가 뛰어난 책사와 용맹스런 군인들을 휘하에 거느리고 있어 그 힘에 있어서는 결코 진왕 세민에게 뒤지지 않았다. 그러나 항상 진왕 세민의 존재가 자신의 제위 계승에 위협적인 존재로 생각되었다. 그의 책사 위징(魏徵)은 이 같은 재앙의 뿌리를 뽑기 위하여 하루라도 빨리 진왕 세민을 제거해야 한다고 진언하였다.

제왕 원길의 세력은 태자 건성이나 진왕 세민에게 미치지 못했지만 그의 용맹은 뛰어났다. 원길도 그 나름대로 계산을 하고 있었다.

'자신이 제위 계승자가 되기 위해서는 우선 진왕 세민을 없애야 한다. 세민이 없으면 태자 건성은 도마 위에 생선이나 마찬가지이므로 그 다음은 내 차지다.'

이렇게 생각한 제왕 원길은 태자 건성에게 하루 빨리 진왕 세민을 죽여야 한다고 권하고 이를 위해 자신도 힘이 될 것을 약속하였다. 태자 건성도 일이 순조롭게 이루어지면 제왕 원길을 황태제(皇太弟)로 삼겠노라고 약속하였다.

이런 일이 있은 후 다음과 같은 일련의 사건이 일어났다.

어느 날 태자의 초청을 받고 동궁의 연회에 참석했던 진왕 세민이 술을 마신 후 심한 복통을 일으켜 많은 피를 토하고 거의 죽게 되는 위험한 지경에 이른 일이 있었는가 하면, 제왕 원길이 진왕을 대신하여 돌궐 정벌에 나서 진왕이 거느리던 중신과 노련한 장수들을 강제 동원하기도 하였다.

또 태자 건성은 황제 이연을 섬기는 중신들과 궁녀들을 포섭하여 고조 이연에게 자신의 장점과 인덕(仁德)을 은근히 추켜세우도록 하고 세민이 음모를 꾀하고 있다는 등 세민을 참소하는 말을 퍼뜨리게 하였다. 제왕 원길도 세민이 모반할 궁리를 하고 있으니 빨리 처벌해야 한다고 거짓 고자질을 하였다.

고조 이연은 이 같은 참소의 말을 믿고 세민을 처벌할 뜻을 굳혔으나, 진숙달(陳叔達)이 간하는 바람에 생각을 바꾸었다.

"세민은 천하에 큰 공이 있으므로 처벌해서는 안 됩니다."

한편 진왕 세민도 가만히 앉아만 있을 턱이 없었다. 세민은 많은 사람을 시켜 태자와 원길의 움직임을 하나하나 탐지하고 있었다. 세민은 그동안 태자의 심복으로 인정되었던 현무문의 수비대장 상하(常何)를 매수하여 자기 편으로 끌어들였다. 세민은 사태의 발전을 더 지켜볼 작정이었으나 그의 심복들은 가만히 있지 않고 거사할 것을 권하였다.

"적의 행동을 앉아서 기다리는 것보다 선수를 쳐야 합니다."

진왕 세민은 마침내 거사할 뜻을 굳혔다. 그는 우선 고조를 알현하고 긴급 상황을 보고하였다.

"형인 태자 건성과 동생 원길이 후궁들과 결탁하여 신을 죽일 음모를 꾸미고 있습니다. 신은 형제에게 추호도 잘못한 일이 없사온데 이제 신을 죽이려 하오니 이것은 마치 왕세충과 두건덕을 위하여 원수를 갚아주는 것과 같습니다. 신이 죄없이 죽어 지하로 돌아가 왕세충과 두건덕을 만나면 그들은 꼴 좋다고 비웃을 것입니다. 이 얼마나 당나라를 위하여 부끄러운 일입니까."

세민의 보고를 받은 고조는 아연실색하였다. 고조는 너무나도 충격적인 보고에 어쩔 줄을 몰랐다.

"물러가도록 하라. 내일 아침 두 사람을 불러 이 문제를 밝히겠노라."

고조는 다음날 아침 두 아들을 불러 형제간에 사이좋게 지내지 않으면 안 된다고 엄히 훈계할 작정이었다. 그러나 세민의 이 같은 행동은 건성과 원길을 고조가 거처하는 대명궁(大明宮)으로 불러들이게 하려는 한가지 책략이었다. 고조의 부름이 있을 때에는 반드시 입궐하지 않으면 안 되기 때문이었다.

무덕 9년(626) 6월 4일 새벽 진왕 세민은 현무문에 복병을 배치시켰다. 현무문은 장안 궁전의 북문으로 대명궁에서 황제를 배알하려면 반드시 이 문을 통과해야 했다. 현무문부터는 금중(禁中)이었으므로 일반인의 출입은 물론 관리들도 출입증을 제시해야만 했다. 더구나 무장병이 들어갈 수 없는 것은 당연한 일이었

**대명궁 유적** 태종의
궁이었다.

다. 태자 건성과 원길도 그들이 거느리고 온 2천 명의 정병을 현
무문 밖에 멈춰 두고 출입증을 휴대한 소수의 부하만을 데리고 현
무문을 들어섰다. 현무문의 수비대장 상하는 원래 태자 건성의 심
복으로 인정받았으므로 태자 건성은 현무문을 안전 지대로 생각
하였다. 그런데 상하가 진왕 세민에게 매수되어 태자 건성을 배반
함으로써 두 사람의 운명을 뒤바꾸어 놓는 결과를 가져왔다.

안전 지대로 믿고 현무문을 들어서는 순간 이를 노리고 있던
복병들의 일격에 태자 건성은 여지없이 쓰러지고 말았다. 뒤따르
던 원길이 당황하여 화살을 쏘아댔으나 화살은 하나 둘 허공으로
날아갈 뿐 명중되지 않았다. 원길은 부상을 당하면서까지 필사적
으로 싸웠지만 마침내는 힘이 다하여 진왕 세민의 대장 울지 경덕
의 손에 무참히 살해되고 말았다.

이 사건을 '현무문의 변' 이라고 역사는 기록하고 있다.

현무문의 변은 당나라 역사상 중요한 사건이었다. 권력을 얻기 위해서 형제간의 살상도 사양치 않는 인물이 실질적으로 대 당 제국을 쌓아올린 것이다.

진왕 이세민은 결단력이 강한 인물이었다. 태자 건성에게는 5명의 아들이 있었는데 이들을 모두 죽였을 뿐 아니라 동생 원길도 죽었을 때 겨우 24세였지만 이미 5명의 아들을 두고 있었다. 물론 한 사람도 남지 않고 모두 죽임을 당하였다.

진왕의 이름을 '세민(世民)' 이라고 지은 데는 다음과 같은 이야기가 전한다. 세민이 네 살 때의 일이다. 어떤 서생이 세민의 상을 보고 이렇게 말한 후 떠나갔다.

"용봉(龍鳳) 같은 기품 높은 바탕에 태양같이 귀한 상이다. 관례(冠禮, 20세)를 올릴 나이쯤 되면 반드시 세상을 구제하고 백성을 편안히 할 것이다(濟世安民)."

이 말을 들은 고조가 사람을 시켜 그 서생을 뒤쫓게 했으나 만나지 못하였다. 그래서 고조는 '제세안민(濟世安民)' 이라는 말에서 '세민(世民)' 이라는 두 글자를 따 이름을 지었다.

'현무문의 변' 이 있은 3일 후 고조 이연은 진왕 이세민을 태자로 세우고 2개월 후에는 고조가 퇴위하고 태자 세민이 동궁인 현덕전(顯德殿)에서 황제의 위에 올라 태종(太宗)이 되었다. 이때 고조의 나이 62세, 태종의 나이 28세였다.

퇴위하여 태상황이 된 이연은 세민을 위하여 특별히 지은 홍의궁을 대안궁(大安宮)으로 개칭하고 그곳으로 거처를 옮겼다.

'현무문의 변' 은 결코 우발적인 사건이 아니었다. 그것은 당 왕조 지배 집단 내부의 분열 위기를 일단 피하고 상대적인 통일과 안정이라는 새로운 국면을 창출하는 계기가 되었다고 할 것이다.

'현무문의 변'이 있은 3년 후 현무문 수비대장 상하는 정4품 중랑장으로 승진하였다. 이 같은 사실은 《구당서(舊唐書)》〈마주전(馬周傳)〉에서 우연히 발견된 사실로써 마주는 후에 이부상서*까지 지낸 인물이었으나 젊어서는 집이 가난하고 학문을 좋아하여 중랑장 상하의 집에서 식객으로 있었다.

* 이부상서 : 내무부 장관

정관(貞觀) 3년(629) 6월 이미 즉위한 태종 이세민은 간부 관료들에게 정견 논문을 제출하도록 명하였다. 학식이 없는 상하는 난처하여 식객으로 있는 마주에게 자기 대신 논문을 쓰게 하여 제출하였다. 너무나 훌륭한 논문이었으므로 태종이 이상하게 생각하여 사실을 캐물었다. 그러자 상하가 자백하였다.

"그 논문은 신이 쓴 것이 아니옵고 신의 식객 마주가 쓴 것이옵니다."

이것이 마주가 출세하게 된 계기이며 상하도 유능한 인재를 추천했다 하여 비단 3백 필을 하사받았다.

또 한 가지 빼놓을 수 없는 일은 태자 건성의 책사 위징에 얽힌 이야기이다. '현무문의 변'이 있은 후 이세민은 위징을 불러내어 질책하였다.

"너는 우리 형제를 이간시킨 자렷다. 무엇 때문에 그런 짓을 했더냐?"

위징은 주눅들지 않고 당당한 태도로 대답하였다.

"건성 황태자께서 만약 징(위징)의 말에 따랐더라면 반드시 오늘과 같은 화는 없었을 것입니다."

'징(위징)의 말'이라는 말은 세민을 죽여버려야 한다고 말한 그 말을 가리키는 것이다. 그랬더라면 좋았을 것이라고 대답하는 말투였다. 패자로서 이 같은 발언을 한다는 것은 보통 사람으로는 불가능한 일이었다. 위징은 이 같은 말을 입에 담은 이상 죽음을 각오했음이 분명했다. 그러나 태종은 위징을 용서하고 첨사주부의 벼슬을 내렸다.

죽음을 두려워하지 않고 소신대로 말할 수 있는 용기, 그것은 결코 쉬운 일이 아닌 것이다. 태종은 그런 인물을 발견한 것이다.

이세민은 위징을 국사*로 인정하여 용서하고 위징은 그 은혜를 느끼어 태종에게 충성을 다하게 되었다.

* 국사 : 국가에 유용한 인물


### 충간에 귀를 기울이는 태종

당태종은 제위에 오른 이듬해에 연호를 정관(貞觀)으로 고쳤다. 정관 원년(627) 1월 3일 당태종은 성대한 연회를 열어 신하들과 더불어 새해의 한때를 보내고 있었다.

황실의 악사들이 연주하는 '진왕 파진악(秦王破陣樂)'의 웅장한 선율을 들으면서 태종은 차츰 감회에 젖었다. 지난 10년의 긴 싸움의 나날들을 상기하면서 그는 창업의 어려움과 앞으로 헤쳐나가야 할 수성(守成)*의 어려움을 번갈아 생각하며 다음과 같이 말하였다.

* 수성(守成) : 창업한 나라를 잘 지켜 나아감

"당나라를 창업함에 있어 짐은 군사를 이끌고 각지를 전전하며 반란의 무리들을 토벌하였소. 이 곡조는 바로 이런 내용을 담은 것이오. 무공에는 문덕(文德)의 아름다움은 없지만 당나라 건국의 기초는 역시 이런 싸움(무공)에 의해 이룩된 것이 아니겠소.

**당대 관리의 복식**

지금은 비록 평화스러운 세상이지만 그 옛날 싸우던 일을 잊어서는 아니 될 것이오."

이 말을 듣고 재상 봉덕리(封德彝)가 말하였다.

"폐하께서 군마를 거느리시고 전쟁터를 누비고 다니시며 세상을 평정한 무공이야말로 문덕과는 비교할 수 없는 훌륭한 업적이라 생각되옵니다."

당태종은 봉덕리의 말을 가로막다시피 나서며 말하였다.

"그것은 좀 어폐가 있는 말인 것 같소. 난을 평정하는 데는 무를, 세상을 다스리는 데는 문을 써야 할 것이오. 이것은 각각 그 시대의 형편에 따라 시의 적절하게 사용해야 할 일이 아니겠소?"

봉덕리는 꿇어 엎드리며 "황공하옵니다."라는 말로 앞에 말의 잘못을 시인하였다.

태종이 나라를 다스리는 도로서 첫째로 꼽히는 것은 널리 의견을 들어 충성된 말에 귀를 기울이는 일이었다. 충성된 말을 하는 것을 간언(諫言)이라 하는데, 신하가 임금에게 제안을 하거나 비판을 하는 것을 진간(進諫)이라 하고, 임금이 이것을 받아들이는 것을 납간(納諫)이라고 한다. 태종 이세민은 정치를 하는 데 납간을 게을리 하지 않았다.

정관 초기 관리들 사이에는 공공연히 뇌물이 오가고 있었다. 태종은 이를 근절시키기 위한 방법의 하나로 사람을 시켜 비밀리에 관리들에게 뇌물을 보내도록 했는데 말단 관리 한 사람이 그 뇌물을 받았다. 태종은 크게 노하여 그 관리를 사형에 처하여 많은 관리들에게 본보기를 보여주려 하였다.

이 사실을 안 호부상서* 배구(裴矩)가 줄줄이 서 있는 조신들 앞에 나아가 황제에게 진간하였다.

* 호부상서 : 재무장관

"이 같은 방법은 사람을 함정에 빠뜨리는 일입니다. 사람을 죄의 함정에 몰아넣는 것은 올바른 일이라 할 수 없습니다. 이 관리에게 죄를 줄지언정 사형은 천부당 만부당하오이다."

배구는 한걸음도 물러서려 하지 않았다.

처음 태종은 얼굴에 노기를 띠었으나 들으면 들을수록 배구의 말이 옳았다. 태종은 그 관리의 사형을 면하는 한편 배구에게 칭찬의 말을 보내고 여러 조신들에게 다음과 같이 말하였다.

"중신들은 배구를 본받아 짐에게 충언을 아끼지 말 것이며 소신대로 시비를 논하도록 하시오."

태종은 새매를 몹시 좋아하였다. 어느 날 새매를 어깨 위에 올려놓고 놀리고 있을 때 노신 위징이 입궐하였다.

태종은 그 새매를 숨길 겨를이 없어 할 수 없이 자신의 안쪽 품에 넣고 위징을 접견하였다. 위징은 일부러 시간을 오래 끌면서 옛날 제왕들이 향락에 빠져 국가를 위태롭게 한 예를 이것저것 들어 이야기를 계속했다. 태종은 안쪽 품에 넣은 새매가 숨이 막혀 죽지나 않을까 하여 안절부절 못했으나 노신 위징을 노엽게 해서는 안 되겠다고 생각하여 꾹 참고 있었다.

위징이 돌아가자 곧바로 새매를 꺼냈으나 새매는 이미 죽어 있었다. 태종은 새매의 죽음을 매우 슬피 여겨 위징을 미워했다.

어느 날 후궁에서 돌아온 태종이 성난 얼굴로 중얼거렸다.

**당대 여성복**

"내 그 촌놈을 죽여버릴 테다."

문덕 황후(文德皇后)가 깜짝 놀라면서 물었다.

"그게 무슨 말씀입니까. 혹시 폐하에게 거역하는 자라도 있습니까?"

"누군 누구겠소. 그 늙은 위징이란 작자이지. 사사건건 짐에게 거역하니 그 자가 있는 한 나는 아무 일도 못 하겠소."

문덕 황후는 아무 말도 하지 않고 그 방을 나갔다. 그리고 잠시후 예복으로 갈아입고 조용히 방에 들어서면서 태종에게 축하의 말을 보냈다.

태종은 무슨 영문인지를 몰라 의아스럽게 생각하며 물었다.

"도대체 무슨 말씀을 하시는 거요. 축하한다니 그게 무슨 말씀이오?"

"임금이 어질면 신하가 충성된다고 들었습니다. 지금 폐하께서 어지시기 때문에 위징도 아무 두려움 없이 충언을 드리는 것이옵니다. 이 얼마나 기쁘고 경사스런 일입니까!"

문덕 황후의 말을 듣고 있는 동안에 태종의 노여움은 완전히 풀어지고 말았다.

'정관의 치'가 바야흐로 전진적이고 정책면에서 과오가 적었던 것은 태종이 자신을 억제하고 신하들의 의견에 귀를 기울인 덕분이었다. 이러한 황제의 존재는 중국 역사상 매우 보기 드문 일이었다.

## 현자의 등용과 부역의 경감

당태종의 나라를 다스리는 도로서 두 번째로 들 수 있는 것은 인재를 널리 구하여 현자를 등용하는 일이었다.

태종은 즉위한 지 얼마 안 되어 대신 봉덕리에게 인재 추천의 임무를 맡겼다. 그런데 아무리 기다려도 추천하는 인물이 한 사람도 없었다. 기다리다 못한 태종이 봉덕리에게 물었다.

"어떻게 된 일이오?"

"결코 게을리 한 일은 없습니다. 아무리 여기저기 찾아보아도 이렇다 할 인물을 찾지 못했을 뿐입니다."

"경이 사람을 보는 안목이 없기 때문이오. 사람을 쓰는 일이란 마치 그릇을 쓰는 것과 같아서 각기 그 장점을 발견하여 쓰는 낙타 인형
것이 아니겠소. 어째서 어진 사람이 없단
말씀이오. 옛날의 정치는 그 시대 사람이
아닌 다른 시대의 사람을 구해서 쓰기라
도 했단 말씀입니까. 지금 이 세상에 어진
사람이 없다고 말하는 것은 경에게 사람
을 보는 안목이 없기 때문이오."

태종은 그 인물의 과거에 구애받지
않고 어진 사람이면 중용하였다. 태종의
중신들의 면면을 살펴보면 수양제의 중신
이 있는가 하면 왕세충의 장령들도 있고,
태자 건성 밑에서 일하던 책사들도 있어
그 구성이 복잡하고 다채롭다. 앞서도 언

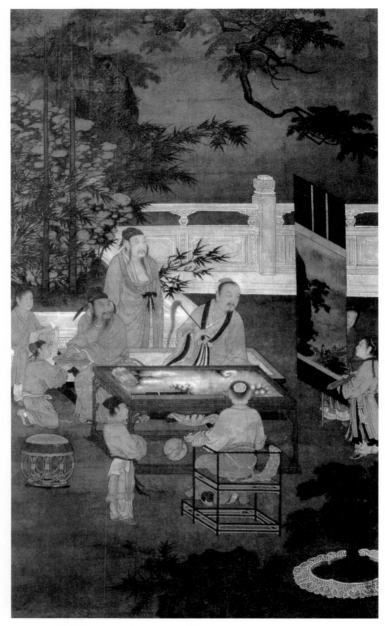

**십팔학사도** 태종은 학문소를 두고 학자들을 예우로 대접했고, 학자들은 의논을 통해 태종에게 이로운 정책들을 제시하였다. 태종은 그들의 초상화를 그리게 했는데 이를 〈십팔학사 초상화〉라 했고, 이들 십팔학사들은 정부의 요직을 맡았다.

급했듯이 위징은 일찍이 태자 건성에게 진왕 이세민(당태종)을 하루 빨리 제거해야 한다고 진언한 인물이었다.

태종은 인재를 등용하는 데 과거(科擧) 제도를 중시하였다.

당왕조 때 369명의 재상 가운데 거의 대부분은 과거 제도에 의해 선발된 인재였고, 중앙과 지방의 관리 가운데에도 과거 출신자가 더욱 많았다. 이것은 그 후 귀족·호족의 문벌과 강대한 세력을 형성하여 중앙집권제를 굳건히 하는 데 크게 기여하였다.

태종이 나라를 다스리는 도로서 세 번째로 들 수 있는 것은 백성들의 생활에 관심을 기울여 부역을 가볍게 하는 일이었다. 정관 연간의 초기 관중·관동(하남성 함곡관 이동의 땅) 지방은 3년 동안이나 흉년이 들어 백성들은 기아에 허덕이고 딸과 아들을 파는 자가 많았다.

이 같은 백성들의 생활을 불쌍히 여긴 태종은 자연 재해로 인한 백성들의 불안이 곧 사회의 혼란을 야기시킨다고 판단하여 국고에 보관 중인 식량을 백성들에게 나누어 주라는 조서를 내렸다.

역사적 기록에 의하면 일부 주현(州縣)에서는 이재민 가가호호에 기근이 지난 후에도 식량이 남을 수 있도록 충분히 급여하였다는 것이다.

또 태종은 황실 금고의 금은보화를 이재민들이 할 수 없이 팔아버린 딸이나 아들을 돌려받는 비용에 충당하고 그 딸이나 아들들을 집까지 데려다 주어 한 집안이 단란하게 생활할 수 있도록 배려하였다.

이 밖에도 새로운 부역 제도로서 조·용·조(租庸調)법을 시행하였다. 조(租)는 구분전(口分田)에 과하는 세금, 용(庸)은 사람에 대하여 과하는 노역 의무, 조(調)는 집에 관한 현물세이다.

물론 새 법령이 농민을 봉건 왕조의 착취나 억압으로부터 완전 해방시키는 것은 아니었지만 수양제의 극심했던 착취나 억압에 비하면 훨씬 부담이 가벼운 것이었다.

　　수나라 말기 많은 사람들이 고향을 떠났다가 정관 연간에 다시 고향으로 돌아온 사실도 특기할 만한 일이다. 정관 3년(629) 호부(戶部)의 보고에 의하면 '근자에 이르러 인구가 급격히 증가하여 변경 지대에서 돌아온 자와 새로 귀순해온 자의 수가 120만 명에 이르렀다.'고 기록되어 있다.

　　정관 연간의 정치적 성과는 이 밖에도 여러 방면에 미치고 있어 여기서 일일이 설명할 수는 없지만 법으로써 백성을 다스리고, 법의 집행은 공정을 으뜸으로 하며, 잔혹한 체형을 금지시켰다는 사실을 빼놓을 수 없다.

　　또 정관 연간에는 절약과 검소를 으뜸으로 하고 사치스런 생활을 삼가하여 황실에서도 매나 개의 사육을 금하였다. 피서용 별궁의 수축을 중지하며 궁녀 3천 명을 귀가시키거나 혹은 결혼시키는 조치를 취하였다.

　　정관 연간의 사회는 과거에 문란했던 도덕·풍기도 안정을 되찾았으므로 이때의 정치를 역사상 '정관의 치'라 일컬어 높이 평가하고 있다. 물론 이 같은 선정의 뒷면에는 방현령(房玄齡)·두여회(杜如晦)와 같은 어진 재상과 중신들의 보좌가 있었기 때문이었다.

　　태종은 효를 중시하는 인물이었다. 그는 생일을 맞이하여 장손 무기에게 다음과 같이 말하며 잔치를 금하라고 하였다.

　　"생일이 되면 모든 사람들이 다 즐거워하지만, 짐에게 있어서는 도리어 가슴 아픈 날이오. 짐이 비록 천자가 되었지만 부모님이 돌아가셔 모시지 못하니 어찌 한이 되지 않겠소. 옛 글에 이르기를 '슬프고 슬프다 부모님이시여, 나를 낳으시기에 노고가 많으셨다(哀哀父母 生我句力勞).' 하였으니 어찌 부모님이 노고하신 날에 잔치를 벌여 즐길 수 있단 말씀이오."

또 어느 해인가 황충(蝗蟲, 메뚜기)의 피해가 심하자 태종은 상림원에 나아가 황충 몇 마리를 나뭇잎에 싸들고 축수하였다.

"백성들이 곡식으로써 목숨을 보전하거늘 너희들이 먹으니 차라리 짐의 폐와 창자를 갉아먹어라"

그리고는 그 황충이를 삼키려 하였다. 좌우 신하들이 깜짝 놀라 간하였다.

"황충은 악물입니다. 혹시 병이 될까 두렵습니다."

그러나 태종은 듣지 않고 꿀꺽 삼켜버렸다. 그러자 그 후로 황충의 재해가 사라졌다고 한다.


## 태종의 집안 싸움

천서만단(千緒萬端)이란 말이 있다. 일일이 가려낼 수 없을 만큼 잡다한 일의 갈피를 이르는 말이다. 태종이 너무 정무에 열중한 탓이었는지 황제의 가정에 문제가 일고 있었다. 태종의 황후는 문덕 황후였는데 이름난 현처였다. 문덕 황후의 오빠 장손 무기(長孫無忌)는 '현무문의 변' 때 태종의 측근으로서 큰 공을 세운 인물이었다.

문덕 황후는 태종이 정치에 관한 이야기를 꺼내면 숫제 입을 다물고 한마디도 하지 않았다. 문덕 황후 자신은 물론이고 그의 친정 사람들까지도 정치에 깊이 관여하는 것을 경계하여 가능하면 중요한 관직에 기용되지 않도록 신경을 썼다. 현처의 귀감으로서 칭송이 자자했으나 애석하게도 36세의 젊은 나이로 세상을 떠났다.

문덕 황후는 훌륭한 여성이었지만 그녀가 낳은 장자로서 황태자로 책봉된 이승건(李承乾)은 다리가 불편하여 보행도 자유스럽지 못하고 이상 성격의 소유자였다.

그는 기이하고 해괴한 행동을 많이 했으며 이국 취미를 즐겨 그의 시종들에게 오랑캐의 복장을 입혀 오랑캐의 음악을 연주시키고 밤낮을 가리지 않고 춤과 칼춤을 추게 하였다. 또 동성애에 빠져 칭심(稱心)이라는 아름다운 소년을 몹시 사랑하고 있었다. 태종은 이 같은 사실을 알고 크게 노하여 칭심을 죽여버렸다. 태종은 이같이 과감한 조치를 취했지만 황태자 이승건은 죽은 칭심의 초상을 만들어 놓고 궁녀들로 하여금 제사를 지내게 하는가 하면 자신도 그 앞에서 배회하며 눈물을 흘렸다.

이쯤되면 황태자의 폐립 문제가 거론되는 것은 당연했다.

문덕 황후가 낳은 황자는 장남 승건 외에 넷째 아들 위왕 태(泰)와 아홉째 아들 진왕 치(治)의 세 사람이었다. 그 밖에도 14명의 황자가 있었으나 제위를 계승할 유력한 자격자는 문덕 황후가 낳은 세 황자뿐이었다. 황태자 승건을 폐한다면 태나 치 두 사람 가운데 한 사람이 황태자로 세워질 것이 확실했다.

태종은 태를 몹시 사랑하고 있었다. 학식과 재능이 있을 뿐만 아니라 몸도 튼튼하였다. 황태자 승건은 다리가 불편해 보행이 곤란했지만 태는 또 너무 비만하여 보행이 곤란하였다. 때문에 아버지 태종은 태에게 궁중에서도 수레를 탈 수 있도록 특별히 허락할 정도였다.

황태자 폐립 문제가 거론되기 시작하자 태는 의욕적인 행동을 보이기 시작하였다. 황태자 승건은 이 같은 태의 행동을 괘씸하게 생각하여 자객을 보내 태를 암살하려 하였다. 이러한 일련의 사태를 감안한 태종은 마침내 제3 후보였던 이치(李治)를 황태자로 세우기로 결정하였다.

아마도 위왕 이태가 가장 태종을 닮았던 모양이었다. 닮았기 때문에 태종은 이태가 즉위할 경우 황태자의 자리에서 쫓겨난 이승건은 말할 것도 없고 이치도 살아남지 못할 것으로 생각했음이 분명하다. 때문에 별로 유능하지는 않지만 성질이 얌전한 이치라면 형들을 죽이는 일 따위는 하지 않을 것으로 생각했다. 당왕조의 기초는 어느 정도 확고해졌으므로 창업형의 군주가 반드시 필요한 것은 아니었다. 태종이 진왕 이치를 황태자로 선택한 이유를 역사에서는 위와 같이 기록하고 있다.

정관 17년(643) 마침내 이승건은 황태자의 자리에서 쫓겨나고 그 대신 이치가 황태자의 자리에 올랐다.

문덕 황후가 살아 있었더라면 전혀 상상하기조차 어려운 불

당태종의 릉

의의 사건이 터진 것이다. 가정 내의 일에 대하여 의논할 상대가 없어 태종은 무척 고심하였다. 문덕 황후가 죽은 후 새 황후는 책립되지 않았다. 사실 태종은 양씨(楊氏)를 황후로 세우고 싶었으나 중신들의 맹렬한 반대에 부딪쳐 단념하고 말았다. 양씨는 다름 아닌 태종의 동생 원길의 정처였던 여성인만큼 중신들이 반대하는 것은 너무나 당연하였다. 형제의 미망인을 자신의 처첩으로 삼는 것은 오랑캐의 풍습이다. 그렇기 때문에 태종과 양씨와의 관계에서 당왕조가 한족이 아니고 선비족 계통이라 주장하는 역사가도 있다.

# 고구려 원정

황태자 폐립 문제가 일단락된 이듬해인 정관 18년(644) 태종 이세민은 대군을 거느리고 고구려를 친정하기로 결심하였다. 당시 고구려에서는 권신 천개소문(泉蓋蘇文)*이 임금 영류왕을 시해한 다음 보장왕을 세우고 백제와 연합하여 신라에 압력을 가하고 있었다. 그러자 신라에서는 당나라에 사신을 보내 원병을 요청해왔다.

* 천개소문(泉蓋蘇文) : 연개소문인데 중국 역사서에는 천개소문으로 기록되어 있음

"백제와 고구려가 연합하여 우리 신라에서 당나라에 공물을 바치는 길을 차단하고 당나라에 입조하는 것조차 방해하고 있습니다."

태종은 천개소문의 시역의 죄를 문죄하겠다는 구실을 내세워 고구려 정벌을 결심하고 우선 낙양으로 거둥하였다.

그러자 재상 저수량(楮遂良)이 간하였다.

"수나라가 멸망한 것을 교훈으로 삼는다면 멀리 바다를 건너 고구려를 토벌하는 일은 중지하심이 좋을 듯합니다."

그러나 태종은 이 말을 듣지 않았다. 많은 중신들도 황제가 친히 정벌에 나서는 것은 중지하는 것이 좋다고 간하였으나 태종은 듣지 않았다.

정관 19년 태종은 낙양을 출발하여 하북에 이르러 전군에게 진군 명령을 내렸다. 태종은 요하

당나라 군대 복원도

를 건너 요동성을 공략 함락하고 그 옆에 있는 백암성(白巖城) 또한 함락하였다. 여세를 몰아 안사성(安史城, 安市城)을 공격하고, 안사성을 구원하러 오는 원군을 중도에서 대파하였으나 안사성의 수비는 예상 외로 견고하였다. 1년 가까이 계속되는 공방전에서 쌍방 간에 많은 사상자를 냈지만 전쟁은 교착 상태에 빠져들었다.

태종은 작전 회의를 소집하여 제장들의 의견을 물었다. 어떤 장수가 이렇게 제안하였다.

"오골성(烏骨城)을 함락하고 압록강을 건너 곧바로 고구려의 수도 평양을 점령한다면 다른 성은 싸우지 않고 항복받을 것입니다."

**황룡산성** 고구려의 전형적인 산성

그러나 어떤 장수는 이를 반대하였다.

"천자께서 친정하는 싸움은 장수들이 출정하는 것과 달라 위험을 무릅쓰는 작전을 구사할 수는 없습니다."

때마침 겨울이 되어 나뭇가지는 앙상하고 물은 꽁꽁 얼어붙어 당나라 병사들은 추위와 굶주림에 시달려 철수하지 않을 수 없는 궁지에 몰리고 있었다. 태종은 할 수 없이 철수 명령을 내렸다. 철수하는 도중 어떠한 적군보다도 더 무서운 악천후를 만나 많은 사상자를 내었다.

당나라측 기록에 의하면 이 원정에서 10개의 성과 7만 호를 빼앗고, 3번의 대회전에서 4만 명의 머리를 베었다고 기록하고 있으며 당나라측 피해는 전사자 3천(자치통감에는 7천), 군마는 10두 가운데 7, 8두를 잃었다고 기록하고 있다. 사실상 당태종의 제1차 고구려 원정은 완전 실패로 끝난 셈이었다.

태종은 철수하면서 이번의 원정을 몹시 후회하며 위징을 생각하였다.

"만약 위징이 살아 있었더라면 어떻게 해서든지 이번 원정을 중지시켰을 것이다."

그리고 사자를 보내 허물었던 위징의 묘비를 다시 세우고 그 유족들을 후대하도록 하였다.

그 후 고구려에서는 사죄사(謝罪使)를 보내왔으나 태종은 끝까지 재차 원정의 뜻을 굽히지 않았다. 수년 후에는 다시 30만 명의 원정군을 파견하였고, 그 이듬해에도 고구려에 원정군을 보내기로 결정하였다. 이 원정군의 군량을 수송하기 위하여 멀리 사천 · 운남 등 서남 변경 지방의 백성들에게까지 배를 만들도록 명령하였다. 지정된 기간까지 배를 납품하기 위하여 집과 전답은 물

쌍용총에 그려진 고구
려의 중장기병

론 자식들까지 파는 자도 있었고 물가는 치솟고 사회는 크게 혼란
하였다.

이렇게 서두른 배가 미처 도착하기도 전에 태종은 불로장수
를 위하여 마신 묘약이 원인이 되어 병을 얻어 얼마 후 죽었다. 그
때 태종의 나이 51세였으며 태종의 죽음으로 고구려 원정은 중지
되고 말았다.

태종은 죽은 후 섬서성 예천현 동북 소릉(昭陵)에 안장되었
다. 소릉은 능구둘레 60킬로미터, 총면적 약 2만 헥타아르의 거대
한 능묘이다. 정관 연간의 기라성 같은 중신들이 이 소릉 주위에
안장되어 있다.

어쨌든 당태종은 그의 공적이 과실보다 훨씬 많은 인물로 평
가되며 위대한 정치가로 손꼽히고 있다.

# 궁녀에서 황후로

정관의 마지막 해(649) 태종의 병이 날로 악화되어 가던 어느 날 황태자 이치는 태종이 와병 중인 취미궁(翠微宮)으로 들르라는 명령을 받았다. 취미궁으로 든 태자는 태종 곁에서 시중드는 한 궁녀의 모습에 눈길이 멎었다. 이 궁녀가 훗날 측천 무후(則天武后)로서 당시는 미랑(媚娘)이라 불리는 낮은 신분의 궁녀였다. 그녀는 뛰어난 미모로 태종의 마음을 사로잡았고 지금 태종의 병 문안을 든 황태자 이치의 마음마저 사로잡은 것이다.

미랑의 성은 무(武), 이름은 조(照)로 병주(산동성 문주현) 출신이었다. 미랑의 아버지는 목재상으로서 후에 벼슬이 공부상서*에까지 올랐으나 문벌을 중요시하는 당시 사회에서는 역시 한문(寒門)* 출신으로 인정되었다.

궁녀들

미랑은 성장할수록 더욱 아름다워져 그의 빼어난 미모는 마침내 궁중에까지 소문이 퍼져 급기야는 태종의 귀에까지 들어가게 되었다.이때 태종은 이미 마흔 고개를 넘은 나이였지만 그대로 버려두지 않고 14세밖에 안 되는 미랑을 궁중으로 불러들여 무미(武媚)라는 호를 내렸다. 사람들은 흔히 무미를 미랑이라 불렀다.

미랑은 미모에 어울리지 않게 성질이 거칠었다.

얼마 전 태종이 사자총(獅子聰)이라는 명마를 얻었는데 이 말이 몹시 사나워 아무도 길들이지 못하고 있었다. 그런데

* 공부상서 : 건설부 장관
* 한문(寒門) : 보잘것 없는 집안

**궁중 여인의 생활** 갓 궁중에 들어온 미랑이 이 말을 길들이겠다고 자원해 나섰다.

태종이 깜짝 놀라며 물었다.

"아니, 저 사나운 말을 네가 길들인단 말이냐. 특별한 기술이라도 가지고 있단 말이냐?"

미랑은 고개를 크게 끄덕이며 대답하였다.

"소인에게 쇠로 된 채찍과 쇠막대기, 그리고 단도를 하나 주시옵소서. 저 말이 소인의 말을 듣지 않으면 쇠 채찍으로 몸뚱이를 때리고, 그래도 안 되면 쇠막대로 머리를 때릴 것입니다. 그래도 수그러지지 않으면 단도로 목구멍을 찢어버리겠습니다."

이 말을 들은 태종은 "미랑의 성질은 사나운 말보다 더 거칠구나. 대견한 일이로다." 하며 가상히 여겼다는 것이다.

649년 태종이 병사하자 미랑은 머리를 깎고 감업사(感業寺)로 들어가 비구니가 되었다.

미랑이 궁중으로 다시 들어오게 된 경위는 고종의 뜻이라기보다는 고종을 둘러싼 여성들의 농간이었다는 설이 있다.

고종은 정처 왕씨 외에 소씨(蕭氏)라는 여성을 사랑하고 있었다. 고종의 즉위와 함께 정처 왕씨는 황후로 책립되고 소씨에게는 숙비(淑妃)라는 작위가 내려졌다. 그런데 왕황후와 소숙비 사이에 고종의 총애 쟁탈전이 벌어지고 있었다. 왕황후는 소숙비에게 기울고 있는 고종의 마음을 차라리 딴 곳으로 돌리려고 미랑을 이용하였다. 미랑은 태종의 죽음과 함께 머리를 깎고 비구니가 되어 감업사에 있었으므로 왕황후는 미랑에게 머리를 기르고 환속할 것을 명하여 그녀를 궁중으로 끌어들였다.

당대 무희의 옷

궁중으로 들어온 미랑은 거친 성질을 죽이고 얌전하고 상냥한 행동으로 고종과 황후의 사랑과 신임을 받아 소의(昭儀)의 자리에 올랐다. 소의의 자리에 오른 미랑은 왕황후와 한편이 되어 소숙비를 모함하여 그녀를 유폐시켰다. 그러나 그 다음 공격 목표는 왕황후였다.

미랑은 자신이 낳은 공주를 질식사시켜 그 죄를 왕황후에게 뒤집어 씌우는 등 여러 가지 음모를 꾸미며 왕황후의 죄를 날조하였다. 이로 인하여 왕황후는 고종의 노여움을 사게 되어 차츰 사랑을 잃게 되었다. 이렇게 해서 미랑은 자신이 황후의 자리에 오르는 계단의 장애물을 하나하나 제거하며 황후가 될 날을 학수고대하고 있었다.

뒷이야기지만 왕황후와 소숙비는 무후(미랑이 나중에 무후가 됨)의 명령에 의해 곤장 100대씩을 맞고 수족이 잘린 후 술항아리에 던져져 죽임을 당하였다고 한다. 소숙비는 숙비의 자리를 빼앗겼을 때 눈썹을 치켜올리며 증오에 찬 얼굴로 고함을 질렀다.

**대안탑** 고종이 어머니를 위해 지었다는 자은사 안에 있는 전탑

"도깨비같은 미랑 이년, 너는 진정 여우렷다! 내가 이렇게 된 것은 모두 다 너의 농간 때문이다. 나는 죽어도 죽지 않는다. 내세(來世)에는 고양이로 환생하여 쥐로 환생한 네 년의 목을 물어 끊고 말테다."

그 후 무후는 언제나 소숙비의 이 말이 귓전에서 사라지지 않아 고양이를 몹시 두려워하여 궁중에서도 고양이 기르는 것을 금했다. 그뿐 아니라 소숙비 등의 망령이 붙어다닐까 두려워 장안의 궁전에서 살지 않고 낙양에서 사는 일이 많았다고 한다.

여기서 한 가지 짚고 넘어가야 할 일은 무후가 궁중으로 다시 돌아오게 된 경위에 대하여 앞서 서술한 내용은 《신당서(新唐書)》〈측천 무후전(則天武后傳)〉에 기록되어 있는 내용이고, 황후의 자리를 쫓겨난 〈왕황후전〉에는 이와는 좀 다른 내용을 기록하고 있다.

'무재인(武才人, 미랑을 말함)은 정관 말년에 선제의 궁인으로서 고종의 부름을 받아 소의가 됨'이라고 기록되어 있다.

정관 말년은 정관 23년으로 5월에 태종이 죽었으니 만약 미랑이 머리를 깎았다면 겨우 반년 정도로는 머리가 자랄 수 없었을 것이다. 따라서 이 기록대로라면 미랑이 머리를 깎고 비구니가 되었다는 이야기는 앞뒤가 맞지 않는 것으로 보아야 할 것이다.

한편 궁중에서는 무소의(미랑)의 황후 책봉 문제가 거론되고 있었다. 태종의 유조를 받은 원로 대신 저수량과 장손 무기는 반대하였고, 우지령(于志寧)은 침묵을 지켰으며 이적(李勣)은 병을 평계로 회의에 참석하지 않았다.

저수량과 장손 무기는 무소의가 명문 출신이 아니라는 점과 일찍이 태종의 시녀였다는 사실 등을 들어 황후로 세우는 것은 후세에 악평을 남기는 일이라 주장하여 극력 반대하였다.

고종도 중신들의 의견을 묵살할 수가 없어 그 일을 일단 유보하였다. 그러나 무소의가 가만히 앉아 있을 턱이 없었다. 그녀는 그의 심복을 장손 무기의 사저에 보내 장손 무기를 자기 편으로 끌어들일 공작을 폈으나 단호히 거절당했다. 자나 깨나 황후의 자리를 꿈꾸던 무소의는 좌절하지 않고 고종을 모시는 침실에서 베갯머리 송사를 벌여 저수량과 장손 무기를 참소하였다. 이 같은 무소의의 집요한 작전으로 저수량은 마침내 남방으로 좌천되어 병사하고, 장손 무기도 금주로 유배했다가 모반죄를 뒤집어씌워 사사하였다.

이러한 와중에서 조신들 가운데는 무소의측에 가담하여 출세하려는 자가 나타났다. 이의부(李義府)·허경종(許敬宗)의 무리였다.

한 사람은 자진해서 무소의를 황후로 책립해야 한다는 상주문을 올리고 또 한 사람은 궁정에서 여론을 환기시켰다.

"일반 서민들도 부자가 되면 아내를 바꾸려 하거늘 하물며 천자께서야…."

이러한 분위기 속에서 고종은 앞서 어전 회의 때 병을 일컫고 회의에 나오지 않았던 원로 대신 이적을 불러 다시 한 번 그의 의

당에서 만든 귀걸이와 목걸이

사를 타진하였다. 이적은 이렇게 말하였다.

"이 문제는 폐하의 집안 일입니다. 구태여 외부 사람에게 하문하실 일이 아닌 줄로 아옵니다."

이적의 말에 힘을 얻은 고종은 마침내 무소의의 황후 책립을 결심하였다.

655년 무소의의 나이 32세 때였다.

예복으로 몸을 장식한 무소의, 즉 측천 무후(則天武后, 이후 측천 무후라 부름)는 숙의문에서 황후의 인수를 목에 걸고 문무백관들의 하례를 받았다.

그 후 황후 책립에 공이 컸던 이의부·허경종의 무리는 출세 가도를 달려 마침내는 재상의 자리까지 올랐다.

* 소중유도(笑中有刀) : 웃음 가운데 칼이 숨겨져 있다

중국 속담에 '소중유도(笑中有刀)*'라는 말이 있다. 이 속담의 주인공이 바로 이의부라고 하는데 이의부는 사람들의 면전에서는 온화하고 공순한 척하였기 때문에 '이묘(李猫)'라는 별명까지 붙어 있었다.

사람들과 교제할 때 이의부는 항시 미소를 잊지 않았지만, 그 속마음은 매우 음흉하고 흉포하여 자기에게 반대하는 자에게는 갖가지 악랄한 방법으로 보복을 가하였다. 이 때문에 사람들은 이의부의 웃음 속에는 칼이 숨겨져 있다 하여 '소중유도'라는 속담이 생겨났다고 한다.

* 수렴(垂簾) : 황태후가 어린 황제를 대신하여 정치를 할 때 남녀유별을 엄격히 하기 위해 신하들과 만날 때 그 앞에 발을 드리우는 것

황후의 자리에 오른 측천 무후는 자파의 세력 구축에 열을 올리는 한편 정치에도 손을 뻗쳐 마침내 고종과 함께 수렴(垂簾)* 정치를 하게 되었다. 날이 갈수록 측천 무후의 권력이 강대해졌기 때문에 고종도 그 기세에 눌릴 지경에 이르렀다. 이에 고종은 재상 상관의(上官儀)와 은밀히 의논하여 측천 무후를 폐할 계획을

세웠다. 그러나 이를 밀고하는 자가 있어 그 계획은 사전에 분쇄되고, 상관의는 처형되었다. 고종도 일체의 책임을 상관의에게 돌려 무시무시한 아내로부터 겨우 몸을 보호하였다.

이때 황태자는 유씨(劉氏) 소생의 이충(李忠)이었는데 측천 무후는 이충을 폐하고 자신이 낳은 이홍(李弘)을 황태자로 세웠다. 겨우 5세의 어린 나이였으나 성장함에 따라 어질고 효성스러웠다. 옳다고 생각하는 일은 어머니 측천 무후의 뜻에 거슬리더라도 직언하였기 때문에 측천 무후는 자신이 낳은 아들이었지만 별로 탐탁지 않게 여겼다.

상원 원년(上元元年, 674) 측천 무후는 지금까지 사용해오던 황제, 황후의 칭호를 고쳐 천황(天皇), 천후(天后)라 하였다. 고종과 무후를 '이성(二聖)'이라 일컬었지만 정치는 점점 무후의 손으로 넘어가고 고종은 아무 실권이 없는 허수아비에 지나지 않았다.

이듬해에 황태자 이홍은 궁중에 유폐되어 있는 의양 공주(義陽公主)와 선성 공주(宣城公主)가 이미 30세를 넘었으니 빨리 결혼시켜야 한다고 고종에게 상주하였다. 그런데 두 공주는 무후에게 살해된 소숙비의 딸이었다. 고종은 기꺼이 황태자의 청원을 윤허하였다. 그런데 이 일이 측천 무후의 비위를 크게 거슬렸음인지 황태자 이홍이 급사하는 변이 일어났다.

《구당서(舊唐書)》 본기에는 '4월 기해(己亥)에 황태자 홍이 합벽궁(合璧宮)의 기운전(綺雲殿)에서 죽다.'라고 기록되어 있고, 《신당서(新唐書)》 본기에는 '기해에 천후(天后) 황태자를 죽이다.'라고 기록되어 있다.

측천 무후는 어머니이기 이전에 타고난 정치가였다. 무후가 황태자 이홍을 독살했을 가능성도 배제할 수 없다.

이홍이 죽음으로써 옹왕 이현(李賢)이 황태자로 세워졌다. 고종의 여섯째 아들로 무후가 이홍 다음에 낳은 아들로 되어 있었다. 그러나 이현은 측천 무후의 언니 한국 부인(韓國夫人)이 낳은 아들이라는 소문이 있었다. 한국 부인은 일찍이 남편을 잃은 미망인이었는데 궁중에 출입하다가 고종과 관계하여 이현을 낳았으며 이 사실이 알려지자 한국 부인은 동생 무후에게 살해되었다는 이야기가 항간에 전해지고 있었다.

이현은 학식이 풍부한 인물로 그 주변에는 학자들이 많이 모여들었다. 그는 이들 학자들과 공동으로 남조 송대의 범엽(范曄, 398~445)이 지은 《후한서(後漢書)》에 주석을 붙여 후세 연구가들에게 많은 공헌을 하였다. 성격이 좋았지만 자신의 출생에 대한 소문을 어디선가 들은 후부터는 눈에 띌 정도로 이상한 행동을 하여 점점 평판이 나빠져 갔다.

이런 가운데 무후로부터 황태자 자리를 양위하라는 압력을 받지나 않을까 불안한 나날을 보내고 있는데 설상가상으로 모반의 혐의를 뒤집어쓰게 되었다. 황태자의 마굿간에서 수백 벌의 갑옷이 발견된 것이 증거가 되어 황태자의 자리에서 쫓겨나고 얼마 후 파주로 옮겨졌다가 그곳에서 자결하여 일생을 마치게 되었다.

그러자 고종의 일곱째 아들 이현(李顯)이 황태자가 되었다. 홍도 원년(弘道元年, 683) 고종이 죽자 황태자 이현(李顯)이 즉위하니 이 이가 중종(中宗)이고 무후는 황태후가 되었다.

원래 고종은 간질병이 있어 모든 정무를 일일이 처리할 수가 없어 현경(顯慶) 5년(660)부터 황후 무씨에게 정무를 처결하도록 하였다. 측천 무후는 천성이 영민한 타고난 정치가였으므로 정무

희곡 〈무측천〉 삽화

를 처결하는 것이 하나하나 고종의 마음에 들었다. 그래서 고종은
정무 전체를 위임하게 되고 그 권세가 황제와 동등하였기 때문에
'이인 천자'라고 일컫게 되었고 그 후는 차츰 정권을 전단하기에
이르렀다.

　무후가 집정하기 시작하던 현경 5년에 소정방(蘇定方)을 백
제 원정군 사령관에 임명하여 백제 토벌에 나섰다. 당나라가 백제
토벌에 나서게 된 배경에는 신라 29대 왕 김춘추가 아직 재상으로
있었을 때 그의 외교적 노력이 주효했기 때문이었다. 당태종의 성
급한 고구려 원정이 실패로 끝난 후 신라는 고구려와 백제의 가중
되는 압력 때문에 곤경에 처하게 되었다.

　대야성을 백제에게 빼앗기자 당시 재상으로 있던 김춘추는
외교적 수단으로 대야성을 수복하고자 자진해서 고구려에 사신으

로 갔으나 실패하고 648년 12월 아들과 함께 당나라로 갔다. 김춘
추는 그 후 대당 외교에 전념하여 아들을 자주 당나라에 보내서
당의 문물을 받아들여 국정을 정비하는 한편 당나라와의 우호 관
계를 적극적으로 증진시켰다. 이 같은 김춘추의 외교 노력은 마침
내 당나라를 움직이게 만들었다. 3월에 출발한 소정방의 10만 대
군이 바다를 건너 8월에 백제의 도성에 도착하니 신라에서는 김
유신이 정병 5만 명을 거느리고 와 있었다. 당군과 신라군이 합세
하여 백제를 공략하자 백제는 당하지 못하고 백제의 의자왕(義慈
王)은 마침내 항복하였다. 고종은 항복한 의자왕을 낙양의 측천
문루에서 접견하였는데 의자왕은 당나라에서 병사하였다.

　백제가 멸망함에 따라 고구려는 고립 상태에 빠졌다. 이때 고
구려에서는 천개소문이 죽고 그의 아들들 사이에 불화가 생겨 장
남 남생은 그의 아들 헌성(獻誠)을 당나라에 보내 구원을 요청해
오기에 이르렀다.

　이런 상태라면 고구려의 국력은 이미 분열되어 보잘 것 없이
된 것이다. 그 위에 매년 기근이 들고 요괴스런 사건이 꼬리를 물
고 일어나 인심은 크게 동요하고 있었다. 역전의 명장 이적(李勣)
이 평양을 함락한 것은 총장 원년(668) 9월의 일이었고, 뒤이어
고구려의 보장왕이 항복하였다. 막리지(섭정)인 남건(남생의 동
생)은 자결하려 하였으나 죽지 못하고 포로의 신세가 되었다. 당
나라에서는 평양에 안동도호부(安東都護府)를 설치하여 고구려
의 판도를 다스리게 하였다.

　중종이 즉위함으로써 황후가 된 중종의 처 위씨(韋氏)는 황
후의 자리에 오르기 전부터 멀리서 시어머니 측천 무후를 바라보
면서 황후의 자리가 그렇게도 권한이 대단한 자리인가 하고 늘 선

망하고 있었다. 그렇게 선망하던 자리에 오른 지금에야 무엇이든 할 수 있다고 생각한 위황후는 자신의 친정아버지를 문하 시중의 요직에 기용하려 하였다.

측천 무후는 크게 노하였다. 이제 갓 황후의 자리에 오른 그녀가 친정의 영달을 생각하는 데 부아가 난 무후는 그러한 아내를 누르지 못한 황제 중종도 용서하지 않았다. 마침내 이현도 황제의 자리에서 쫓겨나고 고종의 여덟째 아들 이단(李旦)이 예종(睿宗)으로서 즉위하였으나 그도 유폐 생활과 다름 없는 생활을 했을 뿐 정치에는 관여치 못하였다.

개원(開元) · 천보(天寶)의 선정을 베풀었고 말년에는 천하 절색 양귀비(楊貴妃)에게 빠져 '안사의 난'을 일으키게 했던 역사의 풍운아 현종(玄宗)은 바로 예종의 셋째 아들이다.

이렇게 해서 황제의 자리를 놓고 벌어졌던 무후와 그의 남편 고종, 그리고 그의 아들들과의 싸움은 마침내 무후의 승리로 끝나고 690년 67세의 무후는 꿈에 그리던 황제의 자리에 올랐다.

무후는 나라 이름을 주(周), 동도 낙양을 신도(神都)라 일컬어 주로 그곳에서 정무를 보았다. 자신을 신성 황제(神聖皇帝)라 일컫고 예종 이단을 황사(皇嗣)로 정하여 성을 무(武)로 고쳤다.

## 측천 무후의 집권

측천 무후는 이씨의 당나라를 무씨의 천하로 바꾸었지만 제위 계승자 책립 문제를 놓고 고민하게 되었다.

**측천 무후**

남편 고종과 그의 아들, 그리고 이당 왕조의 황족들과 피비린내 나는 싸움을 벌인 끝에 주나라를 세우고 무씨 성을 가진 조카를 재상·장군으로 기용하는가 하면 공이 있는 자들에게 무씨 성을 주고 무씨 선조에게 시호를 추증하며 사당을 세우는 등 무씨 세력 확대에 전력을 기울였다. 한편 친정 조카 무승사(武承嗣)를 제위 계승자로 책립할 생각을 하고 있었다.

이소덕·적인걸 등 식견 있는 원로 재상들은 이 같은 무후의 생각에 찬성하지 않았다. 그들은 무후에게 다음과 같이 진언하였다.

"백모와 조카, 어머니와 아들, 이 두 관계를 비교해 보십시오. 조카와 아들, 어느 쪽이 더 폐하에게 효도를 할 것으로 생각하십니까? 만약 폐하께서 친히 낳으신 아들을 황태자로 세우신다면 천년 만년 후에도 자자손손 이어가며 제사를 받들 것입니다. 그러나 조카가 백모를 제사지낸다는 말은 일찍이 들어본 적이 없습니다. 폐하께서 만약 조카를 황태자로 세우신다면 선제(고종)의 능묘도 황폐해질 것이니…. 참으로 안타까운 일입니다."

무후는 이 같은 재상들의 말이 마음에 걸려 좀처럼 조카 무승사(武承嗣)를 황태자로 세울 결심이 서지 않았다.

이런 일로 인하여 74세의 고령인 무후는 밤에도 잠을 이루지 못했다. 어느 날 두 날개가 잘린 앵무새 한 마리를 꿈에서 보았다. 다음날 무후는 재상 적인걸에게 꿈 이야기를 하고 그 꿈이 무슨 징조인지를 물었다.

적인걸은 좋은 기회라 생각하고 항시 주장해오던 그의 의견을 되풀이하였다.

"앵무(鸚鵡)의 무(鵡)' 자는 무(武)자와 통합니다. 따라서 앵무는 폐하를 뜻하는 것이고, 두 날개는 두 사람의 전하라고 생각됩니다. 만약 폐하께서 두 사람의 전하를 기용하신다면 두 날개는 힘차게 펼쳐질 것입니다."

적인걸의 말을 듣고 난 무후는 크게 깨닫고 조카 무승사를 황태자로 세울 것을 단념하고 자신이 낳은 셋째 아들 여릉왕(廬陵王) 이현(李顯)을 궁중으로 불러들였다. 원래 황사(皇嗣, 황태자)로 지명된 넷째 아들 이단(李旦)도 형 이현을 황태자로 세울 것에 동의하였기 때문에 이현이 다시 황태자의 자리에 올랐다.

당대의 유행 머리를 높이 틀어올리고 이마에 꽃을 단 것은 당시 유행했던 화장법이다.

어느 날 무후는 적인걸에게 물었다.

"한 사람의 유능한 인재를 얻고자 하는데 적당한 인물이 없겠소?"

"뛰어난 인물이 있습니다. 장간지(張柬之)라는 사람으로 나

**건릉 벽화** 고종과 측천 무후의 합장릉인 건릉의 벽화

이는 많지만 재상의 재목입니다."

무후는 즉시 장간지를 낙주 사마(洛州司馬)에 임명하였는데 후에 재상의 자리까지 올랐다.

705년 반세기에 걸쳐 궁정에 군림했던 여걸 측천 무후도 나이가 들어 병상에 눕게 되자 힘을 쓰지 못했다. 당시의 재상 장간지는 친위군 사령관과 공모하여 친위군 500명을 동원하였다. 그들은 내란을 진압한다는 명목으로 황태자를 동궁에서 맞아들여 현무문의 빗장을 부수고 궁중에 돌입하였다. 장간지 등은 와병 중인 무후를 협박하여 제위를 황태자에게 전하게 하고 무후를 상양궁(上陽宮)으로 옮겼다. 그해 겨울에 측천 무후는 82세를 일기로 타계하였다.

그녀는 천수 원년(690)에 당의 국호를 주(周)로 바꾼 이래 16년간 여제(女帝)로 군림하였다. 측천 무후는 자신의 이름자 조(照)를 조(曌)로 고치는 등 새로운 글자 20자를 제정하여 측천 문자라 하였으나 측천 무후가 죽음으로써 폐지되었다. 그러나 이름자에는 간혹 사용되는 예도 있다. 측천 문자는 현재 17자 정도가 확인되고 있다.


## 현종의 개혁과 안록산의 등용

장안(長安) 5년(705) 중종 이현이 다시 황제의 자리에 올라 무후가 세웠던 주의 국호를 폐하고 당의 국호를 회복하였다. 원래 중종은 그의 아버지 고종이 죽자 제위에 올랐다가 겨우 2개월 만에 측천 무후에게 쫓겨났다. 이후 여릉왕이 되어 균주·방주 등지에 있다가 3년만에 낙양으로 돌아와 황태자가 되었다. 그로부터 8년째에 다시 황제의 자리에 오르고 그의 아내 위씨도 황후로 복위되었다.

중종은 방주에 있을 때 '언젠가는 무후의 손에 죽임을 당할 것이다.'라고 하며 여러 차례 자살을 기도했으나 그때마다 위씨가 위로하여 생각을 바꾸도록 하였다. 중종은 이 같은 위씨를 끔

**현종**

* 쌍륙(雙陸) : 오락의
한 가지

찍이 사랑하여 그녀에게 이렇게 약속하였다.

"후일 다행히 유폐 생활에서 해방되어 하늘을 우러러보게 된다면(황제가 됨) 내 그대가 하고자 하는 일을 절대 방해하지 않으리다."

중종이 복위하자 과연 그 말대로 위황후는 정사에 간섭하기 시작하였다. 그것은 마치 무후가 고종을 대신하여 정무를 보는 것과 똑같았다.

중종의 딸 안락 공주(安樂公主)가 무후의 일족인 무삼사(武三思)의 아들과 결혼하였는데 무삼사는 안락 공주의 시아버지라는 자리를 이용하여 자주 궁중에 출입하다가 위황후와 불의의 관계를 갖게 되었다. 그러나 중종은 전혀 눈치채지 못하고 무삼사와 위황후가 쌍륙(雙陸)* 놀이를 하면 그 곁에서 훈수하거나 승패를 판가름하거나 지켜 보며 놀 정도였다. 이렇게 해서 중종은 마침내 무삼사를 신임하게 되어 정치상의 문제까지도 의논하게 되었다.

위황후는 자신의 집권에 방해가 되는 인물을 제거하기 위하여 무삼사와 공모하여 중종에게 장간지 등을 참소하였다.

"장간지 등은 그들의 공을 믿고 함부로 권세를 휘둘러 국가를 위태롭게 하고 있습니다."

중종은 위황후와 무삼사의 참소를 그대로 믿고 장간지·최현휘(崔玄暉)·환언범(桓彦範)·원서기(袁恕己) 등 5명에게 각각 왕호를 주어 정치에서 손을 떼게 하고 얼마 후 지방으로 좌천시켰다가 모두 사사하였다.

위황후는 제2의 측천 무후를 꿈꾸고 있었다. 측천 무후는 황

452

관리 사령서 중서사인 서호가 768년 8월에 작성한 문서로, 주거 천을 관리로 임명한다 는 사령서이다.

후에서 황태후가 되고, 황태후에서 여황제가 되었다. 위황후도 그렇게 되지 말라는 법은 없을 것이라 자신한 것이다.

때마침 연흠융(燕欽融)이라는 사람이 위황후의 음란한 사실을 중종에게 상주하였다. 중종은 연흠융을 궁중으로 불러 힐책하였으나, 흠융은 위황후의 음란한 사실을 반박하며 굽히지 않았다. 결국 연흠융은 위황후의 일당에게 죽임을 당했지만 중종은 그 말을 들은 후부터 위황후를 의심하기 시작하였다.

마진객(馬秦客)·양균(楊均) 등은 모두 위황후의 총애를 받고 있었기 때문에 그 일이 발각될까 두려워 전전긍긍하던 끝에 그들은 마침내 중종 시해 음모를 꾸몄다.

위황후는 남편 중종을 죽인 다음 황태후가 되고 그 다음은 여황제가 된다는 일종의 조감도를 머리 속에 그리고 있었다. 이들 일당은 경룡(景龍) 4년(710) 6월 고기 만두 속에 독을 넣어 중종을 시해하였다. 그리고 위황후는 중종의 유조라 빙자하여 중종의 넷째 아들 온왕(溫王) 이중무(李重茂)를 황제로 세우고 자신은 황태후로서 섭정하였다. 중종 시해 사건에 중종의 친딸 안락 공주

**기태산명비** 현종의 봉선을 기념하기 위해 세운 비

도 가담하였다는 사실은 우리들을 놀라게 한다. 안락 공주는 그 나름대로의 꿈이 있었다. 어머니 위황후가 황제가 되면 자신은 그의 후계자 황태녀(皇太女)가 되어 제3의 측천 무후가 되겠다는 꿈이었다. 그러나 위황후 일당의 꿈은 실현되지 못하고 그들 일족

은 모두 파멸의 구렁텅이로 빠져 들어갔다.

　중종이 시해된 후 8일 뒤 경자에 이융기(李隆基)가 쿠데타를 감행하였다. 이때 이융기는 25세의 젊은 청년이었다. 그는 일찍부터 위씨 일족의 전횡에 분노를 느꼈으나 쿠데타에 실패한 선례들을 거울삼아 이를 악물고 기다리고 있었다.

　위황후 일당도 위씨 왕조를 세울 경우 가장 방해가 되는 인물을 일찍이 황제의 위에 오른 경험이 있는 예종 이단과 고종의 막내딸 태평 공주로 지목하고 있었다. 어떻게든 이들을 제거하지 않으면 안 될 것으로 생각하여 차근차근 준비를 하고 있는 단계였다. 그런데 위황후 일파와 가까이 지내던 병부시랑 최일용(崔日用)이 이 같은 움직임을 이융기에게 전함으로써 쿠데타를 서두르게 되었다.

　이융기를 주모자로 하는 쿠데타군의 중심 인물 갈복순(葛福順)이 칼을 빼어들고 선두에 서서 친위군 군영에 돌입하여 위씨 일족의 장군 위선(韋璿)·위파(韋播) 등의 목을 베자 급보를 전해 들은 위황후는 비기궁(飛騎宮)으로 도망쳤다. 그러나 그곳 병사들에 의해 목이 잘리고 말았다. 안락 공주는 때마침 경대 앞에 느긋이 앉아 눈썹을 그리다가 참수되었다.

　위씨 일족이 멸망하자 갓 즉위한 이중무는 이단에게 양위하였다. 이단이 예종으로서 황제위에 오른 것은 같은 해 6월 갑진일로 쿠데타 성공 후 4일째 되는 날이었다.

　쿠데타의 주동 인물 이융기는 평왕에 봉해졌다가 이어 황태자로 책립되었다.

　예종 이단은 별로 유능하지는 못했지만 점잖은 인물이었다. 그가 복위하는 데는 누이 태평 공주의 힘이 컸는데 태평 공주는 무후의 막내딸로 성격이 침착 민첩하고 권모와 지략이 뛰어났다. 무후가 살아 있을 때 항상 자기를 닮았다고 칭찬한 인물이었는데 이번의 쿠데타에도 그의 아들 설숭간(薛崇簡)을 참가시키는 등 공로가 많아 태평 공주는 사실상 주인 같은 존재가 되었다.

점잖기만 할 뿐 별로 유능하지 못한 예종 밑에 태평 공주와 황태자 이융기의 두 실력자가 존재함으로써 궁정의 세력은 점차 이들 두 파로 갈라져 치열한 싸움을 벌이게 되었다.

예종은 고민하던 끝에 황태자에게 양위하여 두 파의 싸움을 종식시키려 하였다. 마침내 경운 3년(712) 황태자 이융기가 현종(玄宗)으로서 즉위하고 예종은 상황이 되었다.

현종이 즉위함으로써 승부는 결정된 듯 했으나 사실은 그렇지 않았다. 재상이라 불리는 중신이 7명 있었는데 그 가운데 5명이 태평 공주파의 인물이었다. 태평 공주는 이 같은 인맥의 배경과 상황이 된 예종을 방패로 삼아 반격의 기회를 노렸다.

태평 공주파는 마침내 현종 암살이라는 최후 수단까지 동원할 음모를 꾸미기에 이르렀다.

현종파 인물들은 태평 공주 타도를 서둘렀다. 태평 공주가 존재하는 한 현종의 제위는 불안하기 이를 데 없고, 이름뿐인 허수아비로 전락할 가능성이 농후하였다. 당시 태평 공주는 상황의 명령이라 빙자하여 중신들의 임명권을 행사하고 있는 형편이었다. 개원(開元) 원년(713) 7월 현종은 태평 공주파에 대한 공격을 개시하여 순식간에 그들 일당을 타도하였다.

태평 공주는 어느 절로 도망쳤다가 사흘 후 돌아와 그녀의 집에서 사사되었다. 태평 공주가 죽음으로써 정권은 명실공히 현종의 손에 쥐어지게 되었다. 실로 반세기 만의 일이었다.

# 구시 재상과 반식 재상

현종은 명실공히 황제로서의 정권을 장악하게 되자 요숭(姚崇)을 재상으로 기용하였다. 이때 노회신(盧懷眞)도 같은 재상의 자리에 있었다.

요숭이 문무 겸비한 유능한 재상인데 반하여 노회신은 완전히 이름뿐인 재상이었다. 어느 날 요숭이 10일 정도 정무를 쉬고 대신 노회신이 정무를 보았는데 하나도 원만히 처리하는 일이 없었다. 10여 일 만에 정무를 보게 된 요숭은 산더미처럼 쌓였던 정무를 순식간에 척척 처리하였다.

이런 일이 있은 후 요숭은 '구시 재상(救時宰相)*'이라 불리고, 노회신은 '반식 재상(伴食宰相)*'이라 불리게 되었다.

과연 요숭은 구시 재상이라 일컬어 손색 없는 인물이었다.

개원 연간 초기 황하 연안의 들판에 메뚜기 떼가 날아들어 농작물을 마구 해쳤다. 메뚜기 떼는 마치 검은 구름이 햇빛을 가리듯 떼를 지어 날아와 농작물은 말할 것도 없고 물까지 마구 먹어치우는 것이었다. 이런 메뚜기의 피해는 이전에도 있었던 일로 메뚜기가 휩쓸고 지나간 다음의 농촌은 여지없이 황폐되어 굶어 죽은 시체가 여기저기 뒹굴어다니는 참상이 벌어졌다.

이러한 메뚜기 떼의 피해는 물가 상승을 부채질할 뿐 아니라 정국의 혼란마저 야기시키는 결과를

* 구시 재상(救時宰相)
: 시대를 구원하는 유능한 재상
* 반식 재상(伴食宰相)
: 자리만 차지하고 있는 무능한 재상

**당삼채 용이병** 삼채가 잘 조화된 병. 두 마리의 용이 물을 마시는 모양의 손잡이가 달려 있다.

**명전** 지방으로부터 보내진 곡물을 저장할 때, 관리의 임무를 가진 관료들의 이름을 새긴 벽돌을 넣었다. 이 벽돌은 성력 2년 (699) 정월 8일의 일자가 있다.

가져왔다. 세 차례나 재상을 역임한 요숭은 이 문제를 중시하여 메뚜기 퇴치를 강조하는 조서까지 내렸으나, '반식 재상' 노회신은 엉뚱하게도 메뚜기를 죽이는 일은 화기(和氣)를 손상시킴으로써 흉변을 가져온다는 미신적 이유를 들어 메뚜기 퇴치 운동을 반대하였다.

노회신의 터무니없는 주장에 요숭도 화를 내며 신랄하게 비판하였다.

"도대체 당신의 마음은 이해할 수가 없소. 어째서 메뚜기 상하는 일을 그렇게 걱정하고, 백성들이 굶어죽는 일은 가슴 아프게 생각지 않는 거요. 백성들보다 메뚜기가 더 중하단 말씀이오."

메뚜기 퇴치에 얽힌 다음과 같은 이야기도 있다. 산동 지방이 메뚜기 떼의 습격을 받았을 때의 일이다.

산동 지방의 장관 예약수(倪若水)는 메뚜기 퇴치를 반대하는 상주문을 올렸다.

"메뚜기 떼가 날아오는 것은 천재(天災)입니다. 그러므로 사람의 힘으로 메뚜기를 없앨 수는 없는 것입니다. 만약 조정에서 덕있는 정사를 편다면 천재는 저절로 물러갈 것입니다."

요숭은 즉시 예약수에게 회답문을 보냈다.

"그대의 주장대로라면 지방 장관인 그대가 덕 있는 정사를 폈더라면 산동 지방에는 메뚜기가 날아들지 않았을 게 아니겠소.

그런데 산동 지방에 메뚜기가 날아들었으니 그대의 덕정(德政)이 결여되었다고 볼 수밖에 없지 않소?"

이쯤 되면 예약수도 두 손을 바짝 들지 않을 수 없는 일이다. 그래서 그는 아무 소리도 못하고 메뚜기 퇴치를 시작했다고 한다.

메뚜기 퇴치에 대한 이야기는 또 이어진다. 조정에서는 그 후 메뚜기 한 말을 잡는 자에게 곡식 한 말, 한 섬을 잡는 자에게는 곡식 한 섬을 주는 등 여러 가지로 메뚜기 퇴치를 위한 조치를 취하였다. 이러한 조치가 주효하여 여기저기서 메뚜기의 피해가 있긴 했으나 백성들이 굶어 죽는 상태에는 이르지 않았다고 한다.

현종은 '구시 재상' 요숭 이외에도 송경(宋璟)·장가정(張嘉貞)·장열(張說)·이원굉(李元紘)·두진(杜暹)·한휴(韓休)·장구령(張九齡) 등 뛰어난 인물을 재상에 등용하였다. 이들은 모두 당왕조의 번영에 기여한 인물들로 현종은 사람을 잘 알아보는 안목이 있었다. 유능한 인재의 등용이 그의 정치를 성공으로 이끄는 한 가지 요인이 되었다.

현종의 인재 등용에 얽힌 이야기는 역사서에도 나온다.

재상 한휴는 정치상의 문제를 놓고 현종과 논쟁을 벌이는 일이 많았다. 어느 날 현종은 거울 앞에 우두커니 서서 묵상에 잠겨 있었다. 이를 본 환관 한 사람이 틀림없이 또 한휴와 정치적 논쟁을 벌이다가 피로해서 그런 것이라 생각하였다.

"한휴가 재상의 자리에 오른 후부터 폐하의 용체가 많이 야윈듯 하옵니다…. 사사건건 폐하에게 따지고 드는 한휴를 파직시키시는 것이 어떻겠습니까?"

그러자 현종은 이렇게 대답했다.

"짐은 약간 야윈지 모르겠지만 천하의 백성들은 살찌고 있다. 소숭(蕭嵩)이라는 사나이는 정사를 논할 때 사사건건 짐의 뜻에 따랐다. 그러나 소숭이 돌아간 후 짐의 마음은 항상 상쾌하지가 않았다. 걱정되는 일이 있었기 때문이었지. 그러나 한휴는 다르다. 정무를 논할 때마다 자주 짐과 논쟁을 벌이지만 한휴가 돌아간 후 짐의 마음은 언제나 상쾌했다. 일이 원만히 해결되었기 때문이었지. 재상을 선발하는 것은 나라를 위해서 하는 일이지 짐을 위해서 하는 일은 아니지 않은가.”

## 개원의 치

장안(지금의 서안)은 당왕조의 정치·경제·문화의 중심지였지만 그 전에도 여러 왕조의 수도로서 700여 년간 홍망 성쇠의 역사를 지니고 있었다.

그러나 장안이 제일 번창했던 것은 역시 현종이 황제의 자리에 있던 개원 연간과 이에 이어지는 천보(天寶) 연간의 초기가 아니었던가 생각된다. 이 시대야말로 장안에 있어 영광의 시대였다고 할 수 있다. 현종 재위 시대의 중국은 바야흐로 번영을 누린 시기로써 그 인구가 많을 때는 900만 호, 5,300만 명에 달했다고 기록되어 있다.

당시 장안에는 아시아 각국은 말할 것도 없고, 멀리 페르시아, 사라센 등지에서도 많은 외교 사절과 상인들이 몰려와 대명궁에 있는 인덕전(仁德殿)은 이들 외국에서 온 국빈들을 접대하는 연회장으로 각광을 받았다. 이 밖에도 성내 동쪽에는 개원 연간에 세워진 흥경궁(興慶宮)이 있었다. 이곳은 현종과 양귀비가 거처하던 곳으로 지금은 흥경 공원이 되어 시민에게 개방되고 있다.

이들 태극궁(太極宮)·대명궁·흥경궁을 당왕조의 삼대 궁전이라 일컫는데 그 주된 건물은 지금까지 남아 있는 북경 고궁의 태화전(太和殿)과 비교하여 조금도 손색 없는 것이었다.

장안에는 동시(東市)·서시(西市)라 불리는 2개의 시장이 있어 엄청나게 많은 상점이 즐비하게 들어서 있었다. 이들 시장에는 220개 업종에 달하는 상인들이 점포를 열었다.

정오에 큰북이 울리면 시장 상점에서는 일제히 영업을 시작하였다. 고객이 모여들고 외국인까지 뒤섞여 활발한 거래가 이루어졌다. 이곳에는 국내 각지의 상품은 물론 멀리 실크 로드를 통해 들어온 외국 상품도 모여들어 당시 경제의 번영상을 과시하였다. 황실에서도 두 시장에서 필요한 물자를 구해들였다. 해가 서쪽으로 뉘엿뉘엿 넘어가면 이번에는 징이 울린다. 그러면 상점은 일제히 문을 닫고 영업을 마친다.

**격구** 페르시아에서 폴로와 같은 게임이 전해져 귀족들 사이에 크게 유행했다.

장안의 거상 추풍치(鄒風熾)라는 사람이 종남산(終南山)을 사겠다고 나섰다. 종남산은 장안 남쪽에 병풍처럼 솟아 있는 명산이었다. 그리고 사면이 모두 무성한 수목으로 꽉 차 있었는데 추풍치는 종남산의 헤아릴 수 없이 많은 수목 한 그루당 비단 한 필씩을 주겠다는 조건을 제시하였다. 추풍치는 나무 그루에는 한도가 있지만 내 비단에는 한도가 없다고 호언하였다.

일개 상인의 입에서 이런 말이 튀어나올 정도였으니 당시의 국가 재정이 얼마나 풍부하였던가를 미루어 짐작할 수 있다. 민심을 수렴하는 정치와 풍부한 경제는 아름다운 과학·문화의 꽃을 피우게 마련이다. 개원 연간의 중국에는 걸출한 시인·화가·사학자·음악가·천문학자가 쏟아져 나와 이 시대의 역사를 더욱 찬란하게 하였다. 그리하여 세계 역사에 그 이름을 떨친 당의 문화를 창조했던 것이다.

## 현종과 양귀비의 사랑

중국 봉건 사회의 황금 시대라 일컬어졌던 당왕조의 개원 연간을 정점으로 그 후 이어지는 천보 연간(742~756)에는 그렇게 번영했던 당왕조의 발전상도 급격히 쇠퇴하기 시작하였다.

이런 현상은 결코 우발적인 것이 아니고 잠재해 있던 경제·사회적인 병폐에 의한 것이었지만, 그보다 더한 것은 당시 간신들의 횡포와 현종의 양귀비에 대한 무분별한 총애가 주된 원인으로 지적되고 있다.

현종 때의 정계에는 과거(진사과)에 의해 등용된 관료와 문벌에 의해 등용된 관료들 사이에 파벌 싸움이 있었다. 당시 진사파(과거파)의 대표자는 장열·장구령 등이었고, 문벌파의 대표자는 이림보(李林甫)였다. 이림보는 그의 증조부가 고조 이연의 사촌이었으므로 황족의 일원이었다. 그가 예부 상서 겸 재상의 일원인

중서문하삼품(관직명)이 된 것은 개원 22년(734)의 일이다. 진사파의 대표 장구령을 실각시키고 중서령(中書令)이 되어 재상의 정상 자리에 오른 것은 그로부터 2년 후의 일이었다.

간신 이림보는 감언이설로 사람의 마음을 사로잡는 한편 마음속으로는 상대를 모함하여 마침내는 죽여 없애는 음흉한 사람으로 '입에는 꿀, 마음에는 칼'이라는 말로 표현되는 인물이었다.

조정의 권리를 한손에 쥔 이림보는 자기와 의견을 달리하는 자는 모두 배척하여 충직한 신하 수백 명을 죽였기 때문에 아무도 그의 의견에 반대하지 않았다. 심지어는 황태자까지도 그의 앞에서는 아무 말도 못하는 형편이었다. 이렇게 해서 이림보의 권력이 강해질수록 조정에는 어두운 그림자가 점점 짙게 드리워졌다.

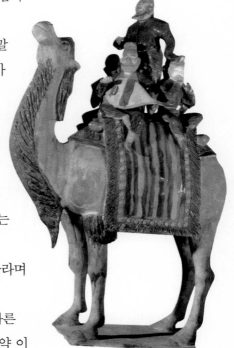

**삼채낙타 인형** 낙타를 타고 왕래하는 서역인들은 흥미의 대상이었으며 당삼채로 빈번히 사용되었다.

그러나 현종은 이림보의 달콤한 말에 귀가 솔깃해 간신 이림보를 높이 평가하고 있었다. 이런 일이 있었다.

어느 날 현종은 늘 그의 곁에서 시중드는 환관 고역사(高力士)에게 말하였다.

"태평한 세상이로다. 국정은 이림보에게 맡기고 짐은 좀 쉴까 생각하는데…."

고역사는 현종의 말을 듣고 깜짝 놀라며 간하였다.

"막중 천하대사를 그렇게 가벼이 다른 사람에게 맡겨서는 아니되십니다 … 만약 이림보가 힘을 얻는 날에는 잘 눌러지지 않을까 염려스럽습니다."

고역사의 말을 들은 현종의 얼굴에는 불쾌함과 성난 표정이 역력히 나타났다. 눈치빠른 고역사는 머리를 깊이 숙이며 사죄하였다.

이림보가 조정의 실권을 한손에 쥐게 된 736년에 현종은 사랑하던 무혜비(武惠妃)를 잃었다. 무혜비를 잃은 현종은 실의의 나날을 보내고 있었다. 후궁에는 아리따운 미녀가 3천 명이나 있었으나 누구 하나 현종의 마음을 끄는 여인은 없었다.

이럴 즈음 현종의 귀를 솔깃하게 하는 한 가지 소문이 떠돌았다. 수왕비(壽王妃)가 보기 드문 절세의 미녀라는 것이었다. 현종은 은근히 마음이 끌려 환관에게 명하여 일단 수왕비를 자신의 술자리에 불러오도록 하였다. 현종은 수왕비를 보자 한눈에 마음이 끌렸다. 수왕비는 빼어난 미모일 뿐 아니라 매우 이지적인 여성으로 음악 · 무용에도 남다른 재주가 있었다. 술자리에서 현종이 작곡한 〈예상우의곡(霓裳羽衣曲)〉의 악보를 보자 그녀는 즉석에서 이 곡에 맞추어 노래를 부르며 춤을 추는 것이었다. 그녀의 자태는 마치 선녀가 지상에 하강하여 춤을 추는 듯 현종의 마음을 사로잡았다.

이 수왕비가 훗날 양귀비(楊貴妃)로서 현종 황제와 양귀비의 로맨스는 이 만남을 계기로 막이 오르게 되었다.

양귀비의 본명은 옥환(玉環)으로 원래는 현종의 열여덟째 아들 수왕 이모(李瑁)의 아내였다.

수왕 이모는 현종과 무혜비 사이에서 태어난 아들이니 양귀비는 바로 현종의 며느리인 것이다. 56세의 시아버지 현종이 22세의 며느리와 사랑을 불태운다는 것은 당시로서도 충격적인 사건이 아닐 수 없었다.

현종은 중신들의 반대에도 불구하고 우선 양귀비 자신의 뜻이라 빙자하여 그녀를 여도사(女道士)로 삼아 우선 남궁에서 살게 하고 태진(太眞)이라는 호를 내려 남궁을 태진궁(太眞宮)이라 개칭하였다. 현종은 수왕 이모에게 죄책감을 느껴서였는지 수왕에게 위씨의 딸을 보내 아내로 삼게 하였다.

태진이 귀비로 책봉되어 양귀비로 불리게 된 것은 그 후의 일이지만 남궁에 들어온 태진에 대한 현종의 열애는 대단하였다. 남궁에 들어온 지 1년도 채 못 되어 태진에게서는 마치 황후가 된 듯한 도도한 행동마저 보였다.

금 순나라 때부터 전해온 악기로 당대에도 사용되었다. 그림은 금을 연주하는 여인의 모습이다.

현종 황제와 태진은 추야장 깊은 밤도 오히려 짧은 듯 해가 높이 떠올라도 잠자리에서 떨어질 줄을 몰랐다. 이렇게 하여 일찍이 흥경궁에 근정전을 세워 아침 일찍부터 밤늦게까지 정무에 열중하던 현종 황제는 정치에 대한 흥미를 완전히 상실하여 마치 딴사람처럼 되어 버렸다.

남궁에 들어온 지 6년 후 태진은 귀비로 책봉되었다. 명실 공히 양귀비가 된 셈이다. 궁중의 법도상 귀비의 지위는 황후 다음이었으나 이때 황후는 없었으므로 사실상 양귀비가 황후의 행세를 하였다. 양귀비는 더욱 더 현종의 총애를 한몸에 받아 그녀의 일족들도 차례차례 고관의 자리에 오르게 되었다.

양귀비는 고아 출신으로 양씨 가문의 양녀로 들어갔기 때문

祿山生日先日賜諸器物衣太眞亦厚加賞遺
元宗賜金花大銀盆二金花銀雙絲瓶二金鍍銀蓋
椀二金平脫酒海一幷蓋金平脫杓一小瑪瑙盤二
金平脫大盞四次盞四金平脫瑪瑙盤一玉腰帶一
一幷金魚袋一及平脫匣一紫綃綾衣十副內三副
錦袄子幷半臂每副四事熟錦紬綾三十六具太眞
賜金平脫裝一具內漆牛花鏡一玉合子二玳瑁刮
舌篦耳各一銅鑷子各一犀角刷子梳篦一骨骼合
子三金鍍銀合子二金平脫合子四碧羅帕子一紅

**안록산의 사적** 하사품의 목록

에 혈연을 같이 하는 친척은 없었지만 현종은 양귀비의 환심을 사기 위하여 양씨 일족에게도 특별한 배려를 하였다. 양귀비의 6촌 오빠 양소(楊釗)는 별로 품행이 좋지 않았는데도 불구하고 민첩하고 요령있는 행동으로 점차 현종의 신임을 받아 현종으로부터 국충(國忠)이라는 이름을 받았다. 그 후 재상 이림보와 대립하였고 이림보가 실각한 후에는 안록산과도 대립했던 양국충이 바로 양귀비의 6촌 오빠이다.

그런데 양귀비는 질투심이 몹시 강한 여자였다. 현종 황제로서도 그녀의 강짜에는 두 손을 바짝 들을 지경이었다. 역사적 기록에 의하면 양귀비의 이 같은 질투심이 원인이 되어 두 차례나 현종으로부터 폐출된 일이 있었다고 한다.

폐출된 양귀비는 사가에 돌아와 반성하는 기색도 없이 허구한 세월을 울음으로 지샐 뿐이었다. 양씨 일족들은 잘못하다간 자신들에게도 화가 미칠까 두려워 전전긍긍하여 갖가지 대책을 마련하기에 여념이 없었다.

한편 현종은 현종대로 한때의 노여움으로 양귀비를 폐출시키긴 했으나 그녀가 없는 궁정은 마치 무덤과 같이 느껴져 하루 세 끼의 식사조차 목구멍에 넘어가지 않는 나날을 보냈다. 현종의 이 같은 심정을 알아차린 환관 고역사는 두 사람을 다시 결합시킬 공작을 폈다.

466

우선 현종의 이름으로 어선(御膳)<sup>*</sup>을 양귀비에게 보내도록 하였다. 현종이 내리는 어선을 받은 양귀비는 곧바로 자신의 칠흑 같은 머리를 잘라 이를 곱게 묶어 고역사에게 건네주며 눈물을 흘리며 말하였다.

* 어선(御膳) : 임금이
내리는 식사

"이제 나는 죽음으로써 내가 지은 죄를 보상하려 합니다. 둘러보건대 나의 모든 것은 폐하께서 하사하신 것일 뿐, 오직 이 검은 머리만이 부모에게서 물려받은 것입니다. 이것을 폐하에게 바쳐 오늘 내가 폐하와 영원히 이별하는 마음을 표할까 합니다."

고역사가 바치는 칠흑 같은 머리를 본 현종은 양귀비를 용서하여 다시 궁중으로 불러들였다. 두 사람이 본래의 관계를 회복했음은 말할 나위가 없다. 그러나 아무리 콧대가 높은 양귀비라도 두 차례나 폐출된 일에는 충격을 받았음인지 이것저것 자신의 장래 문제를 걱정하게 되었다.

천보 10년(751) 칠월 칠석날에 있었던 일이다.

현종은 화청궁에 거둥하여 장생전에서 양귀비와 함께 노닐고 있었다. 이윽고 밤도 깊어 하늘에는 은하수가 아름답게 반짝이고 있었건만 웬일인지 칠석의 하늘을 쳐다보고 있던 양귀비는 갑자기 흐느껴 울기 시작하였다. 현종은 왜 우느냐고 달래듯 물었으나 양귀비는 그저 울음만을 계속할 뿐 아무 말도 하지 않으려 했다.

이윽고 양귀비는 눈물을 닦으면서 띄엄띄엄 그의 심정을 털어 놓기 시작했다.

"하늘에 반짝이는 견우성과 직녀성, 얼마나 아름다운 인연입니까. 저 부부의 지극한 사랑, 영원한 애정이 부럽습니다. 저 부부와 같았더라면 얼마나 좋았을까 하고 생각이 듭니다…. 역사에도 자주 기록되어 있지만 나이가 들면 가을 부채처럼 버림을 받는 여

**양귀비** 목욕을 한 양귀비가 붉은 옷감으로 몸을 감싸고 있고 시중드는 아이가 향로를 들고 옆에 서 있다.

자의 허무함, 이런 일들을 생각하면 서글퍼 견딜 수가 없사옵니다…"

양귀비가 눈물을 흘리며 말하는 한마디 한마디는 현종의 마음을 아프게 찔렀다. 그리하며 두 사람은 손을 서로 붙잡고 그들의 영원한 애정을 하늘에서 반짝이는 별에게 맹세하였다.

"하늘에서는 비익조(比翼鳥)가 되고, 땅에서는 연리지(連理枝)가 될지이다."

'비익조'는 중국 전설에 나오는 새로 암수가 한 몸이 되어 난다는 데서 사이가 좋은 부부를 상징하고, '연리지' 또한 중국 전설에 나오는 나무로 뿌리는 둘이지만 가지는 합쳐져 하나가 된다는 데서 부부의 깊은 애정을 상징한다.

현종과 양귀비는 이 '비익조'와 '연리지'처럼 영원히 떨어지지 않을 것을 맹세한 것이다.

개원 24년(736)부터 천보 연간에 걸쳐 조정에서는 간신이 제멋대로 정사를 농락하고 현종은 양귀비에게 정신을 빼앗겨 당왕조의 정치는 부패 일로를 치닫고 있었다. 이렇게 해서 번영의 뒤에 숨겨져 있던 위기가 점점 심화되어 갔다.

우선 농촌에서는 균전제(均田制)가 무너져 국가의 세입원이 위협을 받게 되고 이에 따라 조정의 재정이 궁핍하게 되었으며 군사 체제의 토대가 되었던 부병제(府兵制)가 무너져 군대를 모집해도 응모하는 자가 없어 군의 사기와 전투력이 급격히 저하되었다.

그러나 변경 지방의 군사력을 장악하고 있는 절도사(節度使)들은 강력한 군사력을 장악하고 있어 유사시에 당왕조를 위협하는 존재가 될 위험성마저 내포하고 있었다.

이러한 모든 정세로 보아 현종 왕조의 위기는 폭발 일보 직전에까지 다다르고 있었다.

# 안사의 난

천보 14년(755) 안록산(安祿山)은 마침내 반란을 일으켰다.

일찍이 안록산은 천보 원년(742) 새로 설치된 평로 절도사(平盧節度使)가 되고 같은 3년에 범양(范陽) 절도사를 겸하였다.

안록산은 체중이 230근*이나 되는 보기 드문 뚱뚱보로 그의 뚱뚱한 배는 무릎을 덮을 정도였다. 현종은 어느 날 안록산의 배를 가리키면서 물었다.

"그 뱃속에 도대체 무엇이 들어 있기에 그렇게도 뚱뚱한가?"

그러자 녹산이 대답하였다

"예, 오직 폐하에 대한 일편단심이 들어 있을 뿐입니다."

양귀비는 이 같은 안록산이 마음에 들었다. 익살스럽고 털털하며 모나지 않고 수수한 그의 성격을 바탕으로 안록산은 손쉽게 현종과 양귀비의 마음을 사로잡았다. 안록산은 양귀비의 수양아들이 되고 싶다고 자청하여, 입궐하면 먼저 양귀비에게 인사를 올리고 다음에 현종을 배알하였다. 현종이 그 연유를 물었다.

"오랑캐(안록산은 오랑캐 출신이었음)의 풍습에서는 어머니를 첫째로 하고 아버지를 다음으로 하는 것이옵니다."

안록산의 대답에 사람들이 웃었다. 현종도 양귀비도 안록산의 이 같은 연극이 가면일 줄은 전혀 눈치채지 못하였다. 안록산의 생일에는 현종으로부터 하사되는 선물이 무진장하였다. 그로부터 3일째 되는 날 안록산이 궁중에 초대되어 입궐했을 때 양귀비는 화려한 비단으로 큰 포대기를 만들어 안록산을 둘둘싸서 화사한 색깔로 칠한 수레에 태우고 궁녀들로 하여금 그 수레를 끌게

*230근 : 약 200kg, 우리나라의 근과 다름

하였다. 이것은 전에 안록산이 양귀비의 수양아들이 되겠다고 자청한 것을 허락한 일이 있었기 때문에 장난삼아 자신의 영아로 취급한 것이다.

현종은 궁녀들이 웃으며 떠드는 소리를 듣고 물었다.

"무슨 일이냐?."

그러자 좌우의 신하들이 대답하였다.

"지금 막 양귀비가 녹아(祿兒)*에게 포대기를 내려주고 계십니다."

그러자 현종은 양귀비에게 출산 축하금을 내려 한바탕 즐거워하였다.

그 후 안록산은 수시로 궁중에 출입하였으며 때로는 한 밤을

* 녹아(祿兒) : 안록산을 어린아이처럼 부르는 애칭

궁중에서 지새워 물러가지 않은 일이 있어 양귀비와의 추문이 널리 세상에 퍼졌다. 그러나 현종은 조금도 의심하지 않고 다시 안록산에게 하동(河東) 절도사를 겸하게 하였다.

당시의 재상 이림보는 안록산보다는 한 수 높은 인물이었다. 안록산과 무슨 일을 의논할 때면 심중을 꿰뚫어 보듯 안록산이 말하고자 하는 일을 앞질러 말하니 배짱 좋은 안록산도 이림보 앞에서는 주눅이 들어 등골이 오싹할 지경이었다.

천보 11년 12월 재상 이림보가 죽고 양국충이 재상이 되었다. 안록산은 이림보의 권모술수가 두려워 이림보가 죽기 전에는 감히 모반을 꾀하지 못하였다. 그러나 이림보가 죽고 그해에 양국충이 재상이 되자 양국충은 현종에게 다음과 같이 진언하였다.

**무사 인형**

"안록산은 반드시 반란을 일으킬 인물입니다. 시험삼아 도성으로 오라는 명령을 내려 보십시오. 그러면 안록산은 반드시 오지 않을 것입니다. 도성으로 오지 않는 것은 그에게 반란의 뜻이 있다는 증거 이옵니다."

현종은 양국충의 말을 반신반의하면서 시험삼아 안록산을 소환하였다. 그러자 안록산은 지체하지 않고 곧바로 입궐하였다. 이때부터 현종은 양국충의 말을 믿지 않게 되었으며 안록산에게 좌복야의 벼슬을 더하여 임지인 범양으로 돌려보냈다.

천보 14년(755) 안록산은 "밀조를 받들어 양국충을 토벌한다."는 구실을 내세워 반란을 일으켰다. 그는 범양·평로·하동의 휘하 병력과 해(奚)와 거란(契丹)의 군사를 합하여 총병력 5만의 대군을 거느리고 범양을 출발하여 보무도 당당히 하남을 향하여 진군하였다. 보병과 기병이 모두 정예하여 그들이 달리며 일으키는 자욱한 먼지는 100리까지 뻗혔다.

현종은 장안에 호화 주택을 지어 안록산에게 주는 등 친자식처럼 생각하고 있었기 때문에 안록산이 모반을 일으키리라고는 꿈에도 생각하지 않고 있었다. 현종은 안록산이 반란을 일으켰다는 보고를 받고도 처음에는 믿으려 하지 않았다.

그러나 잇따라 들어오는 안록산의 반란 보고를 들은 현종은 이 사실을 인정하지 않을 수 없었다. 당황한 현종이 수도 장안을 수비할 병력이 어떻게 되느냐고 물었으나 전투할 만한 군사는 전무한 상태였다.

할 수 없이 현종은 병의 치료를 위하여 장안에 와 있던 하서 · 농우(감숙 · 청해 일대)의 절도사 가서한(哥舒翰)에게 급히 긁어모은 잡병 8만 명을 거느려 동관*을 수비하도록 명하였다.

* 동관 : 섬서성에 있으며 낙양에서 장안으로 들어오는 요충지

**당대의 갑옷**

그때 세상은 수십 년 동안 태평 세월을 누려왔기 때문에 아무 방비가 없어 안록산의 반란군은 파죽지세로 진격을 계속하여 낙양을 함락하였다.

낙양을 함락하였다고는 하나 안록산의 반란군은 인심을 얻지 못하였다. 처음에는 각 지방이 아무 방비가 없었기 때문에 안록산의 반란군이 마음대로 진격할 수 있었으나 얼마 후에는 이곳저곳에서 백성들이 의병을 조직하여 반란군의 진격을 저지시키기에 이르렀다.

처음 현종은 하북 일대가 아무 저항없이 안록산에게 항복하자 이렇게 탄식하였다.

"하북 24군 가운데 한 사람의 의사도 없

단 말인가!"

얼마 후 평원 태수 안진경(顔眞卿)이 의병을 일으켰다는 보고가 들어오자 현종은 그만 감격하였다.

"짐은 안진경이 어떤 인물인지 조금도 아는 바가 없지만 어쨌든 이런 충의지사가 있다니!"

평원 태수 안진경은 남하하려는 안록산의 반란군과 격렬한 전투를 벌여 안록산군이 곡창 지대인 강남으로 진출하는 것을 저지시켰다. 또 삭방(朔方, 영하) 절도사 곽자의(郭子儀)와 그의 부장 이광필(李光弼) 등도 하북에 출병하여 낙양·범양 간의 안록산군의 교통로를 차단하였다.

이렇게 해서 안록산의 반란군은 동관을 공격할 수도 없고, 또한 강남으로 진격할 수도 없는 상태에 빠져 몇몇 군에 갇힌 채 각 전선 간의 연락이 두절되어 버렸다. 궁지에 몰린 안록산은 반란을 책략했던 자에게 호통을 쳐댔다.

"네놈은 '반란을 일으킬 시기가 무르익었습니다. 만사가 형통입니다.' 하더니 도대체 이게 무슨 꼴이냐? 뭣이 만사형통이란 말이냐?"

같은 해 양국충은 운남의 남조(南詔)를 토벌하기 위하여 8만 명의 대군을 거느리고 원정에 나섰다. 물론 양국충은 이 원정의 최고 사령관이었다. 남조의 수장 각라봉(閣羅鳳)은 양국충의 원정 소식을 듣고 사죄하였으나 양국충은 이를 허락지 않고 전쟁을 벌이다가 전사자 6만 명을 내는 대참패를 맛보았다. 실은 무공이 없는 양국충이 무공의 관록을 세워보겠다는 야심에서 계획된 원정이었다. 그는 장안의 조정에는 패전 상황을 숨기고 터무니없는 전공만을 나열하여 보고하였다.

이야기 중국사 · 2

그 후 양국충은 장안에 돌아와서도 마음이 불안하였다. 만약 당나라 군사가 계속 승리를 거두어 동관을 수비하고 있는 가서한이 군사를 돌려 자신을 토벌하게 된다면 어떻게 될 것인가. 여기서 양국충은 흑심을 품게 되었다.

　양국충은 가서한군의 힘을 약화시켜야겠다고 생각하여 가서한에게 낙양 탈환 명령을 내리도록 현종에게 상주하였다. 현종은 적군과 아군의 힘의 관계도 고려치 않고 무조건 가서한에게 낙양 탈환 명령을 내렸다.

　앞서 언급했듯이 가서한은 병을 치료하기 위해 장안에 와 있던 장군이었고 그 밑에는 훈련도 받지 않은 오합지졸이 있을 뿐이어서 동관을 지키기에도 역부족인 형편이었다. 그런데다 낙양을 공격하라니 섶을 지고 불로 들어가라는 것과 마찬가지였다. 그러나 황제의 명령을 거역할 수는 없었다. 가서한군은 낙양을 공격하자마자 전멸 상태에 빠지고 가서한 또한 모반을 일으킨 부하로부터 협박을 받아 반란군에게 투항하고 말았다. 이렇게 해서 장안을 지키는 동쪽의 요충지 동관은 모두 안록산의 수중으로 들어가고 말았다.

　가서한이 동관을 지키고 있을 때 매일 밤 봉화를 올려 동관의 무사함을 주위에 알렸으나 어느 날 밤 갑자기 봉화가 오르지 않았다. 바로 이 날이 동관이 안록산의 수중에 들어간 날이었다. 아무리 기다려도 봉화가 오르지 않자 장안의 거리는 불안에 떨어 일대 혼란에 빠졌다.

　이러한 사태를 전후하여 72세의 현종은 오랫동안 들르지 않았던 근정전에 모습을 나타내어 수도 장안에 잔류할 관리를 임명하고 다음과 같은 전교를 내렸다.

**현종의 피난길**

"짐이 친히 군사를 이끌고 출진하겠노라."

그러나 이 같은 황제의 말을 믿는 사람은 아무도 없었다.

과연 그날 밤 현종은 친위군에게 출진 준비를 명하긴 하였으나 안록산의 반란군과 싸우기 위한 것은 아니었다.

날이 새자 현종은 연추문을 열어젖히고 양귀비와 그의 자매, 황족, 측근, 대신들을 데리고 피난길에 올랐다. 무장한 1천 명의 친위군이 이들을 호위하여 서남쪽 촉 땅으로 향했다.

다음날 장안과의 거리가 100여 리 되는 마외역(馬嵬驛)에 도착하였다. 수행하던 장병들은 굶주리고 피로에 지쳐 지금까지 꾹 참아오던 불만이 폭발하고 말았다. 그들은 한결같이 '사태가 이 지경에 이른 것은 모두 재상 양국충의 잘못 때문이다.'라고 분개하여 양국충의 목을 베고 이어 현종의 거처를 포위하였다. 그리고 소리높여 "양귀비를 주벌(誅伐)하라."고 외쳐댔다. 이들 병사들

마외 언덕 양귀비가
목을 매 죽은 곳이다.

의 분노에 찬 함성이 천지를 진동시키자 현종도 어찌할 도리가 없
었다.

현종은 눈물을 삼키며 양귀비에게 스스로 목매어 죽을 것을
명하였다. 양귀비가 죽자 장병들은 일제히 만세를 외치며 길을 재
촉하였다.

양귀비의 말로는 당연히 받아야 할 징벌이었다고 할 수 있지
만, 백성들에게 재앙을 가져다 준 장본인은 두말할 것도 없이 현
종이었다.

양귀비가 죽은 후 10여 일 후에 장안도 함락되었다. 현종은
오로지 촉 땅으로 피난길을 재촉할 뿐이었다. 연도의 백성들은 현
종의 피난 행차를 가로막으며 가는 것을 중지하라고 요청하였다.
현종은 태자에게 백성들을 위로하라 이르고 자신은 계속 길을 재
촉하였다. 그러자 백성들은 태자의 말을 둘러싸고 간청하였다.

"황제 폐하께서 구태여 피난을 가신다면 저희들 백성들은 황태자를 모시고라도 반란군을 무찌르고 수도 장안을 탈환할까 합니다. 만약 폐하와 태자가 촉 땅으로 피난하신다면 중원 천지는 모두 반란군의 수중에 떨어질 것입니다. 헤아려 주시옵소서."

태자는 황손 숙(淑)을 현종에게 보내 백성들의 뜻을 현종에게 아뢰도록 하였다.

"모든 것이 천명이다. 태자는 백성들의 뜻에 따라 분발하라. 서북의 여러 호족(胡族)들은 짐이 오랫동안 아꼈던 터라 분명 태자의 힘이 되어 줄 것이다."

현종은 그의 뜻을 멀리 선포하고 양위할 뜻을 비쳤다. 그러나 태자는 이를 사양하였다.

태자가 평량(平凉)에 나아가자 삭방 유후(留後, 관직명) 두홍점(杜鴻漸)이 태자를 나와 맞아 영무(지금의 영하로 영무현 서남쪽)로 받들어 모시고 앞서 있는 현종의 칙명에 따라 즉위할 것을 간청하였다. 태자는 쉽게 승인하지 않았으나 다섯 차례에 걸쳐 간청하자 마침내 허락하였다. 현종 황제에게 상황 천제라는 존호를 받들어 올리고 태자 이형(李亨)이 즉위하니 이 이가 당의 숙종(肅宗)이다. 이때가 천보 15년(756)이었다.

## 안사의 난 평정

숙종 황제의 초명은 여(璵)이고 후에 형(亨)으로 개명하였다. 태자가 된 지 20년 뒤에 안록산의 난을 만났다. 경조 사람 이필(李

泌)은 어려서부터 재주가 뛰어나 소문이 자자하였다. 숙종은 동궁 시절부터 이필과 교제를 갖고 있었는데 숙종이 즉위하자 사자를 보내 이필을 불러 대소사를 모두 의논하였다. 이 무렵 상황은 성도에 도착하여 사자를 보내 양위의 책서와 전국 옥새를 보내왔다. 숙종은 진용을 정비하여 안록산을 반격하니 이때 병력은 6만 명 정도였다.

곽자의 안사의 난을 평정하는 데 큰 공을 세웠다.

한편 안록산은 755년에 반란을 일으켜 한때 낙양과 장안을 그의 손아귀에 넣었으나 757년에 그의 맏아들 안경서(安慶緖)에게 죽임을 당하였다. 안록산은 반란을 일으킨 후 눈이 나빠지기 시작하여 이 무렵에 이르러서는 완전 실명하여 아무것도 보지 못하게 되었다. 더구나 악성 종양까지 발생하여 공연히 울화통을 터뜨리는 난폭자가 되었다. 애첩의 아들 안경은을 후계자로 정하고 적자인 안경서를 폐하려 하였다. 이를 알아차린 안경서가 선수를 쳐 그의 아버지 안록산을 죽이고 스스로 황제가 되었다.

숙종이 영무에서 장안을 탈환하기 위해 진용을 정비하여 봉상으로 나아가자 회흘족의 수장은 그의 아들 섭호(葉護)에게 정병 4천의 응원군을 거느리게 하여 합류하였다. 병마 원수 광평왕 이숙과 부원수 곽자의가 지방의 군사와 회흘 서역의 군사 15만을 거느리고 장안 탈환 작전을 벌였다.

장안을 장악하고 있던 안록산의 반란군은 처음에는 완강히 저항하였으나 시간이 지남에 따라 패색이 짙어져 패주하기에 이르렀다. 당나라의 대군이 당당히 장안에 입성하여 사흘 동안 장안

**숙종** 안사의 난 이후 숙종이 성양 지방을 둘러보고 있다.

에 머물러 시민들을 위로한 후 다시 군사를 거느리고 낙양을 탈환하였다. 안경서는 낙양에서 업(鄴)으로 패주하였다.

건원 원년(758) 곽자의 등은 아홉 절도사에게 명하여 안경서를 토벌하도록 하였다. 하지만 안록산의 부장이었던 사사명(史思明)이 안경서를 지원하는 바람에 아홉 절도사의 군사는 패주하였다. 그러자 사사명은 안경서를 죽이고 업은 그의 아들 사조의(史朝義)에게 지키게 하고 자신은 범양으로 돌아가 대연 황제(大燕皇帝)라 칭하였다. 그러나 그로부터 3년째 되던 해에 사사명은 그의 아들 사조의에게 죽임을 당하였다. 761년 사조의는 제위에 올랐으나 패전을 거듭한 끝에 763년에 자살로써 역사의 심판을 받았다. 이렇게 해서 755년 겨울부터 763년 초까지 이어졌던 안사의 난은 평정되었다. 반란이 평정된 후의 당나라 국력은 쇠퇴 일로를 걷게 되었다.

여기서 현종(상황)의 동정에 눈을 돌려보기로 하자. 757년 당나라 군사가 장안과 낙양을 탈환한 후 현종은 촉의 성도에서 장안으로 돌아왔다. 장안으로 돌아오는 도중 마외역에 접어든 현종은 이곳에서 숨진 양귀비를 그리워하며 마음 아파했다. 장안으로 돌아와 궁중에 거처하면서도 현종은 그토록 아리따웠던 양귀비의 모습이 잊혀지지 않아 조석으로 눈물을 흘리며 세월을 보냈다고 한다.

개원 연간의 번영을 구가하던 현종도 그 만년에는 슬픔과 통한으로 세월을 보내면서 78세에 타계하였다.


## 황소(黃巢)의 난

안사의 난 이후 번진 세력과 환관의 발호, 환관파와 조신파의 싸움은 그치지 않고 계속 이어져 마침내는 당왕조을 무너뜨리는 하나의 요인이 되었다.

그동안 번진 세력과 강전태(康全泰) · 구보(求衣甫) · 방훈(龐勛) 등 일련의 반란이 일어나 겨우 평정되긴 하였으나 이것은 다음의 내란을 예고하는 전주곡이 되었다.

당의 희종(僖宗) 중화 원년(881) 1월 8일, 이 날은 당나라 수도 장안의 역사에 남을 커다란 사건이 일어난 날이다.

이날 아침 일찍 당나라 제18대 황제 희종이 장안의 서문인 금광문을 빠져나와 허겁지겁 도망쳤다. 거의 때를 같이하여 장안의 동문 춘명문으로부터는 반란군의 수령 황소가 대군을 거느리고 금으로 장식한 수레에 타고 위풍당당히 입성하였다.

장안의 백성들은 조수처럼 길 양쪽에 밀려들어 반란군을 환영했고 태극궁에서 연금 생활을 보내던 궁녀 수천 명도 거리에 뛰쳐나와 황소를 환영하였다.

장안에 입성한 황소의 장령 상양(尙讓)은 환영하는 군중들 앞에 서서 다음과 같이 외쳤다.

"황왕(황소를 높여 부름)이 군사를 일으킨 것은 오로지 백성들

황소

을 위한 것이며 당왕조와는 달리 백성들을 절대 학대하는 일이 없을 것이다. 백성들은 안심하고 각자의 생업에 힘쓰도록 하라."

반란군의 장병들은 가난한 백성들을 보면 의복과 금품을 나눠 주는 등 이날 하루는 장안 시민들에게는 더없이 즐거운 축제의 날이었다.

황소는 산동성 하택현 출신으로 어려서부터 문무를 좋아하였으나 과거 시험에는 낙방하였다. 황소의 집은 소금을 밀매하고 있었는데 왕선지(王仙之) 또한 같은 소금 밀매업자였다.

874년 왕선지가 먼저 군사를 일으키자 이에 호응하여 황소도 또한 군사를 일으켰다.

해마다 계속되는 한발과 수해·충해로 인하여 고향을 버리고 유랑 생활을 하던 자들이 속속 그들의 휘하로 모여들어 삽시간에 수천 명의 군사를 모을 수가 있었다.

왕선지와 황소는 일정한 거점을 정해 두고 싸움을 하는 것이 아니고 끊임없이 이동하며 공격하는 작전을 폈다. 때문에 토벌하는 관군측에서는 포착하기가 쉽지 않아 많은 어려움을 겪었다.

왕선지는 양책(陽翟)을 함락하고 다시 동쪽으로 진격하여 여주(汝州)를 함락하고 여주 자사 왕료를 포로로 하였다. 여주는 낙양 동남쪽 80킬로미터에 위치한 곳이었기 때문에 여주의 함락 소식은 낙양을 뒤흔들어 놓았다.

왕선지의 반란군은 한곳에 머무르지 않고 신주·광주·여주·수주·서주 등 여러 주를 공격했는가 하면 어디론가 곧바로 사라지는 것이었다. 왕선지는 이어 계주(호북성)를 공격하였다.

이때 계주 자사는 배악(裵偓)이라는 인물이었다. 배악은 여주에서 왕선지의 포로가 된 여주 자사 왕료의 형 왕탁이 시험관으로 있을 때 진사가 된 사람이었다. 당나라 때만이 아니고 과거 제도가 폐지된 청나라 말기에 이르기까지 진사에 합격한 사람은 자신이 합격할 당시의 시험관을 스승으로 받드는 습관이 있었다. 왕료는 이런 관계를 이용하여 왕선지에게 다음과 같이 제의하였다.

"내가 계주 자사 배악을 통하여 조정에서 당신에게 관작을 내리도록 주선해 보겠소이다."

왕선지는 당시 대장군이라 자칭하고 있었지만 세상에서는 그를 초적(草賊)의 두목으로밖에 취급하지 않았다. 반란을 일으켰지만 그에게는 확실한 반란의 이념이 없었다. 그래서 그는 왕료의 제의를 일단 받아들이기로 하였다.

배악으로부터 왕선지에 대한 관작 수여 문제가 거론되자 조정의 여론은 찬반 양론으로 엇갈렸으나 대세는 관작 수여를 거부하는 방향으로 기울고 있었다. 그러나 동생 왕료를 살리기 위한 왕탁의 끈질긴 설득으로 마침내 왕선지에게 감찰 어사라는 정 8품의 관직을 수여하기로 결정하였다. 이 관직은 사실상 대단한 것은 아니었지만 소금을 밀매했을 뿐 관직이라곤 가져본 적이 없는 왕선지에게는 대단한 관직으로 여겨질 수밖에 없었다. 왕선지가 기뻐 어쩔 줄을 몰라하자 이를 지켜 보고만 있던 황소가 크게 노하여 왕선지를 때려 눕혔다.

"처음 일어날 때는 함께 천하를 휩쓸기로 맹세했거늘 이제 와서 자기 홀로 벼슬을 얻어 부임하면 우리 5천 명의 무리는 어디로 돌아가란 말이냐."

왕선지를 때려눕힌 황소는 이렇게 되뇌였다.

'벼슬을 얻은 것은 왕선지 한 사람뿐이므로 부임하자면 부하를 버리고 가야 한다. 그러면 부하는 어디로 돌아가란 말인가. 왕선지가 장안에 가면 그의 배후에는 조정을 두렵게 할 군사가 없다. 두려워 할 존재가 없어진 왕선지는 어떤 꼴이 될 것인가. 이것은 왕선지를 사로잡기 위한 계략일 수도 있다.'

생각이 이에 미치자 왕선지는 관작을 받지 않기로 하고 계속 계주성을 공략·함락하고 보복적인 약탈을 감행하였다. 자사 배악은 악주로 도망치고 왕선지에게 관작을 수여하러 갔던 칙사는 양주로 도망쳐버렸다.

이 사건이 있은 후 왕선지와 황소는 양면 작전을 펼쳤다.

건부 4년(877) 1월 왕선지는 악주를 함락하고 황소는 운주를 함락해 절도사 설숭(薛崇)을 죽였다. 왕선지의 부장 유언장(柳彦璋)은 강서 지방을 공략하였다. 그들은 각각 분리되어 작전을 펼치는가 하면 다시 합류하여 싸우는 일도 있었다. 관작의 사건으로 왕선지와 황소의 사이가 나빠진 것은 아니었다. 그해 7월에는 왕선지와 황소군이 합동으로 송주를 포위하였으나 상장군 장자면(張自勉)의 구원으로 그들은 포위를 풀고 퇴각하였다.

그 후 왕선지는 수주를 함락하고 호북으로 들어가고 황소는 광성·복주 등을 함락하였다.

당시 천하는 소용돌이에 빠져들었다. 반란을 일으킨 것은 왕선지·황소 두 사람뿐이 아니었고, 논공 행상에 불만을 품은 절서 낭산진의 장교 왕영(王郢)도 반란을 일으켰고 섬주·염주·하중 지방에서도 병란이 일어나 천하가 혼란스러웠다.

안록산의 난 이후 투항한 반란군의 부장이 절도사에 임명되는 전례도 있었기 때문에 왕선지가 조정에 투항하여 높은 관작을

얻으려는 생각은 결코 엉뚱한 일은 아니었다. 앞서 감찰어사의 관작이 수여되었을 때에는 황소의 강력한 반발로 생각을 고쳐먹기는 하였으나 관작에 대한 미련은 남아 있었다. 1년 후 초토 부도감(招討副都監) 양복광(楊復光)으로부터 다시 관작의 유혹이 있자 이번에는 신임하는 부하 상군장(尙君長)을 교섭차 파견까지 하였다. 그러나 이 상군장은 교섭하러 가는 도중 평로 절도사 송위(宋威)에게 체포되고 말았다. 송위는 조정에 대해서는 상군장과 싸워 그를 생포했노라고 보고하였고, 초토 부도감 양복광은 자신이 투항 권유 공작을 편 결과 상군장이 이에 응해온 것이라 주장하여 서로 상반된 보고를 올린 것이다. 조정에서는 시어사 귀인소(歸仁紹)를 파견하여 진상을 조사하도록 하였으나 귀인소는 '불명(不明)'이라는 애매한 판결을 내렸다. 아마도 귀인소는 어느 쪽을 두둔할 수도 괄시할 수도 없었기 때문에 이런 애매한 결론을 내린 듯하다.

비참하게 된 것은 다름 아닌 상군장이었다. '불명'이라는 결론이 내려졌다 하더라도 상군장이 반란군의 간부임에는 틀림없는 사실이었기 때문에 그는 참수형에 처해졌다.

크게 노한 왕선지는 형남(호북 남부)을 초토화시키고 이듬해(878)에는 강릉을 노략질하였다. 강릉성의 30만 주민의 3, 4할이 죽임을 당하는 큰 참화를 입었다. 이성을 잃은 왕선지는 무고한 백성들에게 앙갚음을 한 것이다.

초토 부사(招討副使) 증원유(曾元裕)는 신주 동쪽에서 왕선지군을 대파하여 1만 명을 죽이고 1만 명을 포로로 삼았다. 왕선지군은 신주에서 동남으로 패주하여 황매에 이르렀다.

당나라 조정에서는 증원유를 초토사로 승격시켜 계속 왕선지군을 공격하도록 하였다. 증원유는 황매에서 왕선지군에 회심의 일격을 가하여 5만 명을 죽이고 왕선지를 생포, 참수하여 그의 머리를 장안으로 보냈다.

왕선지는 죽었지만 아직도 10만 가까운 병력이 남아 있었다. 상군장의 동생 상양(尙讓)은 왕선지의 10만 잔당을 거느리고 박주를 포위하고 있던 황소군과 합류하였다. 여기서 황소는 그의 부하들에게 추대되어 맹주가 되는 동시에 '충천대장군(衝天大將軍)'이라 칭하고 연호를 왕패(王覇)라 일컬었다. 여기서 '충천'이란 당왕조를 전복시킨다는 뜻이고 '왕패'란 자신들의 왕조를 세운다는 뜻을 포함하였다.

황소는 서쪽으로 진군하여 낙양을 공격하려 하였으나 낙양은 제2의 수도로써 방비가 견고할 뿐 아니라 정부군의 증원부대가 각지에서 속속 도착하고 있었기 때문에 황소는 작전을 바꾸어 절강 지방으로 방향을 돌렸다.

황소가 거느리는 대부대가 남쪽으로 진군하여 장강을 건너 건주·길주·요주·신주를 함락하고 이어서 선주를 공격하였다. 그러나 선주는 관찰사 왕응(王凝)의 선방으로 쉽게 함락되지 않았다. 황소군은 이동을 주로 하는 군단이었기 때문에 선주의 공격에 집착하지 않고 강서에서 절강으로 진군하여 절강성 서남쪽에서 선하령을 넘는 700리 길을 개척하여 복건(福建)을 공격하였다. 12월에 복주가 함락되자 복주 관찰사 위수(韋岫)는 성을 버리고 도망쳤다.

이듬해인 건부 6년(879) 6월 황소는 영남동도 절도사 이소와 절동 절도사 최구에게 서면을 보내 다음과 같이 제의하였다.

"나에게 천평 절도사의 관작을 내리면 조정에 귀순하겠소."

그런데 천평 번진은 황소의 고향인 조주(曹州)도 관할하고 있었다. 그는 높은 벼슬을 얻어 금의 환향하고 싶은 생각이 간절했던 것이다. 그러나 조정에서는 황소의 제의를 거부하였다. 그러자 황소는 천평 번진은 중원 지역이기 때문에 자신의 요구에 무리가 있었을 것으로 생각하고 이번에는 광주 절도사의 자리를 요구하였다. 그러나 조정에서는 이것마저 거절하고 솔부(率府)의 솔(率)이라는 의례적인 하급직을 수여하려 하였다.

황소는 크게 노하여 광주를 공략하였다. 당일로 함락한 후 절도사 이소를 포로로 삼는 한편 계속해서 영남의 각 현을 초토화시켰다. 그러나 대부분이 북방 출신인 황소군의 장병들은 영남의 풍토에 익숙지 못해 병사하는 자가 잇따라 발생하여 10명 가운데 서너 명이 죽는 상태에 이르렀다. 황소는 부하들의 권유에 따라 공격 방향을 북쪽으로 돌릴 수밖에 없었다.

"북쪽으로 돌아가 큰일을 도모하자."

이것이 황소군의 구호였다. 큰일을 도모한다는 것은 시시하게 절도사 따위가 되겠다는 뜻이 아니고 새로운 정권을 수립하겠다는 뜻이다. 이렇게 해서 황소군의 북벌이 시작되었다. 황소의 북벌군은 커다란 뗏목을 만들어 계림에서 장강의 흐름을 타고 형주·영주를 지나 담주를 격파하였다. 이곳에서 정부군 10만 명이 소멸되어 시산혈해를 이루었다고 《신당서》에 기록되어 있다.

황소군이 파죽지세로 밀고 올라가니 지나는 곳마다 속속 황소군에 항복하였다.

희종 광명 원년(880) 11월 정묘일 황소군은 마침내 낙양을 함락하였다. 낙양 유수 유윤장(劉允章)은 백관들을 거느리고 나와 황소를 맞아들였다. 문자 그대로 무혈 입성이었다.

낙양 시민들 사이에는 군기가 엄정한 해방군이라는 소문이 파다하게 퍼져 있었다. 이런 소문을 들어서였는지 황소군을 맞이하는 낙양 시민들의 표정은 침착하였다.

낙양을 함락한 다음달 12월에 황소군은 동관을 돌파하였다. 동관 돌파에 동원된 황소군은 60만 명이었다고 기록되어 있다. 60만 명의 황소군에 대항할 증원군이 장안에서 파견되었는데 2천여 명의 신책군이었다. 원래 동관을 지키던 군사는 1만 명 정도였다. 신책군이라면 앞서도 언급했듯이 친위군의 핵심 부대였으나 이들의 출진을 지켜보는 시민들의 표정은 냉담하였다. 동관으로 떠나는 신책군은 거의가 노인이나 장애인이었다.

이들 신책군은 황소군을 동관에서 장안까지 안내하는 구실을 했을 뿐이다. 동관을 하룻밤에 돌파한 황소군은 이들 신책군의 패잔병을 따라 4일 후에는 장안 동쪽 패상에 육박하였다.

사태가 이에 이르자 희종은 환관 전영자(田令孜)가 지휘하는

100명의 신책군에 호위되어 장안을 탈출하여 서쪽으로 피난길에 올랐다. 이 날이 바로 881년 1월 8일, 즉 당 희종 광명 원년 12월 5일의 일이다.

이날 오후 황소의 선봉장 시존(柴存)이 마침내 장안에 입성하였다. 친위군의 대장군 장직방(張直方)이 문무 관료 수십 명을 거느리고 패상으로 나아가 황소를 맞아들였다.

황소는 장안에 남아 있던 당의 황족 전원을 몰살하고 12월 임진일에 함원전에서 즉위식을 거행하였다. 나라 이름을 '대제(大齊)', 연호를 '금통(金統)'이라 칭하였다.

황소는 제위에 오르자 논공행상을 실시하여 공이 있는 장령들을 고위 관직에 임명하고 당왕조 때 3품 이상의 관리는 전원 파면하고 4품 이하의 관리는 그대로 그 자리에 근무하라는 조서를 내렸다.

승리감에 도취한 황소는 사천 성도로 도망친 황제 희종의 일을 까맣게 잊고 있었다. 군사를 보내 희종을 추격할 것을 잊은 것이다. 이것은 황소에게 크나큰 재앙의 뿌리를 남겼다. 또 장안 주위에 흩어져 있는 당왕조의 패잔병들의 무장을 해제하고 나아가 자신의 군사력을 강화할 것도 잊었다. 이런 몇 가지 실책은 당왕조에 숨돌릴 기회를 부여하게 되었다.

당왕조의 잔존 세력들은 이 기회를 이용하여 장안 탈환을 획책하기 시작하였다. 장안 곳곳에 은신해 있던 당왕조의 재상과 중신들은 모두 이에 호응하여 아직 기반이 다져지지 않은 황소의 정권을 무너뜨릴 궁리를 하였다. 이들 무리들은 일찍이 친위군의 대장군으로 있었던 장직방의 집에서 비밀 회의를 갖고 황소를 체포해 감금하고 희종을 다시 장안으로 맞아들일 계획을 세웠다.

황소는 이 같은 음모를 사전에 탐지하여 일단 진압하였으나 얼마 후 진용을 정비한 당군이 장안을 공격하자 황소는 군대를 거느리고 패상으로 철수하였다.

황소군 대신 장안에 입성한 당군의 선발 부대는 살인·방화·약탈을 제멋대로 자행하였고, 몸을 숨기고 있던 당왕조의 관리들도 보복으로 많은 사람을 살상하였다. 당군이 약탈을 일삼고 있는 모양을 지켜 보고 있던 황소군은 그 틈을 노려 다시 장안에 돌입하여 장안을 탈환하였다. 그리고 황소군이 패상으로 철수해 있는 동안 보복이나 나쁜 일을 한 무리들을 모두 체포하여 죽였는데 그 수는 헤아릴 수 없었다고 한다.

대제 금통 4년, 즉 883년에 이르러 황소군의 전력은 눈에 띌 정도로 약화되어 장안의 남·서·북은 모두 당군에 의해 봉쇄당하였다. 동쪽(낙양)으로 통하는 길은 원래 황소군의 부장 주온(朱溫)이 담당하고 있었는데 황소군의 형세가 불리하다고 판단한 주온이 당군에 항복함으로써 낙양과의 교통도 차단당했다. 이렇게 해서 장안은 점점 고립 상태에 빠지고 물자마저 바닥이 날 지경이었다. 주온의 배반은 황소에게는 치명적인 타격이었고, 당왕조에게는 천병만마나 다름없는 큰 힘이 되었다. 당왕조에서는 주온에게 요직을 내리는 한편 전충(全忠)이라는 이름까지 하사하였다. 이후부터는 주온을 주전충이라 일컫기로 한다.

주전충은 당나라에 이어 오대십국의 하나인 후량(後梁)의 태조가 된 인물이다.

당시 황소군은 상양이 거느리는 15만 명의 대군을 양전파(梁田陂)에 주둔시키고 있었다. 당나라에 귀순한 사타족의 이극용은 기병을 거느리고 상양의 군대를 격파하고 장안으로 진격하였다.

상양의 패전소식을 들은 황소는 15만 명의 군사를 거느리고 남전으로 후퇴하였다. 황소군은 후퇴하면서 금은보화를 길바닥에 흩뿌리는 작전을 폈기 때문에 정부군은 보물 줍기에 혈안이 되어 황소군을 추격할 것은 까맣게 잊어버렸다. 보물을 줍기에만 정신을 빼앗긴 정부군은 황소군을 추격할 생각은 하지 않고 제멋대로 약탈을 자행하는 형편이었다.

이러한 사태하에서 당나라가 장안을 탈환할 수 있었던 것은 주로 주전충과 이극용의 힘에 의해서였다. 주전충은 선무 절도사로 임명되고 이극용은 하동 절도사로 임명되었는데 이때 이극용의 나이 28세였다.

이극용은 원래 터키계 사타족의 수장이었다. 원래의 성은 주야(朱邪)로 그의 아버지 주야 적심(赤心)은 당나라에 배반한 방훈의 난을 평정한 공로로 당나라에서 '이씨'라는 성을 하사받고 이국창(李國昌)이라 불렀다.

**이극용** 황소의 난을 평정하였다.

황소의 난이 일어나 천하가 혼란스러워지자 이극용은 운주 사타족의 장병들에게 추대되어 당나라 삭주를 습격했다가 실패하고 숨어 지냈다. 당나라에서 황소를 토벌하기 위해 그의 죄를 용서하였기 때문에 그는 속죄하기 위해서라도 훈공을 세워야겠다는 결의에 불타고 있었다.

장안에서 탈출한 황소는 추격하는 주전충·이극용과 1년 이상 싸웠으나 패배를 거듭함으로써 거의 전멸 상태에 빠졌다.

금통 5년(884) 6월 황소는 겨우 1천여 명의 군사를 거느리고 태산 동남 낭호산으로 도망쳤으나 호랑곡 전투에서 패하여 자결로 일생을 마쳤다.

　난을 피해 사천으로 가 있던 희종은 중화 5년(885) 정월 성도를 출발하여 장안으로 돌아왔다. 황소의 반란은 실패로 돌아갔으나 당왕조는 이 반란으로 인하여 큰 타격을 입어 그 후 23년간 겨우 명맥을 이어갔을 뿐이었다.

　그동안은 번진(절도사)의 세력이 강성하여 환관들을 모조리 죽이고 살아 남은 조정 중신들도 모두 황하에 던져졌다. 당왕조의 운명은 풍전등화와 같았다.

　907년에 이르러 선무 절도사(하남성 · 산동성 · 안휘성 일대의 장관) 주전충이 당왕조 최후의 황제 애제(哀帝)로부터 선양의 형식으로 황제의 위에 오르고 나라 이름을 양(梁)이라 하니 이 나라를 역사상 후량(後梁)이라 부른다. 이렇게 해서 당왕조는 고조로부터 20대(代) 290년 동안 이어오던 역사의 막을 내리게 되었다.

＊

# 당대의 문화

### 시선 이백과 시성 두보

이백(李白, 701~762)의 자는 태백(太白)이고 농서(감숙성)에서 출생하여 면주의 청련향(靑蓮鄕)에서 성장하였다. 이백의 청련거사라는 호는 여기서 연유한 것이라 한다.

　이백은 부유한 가정에 태어나 소년 시절부터 탁월한 문재를 발휘하여 시와 부(賦)를 써 주위 사람들을 깜짝 놀라게 하였다. 뿐만 아니라 학식 또한 풍부하고 검술을 좋아하는 의협심이 강한

호쾌한 남아이기도 하였다

이백은 원래는 정계에 투신할 포부를 가졌으나 그 뜻은 이루지 못하고 결국 시인으로서 이름을 떨치게 되었다.

742년 이백은 조정의 부름을 받아 수도 장안으로 올라와 당시 80이 넘은 명사 하지장(賀知章)의 지우를 받기도 하였다.

당의 현종은 이백에게 파격적인 대우를 하였다. 어느 날 현종은 이백을 궁정에 불러들였다.

"평민인 경을 짐이 알게 된 것은 오로지 경의 사람됨과 그 문재가 보통 사람과 비교할 수 없을 만큼 탁월하기 때문이오."

현종은 이백을 칠보 어상(七寶御床)에 앉히고 이야기를 나누면서 함께 식사를 하였다. 이러한 현종의 이백에 대한 파격적인 대우는 봉건 시대에 있어서 극히 드문 일이다. 이렇게 해서 이백의 명성은 점점 천하에 알려지게 되었다.

현종의 파격적인 총애를 받은 이백은 그가 꿈꾸던 정계 투신의 야망이 현실화될 것으로 생각하고 의기 양양하였으나 그것도 잠시일 뿐 이백의 환상은 수포로 돌아가고 말았다.

원래 조정에서 이백에게 기대한 것은 국정을 담당하는 유능한 관리로서가 아니고 잔치 때 임금 곁에서 시를 짓는 궁정 시인이 되는 일이었다.

이백은 이렇다 할 일도 없이 그저 시를 짓는 친구들과 어울려 술을 주고 받으며 술로써 향수를 달래는 나날을 보낼 뿐이었다.

이백은 자신의 꿈이 수포로 돌아간 현실에 대한 불만과 권력자에 대한 혐오감을 느껴 마침내는 관리들이 모두 머리를 숙여 아첨하는 환관의 우두머리 고역사(高力士) 앞에 다리를 내던지듯 쭉 뻗고 신을 벗기게 하거나 또는 천자를 마치 동료를 대하듯 놀리기도 하였다. 이런 행동이 환관 고역사의 노여움을 사게 된 것은 당연한 일이었다.

다음과 같은 이야기가 있다.

어느 날 현종 황제는 그의 총애를 한몸에 받고 있는 양귀비를 데리고 침향정(沈香亭)에 거동하여 모란을 구경하였다. 당시의 명가수 이귀년(李龜年)이 노래를 한 곡조 부르기로 되어 있었으나 현종은 이렇게 말하였다.

"아름다운 꽃, 아름다운 양귀비 앞에서 옛 가사로 노래를 부른데서야 무슨 멋이 있겠는가?"

그래서 새로운 가사를 지을 이백을 급히 찾았으나 그의 모습이 보이지 않았다. 이귀년이 궁정 밖으로 나가 이백을 찾아 헤맸다. 번화가의 주점 앞에 이르렀을 때 이층 주점에서 흥겨운 노래소리와 함께 취객들의 주정 소리가 흘러나왔다. 혹시 이백이 아닐

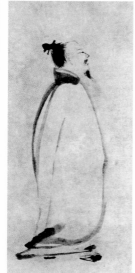

이백

까 생각한 이귀년이 급히 이층으로 올라가보니 예상했던 대로 이백이 술에 흠뻑 취해 있었다. 이귀년이 이백을 등에 업고 주점을 나와 침향정으로 돌아왔으나 현종 황제 앞에서도 이백은 침을 흘린 채 인사불성이었다.

명가수로 이름 높은 염노가 입에 찬물을 머금고 이백의 얼굴에 뿜어댔지만 아무 효과도 없었다. 현종은 술이 깨는 수프를 가져오게 하였다. 이윽고 술에서 깨어난 이백은 붓을 들어 〈청평조(淸平調)의 가사〉를 지어 올렸다. 이 청평조의 가사야말로 지금까지도 중국 백성들에게 애창되는 걸작으로 꼽히고 있다.

이백이 시를 지어 올리자 이귀년은 그 자리에서

시에 곡을 붙여 노래를 불렀다. 현종은 넋을 잃은듯 듣고 있었고, 양귀비도 만족한 표정이었다.

그러나 곤드레만드레 취한 이백의 신을 벗겼던 환관의 거두 고역사는 그때부터 이백을 원망하여 보복할 기회를 노리고 있었다. 그리하여 이 시를 이백을 모함하는 재료로 사용하였다. 고역사는 양귀비에게 다음과 같이 고해 바쳤다.

"이백은 시에서 당신을 한(漢)나라 성제의 총희 조비연(趙飛燕)에게 비유하며 노래하고 있습니다. 당신을 몹시 모함하고 있으니 괘씸하기 그지없는 일이라 생각됩니다."

자신을 칭찬하는 시라고 생각하여 기뻐하고 있던 양귀비는 고역사의 이 말을 듣고 태도가 돌변하여 이백을 미워하였다. 이와 함께 양귀비가 시키는 대로 따르는 현종도 돌변하여 이백을 중용하지 않게 되었다는 것이다.

이백의 명작으로 일컬어지는 이 〈청평조의 가사〉 가운데는 나라를 멸망으로 이끄는 양귀비를 비난하는

청평조

소리가 숨겨져 있는데 이것은 이백이 당시 집권자를 조소하는 태도와 일치하는 것이라 하겠다.

권력자에게 아첨하기를 싫어하는 이백이 냉대를 받는 것은 당연한 일이었다. 그는 결국 장안을 떠나 재차 방랑의 여행길에 올랐다.

이 방랑의 여행 도중 이백은 두보(杜甫)와 만나게 되었다. 그때 이백의 나이 44세, 두보의 나이 33세였다. 여기서 두 사람은 형제와 같은 사이가 되어 함께 노닐고 함께 취하며 함께 자는 일심 동체가 되었다. 이들은 하남·산동 일대를 만유하면서 명소를 방문하고 사냥으로 흥을 돋우고 친구들을 방문하며 전망 좋은 높은 대에 올라 함께 시를 읊었다.

이렇게 이백과 두보는 일생 일대에 가장 즐거운 시절을 보낸 후 석별의 정을 아쉬워하면서 각각 다른 여행길에 올랐다.

장안에 혐오를 느낀 이백은 벼슬할 생각은 추호도 없었다.

"어찌 허리를 굽히면서 권력에 아부하여 내 마음을 펴지 못할손가."라고 노래를 부르며 경치 좋은 강남으로 내려가 그곳의 명산대천에 둘러싸여 시와 술로 세월을 보냈다.

두보(杜甫, 712~770)의 자는 자미(子美)이고 양양 태생이었는데 그 후 하남성 공현으로 이사하였다. 또 장안 동남쪽 두릉에 가까운 소릉(少陵)에서 산 적이 있었기 때문에 '소릉 야로(少陵野老)'라고 자칭하였으며 후세 사람들로부터는 두소릉이라고도 불린다.

두보의 할아버지 두심언(杜審言)은 당대의 뛰어난 시인이었다. 이러한 시인 전통의 집안에서 자란 그는 어려서부터 그 영향을 받아 7세 때 이미 '봉황시'를 써서 사람들을 깜짝 놀라게 하였

**두보 초당** 안사의 난 때 두보가 청두 서쪽 교외에 살던 집

다. 그리하여 14, 15세경에는 이미 지방의 시인 집회에 없어서는 안 될 인물이 되었다.

20세가 된 두보는 강소, 절강, 산동, 하북 등지를 유람하면서 많은 걸작을 남겼으며 장안에 올라가 과거를 보았으나 불행히 낙제하고 말았다. 그 후 낙양에서 이백과 작별하고 다시 장안으로 올라온 것은 그로부터 2년 후의 일이고 두보의 나이 35세 때였다.

두보가 장안으로 올라온 이듬해 현종 황제는 널리 천하의 인재를 구하는 조서를 내렸다. 두보는 이 시험에 응시하여 만족할 만한 답안을 제출하였으나 웬일인지 또 낙방하고 말았다.

시험의 총 책임자인 간신 이림보는 훌륭한 인재가 조정에 들어오면 자신이 조정의 권력을 독점할 수 없다고 생각하여 응시자 전원을 낙방시키고 말았다. 그리고 현종 황제에게 보고하였다.

"폐하의 명에 따라 널리 인재를 찾았사오나 이렇다 할 인물을 발견하지 못하였습니다. 이제 재야의 어진 사람은 없는 듯하옵니다."

〈음중팔선도(飮中八仙
圖)〉두보가 읊은 〈음
중팔선가(飮中八仙歌)〉
를 그림으로 옮긴 것
이다.

벼슬길이 막힌 두보는 장안에 머물러 있었으나 그의 생활은 점점 어려워졌다.

당시 두보의 생활은 그의 시에서 노래하듯 '아침에는 부잣집 문을 두드려 눈치를 살피고 저녁에는 권력자들이 탄 말의 뒤를 따라 비위를 맞춰가며 그들의 먹다 남은 술과 음식을 먹는' 괴로운 생활이었다.

가난에 쪼들리는 생활을 수년을 보낸 후 40세가 된 두보는 3편의 부를 지어 올렸다. 이 부는 황제의 눈길을 끌어 많은 칭찬을 받았지만 결국 두보가 바라던 관직에 등용되지는 못하였다. 이러한 사이에 두보는 자식을 굶겨 죽이기까지 하는 비참한 생활에 빠졌다.

이때 양귀비 일족의 영화는 절정에 달하여 매일 밤낮을 가리지 않고 화청궁의 주지육림 속에서 질탕한 노래와 춤으로 세월을 보내고 있었다.

현종의 여산 별궁 앞을 지나치다가 이 광경을 목격한 두보는 끓어오르는 분노를 시에 의탁하여 '권세 있고 돈 있는 집에서는 술과 고기 냄새가 코를 찌르고 거리에는 백성들의 시체가 나뒹굴고 있을 뿐이다.'라는 시를 남겼다.

그 후 얼마 있다가 '안사의 난'이 일어나 장안·낙양을 비롯한 중원 지역이 모두 안록산의 수중으로 들어가는 민족 존망의 위기가 닥쳐왔다. 백성들은 더욱 도탄에 빠지게 되었다.

이러한 사태에 직면한 전국 방방곡곡의 뜻있는 사람들은 안록산의 반란 평정에 가담하였는데 이백과 두보도 한 사람은 남쪽에서, 또 한 사람은 관중에서 이 전열에 참가하였다.

이백은 남쪽에 있던 현종의 제16 황자인 영왕(永王) 인(璘)의 요청에 따라 영왕군의 막하에 들어갔다. 그러나 영왕이 제위에 오른 형 숙종으로부터 반역자로 인정되어 토벌당하고 이백도 체포되어 죽음의 위기에 몰렸으나 겨우 죽음을 면하고 유배형에 처해졌다가 그 후 석방되었다. 만년의 이백은 강남 일대를 방랑하다가 62세 때 당도에서 타계하였다.

한편 두보도 난리 때문에 큰 고통을 겪었다. '안사의 난'이 일어난 지 얼마 안 되어 두보는 반란군에 체포되어 장안에 유폐되는 신세가 되었다. 겨우 장안에서 도망쳐 숙종 황제가 있는 곳으로 달려갔으나 두보의 솔직한 충언은 도리어 황제의 반감을 사 추방당하고 말았다.

두보는 각지를 방랑하는 가운데 전란과 부역에 시달리는 백성들의 고통을 직접 보고 들었다. 두보 자신도 초근 목피나 상수리로 허기를 달래며 살기 위하여 땔감을 베어 연명해 나갔다.

이 같은 분노와 비통의 방랑 여행 중에서도 두보는 숱한 명작을 남겼다.

풍부한 문장력과 진실을 꿰뚫는 두보의 시는 시시비비를 가리는 사가의 예리한 기록과 비슷한 점이 있었기 때문에 후세 사람들은 두보의 시를 '시사(詩史)'라 일컬어 높이 평가하였다. 두보의 시에 담겨 있는 기쁨과 슬픔은 백성들의 마음과 상통하는 바가 있었다. 두보의 만년은 이백보다 더 비참하였다. 사천을 떠난 두보는 장강 중류 지대를 방랑하다가 마지막에는 호남성 악양 부근의 강에 떠있는 낡은 배 안에서 병사하였다. 그때 두보의 나이 59세였다.

이백은 1천여 수, 두보는 1,400여 수의 시를 남기고 세상을 떠났지만 이백·두보의 두 밝은 별은 지금도 중국 시단에 한층 더 아름다운 빛을 던져주고 있다.


## 산문의 태두 한유와 유종원

이백·두보·한유(韓愈)·유종원(柳宗元)은 당나라 시대 시문의 '사군자(四君子)'로 불린다. 확실히 이 네 사람은 그 우열을 가릴 수 없을 만큼 뛰어난 시문의 대가였다.

이들은 시와 문장에 모두 뛰어났으나 이백·두보가 시에서 많은 명작을 남겼고, 한유와 유종원은 문장면에서 더 유명하였다. 또한 한유·유종원은 당나라 시대 고문(古文) 운동의 중심 인물이었다.

고문이란 변문(騈文)에 상대되는 문장의 형식을 말한다. 변문(騈文)의 변(騈)은 쌍두마차를 끄는 말이라는 뜻으로 문장 전체가 대구(對句)로 구성되어 있거나 음조(音調)를 중요시하는 것을 그 주된 특징으로 하고 있다. 이 특징을 살리기 위하여 미사여구의 나열에 힘쓴 나머지 문장의 사상 내용이 결여되는 단점이 있었다. 즉 변문은 형식면에서 외형미의 추구를 중시한 나머지 내용이 공허하게 되기 쉬운 문체라고 할 수 있다.

이러한 문체의 기원은 멀리 후한·위나라 시대까지 거슬러 올라가지만 남북조 시대에 절정에 달해 3, 4백 년에 걸쳐 중국의 문단을 풍미하였다.

각 시대의 식견 있는 많은 사람들이 이러한 공허한 문학 풍조에 반대하였고 또 수나라 초대 황제 문제도 변문 금지령을 내렸으나 이미 사람들의 가슴속 깊이 뿌리 박힌 이 문체의 개혁이란 그리 쉬운 일이 아니었다.

**유종원**

당나라 시대에 들어서면서 초당의 문학자 진자앙(陳子昻, 661~702)이 먼저 변문 반대의 깃발을 높이 들고 고문으로 돌아갈 것을 제창하였다. 변문이 생겨나기 이전인 선진(先秦)*, 양한(兩漢)* 시대의 문체로 복귀하자고 주장하였는데 이러한 주장과 움직임이 고문 운동이라 불리게 되었다.

* 선진(先秦) : 진의 시황제가 천하를 통일하기 이전의 시대

* 양한(兩漢) : 전후한

진자앙은 물론 당시 문단의 주류를 바꿀 수는 없었지만 그가 뿌린 고문 운동의 씨가 대지에 뿌리를 내려 한걸음씩 성장하기 시작한 것은 사실이었다. 그 때문에 진자앙은 고문 운동의 선구자로 인정받게 되었다.

진자앙이 죽은 후 거의 1세기가 지나서 한유 · 유종원이 고문 제창의 깃발을 들고 실천함으로써 고문 운동은 사회 전반에 전파되었다. 마침내는 고문이 변문을 대신하여 문단의 주류를 형성하였다.

이것은 중국 문학사상 커다란 의의를 갖는 것으로 당송 팔대가(唐宋八大家)를 대표로 하는 고문의 전통을 확립하였고, 그 후의 설화 문학과 소설 등에 많은 영향을 끼쳤다.

당송 팔대가란 당나라 시대의 2가인 한유·유종원, 송나라 시대의 6가인 구양수(歐陽修), 소순(蘇洵), 소식(蘇軾), 소철(蘇轍), 왕안석(王安石), 증공(曾鞏)을 가리킨다. 이들 팔대가는 모두 뛰어난 산문을 남기고 있지만 그중에서도 한유와 유종원은 으뜸이라는 평을 받고 있다.

한유(768~824)의 자는 퇴지(退之)이고 하양 출신이다. 그는 3세 때 아버지를 잃고 그 후 형제들과의 가난한 생활 속에서도 면학을 계속하는 청년 시절을 보냈다. 25세 때 진사시에 합격하여 지방과 조정에서 20여 년간 관리로 있다가 만년에는 국자좨주(國子祭酒)*가 되었다.

* 국자좨주(國子祭酒) : 최고학부의 학장

한유의 문학적 주장 가운데 가장 중요하다고 인정되는 것은 '문은 도(道)를 기술하는 것이다.' 라는 주장이다. 여기서 말하는 '문' 이란 형식을 가리키고, '도' 란 내용을 가리키고 있다.

'문은 도를 기술하는 것이다.' 는 말을 더 구체적으로 설명하면 문장의 형식은 그 내용을 보다 잘 표현할 수 있는 것이 아니어서는 안되고, 예술성이란 그 사상성을 부각시키는 것이 아니어서는 안 된다는 것이다. 이것은 분명히 형식을 중요시하고 사상적 내용을 경시하는 변문을 비판한 말로서 이것은 고문 운동 전개 과정에서 생겨난 일종의 구호의 성격을 띤 주장이라고 할 수 있다.

그러나 한유가 여기서 말한 도(道)란 결코 일반적 개념의 도를 뜻하는 것이 아니고 유학 학파의 도통(道統), 즉 유학의 가르침을 바르게 전승하는 사람들의 계통을 말하는 것이다. 한유가 고문을 제창한 것도 이 '도통' 으로 불교와 도교에 반대하기 위함에서였다.

당나라 중기부터 여기저기에 사원이 세워져 국가의 재정과

백성들의 부담이 점점 늘어갔다. 이럴 때
한유가 도통을 선양하여 불교와 도교에 반
대한 것은 나름대로의 적극적인 의의가 있
다 하겠다.

한유의 불교에 대한 반감은 매우 강렬
한 것이었다.

한유가 52세 때 헌종 황제는 석가의
유골을 장안 궁정에 맞아들여 공양을 드린
적이 있었다. 한유는 이를 강력히 반대하
여 '불골(佛骨)을 논하는 표'를 올려 부처
를 믿는 것은 잘못이라고 비판하였다. 이
표는 헌종 황제의 노여움을 사 한유는 사

한유

형에 처해질 뻔하였다. 그 후에도 한유의 불교 혐오의 태도는 조
금도 변하지 않았다.

한유는 정열적이고 개방적인 성격의 소유자로 문인들과의 교
제도 넓어 당시의 문인 맹교(孟郊), 가도(賈島), 유종원, 유우석
(劉禹錫), 이하(李賀), 장적(張籍) 등과 깊은 우정을 나누어 문인
들과의 교제로도 많은 일화를 남기고 있다.

고문 운동의 주장이 한유라면 그의 부장은 유종원이라 할 수
있다.

유종원(773~819)의 자는 자후(子厚)이고 하동(산서성 영제
현) 출신이었기 때문에 유하동이라고도 불린다.

유종원은 '정치 혁신 운동'에 참가하였다가 혁신이 실패로
돌아가자 영주의 사마(司馬)로 좌천되었다. 그로부터 10년 후인
43세때 유주 자사가 되어 4년 동안 재직한 후 47세에 타계하였다.

**용문 석굴** 용문 석굴은 운강 석굴과 함께 대표적인 석굴사원이다. 용문 석굴의 대로사나불은 높이 13미터의 거대한 석불로 당태종과 측천 무후가 만들기 시작해 675년에 완공되었으며, 2000년에 유네스코 세계문화유산으로 지정되었다.

    젊은날의 유종원은 정열에 불타 큰 포부를 지녔으나 정계에 투신한 지 얼마 안 되어 앞서 말한 정치 혁신 운동의 실패로 장안에서 일할 기회를 박탈당하고 멀리 지방으로 쫓겨났다. 지방으로 쫓겨난 유종원은 문학에 정진하였으며 영주에 정착하면서부터는

지금까지의 변문을 중지하고 고문을 쓰기 시작하여 많은 명문을 남겼다.

유종원은 갖가지 문체에 정통하여 그의 〈정론문(政論文)〉, 〈철리문(哲理文)〉은 문장의 구성이 엄밀하고 논리성이 풍부하여 설득력이 있었다. 또 전기체의 산문이나 우화는 세련되고 침착하여 독자들을 매료시켰다. 그의 우화에는 인간 사회의 우의(寓意)가 교묘하게 풍자되어 있다.

또 산문의 최고봉으로 일컬어지는 산수를 묘사한 유종원의 기행문 〈영주팔기(永州八記)〉에서는 일목일초(一木一草) 모두 정을 머금고, 일산일수(一山一水)가 움직이는 듯 묘사되어 독자들을 별천지로 유혹하고도 남음이 있다. 이것은 산문이라기보다는 차라리 아름다운 한폭의 산수화라고 해야 좋을 것이다.

유종원의 시문은 제재가 광범위할 뿐 아니라 내용에는 신선미가 넘쳐 흐르고 깊은 우의가 담겨져 있다. 그리고 문자 사용과 선택이 실제의 장에 적확하여 당시 유종원의 시문은 널리 읽히고 널리 전파되었다.

고문 운동에 대한 공헌도로 따지자면 한유의 영향이 유종원보다 컸다고 하겠지만 이것은 당시 두 사람이 처한 객관적 조건의 차이에 의한 것으로 보아야 할 것이다.

문학 작품의 사상성이나 예술성에 있어 이들 두 사람은 나란히 높이 솟은 두 봉우리처럼 그 우열을 가릴 수 없는 존재였다.


## 서도의 대가 안진경과 유공권

중국에서는 서도를 공부하는 사람들의 지침이 되는 말로 '안근유골(顔筋柳骨)'이라는 말이 있다. 이 말은 서도의 대가 안진경(709~785)과 유공권(778~865)의 서도 예술의 풍격을 단적으로 나타낸 말로서 '안진경의 글씨에는 힘줄이 있고, 유공권의 글씨에는 뼈가 있다.'는 뜻이다.

안진경의 서법은 호방하고 중후한 가운데 탄력이 넘치는 힘줄처럼 느껴져 이를 '안체(顔體)'라고도 불렀다. '글씨는 인격을 나타낸다.'는 말이 있듯이 안진경의 서법을 알기 위해서는 먼저 그의 인물됨에 초점을 맞춰 살펴보기로 하자.

755년 안록산이 어양에서 반란을 일으켜 삽시간에 하북의 평원을 함락하였다. 평원이 함락되었다는 보고를 접한 현종은 '하북 24군 가운데 나라를 위해 싸울 충신이 한 사람도 없단 말인가!' 하며 비통해하였다.

그러나 얼마 후 평원 태수(군의 장관)가 군사를 일으켜 반란군에게 타격을 주자 하북 17군이 봉기하여 평원 태수 밑에 모여드니 그 병력이 20만 명에 이르렀다. 평원 태수는 이들 20만 명의 병력을 지휘하여 안록산군의 작전에 큰 타격을 주었다. 현종 황제는 매우 기뻐하였다.

"평원 태수, 이 사람이 그렇게 충성된 인물인지 전혀 몰랐도다. 정말 가상한 일이로다!"

당나라 군사의 기둥이라고 할 수 있는 이 평원 태수가 바로 안진경이었다.

그로부터 28년 후인 783년의 일이다. 당시의 황제 덕종은 당왕조에 반기를 든 회령(准寧, 하남성)의 지방장관 이희열(李希烈)을 설득하는 사자로 안진경을 선발하였다. 이것은 안진경의 정적(政敵)이 안진경을 함정으로 몰아넣기 위한 공작이었으나, 안진경은 당시 74세의 고령인데도 불구하고 이 위험하고 어려운 임무를 띠고 이희열을 방문하였다.

안진경의 글씨

이희열은 칼을 빼어든 그의 수양아들 1천 명으로 하여금 안진경을 겹겹이 에워싸고 협박하였으나 안진경은 얼굴빛 하나 변하지 않았다. 이렇듯 당당한 안진경의 모습을 본 이희열의 부하들은 아무도 감히 손을 쓰지 못했다.

협박이 수포로 돌아가자 이번에는 달래기 작전으로 나왔다. 황제를 꿈꾸고 있는 이희열은 안진경을 그의 재상으로 삼고자 유혹하였으나 안진경은 이 요구를 일언지하에 거절하는 한편 이희열의 반역 행위를 격렬히 힐책하였다. 부아가 난 이희열은 그의 부하에게 명하여 깊은 구덩이를 파게 하고 안진경을 끌어내어 생매장시키겠다고 위협하였다. 안진경은 "사람의 생사는 모두 천명에 달려 있는 것이다. 내 어찌 죽음을 두려워하겠는가. 어서 죽여라!" 하며 머리를 숙이지 않았다.

이렇게 안진경이 버티고 있는 사이에 전세는 점점 당나라 조정군에 유리하게 전개되었다. 초조해진 이희열은 이번에는 화형으로 안진경을 위협하였다. 훨훨 타오르는 불길 앞에 안진경을 끌어내어 "말을 듣지 않으면 태워 죽이겠다."고 몰아세웠다. 안진경은 그들이 손을 대기 전에 자신이 불 속으로 뛰어들려 하였으나 그것마저 그들에게 저지당하였다.

이런 가운데 안진경은 이희열의 마지막이 다가오고 있음을 직감하였으며 이것은 자신의 죽음을 의미하는 것임을 잘 알고 있었다. 이에 안진경은 조정에 보내는 유서와 자신의 묘지(墓誌)·제문 등을 써놓았다. 그리고 그는 자신의 침실 서쪽 벽 밑을 가리키면서 "이곳이야말로 내가 묻힐 곳이다."라고 말한 적도 있었다. 과연 전세가 점점 불리해지는 가운데 자신의 위험을 느낀 이희열은 마침내 안진경을 교살하고 말았다. 안진경의 나이 76세 때의 일이었다.

이렇게 해서 안진경은 절개를 굽히지 않고 당왕조에 충성을 다하는 일생을 마쳤다. 안진경의 서풍은 그의 호방한 성격을 나타내주듯 힘이 넘치고 꾸밈이 없으며 그 위에 엄한 느낌마저 주고 있다.

'안체(顔體)'라 불리는 안진경의 서풍은 구양순·우세남 등을 대표로 하는 초당 시대의 서풍처럼 화려한 멋은 없지만 성당 시대의 웅장성을 보여주는 것이라 할 수 있다.

안체를 논할 때 그의 특징으로 자주 열거되는 것은 '잠두연미(蠶頭燕尾)', '횡경수중(橫輕竪重)'이라는 표현이다.

잠두연미라는 것은 안체의 기필(起筆)은 가로획·세로획이 모두 누에머리 모양으로 시작되고 글씨의 끝맺음은 마치 제비 꼬리 모양과 같다는 뜻이다. 횡경수중이란 안체의 가로획은 가늘고 세로획은 굵다는 뜻이다.

잠두연미는 서체에 중량감을 주고 필세에 천균(千鈞, 균은 30근)의 무게를 더하는 효과를 가져오며, 횡경수중은 서체에 중후감을 가지게 하며 부조(浮彫)의 아름다운 효과를 가져오게 한다.

현재 전해지는 안진경의 비첩(碑帖)은 70여 종에 이르고 있으며 최근 들어 새로 발견된 것도 있다.

안체 해서의 대표작으로 〈천복사 다보탑비〉, 〈동방삭 화상찬비〉 등을 들 수 있고, 행서의 걸작으로는 〈제질계명문고〉, 〈쟁좌위첩〉, 〈유중사첩〉 등을 들 수 있다. 이들 걸작들은 1천여 년 동안 서도에 뜻을 둔 후학의 교본이 되고 있다.

중국 서도의 역사를 더듬어 보면 동진(東晉)의 서도가 왕희지가 전아한 서풍으로 서도계에 새로운 시대를 연 이래 수백 년 동안 왕희지로 대표되는 왕체(王體)가 서도계를 지배하였다. 당나라 초당 시대에 들어서면서 많은 서도가가 배출되었으나 역시 그 누구도 왕체의 영역을 벗어나지는 못하였다.

그러나 안진경이 출현함으로써 비로소 왕체에서 벗어나 성당 시대의 숨길을 전하는 새로운 서풍이 탄생하게 되었다. 그 후로는 마치 초당의 서도가가 다투어 왕체를 배웠듯이 송나라 시대에 들어와서도 안체를 배우는 사람들이 끊이지 않았다.

다음은 유공권에 대하여 언급하기로 한다. 유공권의 자는 성현(誠懸)으로 안진경과 어깨를 나란히 하는 당나라 시대의 대서

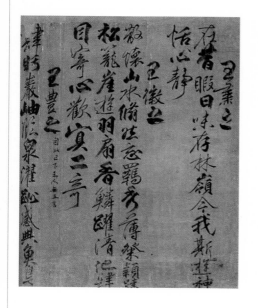

**유공권의 글씨**

도가였다. 시로 유명한 이백·두보를 '이두', 산문의 한유·유종원을 '한유'라 일컫듯이 서도에서는 이 두 사람을 '안유'라 일컫고 있다.

유공권은 왕희지의 서법을 배우고 그 후에 안진경에게 사사하였다. 그리하여 역대 서도가의 장단점을 취사 선택하여 마침내 자기 자신의 서체인 '유체(柳體)'를 창안해냈다.

유체는 단정하고 날카로우면서 뼈가 드러난 듯하여 '유골(柳骨)'이라고도 일컬어진다. 유공권의 대표작으로 〈현비탑비〉, 〈신책군비〉 등을 들 수 있다.

유공권은 29세 때 진사시에 합격하여 지방에서 하급 관리로 일했다. 목종 황제가 우연한 기회에 절에서 유공권의 필적을 보고 감탄하여 그를 장안에 불러들였는데 이때 그의 나이 40여 세였다.

그 후 80세에 타계할 때까지 궁정에서 7대에 걸쳐 황제를 섬겨 50여 년의 궁정 생활의 최후를 태자 소사(황태자의 교육을 보좌하는 벼슬)로 마쳤다. 역사적 기록에 의하면 유공권의 사람됨은 그의 서풍과 마찬가지로 성실함으로 일관되었다.

다음과 같은 이야기가 전한다.

당시의 황제 목종은 제멋대로의 향락 생활에 빠져 뜻있는 신하들의 가슴을 아프게 하였다. 그러나 누구 한 사람 간하는 신하가 없었다.

어느 날 목종은 유공권에게 글씨 잘 쓰는 비결을 물었다. 유공권은 이야말로 좋은 기회라 생각하고 목종에게 충언을 드렸다.

"글씨는 마음에 있다고 생각합니다. 마음만 바로 한다면 글씨는 저절로 바르게 될 것으로 아옵니다."

이 말 속에 숨어 있는 뜻을 알아차린 목종은 얼굴빛이 변하면서 크게 노하였다.

이 이야기가 후세에 전하는 '유학사 필간(筆諫)'의 고사이다. 목종의 뒤를 이은 경종(敬宗)은 사물을 보는 식견이 없는 황제였으나 시기심만은 강하여 사람들로부터 칭찬받기만을 좋아하는 인물이었다.

어느 날 경종은 6명의 학사를 궁정에 초청하여 환담하였다. 황제는 전한 문제의 검약 생활을 찬양하였다. 이 자리에서 경종은 자신이 입고 있는 옷의 소매를 가리키면서 "짐은 옷을 3번씩이나 세탁해서 입고 있노라."고 자랑스러운듯 말하였다. 자리를 함께 했던 학사들은 입을 모아 경종을 칭찬하였으나 유공권만은 칭찬의 말을 하지 않았다. 의아스럽게 생각한 경종이 왜 잠자코 있느냐고 묻자 유공권은 한일자로 꼭 다물었던 입을 열면서 말하였다.

"모름지기 천하를 다스리는 자는 어진 사람을 받아들이고, 불초한 인물을 물리쳐야 하옵니다. 칭찬할 일은 칭찬하고 벌할 일은 벌하여 여러 가지 의견에 귀를 기울이는 데 힘쓰지 않으면 아니되옵니다. 폐하께서 3번 세탁한 옷을 입으셨다는 일은 국가를 다스리는 큰일과 비교하면 전혀 이야깃거리도 안 되는 사소한 일인 줄로 아옵니다."

한자리에 있던 학사들은 모두 경종이 크게 노하여 유공권을 큰죄로 다스리지나 않을까 하여 식은 땀을 흘렸으나 당사자인 유공권은 조금도 두려워하는 기색이 없었다고 한다.

당시의 고관들이나 황후들까지도 앞을 다투어 거금을 싸들고 유공권을 찾아와 비문의 휘호를 부탁하였다. 당시 사람들은 선조의 비를 세움에 있어 유공권의 휘호를 얻지 못하면 불효자라고 할 정도로 그의 글씨는 유명하였다. 또 조공이나 무역의 임무를 띠고 중국을 방문한 외국인들까지도 많은 돈을 주고 유공권의 글씨를 사 가지고 돌아갔다.

이렇게 해서 유공권은 거액의 돈을 모을 수 있었으나 돈에는 전연 무관심하여 모든 금은 재화를 모두 사환에게 일임하였다. 사환이 간혹 그 재화를 자기 호주머니에 집어넣어도 유공권은 전혀 나무랄 생각을 하지 않았다. 금은으로 된 술잔 한 벌이 감쪽같이 없어진 일도 있었으나 유공권은 "술잔에 날개가 돋혀 날아간 모양이다."라고 하며 웃어넘길 뿐이었다. 그러나 자신이 애용하는 붓과 먹, 벼루와 서적 등에 대하여는 대단히 엄격하여 자신의 서재에 깨끗이 정돈하여 놓고 집안 사람들에게도 손대지 못하도록 하였다고 한다.

# 당 왕 조 의  계 보

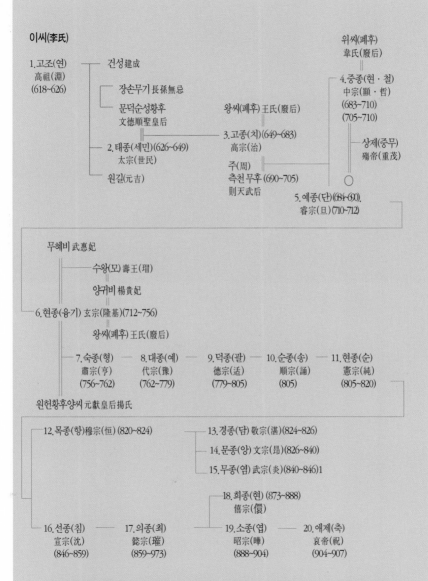

**이씨(李氏)**

1. 고조(연)
高祖(淵)
(618~626)

── 건성建成

── 장손무기 長孫無忌

── 문덕순성황후
文德順聖皇后

왕씨(폐후) 王氏(廢后)

위씨(폐후)
韋氏(廢后)

4. 중종(현·철)
中宗(顯·哲)
(683~710)
(705~710)

3. 고종(치)(649~683)
高宗(治)

2. 태종(세민)(626~649)
太宗(世民)

── 원길(元吉)

주(周)
측천 무후(690~705)
則天武后

상제(중무)
殤帝(重茂)

○

5. 예종(단)(684~690),
睿宗(旦)(710~712)

무혜비 武惠妃

── 수왕(모) 壽王(瑁)

양귀비 楊貴妃

6. 현종(융기) 玄宗(隆基)(712~756)

왕씨(폐후) 王氏(廢后)

7. 숙종(형)    ── 8. 대종(예) ── 9. 덕종(괄) ── 10. 순종(송) ── 11. 헌종(순)
蕭宗(亨)         代宗(豫)        德宗(适)        順宗(誦)        憲宗(純)
(756~762)      (762~779)      (779~805)      (805)          (805~820)

원헌황후양씨 元獻皇后揚氏

12. 목종(항)穆宗(恒)(820~824)

13. 경종(담) 敬宗(湛)(824~826)

14. 문종(앙) 文宗(昂)(826~840)

15. 무종(염) 武宗(炎)(840~846)1

18. 희종(현)(873~888)
僖宗(儇)

16. 선종(침)    ── 17. 의종(최) ──
宣宗(沈)         懿宗(璀)
(846~859)      (859~973)

19. 소종(엽)    ── 20. 애제(축)
昭宗(曄)         哀帝(祝)
(888~904)      (904~907)

주 : 중종·예종의 중조(重祚)를 합산하고, 위씨(韋氏)가 중종을 시해(弒害)하고 세운 상제(殤帝)를
가산하면 23대임.

# 8

오대십국 시대

# 오대십국 시대

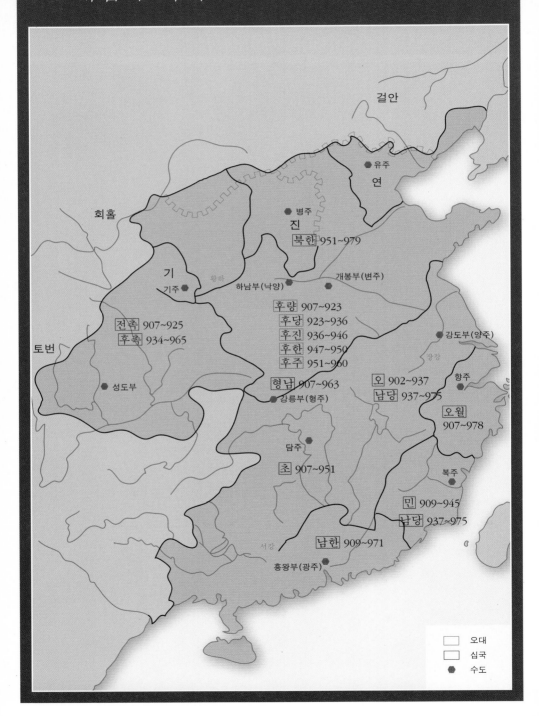

걸안

연
유주 ●

회홀

병주 ●
진
북한 951~979

기
기주 ●
황하
하남부(낙양) ●
개봉부(변주) ●

전촉 907~925
후촉 934~965

후량 907~923
후당 923~936
후진 936~946
후한 947~950
후주 951~960

강도부(양주) ●

토번

성도부 ●

형남 907~963
강릉부(형주) ●

오 902~937
남당 937~975

항주 ●

장강

오월
907~978

담주 ●

초 907~951

복주 ●

민 909~945
남당 937~975

서강

남한 909~971

흥왕부(광주) ●

□ 오대
□ 십국
● 수도

## 오대십국 시대

당나라가 멸망한 후 송나라가 중국을 통일하기까지 약 반세기 동안 중원 지역에서는 후량·후당·후진·후한·후주의 다섯 왕조가 교체되면서 이어졌다. 이와 때를 같이 하여 중국 남부와 산서 일대에서는 주로 당나라 말기의 절도사들이 세운 오·남당·오월·민·초·남한·전촉·후촉·형남·북한의 10왕조가 존속하였는데 역사상이를 '오대십국'이라 한다.

후량은 태조 주전충이 당나라를 멸망시키고 907년에 세운 나라로 후당의 창립자 이존욱에 의해 멸망당했고 (923), 후당은 제4대 이종가 때 후진의 석경당에게 망하였다. 후진의 석경당은 거란족 요의 원조를 받아 나라를 세우고 그 대가로 요나라에 중국 북쪽의 연운 16주를 바쳤으며 신하의 예로 섬겼다. 그러나 제2대 출제(석중귀)가 요나라에 대한 굴욕적인 약속을 더 이상 지킬 필요가 없다고 판단하여 신하의 예를 거절하자, 이에 노한 요나라는 군사를 보내 후진을 멸망시켰다(946).

이듬해 하동 절도사 유지원이 요나라의 수비병을 몰아내고 진양에서 후한을 세웠다. 유지원이 죽자 은제가 제위에 올랐으나 정권이 불안하여 후주의 태조 곽위에게 멸망당하고 후주는 세종을 거쳐 3대 공제 때인 960년 송(宋)의 태조 조광윤에게 멸망함으로써 오대는 종말을 고하게 되었다.

한편 십국의 창시자들은 대부분이 절도사 출신 무장이었다. 이처럼 이 시대에는 무인의 세력이 강하여 구제도는 모두 파괴되고 예의와 질서도 존재하지 않았다. 끊임없는 전쟁의 연속으로 백성들의 고통은 말할 것도 없었으며, 가혹한 수탈까지 행해져 농민은 농토를 버리고 유랑민이 되었다.

지역적으로는 북부보다 남쪽이 평온하여 중원에서 난을 피해온 사람들이 많았고, 그 까닭에 비교적 문화가 발달할 수 있었다. 또한 강남 지방은 경제적으로도 크게 개발되고 상업 도시도 발달하였다.

후주의 세종이 즉위하면서부터는 통일의 기운이 일었고 그가 죽은 후 통일의 대업은 그의 부장 조광윤이 송나라를 세움으로써 이루어지게 되었다.

# 후량의 건국

당나라가 멸망한 후 송(宋)나라가 천하를 통일하기까지 약 반세기 동안은 분열과 혼란의 시대였다.

907년에서 960년에 걸쳐 황하 유역의 중원 지방에 후량(後梁)·후당(後唐)·후진(後晋)·후한(後漢)·후주(後周)의 다섯 왕조가 잇따라 탄생하였는데, 역사상 이를 '오대'라 한다.

이 오대와 함께 중원 이외 지역에서는 오(吳)·남당(南唐)·오월(吳越)·민(閩)·초(楚)·형남(荊南)·전촉(前蜀)·후촉(後蜀)·남한(南漢)·북한(北漢) 등 열 나라가 할거 병존하고 있었다. 이를 십국이라 하고 중원 지역의 오대와 합쳐 '오대십국'이라 부른다.

황소의 난이 평정되고 당왕조가 멸망하기까지 약 20여 년 동안 사실상 정권을 좌우한 것은 막강한 군사력을 지니고 있던 번진 세력 이극용과 주전충이었다.

896년에 있었던 일이다. 주전충은 장준(張濬)을 재상에 임용하려 하였다. 이를 안 이극용은 "만약 장준을 재상의 자리에 앉히면 나는 그날 저녁에 장안궁 문 앞에 도착할 것이다."라는 상주문을 당시의 황제 소종에게 올려 협박하였다.

거듭되는 약탈로 가뜩이나 황폐해진 장안에 또다시 군사를 거느리고 장안을 공격하겠다는 이극용의 상주문은 대단한 압력이 아닐 수 없었다.

이렇듯 황제는 두 번진 세력의 틈바구니에서 눈치를 보면서 생명을 이어가는 형편이어서 장준의 재상 임용 문제를 놓고도 두

사람의 비위를 맞출 수밖에 없
었다.

　주전충과 이극용은 사사
건건 물고 늘어지는 견원지간
이었다. 901년 주전충은 그의
모든 병력을 동원하여 이극용
의 거점인 진양(섬서성 태원)을
맹공하였다. 이극용은 열세에
몰려 진양을 포기하고 북쪽으
로 도망치려 하였으나, 부인
유씨가 진양 포기를 강력히 반
대하고 계속 항전을 고집하는
바람에 겨우 멸망의 위기를 모
면할 수 있었다.

오대 십국 왕조표 (*은 오대 십국 이외의 나라)

| | 왕조 | 창시자(민족) | 수도 |
|---|---|---|---|
| 오대 | 후량 | 주전충 | 대량 |
| | 후당 | 이존욱(돌궐) | 낙양 |
| | 후진 | 석경당(돌궐) | 대량 |
| | 후한 | 유지원(돌궐) | 대량 |
| | 후주 | 곽위 | 성도 |
| 십국 | 전촉 | 왕건 | 성도 |
| | 후촉 | 맹지상 | 성도 |
| | 오 | 양행밀 | 양주 |
| | 남당 | 이변 | 금릉 |
| | 형남(남평) | 고계흥 | 강릉 |
| | 오월 | 전유 | 항주 |
| | 민 | 왕이지 | 복주 |
| | 초 | 마은 | 담주 |
| | 남한 | 유은 | 광주 |
| | 북한(동한) | 유숭 | 진양 |
| | 요(걸안)* | 야율아보지(걸안) | 상경·중경 동경·서경 남경 |

　그 후 주전충은 점점 세력을 확장하여 황제를 그의 손 안에
넣고 '천자의 명을 받아 제후에게 명령한다.' 는 명분을 내세워 그
의 위력을 과시하였다.

　주전충은 황제 소종을 그대로 장안에 두면 누군가가 황제를
가두고 황제의 명을 빙자할까 두려워 수도를 자신의 세력권 안에
있는 낙양으로 옮기고 소종을 강제로 데려오도록 하였다.

　황제 일행을 수행한 행렬이 화주(섬서성 섭현 일대)에 이르렀
을 때 백성들이 길 양쪽에서 "황제 폐하 만세."를 부르자 소종은
눈물을 흘리면서 말하였다.

　"만세란 가당치도 않다. 짐은 이제 너희들의 임금이 아니다.
이제 어디로 끌려갈지도 모르는 신세가 되었느니라!"

**오대의 화폐** 당시의 화폐는 나라마다 각각 제조되어서 제도적으로 통일되지 못했다.

　　이것은 904년 4월에 있었던 일로, 소종의 이러한 강제 이동은 종말을 앞둔 당왕조의 모습을 단적으로 보여주는 것이라 하겠다.

　　그해 8월 소종은 끝내 낙양궁에서 시해당했다. 소종을 시해한 주범 주전충은 소종의 빈소 앞에 무릎을 꿇고 대성통곡하는 연극을 꾸며댔다. 그리고 13세의 어린 나이인 이축(李祝)을 황제 애제(哀帝)로 세우고, 3년 뒤인 907년에는 이 어린 황제 애제를 협박하여 선양의 형식으로 황제의 위에 올라 양태조(梁太祖)가 되었다. 그는 나라 이름을 양(梁)이라 하고 개봉에 도읍하였다. 이 양나라도 남북조 시대의 양나라와 구별하기 위하여 역사에서는 후량(後梁)이라 부른다.

　　이때 주전충의 강력한 라이벌이었던 이극용은 어떻게 되었을까? 이극용은 주전충이 개봉에서 황제의 자리에 오른 이듬해에 죽었다. 그때 이극용도 이미 진왕(晉王)이라 일컬어지고 있었다. 이극용이 죽자 그의 아들 이존욱(李存助)이 진왕의 자리를 이어받아 후량의 공격에 대비하였다. 주전충이 제위에 오를 당시에는 그 세력이 강대하였으나 얼마 후 세력이 약해지면서 911년에는 진군이 후량군의 주력 부대를 대파하고 군사면에서 우위를 차지하기에 이르렀다.

그 이듬해인 912년 양태조 주전충은 약화된 세력을 만회하기 위해 50만 대군을 거느리고 북상하여 진군과 교전하였으나, 지난해의 대패로 사기가 떨어진 후량의 군대는 '진군이 공격해온다'는 소식을 듣자 뿔뿔이 흩어졌고, 또다시 참패를 맛보았다.

나중에 알려진 이야기이지만 진군이 공격해온다는 소문을 낸 진의 대군이란 겨우 수백 명의 순라병(巡邏兵)*이었다고 한다. 이 사실을 안 주전충은 땅을 치며 후회하였다. 주전충은 패잔병을 거느리고 낙양으로 패주하는 도중에 병상에 눕게 되었는데, 눈물을 흘리면서 측근들에게 말하였다.

* 순라병(巡邏兵) : 순행하는 군사

"내 자식들 중에는 이극용의 아들 이존욱을 당할 자가 한 사람도 없다. 나는 머지않아 죽을 것이지만 죽어도 뼈를 묻을 땅이 없을 것이다."

뒤에 언급하겠지만 양태조 주전충의 이 말은 적중하였다.

당시의 절도사들은 많은 수양아들을 두는 풍습이 있었다. 주전충도 많은 수양아들을 두고 있었는데 그중에서도 주우문(朱友文)을 가장 신뢰하여 재정 관계의 사무를 맡기고 있었다. 그것까지는 좋았으나 변태적인 호색가였던 주전충은 심지어 며느리에게까지 손을 뻗치는 추태를 보여 악평을 받았다. 낙양으로 돌아와 병석에 누운 주전충은 나이가 이미 60이 되었다. 그는 후계자 문제를 생각지 않을 수 없었다. 그는 내심 수양아들 주우문을 후계자로 정하고 있었다. 그것은 주우문의 처 왕씨가 주전충의 마음을 사로잡고 있었기 때문이었다. 병석에 있는 주전충은 마침내 주우문을 궁중으로 불러들이려 하였다. 이를 눈치챈 주전충의 차남(장남은 일찍 죽었음) 우규(友珪)는 불만을 품고 투덜거렸다. 이런 판국에 주전충은 우규를 내주 자사로 내보내기로 결정하였다. 결국 궁지에 몰린 주우규는 병든 아버지를 죽이고 그 죄를 주우문에게 뒤집어씌워 주우문마저 죽인 뒤 제위에 올랐다.

주우규는 제위에 오르자 황음무도한 생활을 일삼아 내외의 분노를 샀다. 그러자 주전충의 삼남 주우정이 일어나 주우규를 죽이고 제위에 올랐다.

후량이 혼미를 거듭하고 있을 때 북쪽에서는 이극용의 아들 이존욱이 착착 그의 세력을 확장하고 있었다. 이존욱은 후량의 영토를 잠식(蠶食)하여 70여 주 가운데 50여 주를 차지하였다.

923년 이존욱은 마침내 후량의 수도 개봉을 함락하고 주씨 일족을 몰살하였다. 그리고 주전충의 능묘 앞 나무를 모두 베어내고 능묘를 파헤쳤다. 주전충의 예견대로 주전충의 뼈를 묻을 땅이 없어진 셈이다. 후량은 3대 17년의 단명 왕조로 막을 내렸다.


●

# 후당의 건국

923년 개봉을 함락한 이존욱은 당의 장종(莊宗)으로서 황제의 자리에 올라 나라 이름을 당(唐)이라 일컫고 수도를 개봉으로 정했

다가 후에 낙양으로 천도하였다. 역사상 이 나라를 후당(後唐)이
라 부른다.

　이존욱은 무술에 능한 무장이었으나 정치에는 백치였다.

　그는 제위에 오르자 곧바로 공겸(孔謙)이라는 사람을 재무 장
관에 임명하였는데 공겸은 백성을 짜내는 명수로 악명이 높았다.

　공겸의 재무 장관 취임 첫 번째 임무는 이미 장부에서 말소된
세금을 전액 거둬들이되 단 한 푼의 체납도 허용하지 않는 것이었
다. 이어 공겸은 전국의 교통 중심지에 관소를 설치하고 이곳을
통과하는 자에게 세금을 받도록 각
주·현에 시달하였다. 공겸의 무자비한
작전으로 백성들은 도탄에 빠졌고, 굶
주린 백성들의 신음 소리가 여기저기서
들려 왔다.

후당 장종

　그러나 장종은 공겸을 크게 신임하
며 '국가 재정을 튼튼히 한 공신'이라는
칭호까지 내렸다. 확실히 공겸이 재무
장관에 취임한 이래 장종의 개인 창고에
는 항시 금은보화가 넘쳐 흘렀으나 후당
건국에 공을 세운 병사들 가운데에는 처
자를 파는 자까지 생겼다.

　장종이 실시한 세제의 특징은 부가
세가 많다는 점이었다. 농가의 식염에
식염세를 부과하는가 하면, 술을 빚는
누룩에는 누룩세, 양잠에는 양잠세를
부과하는 등 모든 물건이 과세 대상이

었고 심지어 농민이 사용하는 농기구에까지 세금을 부과하였다.

또 한 가지 흥미있는 부가세가 있었다. 이른바 '작서모(雀鼠耗)'라 불리는 것으로 이것은 세금으로 거둬들인 옷감이나 곡물이 새나 쥐에게 먹혀 소모되는 양을 계산하여 이에 해당하는 분량을 부가세로 징수하는 방법이었다. 예를 들면 옷감은 돈으로 환산하여 10냥에 반 냥, 곡물류는 1섬에 두 말을 작서모로 징수하였다는 것이다.

오대십국의 시대에는 조정에서 법령으로 정한 세금 외에 '못뽑이', '쌍놈세', '수염 쓰다듬세' 등 이상야릇한 명칭의 별의 별 세금이 있었다.

못뽑이세는 송주(하남성 상구)에서 생겨난 세금이었다.

송주의 지방 장관 조재례(趙在禮)는 백성들로부터 세금을 짜내는데 피도 눈물도 없는 가혹한 인물로 유명하였다.

조재례가 전근 명령을 받았다는 소문을 들은 백성들은 환성을 질렀다.

"이제야 그놈의 염병 귀신에게서 해방되었다. 눈 속에 박혔던 못이 뽑힌 듯 후련하다."

백성들의 이 같은 환성 소리를 들은 조재례는 다시 송주에 1년 유임할 것을 청원하여 1년 동안에 백성 1인당 1천 전의 못뽑이세를 징수하였다.

쌍놈세는 여강(안휘성)에서 있었던 이야기이다. 여강의 지방 장관 장숭(張崇)은 백성들의 원망의 대상이 되어 백성들은 그를 쌍놈이라고 불렀다.

이 장숭이 오왕의 소환을 받고 수도로 올라가자 이 소문을 들은 백성들은 "그 쌍놈, 이번에는 분명 돌아오지 못할 것이다."라

며 기뻐하였다. 그러나 장승은 다시 돌아왔을 뿐만 아니라 자신을 쌍놈이라고 불렀다는 사실에 분개하여 쌍놈세라는 명목의 세금을 징수하였다.

얼마 후 장승은 또 오왕으로부터 소환되어 수도로 올라갔다.

"이번에야 설마 다시 돌아올 수 없겠지!"

백성들은 수염을 쓰다듬으면서 기뻐하였다. 얼마 후 다시 돌아온 장승은 수염 쓰다듬세를 징수하였다.

당시 백성들 사이에서는 가혹한 세금의 징수를 풍자하는 우스갯소리가 많이 유행하고 있었다.

선주(안휘성 남쪽)의 지방 장관 서지훈(徐知訓)은 백성들을 짜내 오왕에게 공물을 바치는 일에 열중하였는데 어느 날 오왕은

**후당의 동거울**

서지훈을 연극에 초대하였다.

연극의 막이 오르자 무대에서는 한 관리 뒤에 녹색 차림을 한 남자가 계속 뒤따라가고 있었다. 그러자 그 관리가 물었다.

"당신은 누구이길래 남의 뒤를 그렇게 따라다니는 거요?"

녹색 차림의 남자가 대답하였다.

"나 말이오? 난 선주의 터줏대감이오."

"선주의 터줏대감께서 무슨 일로 양주까지 오셨소?"

관리가 다시 묻자 녹색 차림의 남자가 서지훈을 바라보면서 대답하였다.

"우리 주인님께서는 오왕 마마에게 점수를 따기 위해 공물을 바치기에 여념이 없지요. 백성들의 귀중한 물건을 마치 감자 껍질 벗기듯 송두리째 벗겨 공물로 바치는 바람에 빈털터리가 되어 양주까지 왔답니다."

백성들은 말할 것도 없고 오왕 자신도 서지훈의 지나친 아부를 달갑잖게 여기고 있었음을 시사해주는 연극이라 하겠다.

다음은 남당(南唐)에서 있었던 이야기이다. 어느 해인가 남당의 수도 금릉(남경)에 큰 가뭄이 계속되어 몹시 고통을 받고 있었다. 그런데 공교롭게도 금릉 주위에서는 연일 비가 내렸다. 황제는 괴이히 생각하여 중신들에게 물었다.

"어째서 공교롭게도 금릉에만 비가 내리지 않는 거요?"

대신들은 아무도 대답하는 자가 없었으나 때마침 그곳에 있던 예술인이 입을 열었다.

"폐하, 비도 세금을 징수 당할까 두려워 금릉에 못 들어오는 것이 아니겠습니까?"

물론 이러한 이야기에는 약간의 과장도 있겠지만 변기를 보석으로 장식한 지배자가 한편으로는 농가의 계란 1개에까지 세금을 매겼다는 이야기는 전혀 터무니없이 만들어진 것은 아니라고 생각된다.

가혹했던 세금 이야기는 이 정도로 해두고 화제를 당의 장종에게 돌려보자.

926년 후당에서는 내란이 일어났다. 장종은 무력으로 이 내란을 진압하려 하였으나 장병들은 누구 하나 장종을 위하여 목숨을 바칠 생각은 없었다. 아무도 내란 진압에 나서려 하지 않았다.

장종은 할 수 없이 창고를 열어 여러 가지 보물을 꺼내어 장병들에게 나누어 주고 비위를 맞춰 내란 진압에 동원하려 하였다. 그러나 병사들은 "이런 보물 따위를 어디에 쓴단 말이오. 우리들의 처자는 이미 굶어 죽어버렸는데!"라며 싸움터에 나가기를 거부하였다.

이런 상태에서 장종은 그의 수양아들 이사원(李嗣源)을 내란 진압에 파견하였다. 이때 이사원은 60이 넘은 노인이었으나 장종의 신임이 두터웠다. 그러나 장종을 혐오한 그의 부하들과 내란군은 이사원을 추대하여 낙양의 장종을 공격하기로 하였다. 낙양의 친위군도 장종을 위해 싸울 생각이 없었다. 그들은 장종을 죽이고 이사원에게 항복하였다.

이렇게 해서 이사원이 이존욱을 대신하여 제위에 오르고 명종(明宗)이라 칭하였다. 명종이 즉위해 첫 번째로 한 일은 온갖 세금 짜내기 작전으로 백성들을 괴롭혔던 악명 높은 공겸의 죄상을 폭로하여 사형에 처하고 공겸이 제정한 가혹한 법령을 모두 폐지한 일이었다. 명종은 사타족의 평민 출신으로 서민들의 생활을 잘 알고 있었다. 그는 확실히 이 시대에 보기 드문 명군으로 그의 집정 7년 동안 여러 가지 정치개혁이 성공적으로 이루어졌고 해마다 풍년이 계속되어 백성들의 생활은 보다 안정되었다.

명종은 만년에 이르러 병석에 눕게 되자 장병들에게 자주 은상(恩賞)을 내렸다. 이것은 장병들에게 인색했기 때문에 반란이 일어났던 전례를 교훈으로 삼은 것이었으나 명종의 이 같은 장병 우대 정책은 도리어 군대를 교만하게 만드는 결과를 가져왔다.

명종의 병세가 위독해지자 후계자 문제를 둘러싸고 싸움이 벌어졌다. 장남이 이미 죽었기 때문에 명종의 둘째 아들 이종영(李從榮)이 서열로 보아 가장 유리하였다. 이종영은 아버지 명종을 문병하고 후계자 문제를 확인하려 하였으나 명종은 확실한 언질을 주지 않았다. 얼마 후 궁중에서 곡성이 들려오자 이종영은 필시 명종이 죽은 것으로 생각하고 군사를 거느리고 궁중으로 들이닥쳤으나 명종은 아직 살아 있었다. 이종영은 결국 모반죄로 죽임을 당하고 말았다.

이런 소란 가운데 명종이 죽고 셋째 아들 이종후(李從厚)가 즉위하니 이 이가 민제(閔帝)이다. 후당의 제3대 황제 민제의 지위도 그렇게 안정되지는 못하였다. 그에게는 두 사람의 두려운 경쟁자가 있었다. 한 사람은 봉상 절도사 이종가(李從珂)이고 또 한 사람은 명종의 사위인 하동 절도사 석경당(石敬王唐)이었다.

민제는 이종가를 하동 절도사로, 석경당을 성덕 절도사로 이동시켜 그들을 근거지로부터 축출하려 하였다. 그러자 이종가는 봉상에서 반란을 일으켰다. 민제는 대군을 동원하며 봉상을 토벌하도록 하였는데 봉상에 다다르자 그들은 이종가를 토벌할 생각은 하지 않고 이종가에게 투항하여 상금을 받으려 하였다. 이종가는 이들의 항복을 받아들이고 성내의 모든 재물을 긁어모아 그들에게 나누어주었다.

투항병을 포섭한 이종가는 봉상에서 낙양으로 역습을 가하였다. 민제는 장병에게 상금을 주어 이종가를 방어하도록 하였으나 이들 군대가 도중에서 이종가에게 투항하고 말았다. 싸움을 하기 위한 군대가 아니라 이중으로 상금을 받으려는 장병들의 상업 행렬이었다.

934년 이종가는 민제를 죽이고 자신이 제위에 오르니 이 사람이 후당의 마지막 황제 폐제(廢帝)이다. 이종가는 일찍부터 석경당을 혐오하였다. 석경당 또한 이종가는 명종의 수양아들로 원래의 성은 왕씨이니 이런 자가 황제의 자리에 있는 것을 그대로 둘 수 없다는 명분을 내세워 명종의 아들 이종익에게 양위하라고 이종가를 위협하였다. 이러한 압력을 받은 이종가는 석경당을 토벌할 뜻을 굳혔다.

936년 5월 폐제 이종가는 부장 장경달(張敬達)에게 진양 공격을 명령하였다. 수만의 군사를 거느린 장경달은 진양 근교 진안채에 진을 치고 석경당군과 대치하였다. 장경달군의 사기 왕성한 모습을 본 석경당은 겁을 먹고 북쪽 거란에게 원병을 요청하는 서한을 보내기로 하였다.

"신 석경당은 거란 국왕에게 글을 올립니다. 이종가라는 자가 황제를 폐하고 스스로 제위에 오르는 횡포를 저지르고 있습니다. 신은 이종가의 죄를 규탄하기 위하여 군사를 일으켰으나 애석하게도 수하에 거느린 군사가 적어 승패를 예측할 수 없습니다.

**거란인의 출렵도** 사냥
은 유목민의 생계 수
단이었다. 그림에 보
이는 장화는 거란인이
즐겨 사용했던 것으로
잡초 사이를 걷기가
편리했다.

이에 귀왕을 아버지로 받들고 자식의 예를 다할까 합니다. 부디
군사를 남쪽으로 보내 반역의 무리를 소탕하게 해주시기를 간절
히 바라옵니다. 이종가를 토벌하는 날, 신은 거용(하북성 일대)과
안문(산서성 대현 일대) 이북의 땅을 귀왕에게 바쳐 그 은혜에 보
답할까 합니다."

이 글을 본 석경당의 부장 유지원(劉知遠)은 굴욕적인 원병
요청이라 하여 이를 강력히 반대하였다.

45세가 되는 석경당이 34세의 거란왕 야율 덕광(耶律德光)
을 '아버지로 받든다.'는 말이 웬말이며, 신이라고 일컫는 것도
생각할 문제인데 하물며 '자식의 예를 다한다.'는 것은 언어도단
이라는 것이다. 원병을 요청하는 데는 약간의 금은보화를 주는 것
으로 족하다. 국토를 바치는 일은 예측할 수 없는 재앙을 불러들
이게 된다. 유지원은 읽으면 읽을수록 부아가 나 견딜 수가 없었
다. 유지원은 원병 요청을 재고할 것을 석경당에게 충고하였다.

그러나 외곬으로 원병만을 생각하는 석경당은 이러한 충고
따위는 귀에 들리지 않았다. 잠시 후 서한을 휴대한 사자가 거란

으로 향하여 떠났다.

거란은 중국 북부 초원 지대에서 유목 생활을 하던 부족으로 원래는 동호(東胡)이고, 그 후에 선비족의 한 부족이 되었다.

당나라 말기부터 서서히 세력을 확장하기 시작하여 오대 초기에는 거란 부족의 국가를 형성하게 되었다. 그 후 이따금 중국 대륙 중부까지 그 세력을 뻗치려 하였으나 번번이 실패하였다.

이러한 거란에게 있어 석경당의 원병 요청은 자못 그들의 귀를 솔깃하게 하는 좋은 기회였다.

거란왕은 입이 귀밑까지 찢어질 정도로 기뻐하였다.

"대추가 익고 말이 살찐 이 가을에 온 나라의 힘을 기울여 구원에 나설 것이오."

거란왕은 석경당의 사자에게 이같이 약속하였다.

936년 9월 거란왕은 친히 5만의 기병을 거느리고 진양으로 향하여 진안채에 포진하고 있는 장경달군을 포위하였다.

거란군이 원병을 보내왔다는 보고를 받은 후당의 폐제 이종가는 즉시 응원군을 편성하여 장경달군을 지원하였다. 1대는 중신 조연수(趙延壽)가 거느려 거란군을 정면 공격하기 위해 진양 남쪽으로부터 북상하였고, 또 1대는 북평왕 조덕균(趙德均)이 거느려 유주(북경)에서 비호(하북성 내원현)를 넘어 다시 서남쪽으로 진군하여 거란군의 퇴로를 차단하려 하였다. 조덕균은 조연수의 아버지이다. 후당의 폐제 이종가는 조연수 부자의 합동 작전으로 거란군을 격파할 작정이었다.

한편 후당 영토 깊숙이 들어온 거란군은 앞뒤에서 포위망을 압축해 들어오는 후당군에게 위압감을 느꼈다. 해가 지면 많은 파수군을 세워 언제든지 후퇴할 수 있도록 준비를 갖추고 있었다.

석경당

이렇게 거란왕이 불안에 떨고 있는 어느 날 조덕균의 사자가 갑자기 거란왕을 만나러 왔다. 조덕균의 사자는 엄청나게 많은 보물을 거란왕 앞에 내놓으면서 조덕균이 중원의 황제로 즉위할 수 있도록 도와달라고 부탁하는 것이었다.

그 사자는 거란과는 영원한 형제의 의를 맺을 것이며, 석경당에게는 하동 땅을 내어 주겠다는 조건도 제시하였다. 거란왕은 여러 가지로 검토 끝에 이 조건을 수락하기로 하였다.

거란왕의 이 같은 움직임을 탐지한 석경당은 크게 당황하였다. 그는 급히 상유한(桑維翰)을 거란왕에게 보냈다. 이 상유한은 앞서 거란왕에게 보낸 서한을 작성한 인물이었다.

거란왕의 야영지에 찾아온 상유한은 아침 일찍부터 밤늦게까지 거란왕 앞에 무릎을 꿇고 눈물을 흘리면서 석경당을 지원해 달라고 호소하는 것이었다. 이에 거란왕은 또 생각을 바꾸었다.

그날 밤 거란왕은 조덕균의 사자를 불러 바로 앞에 있는 돌을 손가락으로 가리키면서 말하였다.

"나는 전부터 석씨의 황제 즉위를 지원해 주기로 약속한 바 있소. 이것은 사나이와 사나이의 약속이오. 저 돌이 썩지 않는 한 이 약속은 어길 수가 없는 일이오."

이렇게 해서 아주 잘 어울리는 한쌍의 민족 반역자 석경당과 조덕균의 사자는 희비가 엇갈리는 가운데 거란왕의 야영지를 떠나게 되었다.

장경달군은 진안채에서 오랫동안 포위당해 장병들의 사기가 점점 떨어지고 있었다. 장경달의 부장이 장경달에게 투항할 것을 권했으나 이를 단호히 거절하며 다음과 같이 말하였다.

"나는 사령관의 직책을 성실히 수행하지 못했다. 전쟁에 패하고 국가가 위기에 처해 있다. 이것만으로도 내 죄가 무겁거늘 하물며 적에게 투항하는 일 따위는 할 짓이 못 된다. 우리 군사의 힘이 다하는 날 너희들은 내 목을 손에 들고 적진으로 달려가 칭찬의 말이라도 듣는 것이 좋을 것이다."

장경달의 말대로 그는 잠시 후 그의 부장의 손에 죽고 부장 이하 전군이 거란군에게 투항하였다.

한편 조덕균 부자는 어떻게 되었을까?

황제의 꿈이 산산조각난 조덕균은 노주(산서성 장야)까지 도망쳤다가 그곳에서 거란군에게 투항하였다. 조덕균은 거란의 수도로 연행되어 거란의 황태후 앞에 무릎이 꿇려졌다. 거란의 황태후가 조덕균에게 물었다.

"너는 어찌해서 거란왕에게 사자를 보냈더란 말이냐?"

"그것은 후당왕의 명령에 따랐을 뿐입니다."

그러자 황태후는 호통을 쳤다.

"너는 내 앞에서도 거짓말을 하느냐. 너는 황제가 되고 싶어 내 아들에게 사자를 보내 도움을 청한 것이 아니었더냐? 내 앞에서 너의 거짓말은 통하지 않는다. 내 아들이 출진할 때 나는 아들에게 다음과 같이 일러두었다. '만약 조덕균이 유관(산해관)까지 진군시키거든 너는 곧바로 군사를 철수시키도록 하라. 그렇게 되면 진양(석경당)을 구원하기는 어려울 것이다.' 그런데 너는 신하인 주제에 국가의 위기 따위는 전혀 생각지 않고 오히려 국난을 틈타 자신이 황제가 되려 하였다. 실로 괘씸하기 짝이 없는 자로다. 추호의 부끄럼도 없이 이렇게 뻔뻔스럽게 살아 있다니!"

조덕균은 아무 소리도 못하고 그저 고개를 푹 숙일 따름이었다. 그 후 조덕균은 만리 타국에서 타계하였는데 나라를 배반한 자의 당연한 말로라고 할 수 있을 것이다.

936년 11월 거란의 장군 적리필(迪離畢)은 5천의 기병과 투항한 후당의 군사를 거느리고 진양에서 곧바로 낙양을 공략하고 석경당은 그 뒤를 따라 진군해왔다.

낙양의 궁전에서는 후당의 폐제 이종가가 현무루에 올라가 불을 지르고 분신 자살하였다. 황태후와 황후도 운명을 같이하였다. 유황후는 궁전마저 불지르려 하였으나 황자 이중미가 이를 만류하였다.

"새 천자는 궁전 없이 지낼 수는 없습니다. 반드시 궁전을 다시 세울 것이며 새로운 궁전을 세우려면 백성들을 괴롭히게 될 것입니다. 죽은 후에까지 백성들의 원망을 사서는 아니되옵니다."

유황후는 황자의 말을 옳게 생각하여 궁전에 불지르는 것을 중지하고 최후를 마쳤다. 이때 후당의 폐제 이종가의 나이 51세였다. 후당은 14년 만에 멸망하였고 석경당이 황제의 위에 올라 나라 이름을 진(晉)이라 일컬었는데 역사상 후진(後晉)이라 부른다. 연호를 천복으로 정했다.

# 후진의 흥망

거란의 도움으로 후진의 황제가 된 석경당은 건국을 축하하는 자리에서 거란왕에게 축배를 올려 장수를 빌고 그 앞에 엎드려 맹세

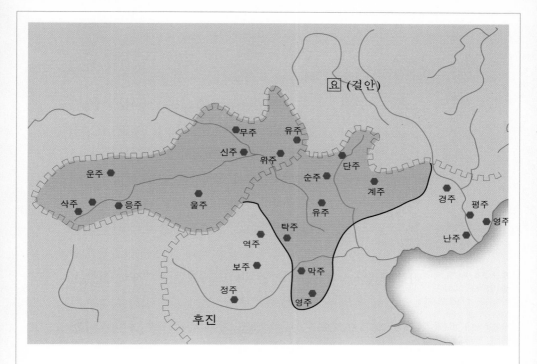

요 (걸안)

무주
유주
신주
위주
단주
순주
운주
계주
경주
삭주
응주
올주
평주
유주
영주
탁주
난주
역주
보주
막주
정주
영주
후진

연운 16주

하였다.

"불초 자식 석경당은 삼가 부군 거란왕에게 효행의 정을 표하는 뜻에서 연운(燕雲) 16주(州)를 바치겠습니다. 그 밖에 매년 비단 30만 필씩을 바칠 것을 약속 드립니다."

938년 석경당은 거란의 '부군(父君)' 황제에게 연운 16주의 지도를 바침으로써 국토 할양의 수속을 마쳤다.

이 16주란 유·계·영·막·탁·단·순·신·규·유·무·운·응·환·삭·울의 16개주로서 하북·산서 북부에 해당하여 남북이 3, 400리, 동서 1천 리에 달하는 지역이다.

지도를 보아 알 수 있듯이 이 연운 16주는 중원을 병풍처럼 둘러싸고 있어 석경당이 이 일대를 할양한 후부터 400년 동안 중원은 끊임없이 북방 민족의 침입과 위협을 받아야 했다. 결과적으

**후진 고조** 후당을 멸망시킨 후진 고조. 거란방위군 총사령관이었던 고조는 거란 제국에게 연운 16주를 할양한 장본인이다.

로 석경당의 이 같은 굴욕적인 할양은 중국 역사상 큰 오점을 남긴 것이었다.

천복 2년(937) 후진은 낙양에서 개봉으로 천도하고 거란은 나라 이름을 요(遼)로 고쳤다(이후부터 요로 칭함).

후진 황제 석경당은 점점 콧대가 높아지는 요나라에 해마다 공물을 바치기 위해 백성들을 괴롭혔고, 요왕은 공물이 마음에 들지 않으면 즉시 사신을 보내 석경당을 힐책하였다. 이럴 때마다 석경당은 머리를 숙이고 용서를 빌 수밖에 없었다.

얼마 후 하동 절도사 유지원으로부터 깊은 신뢰를 얻은 부장 곽위(郭威)가 토욕혼족(吐谷渾族)을 상대로 귀순 공작을 펴고 있다는 소식이 요왕의 귀에 들어갔다.

토욕혼족은 안북 일대에서 유목 생활을 하면서 요의 지배를 끈질기게 거부하여 요왕을 괴롭히는 부족이었다. 이런 토욕혼족이 하동절도사의 부장 곽위에게 귀순했다는 소식은 요왕의 비위를 크게 건드렸다.

942년 요왕은 석경당에게 사신을 보내 이 사건의 경위를 해명하고 아울러 사죄할 것을 요구해왔다. 석경당은 요왕의 심기를 상하게 할 수도 없고, 그렇다고 해서 유지원을 나무랄 수도 없었다. 진퇴양난에 빠진 석경당은 심각한 고민에 빠졌고, 이것이 원인이 되어 병이 들어 며칠 후 죽고 말았다. 이때 석경당의 나이 51세였다.

후진의 석경당이 죽자 그의 후계자 문제가 거론되었다. 석경당의 아들 석중예(石重睿)는 아직 어린 나이였다. 천평 절도사 경연광이 나라가 다난한 때 어린 황제가 국사를 담당하기 어렵다는 이유를 들어 석경당의 형인 석경유(石敬儒) 아들 석중귀(石重貴)를 황제로 세울 것을 주장하였다. 결국 그의 주장대로 석중귀가 후계자로 결정되었다.

그런데 사실은 석경당이 병석에 있을 때 자신의 아들 석중예를 후계자로 정하고 그의 심복인 하동 절도사 유지원으로 하여금 석중예를 보좌하도록 하라는 조서를 내렸으나 이 조서를 석중귀가 찢어 버렸던 것이다.

석중귀가 제위에 오르자 경연광이 실권을 장악하게 된 것은 당연한 일이었다. 석중귀가 새로운 황제로 즉위했다는 사실을 요왕에게 보고하는 서면에 '손자'라고만 일컫고 '신'이라는 말을 넣지 않았는데 이것은 경연광의 의사에 따른 것이다. 요나라 태종(2대 황제 야율 덕광)은 크게 노하였다.

그 후도 경연광은 요에서 파견된 무역관을 체포하여 유폐시켰다가 얼마 후 석방하여 귀국시키면서 큰소리를 쳤다.

"빨리 돌아가 네 임금에게 전하라. 우리 선제(석경당)께서는 네 나라의 도움을 받아 제위에 오르셨기 때문에 상주문을 올릴 때 신이라 일컬었지만 지금의 황제께서는 자력으로 즉위하셨다. 그러므로 네 나라와는 대등한 관계에서 이웃나라라 불러도 좋을 것이다. 다만 선제께서 아버지로 받드는 예를 다하신 점을 감안하여 손자라고 일컬을 정도로 충분하다고 생각한다. 요왕이 기분 나쁘게 생각한다면 얼마든지 내려와 싸워도 좋을 것이다. 이 손자는 10만의 예리한 칼을 옆에 차고 기다리고 있겠노라."

상유한(평화론자)은 이거야말로 큰일이라 생각하고 재삼재사 겸허한 자세로 대해야 한다고 주장하였으나 번번이 경연광에게 묵살당하고 말았다.

추방된 무역관으로부터 전후 사실을 보고 받은 요의 태종은 944년 마침내 후진 공략에 나서 황하를 건너 남하하였다. 출제(出帝, 석중귀)는 친히 군사를 지휘하여 요군을 맞아 싸우면서 이수정(李守貞)을 딴 길로 보내 요군을 협공하였다. 뜻밖에 협공을 받은 요군은 패주하였다. 요는 그 후도 재차 공격을 감행하여 상주까지 내려왔다가 전황이 불리하자 후퇴하였다. 출제가 친히 말을 타고 후퇴하는 요군을 추격하자 요군은 다시 방향을 돌려 교전하였으나 후진군에게 패하여 다시 도망쳤다.

출제는 두 번 싸워 두 번 승리를 거둔 후 요나라 군사는 두려워할 것이 없다고 자만하였다. 그러나 요의 태종은 또다시 대군을 거느리고 침입하였다. 후진의 장군 두위(杜威)가 힘없이 항복함으로써 후진군은 대패하였다. 요군은 개봉에 들어와 후진의 출제를 생포하여 요나라로 압송함으로써 후진은 겨우 11년 만에 멸망하였다. 후진의 상유한은 죽임을 당하고 경연광은 자살하였으며 출제 일족들은 요나라로 끌려가 쓸쓸한 여생을 보냈다.

후진이 멸망한 이듬해인 947년 정월 요왕 야율덕광은 개봉에서 황제를 칭하고 나라 이름도 대요(大遼)라 고쳐 장기간 중원을 지배할 야욕을 품었다. 그러나 중원 백성들은 이를 그대로 놓아두지 않았다.

요나라 군사들은 닥치는 대로 약탈을 감행하였기 때문에 개봉과 낙양 주변 수백 리의 농가는 빈집들뿐이었고 전답도 황폐된 채 방치되어 있는 상태였다. 이러한 약탈은 급기야 중원 백성들의 분노를 격화시켜 요의 세력을 몰아내기 위한 크고 작은 사건들이 잇따라 일어나 각 지방으로 확산되어 갔다.

# 후한의 흥망

일찍이 하동 절도사로서 5만의 군사를 거느리고 있던 유지원은 거란군이 남하하여 후진을 공격해도 군사를 움직이지 않고 강건너 불구경하듯 사태의 발전을 지켜보고만 있었다. 그는 석경당이 죽을 때 자신에게 정사를 보좌하라는 조서를 내렸음에도 석중귀가 그 조서를 찢어버린 것을 알고 있었기에 너희들 멋대로 해봐라라는 심정으로 사태를 예의주시하였다. 후진이 멸망하자 유지원은 진양에서 제위에 오르고 나라 이름을 한(漢)이라 칭하였다. 이것이 역사상 후한(後漢)이라 불리는 나라로, 전한 후한의 후한과 혼동하기 쉬우나 이 오대의 후한은 5개(5대)의 단명 왕조 가운데서도 가장 단명한 겨우 4년뿐인 왕조였다. 역사상 4백 년 동안 이어진 전한 후한을 각각 서한 동한이라 불러 이 후한과 구별하는 경우도 있다.

요나라가 개봉을 함락하자 유지원은 부하 왕준(王峻)을 '축하사절'이라는 명목으로 개봉에 보내 정보를 탐지하도록 하였다. 개봉에서 정보를 탐지하고 돌아온 왕준이 개봉의 실정을 다음과 같이 보고하였다.

"잔혹하기 그지없는 요나라 군사는 약탈만을 일삼아 중원의 백성들은 분노에 차 있습니다. 요나라의 지배는 그다지 오래 계속되지 못할 듯합니다."

왕준의 보고를 전해 들은 유지원의 참모들은 군사를 출동시켜 요나라를 몰아내자고 진언하였으나 유지원은 말하였다.

"요나라에선 지금 한창 절정기에 이르러 있다. 앞으로는 점점 내리막길일 것이니 지금은 기다리는 것이 상책이다."

　　기회를 노리고 있던 유지원은 얼마 후 진양에서 남하하여 개봉 공략에 나섰다. 이 소문을 들은 요왕은 백관들을 거느리고 북쪽으로 철퇴하던 도중 난성(하북성 날성현)에서 병사하였다. 왕이 죽자 요나라는 내부의 권력 투쟁이 표면화되어 주위 나라의 움직임에 대하여는 도무지 신경을 쓸 여유가 없게 되었다.

　　유지원은 승승장구하여 진양에서 출동한 지 21일째에 낙양을 탈환하고 그로부터 8일째에는 다시 개봉을 되찾았다. 이렇게 황하 이남의 후진의 판도는 모두 유지원의 지배하에 들어갔다.

　　유지원은 제위에 오른 지 10개월 만에 죽고 그의 아들 유승우(劉承祐)가 은제(隱帝)로서 뒤를 이었다. 은제가 재위하는 동안 내분이 잇따라 일어나 정정은 매우 불안하였다. 장안, 봉상(섬서성 일대), 하중(산서성 서남부) 등지에서 잇따라 반란이 일어났지만 노장 곽위(郭威)가 출전하여 이를 평정하였다.

　　은제는 곽위의 공을 치하하여 그에게 포상을 내리려 하였으나 곽위는 그 공을 여러 대신과 장병들에게 돌려야 한다며 한사코 사양하였다. 이런 일로 인하여 곽위는 점점 신망을 얻었다.

　　한편 나이가 젊은 은제는 조정의 정사를 노신들이 좌우하는 것을 몹시 불만스럽게 생각하여 자신의 추종자들에게 정사를 맡겨야겠다고 생각하였다. 은제는 먼저 몇 사람의 중신을 제거하고 또 자객을 보내 곽위를 죽이려 하였다. 은제의 이 같은 행동은 뜻 있는 장병들의 분노를 샀다.

　　한편 이 같은 사실을 안 곽위도 가만히 있지는 않았다. 곽위는 위주에서 군사를 일으켜 7일째에 개봉성 밖에 다다랐다. 은제는 친히 진두에 서서 곽위군과의 싸움을 지휘했지만 패하여 도망치다가 부하에게 죽임을 당하였다. 곽위는 '한조 옹호, 간신 배제'의 깃발을 높이 들고 개봉에 입성하여 사태를 수습하고 또 은제를 황제의 예로써 장사지냈다.

당시 서북쪽 진양에서는 유지원의 동생 유숭(劉崇)이, 동쪽 서주에서는 유숭의 아들 유빈(劉贇)이, 남쪽 허주에서는 또한 유지원의 동생 유신(劉信)이 각기 지방의 절도사로서 은연 중 세력을 길러 상당한 병력을 거느리고 있었다. 만약 곽위가 털끝만큼의 수상한 행동을 한다면 이들이 연합하여 곽위를 공격할 것은 명약관화(明若觀火)한 일이었다.

여기서 곽위는 한 가지 계책을 생각해 냈다. 우선 후한의 고조 유지원의 황후였던 이황후를 태후로 추대하고 이태후의 명령이라며 유숭의 아들 유빈을 황제로 세우기로 하였다. 각계 각층에서 신망을 받고 있는 대신 풍도(馮道)를 유빈을 맞이하는 사자로 삼아 서주로 보냈다.

신망 높은 풍도가 유빈을 새로운 황제로 맞이하러 왔다는 사실에 유빈은 털끝만큼의 의심도 하지 않고 풍도와 함께 개봉을 향하여 떠났다. 이 소식을 들은 진양의 유숭도 마음을 푹 놓고 있었다. 그러면 여기서 풍도란 도대체 어떤 인물인지를 한번 살펴보기로 하자.

풍도는 왕조의 교체가 빈번했던 오대의 난세에 있어 4대에 걸쳐 원로의 자리를 지켜 온 이른바 처세에 능한 인물이었다. 역사적 기록을 더듬어 보면, 그는 먼저 후당에서 재상을 지내며 두 차례나 새 황제를 맞아들였다. 후진에서도 황제 석경당에게 신임을 받아 거란의 사자로 선임되기도 하였다. 그때 석경당은 풍도가 거란왕 앞에 무릎 꿇기를 싫어하지나 않을까 걱정하였으나 풍도는 "폐하께서는 거란의 은혜를 입고 있사오니 폐하를 위하는 일이라면 무슨 일인들 못하겠습니까?" 하고 서둘러 종노릇을 다하기 위해 거란 땅으로 들어갔다고 한다.

그 후 거란이 후진을 정복하자 풍도는 부랴부랴 거란왕 앞에 무릎을 꿇었다. 얼마 후 요의 황제가 된 거란왕이 물었다.

"이 늙은이야, 어디서 굴러먹던 말뼈다귀냐?"

"재주도 없고 덕도 없는 덩치뿐인 늙은이옵니다."

풍도가 이렇게 자신을 낮추어 대답하자 사람들은 그에게 관심을 갖게 되었고 그는 태부의 지위까지 올랐다.

후한 때가 되자 풍도는 또 문무백관을 거느리고 새 황제 유지원을 맞아들여 태사*가 되었고, 후한 말기에는 뒤에 후주(後周)의 황제가 된 곽위가 풍도의 '높은 덕망'이라는 간판을 이용하여 유빈을 유인해 내는 데 성공하였다.

* 태사 : 문관의 최고 지위

풍도의 호는 '장락로(長樂老)'이고 《장락로서(長樂老敍)》라는 책을 집필하였다. 이 저서에서 풍도는 '아침에는 진나라에 벼슬하고, 저녁에는 초나라에 벼슬한다.'는 식으로 지배자의 비위를 맞춰가며 살아온 수십 년의 생애를 소개하고 있다. 그는 이 저서에서 난세를 당하여 높은 지위를 누리기 위해 절조 없이 살아온 자신을 자못 자랑스럽게 술회하고 있다.

인생 최대의 비극은 마음을 잃는 일이건만 풍도의 생애는 오로지 마음을 잃고 살아가는 방편의 전형이라고도 할 수 있을 것이다. 그러나 오대 시대에는 풍도의 이 같은 행위가 오히려 덕망으로 여겨져 그 후에는 풍도의 덕을 공자·맹자와 비교하는 자까지 등장하는 형편이었다. 계속해서 이러한 풍도의 언어와 행동을 소개하여 그에 대한 인물 평가는 독자에게 맡기기로 한다.

유빈을 유인해 낸 풍도는 송주(하남성 상구현)에 이르렀을 때 곽위가 전주(하남성 청풍현)에서 황제로 추대되어 개봉으로 돌아가 후주(後周)를 세웠다는 소식을 들었다.

이때 유빈은 송구의 여관에 연금되어 있었는데 곽위의 즉위 소식을 듣고 어떻게 했으면 좋을지 몰라 풍도에게 상의하였다.

"내가 아무런 의심도 갖지 않고 서주에서 나온 것은 30년의 노재상인 당신을 믿었기 때문이었소. 그런데 전주에서 곽위가 후주를 세웠다는 소식을 듣고 어떻게 대처했으면 좋을지 몰라 당신의 현명한 가르침을 받고자 하오⋯."

풍도는 이런 일이 있을 것을 일찍부터 예상하고 있었으나 짐짓 모르는 척 시치미를 떼고 있다가 잠시 후 얼굴색 하나 변하지 않고 유빈을 단두대로 보내버렸다. 그리고 자신은 개봉으로 돌아와 후주의 태사 재상(太師宰相)이라는 높은 자리에 올랐다. 이렇게 해서 유빈을 잃은 서주는 후주에 투항하고, 유신이 자살한 허주도 귀순하였으며 오직 진양의 유숭만이 진양에서 황제를 칭하고 나라 이름을 그대로 한(漢)이라 칭하니 역사상 '북한(北漢)'이라 부른다. 후한은 2대 4년이라는 단명 왕조로 막을 내렸다.

## 통일의 선구 후주

후량ㆍ후당ㆍ후진ㆍ후한이 번갈아 왕조를 이어오다가 951년에 이르러서는 곽위의 후주가 탄생하였다. 후주 시대야말로 중국 역사의 일대 전환기라 할 수 있을 것이다.

후주의 창시자인 태조 곽위는 진양 출신이었다. 그의 처 시씨(柴氏)는 후당 장종의 궁녀로 있다가 궁에서 물러나와 결혼할 상대자를 물색하고 있었다. 어느 날 정원을 거닐다가 문득 밖을 바라보니 저 멀리서 한 젊은 사나이가 말에 채찍을 가하며 달려가는 모습이 눈에 들어왔다. 그 모습이 어찌나 용감하고 믿음직스러웠던지 시씨는 놀라면서 물었다.

"저 사람이 누구냐?"

"종군마사(從軍馬使)로 있는 곽작아(郭雀兒)*이옵니다."

시씨는 은근히 마음이 끌려 이 사람과의 결혼을 희망했으나 양친은 고개를 가로저으면서 승낙하지 않았다.

"너는 황제를 곁에서 모신 고귀한 신분이다. 최소한 절도사 정도의 지위를 가진 사람에게 시집 가야 할 것이어늘 어찌해서 저런 남자와 결혼하려 하느냐?"

그러나 시씨가 고집을 부려 다른 남자와의 결혼을 거절하고 마침내 곽위의 아내가 되었다.

954년 후주의 태조 곽위가 병사하자 34세의 진왕 시영(柴榮)이 세종(世宗)으로서 제위를 승계하였다. 곽위는 아들이 없었기 때문에 그의 처남 시수례(柴守禮)의 아들 시영을 양자로 맞아들여 후계자로 삼았다.

곽위의 병사 소식을 들은 북한의 유숭은 이거야말로 하늘이 내려준 좋은 기회라 생각하고 요나라와 연합하여 급거 진양에서 개봉 공략에 나섰다. 갓 즉위한 세종은 국상 중인데다 처리할 일이 산더미처럼 쌓여 있었으나 북한의 도전에 굴복할 수는 없었다.

**곽위**

* 곽작아(郭雀兒) : 곽위는 목 부분에 새 모양의 문신을 했기 때문에 '작아'라는 별명을 가지고 있었다

세종은 친히 진두지휘에 나서 북한과 싸울 결의를 보였으나 조정 중신들의 대부분은 이를 반대하였다.

이때 또 예의 풍도가 뛰어나와 만류하였다. 풍도는 73세였고 태사의 자리에 있었다. 풍도는 중대한 결정을 내릴 때는 언제나 애매한 태도를 취하여 확실한 주장을 내세우지 않는 것이 보통이었으나 이때만은 세종이 친히 출진하는 일을 강력히 반대하였다.

"당태종께서도 친히 전선에 나가 천하를 평정하지 않았던가? 짐은 궁중에 편안히 앉아 있을 수는 없소."

세종이 말하자 풍도는 다음과 같이 대답하였다.

"폐하께서 과연 당태종과 같다고 생각하시옵니까?"

"짐의 군사를 보오. 유숭 따위는 우리 군사 앞에서는 산으로 계란을 누르는 것과 같은 것이오."

"폐하의 힘이 과연 산과 같을지는 아직 확실지 않습니다."

풍도는 전과는 달리 아주 강력하게 반대 의사를 표명하고 있었다. 풍도가 이러한 태도를 취한 데는 이유가 있었다. 당시 문무백관 가운데 강화를 주장하는 파가 우세하였기 때문에 이에 영합하기 위함이었다.

그러나 세종은 그의 주장을 굽히지 않고 3군의 선두에 서서 황하를 건너 고평(산시성 동남부)에서 북한군을 맞아 싸웠다.

후주의 좌군은 서쪽에, 우군은 동쪽에, 정예군은 중앙에 포진하였다. 후주의 장병들은 숫자적으로 우세한 북한군을 두려워하는 자가 많았으나 세종은 의기양양하게 말에 올라 전군을 지휘하였다.

한편 유숭은 후주군의 병력이 적은 것을 보고 먼저 기병으로 후주의 우군을 돌격하였다. 후주의 우군을 맡고 있던 번애능(樊

愛能)·하휘(何徽) 두 장군은 죽을 것이 두려워 이렇다 할 저항
도 하지 않은 채 도망침으로써 눈깜짝할 사이에 우군은 궤멸되고
말았다. 우군이 궤멸되자 후주군의 각 전선은 동요하기 시작하여
위기를 맞는 듯하였다.

이때 후주의 세종이 노장 조광윤(趙匡胤) 등과 함께 병사들
의 선두에 서서 적진에 돌입하였다. 갑자기 나타난 강병에 놀라
북한군의 기세가 꺾이자 이 틈을 노려 이번에는 후주군이 공격을
감행하여 전세는 역전, 싸움은 후주군의 대승으로 끝났다. 승세를
탄 후주군 앞에 유숭과 연합했던 요나라 군사도 감히 손을 쓰지
못하고 유숭은 겨우 목숨을 보전하여 진양으로 도망쳐 돌아갔다.

고평에서의 후주군의 대승은 풍도의 예상을 완전히 뒤엎어
놓은 일이었다. 그 후 풍도는 완전히 자신을 잃었고, 그해에 병사
함으로써 지조 없는 일생을 마쳤다.

북한을 물리치는 데 성공한 세종은 자신을 얻어 천하통일의
큰 꿈을 가지게 되었다. 세종은 황제의 자리에 30년간 군림할 설
계도를 그리고 있었다. 처음 10년 동안은 천하를 평정하고, 다음
10년은 백성들의 생활을 재정비하고, 마지막 10년은 나라를 부강
하게 하여 태평성대를 이룩한다는 설계도였다.

세종의 천하평정 전략의 골자는 '쉬운 것은 먼저, 어려운 것
은 나중에, 그리고 남쪽을 먼저, 북쪽은 나중에'라는 전략이었다.
그리고 국내적으로는 내정의 충실, 군기의 엄정, 현인의 등용 등
을 추진함으로써 천하 평정의 토대를 구축하는 데 힘을 기울였다.

얼마 후 세종은 서부 토벌에 나서 진(秦, 감숙성 천수), 봉(鳳,
섬서성 봉상 동부), 성(成, 감숙성 성현), 계(階, 감숙성 무도) 등 4주
를 차지하였다.

또 남당(南唐)을 공략하여 양자강 하류의 14주를 확보하였다. 이렇듯 욱일 승천하는 후주의 존재는 각 지방에 할거하는 지방 정권에 크나큰 위협이 되었다. 남당의 황제는 남경에서 남창(南昌)으로 천도하려 하였고, 남한(南漢)의 황제도 전도를 비관하여 술만 마시며 멸망할 날만을 기다리는 형편이었다. 북한의 유숭도 불안한 나날을 보내고 있었다.

이 무렵 요나라에서는 수왕(睡王)*이 집정하고 있었는데 국력이 눈에 띌 정도로 쇠퇴해지고 있었다.

* 수왕(睡王) : 야율 덕광의 아들 술율(述律)로 밤에는 술만 마시고 낮에는 잠만 자는 술고래여서 붙여진 별명

이러한 상황을 종합 분석한 세종은 후진의 석경당이 거란에게 넘겨 주었던 연운 16주를 탈환하고자 959년 마침내 북벌에 나섰다. 북상하는 후주의 군대 앞에 감히 대적하는 자가 없었으며 북벌군이 가는 곳마다 백성들로부터 큰 환영을 받았다. 세종이 친히 거느리는 후주군이 하북성 대청하(大淸河)에 도착하자 하남의 영주(英州), 영주(瀛州), 영주(寧州)가 귀순하였고, 하북의 와교관, 익진관, 유주관 3관이 투항하였다.

후주의 군사가 피 한 방울 흘리지 않고 하남·하북의 3주와 3관을 탈환했다는 소식은 요나라를 벌벌 떨게 하였다. 요나라는 급히 북한의 유숭에게 사자를 보내 후주군의 후방을 공격하라고 권하였다.

후주의 세종은 승승장구 계속 북진할 것을 주장하였으나 측근의 부장들은 너무 깊숙이 추격하는 것은 위험하다는 의견을 내세워 일단 공격을 멈추고 있었다. 이럴 즈음 세종이 갑자기 위급한 병에 걸려 군대를 철수시키지 않을 수 없게 되었다. 세종은 병상에서 자신이 죽은 후의 여러 가지 일을 지시하고 39세로 타계하였다. 그의 아들 시종훈(柴宗訓)이 제위를 계승하니 이 이가 공제

(恭帝)이며 그때 나이 겨우 7세였다.

　　그로부터 반년 후 친위군의 통수 조광윤이 남침해오는 요나라 군사를 맞아 싸우기 위해 군사를 거느리고 북상하던 도중 진교역(개봉시 동북 진교진)에 이르렀다. 이때 장군들은 조광윤을 황제로 옹립하였다. 개봉으로 돌아와 후주의 공제로부터 선양을 받아 송왕조(宋王朝)를 세우게 되었다.

　　이렇게 해서 오대 최후의 왕조였던 후주는 960년에 3대 10년으로 멸망하고 말았다. 후주의 세종은 천하통일의 의지에 불탔으나 거대한 사업의 완성을 보지 못한 채 죽고 말았다. 그러나 역사는 후주를 전환점으로 하여 분열에서 통일이라는 커다란 물결 속으로 흘러 들어가게 되었다.

## 십국의 흥망

십국이란 보통 오, 남당, 전촉, 후촉, 남한, 초, 오월, 민, 형남, 북한을 가리킨다. 이 가운데 북한에 대한 역사는 앞서 언급한 바 있다. 중원 이외의 지역에 십국이 일시에 병존한 것은 아니고 오가 멸망하여 남당이 오를 대신했고, 전촉이 멸망하여 후촉이 그 뒤를 이었다.

　　이들 십국이 각지에 할거하여 황제나 왕을 일컬은 것은 오대와 마찬가지였고 대부분이 절도사 출신이었다. 오나라는 회남 절도사 양행밀(楊行密)이 지배한 지역으로 양행밀이 죽기 전까지는 후당의 제도를 그대로 답습하고 있었다.

양행밀은 후당 왕조로부터 오왕에 봉해졌으나 병권은 어느 사이에 그의 부장 서온(徐溫)과 장경(張璟) 등에게 넘어가 있었다. 양행밀이 죽은 후 그의 동생들이 뒤를 이었으나 실권은 서온이 장악하고 있었다. 얼마 후 서온은 그의 라이벌이었던 장경을 죽이고 그의 독재 체제를 강화해 나갔다. 서온은 끊임없이 오왕에게 황제를 칭할 것을 권하였다. 양씨를 일단 황제로 만들어 놓고 그의 선양을 받아 자신이 황제가 되겠다는 속셈에서였다. 오왕이 황제를 칭한 것은 후당 명종의 천성 2년(927)으로 당시 오의 황제는 양부(楊溥)였다. 그렇지만 서온은 오왕 양부가 황제로 칭하기 직전에 죽었기 때문에 황제의 자리에는 오르지 못하였다.

오월국의 옥새

그로부터 10년 후인 937년에 서온의 양자 서지고(徐知誥)가 마침내 오의 예제 양부로부터 선양을 받아 남당(南唐)의 황제가 되었다. 남당은 오대십국 가운데 경제 대국으로 두각을 나타냈다. 다만 북으로는 중원 왕조, 동으로는 오월, 서로는 초와 형남, 남으로는 민, 남한 등과 경계를 접하고 있는 것이 약점이었다.

남당의 2대 황제 이경(李璟)의 시대에는 인접해 있는 민과 초의 내란을 틈타 판도를 넓히는 등 한때 위력을 떨쳤다. 그러나

**무협** 양자강 중류. 매우 험한 골짜기로 유명한 곳으로 송태조의 군대에 의해 후촉 맹씨 일족이 멸망한 곳이다.

후주의 영걸 세종이 나타나 자주 남정을 감행하는 바람에 남당은 곤경에 처하게 되었다.

경제력에서는 남당이 후주보다 앞섰으나 일단 싸우게 되면 남당은 번번이 패하는 형편이었다. 958년 후주의 세종이 친정에 나서 양주까지 남하해오자 남당은 강북 14주를 후주에게 바쳤다. 또한 황제의 칭호를 버리고 다만 국주(國主)라는 호칭을 사용한다는 조건으로 어렵게 강화를 맺는 치욕을 감수해야 했다.

이듬해에 후주의 세종은 죽었지만 조광윤이 선양을 받아 송왕조를 세우게 되자 남당은 어쩔 수 없이 송왕조에 조공을 바쳐야 했다.

송의 태조 조광윤이 즉위한 이듬해 남당의 국주 이경이 죽고 태자 이욱(李煜)이 국주의 자리를 이었다. 이욱은 '남당의 후주'로 일컬어지는 인물로 그가 재위하는 동안 송의 태조는 욱일승천하는 기세로 형남을 무너뜨리고 후촉과 남한도 멸망시켰다.

동쪽의 오월국은 송나라와 연합하여 남당을 공략, 975년 남당의 수도 금릉(남경)이 함락되자 남당의 국주 이욱은 송나라에 항복하여 개봉에

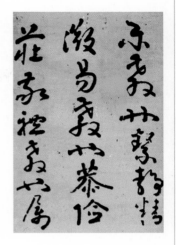

**이욱의 행초서** 이욱은 주연에 빠져 국가를 멸망에 이르게 한 정치가이지만 학문과 문예로 이름이 높았다.

연행되었다가 3년의 유폐 생활 끝에 사망하였다. 남당의 국주가 죽은 이듬해 오월왕 전숙(錢俶)도 송나라에 항복함으로써 혼란을 거듭해오던 오대십국은 막을 내리고 송태조 조광윤에 의해서 천하통일의 대업이 이루어지게 되었다.

9

송(북송 · 남송)의 흥망

# 송나라 시대

상경임황부

요 중경대정부

동경요양부

서하

서경대동부

남경석진부

하북동로

하북서로

하동로

북경대명부 경동동로

영흥군로 경동서로

진봉로 서경하남부(낙양) 동경개봉부(변경)

토번 경기로 남경응천부(송주)

북송 경서북로 회남동로

이주로 경서남로

성도부로 회남서로

재주로 강남동로

기주로 형호북로 양절로

대리 강남서로

형호남로 복건로

광남서로 광남동로

교지

● ─── 북송의 4경과 요의 5경
─── 남송시대의 금나라 영역

## 송(북송 · 남송)의 흥망

송의 태조 조광윤은 중국 역사상 명군의 한 사람으로 꼽히는 인물이다. 영명한 점으로는 당태종 이세민을 능가한다고 평가된다. 조광윤은 제위에 오르자 문치주의로 무인 세력을 억제하고, 중앙집권 체제의 확립에 힘을 기울였다. 그의 뒤를 이은 동생 태종도 태조의 유업을 이어 중국 통일의 여세를 몰아 후진의 석경당이 요나라에 바쳤던 연운 16주의 수복을 꾀하여 요와 싸웠으나 성공하지 못하였다.

진종 · 인종 시대에는 국력이 신장되고 번영하였으나 요와 서하의 침입을 받는 등 인종 만년부터는 급격한 군사비의 지출로 재정이 궁핍해졌다.

그 후 12세기 초엽 여진족이 세운 금나라는 요나라를 멸망시킨 여세를 몰아 북부 중국에 침입하여 1127년에는 송나라의 수도 개봉이 함락되고 휘종 · 흠종이 포로가 되어 연행됨으로써 송나라는 사실상 멸망하게 되었다. 이 때까지의 9대 168년간을 북송이라 하고, 흠종의 동생인 고종이 강남으로 난을 피하여 임안(항주)에 도읍한 후부터 남송이라 한다.

남송은 금나라를 물리치기 위하여 주전파인 악비 등이 분전하며 한때는 유리한 형세를 형성하였으나 강화파인 진회 등이 정권을 잡아 내리막길에 들어섰다. 오로지 강화 정책만을 고집하여 주전파인 악비 등을 모반죄로 몰아 죽이고 굴욕적인 강화를 맺어 소강 상태를 유지하였다.

그러나 북방에서 새로 일어난 몽골이 서하 · 금나라 등을 멸망시키고 그 여세를 몰아 남송에 침입해왔다. 남송에서는 항전파인 문천상 · 장세걸 등이 최후까지 항전했으나 당해내지 못하고 9대 152년 만에 몽골의 원나라에 멸망하였다.

송나라는 문화 국가를 표방하였으므로 이 시대에는 많은 문인 · 학자가 배출되어 문화의 꽃을 피웠다. 《자치통감》의 사마광, 성리학의 집대성자 주희, 당송 사대가인 구양수 · 소동파 등은 이 시대의 두드러진 인물들이다.

# 송의 중앙집권제

송(宋)의 태조 조광윤(趙匡胤, 927~976)의 송왕조 창립은 그가 후주 친위군의 통수로서 남침해오는 요나라 군사를 맞아 대군을 거느리고 진교역에 이르렀을 때 이루어졌다. 장군들은 그를 황제로 옹립하고 개봉으로 돌아와 후주의 어린 황제(7세) 공제로부터 선양을 받도록 하였다. 이같이 제위에 오름으로써 무혈 혁명에 성공하였다.

**진교의 변** 진교역에서 송왕조를 세우기 위한 혁명이 모의되었다.

당시 그의 즉위를 반대한 세력은 소의 절도사 이균(李筠)과 회남절도사 이중진(李重進)뿐이었다. 태조도 할 수 없이 두 세력을 힘으로 제압하여 약간의 유혈이 있긴 했으나 유혈을 최소한으로 억제하려는 노력 때문에 큰 동요 없이 사태는 수습되었다.

제위에 오른 조광윤은 외적의 위협보다도 내부에 잠재해 있는 위험요소가 더욱 염려스러웠다. 자신을 둘러싸고 있는 장군들 가운데 언제 제위를 노리는 자가 나타날지 몰라 고민하였다.

어느 날 조광윤은 그의 심복 조보(趙普)에게 물었다.

"당나라 말기로부터 수십 년 이래 황제의 자리는 이 집에서 저 집으로 무려 여덟 집으로 옮겨졌는가 하면 전란도 끊인 적이 없었소. 그 원인이 도대체 어디에 있다고 생각하오? 제위를 오랫동안 내 수중에 간직할 수 있는 좋은 방법은 없겠소?"

조보가 대답하였다.

"전란이 끊이지 않고 세상이 어지러운 것은 군인의 권력이 임금보다 우위에 있는 까닭이 아니겠습니까. 천하의 태평을 유지하는 데는 이렇다 할 양책은 없습니다. 그저 군인의 손으로부터 권력을 박탈하여 그들이 장악하고 있는 병력과 재정, 곡물들을 폐하의 손아귀에 넣는 일이 긴요하다고 생각합니다."

그로부터 얼마 후의 일이다. 조광윤은 자신을 황제로 옹립한

**동성제후왕자인**

장군 석수신 등과 술을 마시고 있었다. 모두가 거나하게 취했을 무렵 조광윤이 말문을 열었다.

"그대들의 힘이 아니었던들 짐은 도저히 황제가 될 수 없었소. 그러나 황제의 자리도 그리 즐거운 것이 아님을 알았소. 밤에 안심하고 잠을 잘 수도 없으니 말이오."

석수신 등은 조광윤의 이 같은 뚱딴지 같은 말에 당황하지 않을 수 없었다.

"말씀의 참뜻을 헤아리기 어렵습니다. 무슨 말씀이십니까?"

조광윤은 줄지어 늘어앉은 장군들을 둘러보면서 말하였다.

"황제가 되고 싶지 않은 사나이가 어디 있겠는가?"

"폐하, 무슨 말씀이십니까? 폐하의 지위는 이미 하늘이 정하신 것이오니 여기에 이론을 제기할 사람은 아무도 없습니다."

석수신 등이 입을 모아 이렇게 말하자 조광윤은 말을 이었다.

"알았소. 여기에 있는 제경들이야 그런 생각을 하지 않을 것이지만, 제경들의 부하 가운데는 더 출세하고 싶어하는 자도 있을 것이오. 만약 제경들의 부하가 왕관을 내밀면 제경들은 어떻게 하겠소? 고개를 가로저을 까닭이야 없지 않겠소?"

석수신 등은 조광윤 앞에 무릎을 꿇고 눈물을 흘리면서 말하였다.

"어리석은 신들의 생각이 거기까지 미치지 못하였습니다. 신들이 어떻게 해야 좋을지 하교해 주옵소서."

조광윤은 부드러운 어조로 말하였다.

"사람의 일생이란 짧은 것이오. 그저 즐겁게 보내는 것이 제일이지요. 제경들은 군사에서 손을 떼고 토지와 주택을 마련하고 매일 노래와 춤으로 여생을 즐겁게 보내는 것이 좋을 것이오."

다음날 석수신을 비롯한 장군들은 모두 중병이라는 이유를 들어 자진해서 군사에서 손을 떼고 각각 부대의 통수권을 송태조 조광윤에게 넘겼다. 조광윤은 이를 인수하고 석수신 등을 수도에서 떨어진 지방의 관리로 전보하였다.

장군들의 손에서 군사권을 박탈하여 파벌 세력을 없앤 일은 송태조가 개국 초기에 단행한 중앙집권제의 강화 조치라고 할 수 있다. 조광윤은 이와 함께 권력이 재상에게 집중되는 현상을 방지하는 조치로서 추밀사(樞密使)를 두어 군사적 중요 문제를 처결하도록 하고, 삼사(三司)를 두어 세무·재정을 관리하게 하였다. 통수권과 재정권을 재상의 권한에서 제외시킨 것이다. 그리고 중요 문제를 처리하는 권한을 황제에게 귀속시켜 이른바 권력의 황제 집중 체제를 확립하였다.

또 지방 세력을 억제하기 위한 조치로서 문관을 지방에 보내 무장 대신 행정을 담당하게 하고, 계속해서 지방 행정을 규제하는 법령을 공포하였다.

이렇게 해서 지방의 군사력은 도태되고 행정권에도 많은 제약이 가해졌다. 재정권·사법권도 중앙의 관할하에 놓이게 되어 지방 세력은 약화되고 중앙에 권력이 집중되었다.

이러한 일련의 조치는 당나라 말기부터 오랫동안 되풀이 되었던 번진 세력의 할거와 무장의 정치 개입이라는 혼란한 정국을 종식시키는 데 필요 적절한 조치였다고 할 수 있을 것이다.

●
# 태종의 중국 통일

태종의 원이름은 광애(匡乂)로 태조 광윤의 바로 다음 동생이었다. 태조가 진교역에서 장군들에 의해 황제로 옹립되어 수도 개봉

**송대의 중장기병** 사람
뿐만 아니라 말도 중
무장을 하고 있다.

으로 돌아왔을 때 광애는 앞으로 나와 태조에게 물었다.

"저에게 장병의 지휘권을 맡겨주십시오. 제가 지금으로부터 장병들을 호령해도 되겠습니까?"

태조가 허락하자, 그는 즉석에서 장병들에게 호령하였다.

"양민들을 위협하지 말 것이며 재물을 약탈하지 말라."

태조 조광윤이 공제로부터 선양을 받자 광애의 이름을 광의(光義)로 고쳤다.

건륭 2년(961), 태조가 즉위한 이듬해 태조의 어머니 두태후가 죽었다. 두태후는 임종에 앞서 태조에게 물었다.

"그대는 어떻게 해서 천하를 얻었다고 생각하시오."

"모두가 선조들의 음덕과 어머님의 덕이라 생각하옵니다."

두태후가 웃으며 말하였다.

"그렇지 않습니다. 후주의 세종이 7세의 어린 공제를 황제로 세웠기 때문입니다. 만약 세종이 장년자를 후계자로 세웠더라면 천하는 그대의 것이 아니었을 것이오. 그대가 죽은 후는 제위를 진왕(동생 광의)에게 전하고, 진왕은 또 다음 동생 광미에게 전하고, 광미는 덕소(태조의 장남)에게 전하도록 하시오. 국가에 나이 많은 군주가 있다는 것은 사직을 위해 퍽 다행한 일임을 알아야 합니다."

"삼가 어머님의 하교를 받들겠습니다."

태조가 답하였다. 두태후는 태조의 심복 조보를 불러 이렇게 말했다.

"조서기도 함께 들어 잘 기억해 두시오. 결코 내 말을 어겨서는 아니되오."

그리고는 베개 밑에서 태후의 유언을 지키겠다는 서약서를 작성하게 하였다. 조보는 서약서를 작성하고 서약서 말미에 '신 조보적음(臣趙普記)'이라고 서명하였다.

이 서약서는 금궤 속에 넣어 보관되었다.

태조 조광윤은 평소 형제간의 우애가 극진하였다. 진왕 광의가 어느 날 병석에 눕게 되어 침과 뜸질로 몹시 괴로워하자 태조도 같이 뜸질을 하여 그 아픔을 함께 나누었다고 한다.

태조는 일찍이 그의 측근들에게 진왕을 칭찬하였다.

"진왕(광의)의 풍채는 마치 용이 하늘을 날으는 기품과 위엄이 있어 보이고 그의 걸음걸이는 장중하여 마치 호랑이처럼 보이지 않는가? 진왕은 후일에 반드시 태평성대를 이룩하는 훌륭한 천자가 될 것이다."

976년 태조의 병이 중태에 빠지자 황후는 환관 왕계은(王繼

**대리삼탑** 북송 때 현재의 호남성 부근에 있던 대리국은 불교가 발달한 소국이었다. 대리국의 이 세 탑을 복원하는 과정에서 많은 유물이 발견되었다.

恩.)에게 황자 덕방(德芳)을 맞아오도록 하였으나 왕계은은 황자 덕방이 있는 곳에 가지 않고 곧바로 진왕 광의를 맞이하러 갔다. 진왕이 궁중에 달려오자 태조는 측근들을 물리치고 진왕에게 후사를 부탁하였는데 부탁한 내용이 어떤 것인지는 아무도 들은 사람이 없다. 다만 멀리 등불에 비치는 그림자에서 진왕이 자리를 뜨는 모습이 보였을 뿐이다.

그러나 일설에는 태조가 갑자기 큰 도끼를 끌어당겨 마룻바닥에 우뚝 세우면서 "이렇게 해버리겠다."고 큰소리로 부르짖는 소리가 들렸지만 태조는 그대로 숨을 거두었다는 이야기도 있다.

진왕이 궁중에 들어가자 등불에 비치는 그림자에 도끼를 세웠다는 이야기는 근거 없는 이야기라는 설이 있다. 환관 왕계은은 태조가 숨을 거두었기 때문에 밤중에 남부에 있던 진왕에게 달려가 그를 맞아들였다고 《왕계은전》에 기록되어 있다. 그렇다면 어떻게 해서 등불에 비치는 그림자에 도끼를 세웠다는 이야기가 나왔는지 극히 의문이다. 대부분의 전기·사서에는 이 사건을 싣지 않고 있다. 이때 태조의 나이 50세였다.

병실에 들어선 황후가 그곳에 이미 진왕이 와 있는 것을 보고 흠칫 놀랐다. 황후는 두태후의 유언 내용을 모르고 있었기 때문에 천자의 자리는 당연히 그의 아들이 계승할 것으로 생각하고 있었던 것이다.

황후는 그 자리에서 진왕에게 말하였다.

"우리들 모자의 생명을 모두 천자에게 맡기겠습니다."

그러자 진왕은 이렇게 대답하였다.

"모두 함께 이 지위와 부를 누릴 것입니다. 아무 염려하지 마십시오."

태조의 뒤를 그의 동생(진왕)이 계승하게 된 데 대해서는 예로부터 많은 의문이 제기되고 있다. 태종이 그의 형을 독살했을 것으로 추측하는 사람도 있다. 이것은 '영원히 해결 못할 의혹'이라 전해진다.

제위에 오른 태종은 먼저 각 주현에 특사를 파견하여 관리를 엄중히 하고 그들의 성적에 따라 등급을 정했다. 병약하고 기력이 쇠잔하여 직무를 감당하기 어려운 자, 또는 직무에 태만한 자는 모두 파면하였다. 그리고 태조의 아들 덕소를 영흥군 절도사로, 덕방을 서산남로 절도사로 임명하였다.

태종은 반미(潘美)에게 명하여 북한(北漢)을 토벌하도록 하고 이어 태종 자신도 출정하여 북한의 수도 태원을 포위하였다. 그러자 북한의 유계원은 항복하였다.

태종은 또 조서를 내려 요나라 정벌에 나서 역주와 탁주를 얻고 다시 유주를 공격하여 10여 일간 끈질기게 공격을 퍼부었으나 유주는 함락하지 못하였다. 태종은 할 수 없이 유주 공격을 포기하고 군대를 철수시켰는데 유주 정벌에는 태조의 장남 덕소도 참여하였다.

유주를 공격하던 어느 날 태종의 모습이 보이지 않자 영내가 갑자기 소란해졌다. 성급한 일부 군사들이 덕소를 천자로 세우려 책동했다. 소란은 즉시 진정되었지만 나중에 이 소식을 들은 태종은 몹시 기분이 나빴다.

군대를 철수시켜 수도로 돌아온 태종은 유주 정벌에 실패한 이유를 들어 북한 토벌에 대한 논공행상을 하지 않고 있었다. 덕소는 조심스럽게 태종에게 논공행상을 실시할 것을 진언하였다.

꽃병

군 내부에서 북한 평정에 대한 포상이 있을 것으로 생각하였으나 이를 시행하지 않았기 때문에 불평하는 장병들이 많았다. 그래서 덕소는 조심스럽게 태종에게 진언하였다. 그러자 태종은 크게 노하여 큰소리로 꾸짖었다.

"네가 천자가 되거든 시행하라. 그때까지 기다려도 늦지는 않을것이다."

덕소는 이 꾸지람을 듣고 궁궐에서 물러나와 스스로 목을 찔러 죽었다. 그로부터 2년 후 태조의 둘째 아들 덕방도 병사하였다. 이렇게 태조의 두 아들이 잇따라 죽음으로써 태종의 동생 제왕 광미(光美)도 신변의 불안을 느꼈다. 그 후 태종은 조보를 불러 물었다.

"나는 장차 천자의 자리를 제왕(광미)에게 물려줄까 하는데 어떻게 생각하오?"

564

조보는 다음과 같이 대답하였다.

"태조께서 이미 큰 과오를 범하셨습니다(천자의 자리를 태자에게 전하는 전통을 깨뜨렸다는 뜻). 폐하께서 다시 선제의 과오를 되풀이해서는 아니됩니다."

조보의 이 말은 태종의 심중을 꿰뚫어본 것으로 태종의 뜻에 영합하는 말이었다. 이를 계기로 조보는 다시 조정에 들어와 재상이 되었다. 그 후 제왕 광미는 죄를 뒤집어쓰고 방주(호북성)로 유배되었다가 마침내 살해되었다. 그때 그의 나이 28세였다.

태종은 석경당이 거란에게 팔아넘긴 연운 16주를 되찾기 위해 2회에 걸쳐 군사를 출동시켰으나 모두 성공하지 못하고, 송과 요(937년에 요(遼)로 고침)가 대치하는 상태가 이어졌다.

태종은 지도 3년(997) 재위 22년 59세에 죽고 그 뒤를 3대 황제 진종(眞宗)이 이었다. 진종은 태종의 셋째 아들 조항(趙恒)이었다.


### 숙명적인 요나라와의 항쟁

송나라 초기 태조와 태종의 치세 30여 년간은 송왕조의 창업 시기였지만 이 시기에는 북쪽의 거란족인 요왕조가 내분으로 혼란에 빠져 남쪽 송나라에 압력을 가할 여유가 없었던 행운의 시기였다.

937년 나라 이름을 요(遼)로 바꾸었던 거란은 982년에는 다시 거란이라 칭하였다가 1066년에는 다시 요로 고쳤으나 여기서는 편의상 요라 칭하기로 한다.

거란인

　내분으로 혼란했던 정국이 일단 안정을 되찾자 1004년 9월, 요는 20만 대군을 황하의 북쪽 언덕까지 남하시켜 포진하고 송나라에 일격을 가할 태세였다.

　이 보고를 받은 송의 황제 진종은 급히 중신들을 모아 대책을 의논하였다. 부재상격인 왕흠약(王欽若)·진요수(陳堯廋)는 우선 요의 예봉을 피하기 위해 수도를 남쪽으로 옮겨야 한다고 주장하였다. 강남 출신인 왕흠약은 수도를 금릉으로 옮길 것을 주장하고, 사천 출신인 진요수는 성도로 옮길 것을 주장하였다. 모두 자신들의 고향에 수도를 옮기려 하였다.

　결단을 내리지 못한 진종은 재상 구준(寇準, 961~1023)을 불러 천도 문제에 대해 의견을 물었다. 구준은 황제와 두 부재상을 앞에 놓고 사건의 경위를 전혀 모르는 척 말하였다.

　"남쪽으로 천도라니 가당치도 않습니다. 완전히 국가를 멸망시키려는 계책입니다. 누구의 계책인지는 모르오나 황공하옵게도

폐하께 이 따위 엉뚱한 말을 하는 자는 목을 베어도 시원치 않
다고 생각되옵니다."

구준은 정세를 소상히 분석, 설명하고 군대를 거느려 요
군을 맞아 싸울 것을 제안하였다.

그해 10월 구준 등의 거듭되는 재촉에 못 이겨 송의
진종은 마침내 무거운 허리를 일으켜 개봉에서 친정에
나서 북상하였다. 그러나 진종이 미처 황하 남쪽 언덕
에 이르기도 전에 중신들이 동요하여 다시 남방 천도설
이 나왔다. 구준은 이런 말 따위는 들은 척도 하지 않고
다음과 같이 진언하였다.

"요나라 군사는 이미 코 앞에 다가와 있어 형세는 매
우 긴박합니다. 폐하에게 남은 길은 오직 전진이 있을
뿐 한걸음도 후퇴할 수는 없습니다. 전진하면 우리
군사의 사기는 올라가고 적은 간이 콩알처럼 될 것입니
다. 그러나 후퇴하는 일이 있으면 우리 군사는 삽시간에 와해되어

요의 목각 인형

적군의 생각대로 될 것입니다. 그렇게 된다면 개봉은 말할 것도
없고 금릉도 적의 수중에 떨어지게 될지 모릅니다."

송의 진종은 마음에 내키지 않는 북상을 계속하였으나 황하
남쪽 언덕에 이르자 그 이상 전진하려 하지 않았다.

이때 요나라 군사가 전주(澶州)에 모여들어 3면에서 포위 공
격을 감행해왔다. 송나라 대장 이계륭(李繼隆) 등이 성을 나와 이
들을 맞아 싸웠다. 이 싸움에서 요의 장수 소달람(蕭撻覽)이 활에
맞아 전사하자 요나라 군사는 겁을 먹고 퇴각하여 성 멀리 도망쳐
꼼짝도 못하고 있었다.

구준은 진종에게 황하를 건너 하북에 진출해야 한다고 자주

**요나라 군대 복원도**

진언하였다. 도지휘사 고경(高瓊)도 구준의 제안을 지지하여 진종에게 황하를 건널 것을 권하였으나 진종은 선뜻 결단을 내리지 못하였다. 이 모습을 본 고경이 부하에게 지시하여 진종에게 탈 것을 갖다대며 진군을 재촉하였다.

"폐하께서 황하를 건너 하북에 가시지 않는다면 하북의 백성들은 실망하여 부모를 잃은 것처럼 슬퍼할 것입니다."

그러자 진종을 모시는 문관 양적(梁適)이 임금에 대한 예를 잃는 처사라고 질책하였다.

고경은 버럭 성을 내며 큰소리로 꾸짖고 그대로 진종을 옆에 끼고 황하를 건넜다.

"경들은 이 같은 위급한 상황에서도 예의 따위를 따지는가. 그렇다면 한번 시라도 지어 요나라 군사를 멀리 쫓아버리는 것이 어떻겠는가."

잠시 후 진종의 수레가 전주에 이르러 북성에 도착하였다. 진종이 북성의 망루에 오르고 천자의 깃발이 힘차게 나부끼자 성 안팎의 군사들은 일제히 만세를 불렀고, 그 만세 소리는 북성 주위 수십 리까지 메아리쳤다. 요나라 군사는 만세 소리를 듣고 더욱 사기가 떨어졌다.

그러나 송의 진종은 이렇게 유리한 정세 앞에서도 행재소에 틀어박혀 벌벌 떨고만 있었다. 그래서 사자를 구준이 있는 곳에 보내 그가 무엇을 하고 있는지 살펴보고 오도록 하였다. 걱정이 되어 견딜 수가 없었기 때문이었다.

"구준은 부장들을 모아 술을 마시며 연극을 구경하거나 잡담을 하고 있습니다."

사자의 보고에 진종은 비로소 안도의 한숨을 내쉬었다.

"그렇다면 걱정할 것 없겠군."

한편 요군의 진지에서는 요의 소태후가 초조함에 떨고 있었다. 출진 부대

소차 망보기 수레. 망보는 곳이 새집처럼 생겨서 소차라 한다.

는 패전하고 통수 소달람은 전사한데다 요군의 사기는 떨어졌다. 그 위에 요군을 넘보는 각지의 송의 원군들이 전주에 속속 집결한다는 정보까지 들어왔다. 이런 불리한 정세하에서 요군은 본국과 멀리 떨어져 고립되어 있으니 만약 후퇴한다 해도 그 후퇴하는 길에서 송나라 백성들의 공격을 받을지도 모르는 일이었다. 그래서 소태후는 송나라에 사자를 보내 강화를 제의하였다.

요나라의 강화 교섭을 받은 송나라에서는 재상 구준이 이 기회에 연운 16주의 반환을 요구할 것을 주장하였다. 연운 16주란 앞에서도 여러 차례 언급했듯이 후진의 황제 석경당이 938년 거란(후의 요나라)에게 넘겨준 땅으로 현재의 하북·산서 북부에 해당하며, 남북이 3,400리, 동서가 1천여 리에 달하는 지역이었다.

구준은 만약 요가 연운 16주의 반환을 거부할 경우 다시 결전

**화차** 성에 불을 지를
때 사용하는 전차

을 벌여야 한다고 상주하였으나, 송의 진종은 행여 강화의 기회를 잃을까 두려워 구준의 상주를 받아들이지 않았다. 급히 대신 조이용(曹利用)을 강화 교섭 사절로 삼아 요나라에 보냈다.

요나라와 강화 교섭을 벌이고 돌아온 조이용은 요나라가 후진의 석경당으로부터 할양받은 연운 16주 가운데 후주 세종 때 빼앗긴 관남의 땅(영주, 막주, 역주 등)을 반환해 줄 것을 제시했다고 교섭 결과를 보고하였다.

진종은 영토는 절대 할양할 수 없고 그 대신 옷감과 돈을 주는 조건으로 강화를 추진하라고 명하였다.

재상 구준은 계속해서 강경책을 주장하였다. 관남의 땅 할양은커녕 반대로 연운 16주를 송나라에 반환할 것과 요나라가 송나라에 대하여 신칭(臣稱)할 것 등을 요구하였다. 구준은 이러한 조건이 받아들여지지 않을 경우 결전을 벌일 것을 강력히 주장하였으나 진종의 마음은 이미 강화 쪽으로 기울고 있었다.

"수십 년 후에는 능히 요나라의 침공을 방어할 자가 나타날 것이오. 짐은 백성들이 전쟁으로 고생하는 것을 차마 볼 수 없소. 당분간 요나라의 제의대로 강화를 맺는 것이 좋겠소."

구준은 강력히 항전할 것을 주장하였으나 이윽고 구준이 전쟁을 이용하여 자신의 세력을 확장하려 한다는 비난의 소리마저 일고 있었다. 사태가 이에 이르자 그토록 자신만만했던 구준도 강화를 지지할 수밖에 없었다.

강화 특사 조이용이 요나라로 떠나기에 앞서 진종은 훈령을 내렸다.

"요나라가 강화의 조건으로 세공(歲貢, 연말에 바치는 공물)을 요구할 경우 부득이하다면 비단 70만 필, 은 30만 냥, 도합 1백만 정도에서 강화를 맺도록 하라."

이 말을 전해들은 구준은 조이용을 불러 엄중 경고하였다.

"폐하의 훈령은 그렇지만, 30만을 넘어서는 안 되오. 이 숫자를 넘는 교섭 따위를 하려거든 그대는 살아 돌아올 생각은 마시오. 만약 뻔뻔스럽게 돌아오는 날에는 단칼에 그대의 목을 베어버리겠소."

1005년 1월, 마침내 송과 요 사이에 강화가 맺어졌다. 그 조건은 첫째, 송과 요는 형제의 의를 맺어 요나라 황제는 송나라 황제를 형으로 섬길 것, 둘째, 송나라는 매년 비단 20만 필, 은 10만 냥을 요나라에 보낼것 등이었다. 이 강화 교섭은 전연군(전주)에서 이루어졌기 때문에 역사상 '전연의 맹(盟)'이라 부른다.

조이용이 돌아왔다는 소식을 진종은 식사 중에 들었다. 교섭의 결과를 알고 싶은 마음은 간절하였으나 식사 중에 조이용을 불러 물어볼 수도 없었다. 그래서 시종을 조이용에게 보내 요나라에 얼마를 지불하기로 했는가를 알아오도록 하였다. 시종을 만난 조이용은 이러한 중대사를 황제보다 먼저 시종에게 알려서는 안 되겠다고 생각했다. 조이용은 시종의 물음에는 대꾸도 하지 않고 잠자코 있었다. 시종은 조이용이 볼에 세 손가락을 대고 있는 모습을 보고 급히 돌아와 황제에게 보고하였다.

"폐하, 조이용이 세 손가락을 볼에 대고 있었습니다. 신이 생

산악도 요의 무덤에서
나온 것으로 전연의
맹을 맺고 요의 세력
이 융성했던 시기의
작품이다.

각하기에 아마도 3백만 정도로 요나라와 타결을 본 듯하옵니다.”

이 말을 들은 진종은 너무 많은 양이라고 놀라는 표정을 보였
지만, 이윽고 자신을 위로하듯 말하였다.

“좀 지나친 듯하다만, 이것으로 일이 무사히 끝났다면 3백만
도 많은 것은 아니지!”

3백만이라는 숫자는 물론 시종의 성급한 지레 짐작에서 나온
잘못된 보고였지만, 이 이야기에서도 송의 진종이 얼마나 겁쟁이
이며 진종 자신의 안락한 생활을 위해서 백성들이 얼마나 고생하
고 있는가 하는 일 따위에 대해서는 전혀 신경을 쓰지 않는 인간
이었다는 사실을 엿볼 수 있다.

송과 요의 강화조약 이후 약 40년간 양국 관계는 안정을 유지
하였다. 그러나 강화가 성립되자 원래 강화파였던 왕흠약은 이
‘전연의 맹’이야말로 굴욕적 외교라고 구준을 공격하기 시작하였
다. 심지어는 주전파였던 구준에게 황제를 협박했다는 죄목마저
뒤집어 씌우려하였다. 구준이 황제의 힘을 빌어 도박을 하다가 마

침내는 요와 강화를 맺게 함으로써 황제의 위신을 크게 손상시켰다고 주장하여 역사의 시비가 완전 뒤바뀌었다. 공신이 역적이 되고 역적이 공신으로 둔갑하는 형편이었다.

구준은 구준대로 직선적인 성격 때문에 잇따라 정적을 만들었다. 황태자를 보필하고 있던 정위(丁謂)와 전유연(錢惟演) 두 사람을 간사한 무리라고 진종에게 상주하였던바 이 사실이 당사자인 정위에게 알려져 오히려 그들을 참소했다는 죄를 뒤집어쓰게 되었다. 당시는 진종의 병이 위독하여 황후가 정사를 전결하는 일이 많았던 시기였다. 구준은 결국 도주 사마로 좌천되었다가 진종이 죽은 직후 뇌주로 유배되어 그곳에서 일생을 마쳤다.

## 호수천의 싸움

송과 요와의 사이에 강화가 성립함으로써 남북 간의 싸움은 일단 수습되었으나 서북 지방에서는 다시금 전운이 감돌고 있었다. 송나라와 서하(西夏) 사이에 충돌이 일어난 것이다. 이 서하는 탕구트족의 왕조로서 전성기에는 동쪽은 황하, 서쪽은 옥문, 남쪽은 난주, 북쪽은 대막(고비 사막)에 달하는 40만 제곱킬로미터의 영역과 50만의 병력을 소유하고 있었다. 서하는 송나라 서쪽에 위치해 있었기 때문에 역사상 서하라 부른다.

서하의 수령은 일찍이 당나라 때 장안을 수복하는 데 공을 세워 하국공(夏國公)에 봉해지고, 당왕실의 성인 이씨 성을 하사받아서 그 후 대대로 이씨라 일컬었다. 그러다가 송나라 시대가 되자 다시 송나라에 충성할 것을 맹세하고 송왕실의 성인 조씨 성을 하사받고 정난군(定難軍)*의 지방 장관에 봉해져 서평왕(西平王)이라 칭하였다.

1038년 서평왕 원호(元昊)는 스스로 황제라 칭하고 나라 이름을 대하(大夏)라 일컫고 수도를 흥경부(은천)에 두었다. 원호는 일찍부터 송나라에 복속되는 지위에 만족하지 않고 탕구트족의 독립 왕국을 세우겠다는 의지를 불태우고 있었다. 황제의 자리에 오른 원호는 송나라에서 내려준 조씨 성을 버리고, 탕구트어에 의한 성으로 바꾸는 한편 연호도 '천수예법연조(天授禮法延祚)'로 고쳤다. 또 서하문자의 제정, 관제의 확립, 궁전의 수축 등을 추진하여 송나라, 요나라와 대등한 관계임을 과시하였다.

송에서는 이 같은 서하의 독립에 불안을 느꼈다. 즉시 서하와의 교역을 금지시키고 원호를 타도하는 자에게 정난군의 군정 장관에 임명한다는 포고를 내렸다.

송의 이 같은 조치에 대하여 원호는 즉각 선전 포고는 하지 않았으나 그의 기병 부대를 송나라 영역에 침투시켜 송나라를 위협함으로써 서북 지방에는 전운이 드리우기 시작하였다.

송의 인종(仁宗)은 이러한 서하의 도전을 억제하기 위한 조치로 대신 한기(韓琦)와 범중엄(范仲淹)을 섬서 경략 안무 초토 부사에 임명하였다. 그러자 서하에 대처하는 정책으로 한기는 군사력에 의한 제압을 제안하였고, 범중엄은 백성들의 회유 공작에 주력할 것을 주장하였다.

1041년 2월 원호가 거느리는 서하군이 송나라 회원성에 육박해왔다. 무력제압론을 주장했던 한기는 1만 8천 명의 군사를 집결시켜 이에 대처하고, 장군 임복(任福)을 통수로 하는 부대를 적

후방에 잠입시켜 퇴각하는 적을 토벌하도록 하였다.

임복은 맹장으로 이름이 높아 지금까지 여러 번 적진 깊숙이 침투하여 공을 세운 경력이 있었다. 그래서 이번에도 원호의 군사 한 사람도 살려 보내지 않겠다는 결의를 다지고 출전하였다. 진군하는 도중 임복은 서하군과 송군이 장가보 남쪽에서 교전하여 서하군이 수백 명의 전사자를 내고 도망치고 있다는 소식을 들었다.

인종의 조황후

공명심에 불타고 있던 임복은 이번에야말로 공을 세울 기회라 생각하고 도망치는 서하군을 추격하였다. 황폐한 땅을 삼일 동안 음식도 먹지 않고 달리는 강행군을 계속하여 호수천변에 다다랐다.

다음날 아침 임복이 거느리는 부대는 송군의 선봉인 상역(桑懌)의 부대와 합류하여 호수천을 따라 서쪽으로 진군하였다. 선발대가 양목융성까지 5리를 남겨둔 지점의 골짜기에 다다랐을 무렵에야 임복은 서하군에게 완전 포위되었음을 깨달았다. 감쪽같이 속아 진퇴유곡의 함정에 빠진 것이다. 양군 사이에 불꽃 튀는 전투가 시작되었다.

전투가 벌어지는 동안 선봉 상역은 밀봉된 큰 상자가 길바닥에 몇 개 놓여 있는 것을 발견했다. 가까이 가보니 상자 속에서 부스럭부스럭하는 소리가 들려오는 것이었다. 상역이 상자 열기를

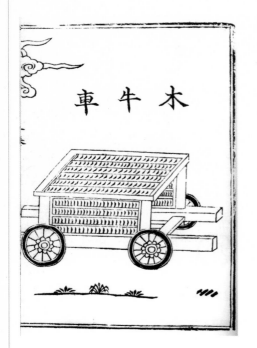

木牛車

**목우차** 성벽에 도달할 때나 갱을 팔 때 병사를 보호하기 위한 차

망설이자 장군 임복이 다가와 다짜고짜 상자를 열었다. 그 순간 푸르륵 하는 소리와 함께 1백 마리 가까운 비둘기가 하늘을 향해 날아갔다. 비둘기들은 임복이 거느린 부대의 상공을 왔다갔다 하였다. 비둘기 다리에 피리가 매달려 바람의 힘으로 피리 소리가 울려퍼졌다. 송군의 소재를 알리는 신호였던 것이다. 원호의 부대는 피리 소리를 목표로 사방에서 임복의 부대에 공격을 퍼부었다.

허를 찔려 혼란에 빠진 임복의 부대를 향하여 원호의 기병이 돌격해 들어와 좌충 우돌 마구 짓밟아댔다. 송군은 골짜기에서 좌우의 산으로 기어올라가 고지를 점령하고 형세를 만회하려 하였으나 이때 서하군의 진지에서 두 길이 넘는 큰 깃발이 올랐다. 무슨 일인가 하고 송군이 의아스럽게 여기고 있을 때 큰 깃발이 왼쪽으로 흔들렸다. 그러자 왼쪽 산에서 서하군의 복병이 쏟아져 나와 송군을 무찔렀다. 깃발이 오른쪽으로 흔들리자 이번에는 오른쪽 산에 숨어 있던 복병이 송군을 마구 무찔렀다. 좌우의 산에서 서하의 복병이 쏟아져 나오면서 공격하여 송군의 사상자가 골짜기를 가득 메웠다.

장군 임복은 수십 개의 화살을 맞아 몸이 피투성이가 된 채 분전하였다. 시종하는 군사가 탈출할 것을 권하였으나 임복은 고개를 가로저으면서 말하였다.

"이번의 패전은 내 책임이다. 나는 살아서 황제를 대할 면목이 없다. 오직 몸을 바쳐 나라를 위해 싸울 뿐이다."

말을 마치자 임복은 적진에 뛰어들어 많은 병사들과 함께 분전하다가 장렬한 최후를 마쳤다.

이 호수천의 싸움에서 송군의 전사자는 무려 1만 3천명에 달했다고 전한다. 수십 명의 장군 가운데 겨우 한 사람만이 서하군이 철수한 후 어둠을 틈타 겨우 목숨을 보전하여 살아 돌아왔을 뿐 모두 전사하였다. 패전 소식은 함곡관 서쪽 지방의 민심을 크게 흔들어 놓았다. 그리하여 무력에 의해 서하를 제압할 것을 주장했던 한기는 호수천의 패전 책임을 물어 면직되었다.

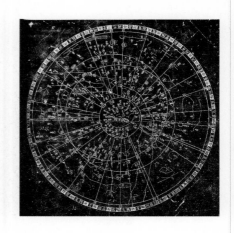

천문도

한편 백성들의 회유 공작에 주력할 것을 주장했던 범중엄은 연주(섬서성 연안) 일대의 방위를 맡았다. 범중엄은 부임하자 곧바로 군기의 확립, 병사의 훈련, 진지의 수축을 추진하는 한편 이 지방 백성들의 지지를 얻는 데 많은 힘을 기울였다. 그가 주장한 백성들의 회유 공작이었다. 이 같은 일련의 조치가 주효하여 서하군의 빈번한 공격을 격퇴시킬 수가 있었다.

범중엄이 서하의 영역에 가까운 곳에 대순성(大順城)을 수축할 때의 이야기이다. 성을 수축한다는 사실이 적에게 알려지면 서하군의 공격을 받을 염려가 있었기 때문에 성의 수축 공사는 병사들의 호위 아래 극비리에 진행하여 10일간이라는 짧은 기간에 완성하였다. 후에 대순성의 수축 사실을 안 서하군은 6만 명의 대군을 출동시켜 공격해왔다. 그러나 송군의 수비는 견고하였다. 아무

서하왕릉

리 공략해도 함락할 수 없다고 판단한 서하군은 많은 복병을 배치시키고 패퇴를 가장하여 후퇴하였다. 그러나 범중엄이 그들의 책략에 빠져들리 없었다. 범중엄은 그들을 추격하지 않았다.

서하군의 연주 공격이 거듭 실패로 돌아가자 서하군 진영에서는 다음과 같은 말이 퍼지고 있었다.

"이제 연주를 공격할 생각은 하지 않는 것이 좋다. 범중엄이라는 사나이는 그의 흉중에 수만의 용감한 군사를 안고 있다. 만만찮은 무장이다."

범중엄이 이렇게 성공을 거두게 된 큰 원인은 변방 백성들을 안심시켜 그들의 지지를 받았기 때문이었다. 지금까지 변경에 거주하던 강족들은 송나라 병사들로부터 가혹한 학대를 받아 할 수 없이 서하로 도망친 자가 적지 않았다. 범중엄은 부임하자 곧바로 지방 백성들을 괴롭혀서는 안 된다고 전 장병에게 엄명을 내렸다.

집을 짓고 마을을 만들어 강족의 난민들을 수용하고 그들에게 토지, 농우(소), 종자, 식량 등을 제공하는 등 그들의 생활 안정에 힘을 기울였다.

서하로 도망쳤던 강족들은 이런 소문을 듣고 앞을 다투어 고향으로 돌아왔다. 범중엄은 6백여 명의 강족의 추장들을 성의 있는 태도로 대하여 이들 추장들로부터 지지를 얻었고, 강족들로부터 '용도노인(龍圖老人)'이라는 애칭까지 받게 되었다. 10년 후의 이야기지만 범중엄이 청주(산동성 역도)에서 타계하자 그때 강족의 추장 수백 명이 장례에 참석하여 자신의 아버지를 잃은 듯 슬퍼하고 사흘간 복상하였다고 전해진다.

## 서하와의 강화

송과 서하의 싸움은 2년 남짓 계속되었다. 처음에는 서하군이 우세하여 송군이 곤경에 빠졌다. 이 틈을 노려 요나라에서는 송나라에 특사를 파견하여 앞서 '전연의 맹'에서 보류했던 관남의 땅을 반환해달라고 다시 요구해왔다. 이런 임무를 띠고 온 요의 특사를 접대한 것은 지제고*의 관직에 있는 부필이었고, 당시의 재상은 여이간(呂夷簡)이었다.

여이간은 국사를 처리함에 있어 지나치게 독선적이었으나 아무도 그의 잘못을 규탄하는 사람이 없었다. 오직 부필 한 사람만이 여이간의 과오를 냉혹하게 비판하였다. 여이간은 이런 일에 불만을 품고 언젠가는 부필에게 죄를 뒤집어씌워 축출해야겠다는

* 지제고 : 조서나 교서의 글을 지어올리는 벼슬

생각을 품고 기회만 노리고 있었다. 여이간은 이번 기회를 이용하여 부필을 제거하겠다는 생각에서 요나라에 보내는 보답사로 부필을 임명하였다.

**남경 서하의 사리탑**

부필은 요나라에 들어가 그들이 요구한 영토는 절대 할양할 수 없다고 요나라 황제를 간곡히 설득하였다. 요나라에서도 영토 할양 요구는 거절할 줄 알면서도 세공을 증액시키기 위한 작전으로 영토 문제를 제기했을 가능성이 짙다.

부필의 강력한 설득으로 요의 황제 종진(宗眞)도 당초의 요구를 철회하고 별도의 안(세공의 증액)을 제시하여 일단 부필을 돌려보냈다. 송나라 조정에서는 이 안에 의거, 중신 회의를 열어 대책을 숙의한 끝에 세공을 증액시키기로 합의하고 다시 부필을 보답사로 파견하였다.

그런데 여이간은 특사 부필에게 말한 내용과 국서의 내용을 고의로 틀리게 만들어 놓고 이로 인해 일어나는 죄를 부필에게 뒤집어 씌우려 했다. 요나라를 향해 길을 재촉하고 있던 부필은 도중에 아무래도 이상하다 생각하고 국서를 개봉하여 내용을 살펴보았다. 과연 여이간이 말한 내용과 국서의 내용은 달랐다. 부필은 발길을 돌려 즉시 입궐하여 인종에게 사건의 경위를 모두 아뢰었다.

"신의 생명은 조금도 아까울 것이 없사오나 국사를 어찌하오리까."

**서하의 화폐** 서하 인종 때의 천성년간

재상 여이간을 대면한 자리에서 책망하였다. 그리고 다시 국서의 내용을 바로 고쳐 요나라로 가 지금까지의 세공에 비단 10만 필과 은 10만 냥을 추가하는 조건으로 강화를 맺고 돌아왔다. 이것이 송의 인종 경력 2년(1042)의 일이었다.

송나라와 요나라가 다시 강화를 맺었다

**서하의 벽화** 그림의 사람은 서하의 왕으로 보인다.

는 사실은 서하에게 큰 충격이었다. 서하의 황제 원호는 송과 요와의 긴장 관계를 계산에 넣고 송나라를 위협하였는데 이제 긴장 관계가 완화되었으니 송나라는 전력을 기울여 서하에 항전할 것이 확실해졌기 때문이었다.

초반에 서하군에게 유리했던 전세는 계속되는 전투에 사기가 점점 떨어지고 있었다. 반면 송나라에서는 한기를 다시 등용, 범중엄과 협력하여 서하의 공격에 대비하고, 또 백성들의 지지를 얻어 점점 세력을 회복해 가고 있었다.

송과 서하의 싸움으로 양국 간의 교역이 금지됨으로써 양국 백성들의 생활에도 많은 어려움을 가져왔다. 서하의 백성들은 송나라의 옷감, 곡물, 차 등 생활 필수품을 공급받을 수 없었기 때문에 여간 불편한 것이 아니었다. 그래서 백성들 사이에서는 '전쟁보다는 평화가 역시 좋다.'고 평화를 그리워하는 소리가 높아져 갔다. 이러한 형세가 이어지는 동안 서하에서는 송나라에 강화를 요청하였다. 송나라도 서하와 요나라가 동맹을 맺어 그들의 세력을 회복할 것을 염려하여 이 제의를 받아들이기로 하였다.

사절이 왕래하면서 경력 4년(1044)에 마침내 강화가 성립되었다. 송나라가 끝까지 고집한 것은 서하가 신하의 나라가 되어야 한다는 주장이었다. 민족적 자존심이 강한 원호로서는 송의 주장만은 극히 받아들이기 어려운 조건이었으나 그는 마침내 명분을 버리고 실리를 택하는 쪽을 선택하였다.

그해 12월 송나라는 서하의 황제 원호를 하국왕(夏國王)에 책봉하는 형식으로 강화를 체결하였다. 서하는 송나라의 신하가 되는 대신 송나라에서는 매년 비단 13만 필, 은 5만 냥, 차 2만 근을 서하에 보내기로 하였다. 그 후 당분간 서북 지방에서는 평화가 계속되어 송과 서하 양국 간의 교역도 활발히 이루어지게 되었다.

# 왕안석의 신법

왕안석(王安石)은 천희 5년(1021) 임강군(강서성 청강현)에서 태어났다. 그가 진사가 된 지 2년 후에 서하와의 강화가 체결되어 막대한 세공의 지출과 군비의 지출 등으로 국가의 재정이 흔들리게 되었다. 왕안석은 당시의 황제 인종에게 상소를 올려 소수인의 폭리를 억제하고 부국강병을 도모하기 위한 법제의 개혁을 주장하였으나 받아들여지지 않았다.

그로부터 10년 후인 치평 4년(1067) 영종이 죽고 신종(神宗)이 19세의 나이로 황제에 올랐다. 그는 나날이 쇠퇴해가는 국위를 비통히 여겨 어떻게 하든 국가를 재건해야겠다고 다짐하였다. 그리하여 중신들의 반대를 무릅쓰고 1069년 왕안석을 부재상에 발탁하고, 이듬해에는 재상으로 임명하여 법제의 개혁을 추진하였다. 왕안석이 생각한 정책은 이른바 '신법(新法)'이라 불리는 것으로 한마디로 말해 부국강병책이었다.

왕안석은 먼저 재정 관리의 개혁에 착수하여 '제치삼사조례사(制置三司條例司)'라는 관청을 설치하였다. 이곳은 국가의 재정 사무를 통할하여 새로운 재정 법규를 제정하고 시행을 맡는 관청으로 설치 후 불과 1년 만에 4할의 경비를 절감하는 데 성공하였다.

왕안석이 실시한 신법 가운데 가장 유명한 것은 '청묘법(靑苗法)'이었다. 청묘법이란 단경기(端境期)*에 국가가 낮은 이자로 농민에게 곡식과 돈을 빌려주어 농민을 고리대금의 착취로부터 구원하는 것이었다. 그때까지 농민들은 보통 지주들로부터 돈

* 단경기(端境期) : 철이 바뀌어 묵은 곡식은 떨어지고 새 곡식이 나올 무렵

과 곡식을 빌려 추수 때 갚았는데, 그 금리가 무려 6, 7할에서 심한 경우는 10할이었다. 엄청난 착취였다. 청묘법의 실시로 그 이율은 2할 이하로 떨어져 농민들이 큰 혜택을 받았다.

다음으로 '면역법(免役法)'을 시행했는데, 이 법은 돈을 내면 무상 노역을 면제하는 제도였다. 그때까지 무상 노역이 면제되었던 관원이나 사원의 특권 계급에게서도 그에 상응하는 화폐를 징수하여 이 돈으로 노역 희망자를 고용함으로써 농가의 무상 노역에 의한 부담이 경감되었다.

송 신종 왕안석을 등용해 재정상의 위기를 극복하기 위해 노력한 신종

또 '시역법(市易法)', '균수법(均輸法)'은 물자 유통과 물가 조정을 목적으로 시행되었다. 이는 대상인들의 매점 매석에 의한 물가의 조작을 방지하는 법이었다. '방전 균수법(方田均輸法)'은 대지주들의 탈세를 방지하는 법으로써 농지의 측량을 실시하여 은전(隱田)*을 적발하고 불합리한 세제를 시정하였다. 이 밖에 '보갑법(保甲法)', '보마법(保馬法)', '치장법(置將法)'등 군사력의 증강을 도모하는 새로운 군사제도도 실시되었다.

왕안석의 이 같은 신법은 본질적으로는 지주 계급의 이익을 보장하는 것이었으나, 대지주·대상인·고리대금업자 등은 목전의 이익이 줄어들자 강하게 반대하였다.

왕안석을 신법의 대표자라고 한다면 구법(舊法)의 대표자는 사마광(司馬光)이라 할 수 있다. 사마광은 천희 3년(1019) 출생으로 왕안석 보다 두 살 위였다. 섬주(산서성 하현) 출신으로 그의 아버지, 할아버지도 모두 진사인 가문에서 태어났다. 어려서부터 신동으로 알려졌으며 '소아격옹도(小兒擊甕圖)'의 주인공으로도

* 은전(隱田) : 지적도에 올리지 않고 사사로이 경작하는 토지

**왕안석 화상**

* 화산(華山) : 섬서성 화현 서쪽의 높은 산

유명하다. 어렸을 때 뜰에서 친구들과 놀던 중 한 아이가 물독에 빠졌다. 다른 아이들은 모두 당황하여 어쩔 줄을 몰랐으나 사마광은 침착하게 돌을 던져 물독에 구멍을 내고 물을 빼어 그 아이를 구출했다는 이야기가 전한다.

사마광을 대표로 신법을 반대한 인물로는 한기, 여회(呂誨), 소동파(蘇東坡), 구양수(歐陽修) 등을 들 수 있다. 황족이나 궁정 안에서도 반대자가 많았다. 반대파들은 신법은 조상으로부터 내려오는 관습을 깨뜨리고 세상의 인심을 어지럽게 할 뿐이라고 비난하였다. 그리고 화산(華山)*이 무너지고 혜성이 나타나며 가뭄이 오래 계속되는 것도 모두 왕안석의 신법이 가져오는 재앙이라고 비난하였다.

반대파의 대신 정협(鄭俠)은 극렬하게 반대하였다.

"신법을 폐지하고 왕안석을 몰아내면 반드시 10일 이내에 비가 내릴 것이다. 만약 비가 내리지 않거든 내 목을 쳐도 좋다."

이 같은 반대파들의 강경한 반발 앞에 신종은 동요의 빛을 보였으나, 왕안석은 끝까지 그의 주장을 굽히지 않고 계속 신법을 추진해 나갔다. 조정의 구신들로부터도 지지를 받지 못하자 왕안석은 젊은 관리를 등용하여 신법을 추진하였다. 이것을 '신법당(新法黨)'이라 부른다.

반대로 신법을 반대하는 세력은 고급 관료들, 외척, 황제의 측근들이었는데, 이들은 신법으로 불이익을 받게 되자 크게 반발한 것이다. 인종의 미망인 황태후 고씨(高氏)도 그의 친정이 신법으로 인하여 많은 손해를 보게 되자 신법을 몹시 혐오하였다.

때마침 가뭄이 계속되고 요나라와의 관계가 다시 긴장되어 인심이 흉흉해지자 반대파는 이를 모두 왕안석의 탓이라 하여 맹렬히 공격하였다. 왕안석은 마침내 1074년 강녕(남경)의 지방 장관으로 좌천되었다.

　　처음 신법이 채용되어 왕안석의 집권 시대가 되자 사마광은 관직을 사임하고 낙양으로 돌아가 그의 필생의 역저인 편년체 역사책 《자치통감(資治通鑑)》의 저술에 몰두하였다.

　　희녕 7년(1074) 왕안석의 실각이 곧바로 신법의 폐지를 의미하는 것은 아니었다. 신법당의 한강(韓絳)과 여혜경(呂惠卿) 등이 계속 조정에 남아 여전히 신법에 의한 정치를 추진하고 있었다.

　　구법당은 그들이 주장한 대로 지금까지의 전통을 깨뜨리지 않는 것이 좋다고 말할 뿐 신법보다 훌륭한 대안을 제시하지 못하였다. 이에 국가를 어떻게든 부흥시켜야겠다는 당시의 황제 신종과 백성들의 공통된 기대를 충족시키는 데 실패하였다.

　　결국 왕안석은 실각한 이듬해 다시 조정에 복귀하여 재상이 되었다. 왕안석이 없이는 역시 정치가 제대로 되지 않았을 뿐 아니라 왕안석에 대한 신종의 신임이 그만큼 두터웠기 때문이었다. 신종이 왕안석을 강녕에 좌천시킨 것은 어쩌면 황후나 황태후의 불만을 일시적으로 냉각시키기 위한 조치였을지도 모른다.

　　그러나 재상으로 복귀한 왕안석은 전과 같은 패기를 보이지 않았다. 그런 가운데 신법당 내부에서도 분열이 일어났다. 신법당

왕안석의 옛 집

가운데 참지정사로서 신법 추진의 핵심 멤버였던 여혜경은 원래 관료 출신으로서 신법의 추진보다는 이 기회를 이용하여 출세해보려는 야심을 품고 있었다.

그는 내부 분열이 일어나자 왕안석의 반대파로 둔갑하여 왕안석이 극비에 붙이고 있던 일들을 누설하였다. 그리고 '왕안석에게 반역의 죄'가 있다고 참소까지 하였다. 이로써 신법당은 분열의 위기를 맞아 신법 시행에 점점 불리한 국면으로 치달았다.

왕안석이 복귀한 이듬해 그의 아들 왕방(王雨方)이 33세의 젊은 나이로 죽었다. 왕방은 진사시에 급제하여 경의국 수찬의 벼슬에 올라 장래가 촉

〈청명상하도(淸明上河圖)〉 북송의 한림학사 장택단이 청명절의 북송의 도성 모습을 그린 그림

망되던 인물이었다. 그리고 2년 전에도 동생 왕안국을 잃었다. 왕안석은 이 같은 가정의 비극에 영향을 받았음인지 사임을 원하여 강녕(남경)의 종산에 들어가 은서 생활을 하였다.

1085년 신종이 죽고 10세의 철종이 즉위하여 태황 태후 고씨(高氏)의 섭정이 시작되었다. 태황 태후는 일찍부터 신법에 반대하여 왕안석을 몰아내고 조상 전래의 제도를 부활시켜야 한다고 여러 번 신종에게 울면서 호소한 적이 있었다. 태황 태후가 섭정하면서 맨 먼저 한 일은 구법당의 사마광을 재상으로 기용한 일이었다.

사마광이 재상의 자리에 오른 후 1년 사이에 16년(1069~1085)간 실시되었던 신법의 대부분이 폐지되고 신법당의 관리들도 대부분 좌천당했다. 사마광은 구법당과 대지주·대상인들로부터 지지를 받아 '만가(萬家)의 생불(生佛)'이라는 칭송까지 받았다. 그는 신법의

취옹정 당송대의 유명한 문인 구양수가 스스로 호를 취옹이라 하였다. 정자 하나를 짓고 〈취옹정기(醉翁亭記)〉란 시를 읊었다.

폐지를 자기 일생의 사업이라 생각하고 중병으로 병상에 누워 있으면서도 "신법을 뿌리 뽑기 전에 내가 죽어서는 안 된다."고 말하였다.

철종의 원우 원년(1086) 4월, 왕안석은 강녕에서 신법이 사실상 모두 폐지되었다는 소식을 듣고 비통한 가운데 병사하였다. 그때 그의 나이 66세였다.

# 아골타의 등장

송의 정화 4년(1114) 2월의 일이다. 요나라 천조제(天祚帝)는 그들의 수도에서 멀리 떨어진 혼동강(송화강 지류)에 와서 낚시를 즐기고 있었다. 이 자리에는 요나라 각지의 기라성 같은 수장들이 문안과 하례를 드리기 위해 멀리서 달려와 천조제를 모셨다. 때마침 여진족의 축제일이어서 천조제는 잔치를 베풀고 각 지방 수장들에게 차례대로 일어나 춤을 추도록 명하였다.

수장들은 순서에 따라 한 사람 한 사람씩 일어나 춤을 추었으

나 나이 40세 정도로 보이는 건장한 체구의 한 수장은 자기의 차
례가 돌아오자 "나는 춤을 못 춥니다." 하고 거부하였다. 천조제
는 재삼 명령하였으나 이 수장은 완강히 거부하여 꿈쩍도 하지 않
았다. 천조제는 격노하여 이 수장을 죽이려 하였다.

이 수장이 바로 후에 금나라를 세운 아골타(1068~1123)이
다. 아골타(阿骨打)는 여진족 완안부(完顔部)의 수령으로 강직
함과 용감성으로 여진족의 부족 사이에서는 널리 알려진 인물이
었다.

여진족은 오랜 역사를 가진 민족으로서 선진 시대는 '숙신',
수·당 시대는 '말갈'이라 불렸고, 오대에 들어서면서 '여진'이라
불리게 되어 요나라에 복속되었다.

요나라는 여진족의 세력이 강대해지는 것을 두려워하여 여진
족을 '생여직(生女直)'과 '숙여직(熟女直)'으로 나누어 분할 지
배하였다. '숙여직'은 요나라 영내에 이주시켜 요나라 국적을 부
여하였으나 '생여직'에게는 원주지로부터 이동시키지 않고 그대
로 요나라 국적만을 부여하였다.

아골타는 생여직의 한 수장이었다. 그 후 여진족은 요·송과
의 교역을 활발히 전개하여 송의 후기에는 철기를 사용하게 됨으
로써 여진족 사회는 크게 발전하였다. 아골타는 바로 이러한 역사
적 과도기에 나타난 여진족의 걸출한 수장이었다.

천조제는 자기의 명령을 어긴 여진의 아골타를 즉석에서 죽
이려 하였으나 실행에는 옮기지 못하였다. 이것은 아골타와의 인
정을 생각해서가 아니라 아골타를 죽임으로써 여진족의 요에 대
한 반항을 부채질할까 두려워서였다. 사실 이런 구실, 저런 구실
을 내세워 요가 억압하자 여진족의 분노는 일촉즉발의 찰나에 다

가와 있었다.

여진족은 요에 복속되면서 매년 인삼, 금, 모피, 말, 진주, '해동청(海東靑)'이라 불리는 매 등을 요의 왕실에 바쳐왔다. 그러나 탐욕이 많은 요의 왕실은 해마다 연공을 증가하라고 압력을 가하고 대신을 보내 여러 가지 어려

아골타릉

운 일을 강요하였다. 요의 대신들은 여진족의 땅에 들어서면 잠자리에 부녀자를 바치게 하고 '교역'이라는 명목으로 제멋대로 약탈을 자행하는 것이 보통이었다.

이러한 폭행 앞에 여진족이 가만히 있을 턱이 없었다. 아골타는 여진족의 각 부족과 은밀히 꾀하여 무기를 모으고 진지를 구축하여 요와의 싸움을 준비하였다.

여진족의 이 같은 움직임을 눈치챈 요는 즉시 관리를 파견하여 조사를 실시하였으나 이것은 도리어 여진족의 불만에 불을 붙인 결과를 가져왔다.

1114년 9월 아골타는 여진족의 각 부족을 규합하여 요가 저지른 죄상을 폭로하고 요를 멸망시키기 위해 힘을 합쳐 싸울 것을 호소하였다.

"요와의 싸움에서 공을 세운 자에게는 포상을 내리겠다. 노예는 평민으로, 평민은 관리로 등용하고, 관리는 승진시키겠다. 다만 맹세를 어기는 자는 용서 없이 참하겠다. 가족도 그 죄를 면할 수 없다."

아골타의 말이 끝나자 각 부족의 수장들도 한 사람 한 사람

서서 맹세의 말을 하였다. 그리고 요의 대군이 집결하기 전에 기선을 제압하기 위하여 그 맹세의 현장에서 그대로 출진하였다. 분노에 치민 여진족은 일거에 요의 동북 관문인 영강주(길림성 동쪽)를 함락하였다.

이때 여진족의 병력은 겨우 2,500명에 불과하였다고 한다. 그로부터 2개월 후에는 1만 명도 채 못되는 병력으로 출하점(흑룡강성 서쪽)에 있던 요의 10만 대군을 격파하였다. 이듬해 12월 요의 천조제는 친히 70만 대군을 거느리고 출진하였으나 아골타는 겨우 2만 명의 여진 부대 선두에 서서 이들을 맞아 싸워 연전연승을 거두었다.

요의 전사자는 헤아릴 수 없이 많았으며 100리에 걸치는 싸움터에는 시체가 줄을 이었다. 이 싸움에서의 참패로 간이 오그라진 천조제는 하룻밤에 500리를 달리는 말을 타고 도망쳐 돌아왔다는 전설까지 있다. 이렇게 해서 요양부에서 황룡부에 이르는 요동 땅은 모두 아골타의 수중으로 들어가고 요나라에 멸망당했던 발해국의 잔당도 속속 아골타에게 복속되었다.

파죽지세로 요군을 무찌른 아골타는 1115년 1월 1일 황제의 자리에 오르고 나라 이름을 대금(大金)이라 일컬으니 이 사람이 역사상 금의 태조이다. 그는 요를 멸망시킬 것을 맹세한 지 불과 1백여 일만에 일개 부족의 수령에서 황제가 되어 요하 이동의 광활한 지역을 지배하게 되었다.

여담이지만 나라 이름을 금이라고 정한데 대하여 이런 전설이 있다. 아골타의 무리들이 나라 이름에 대하여 의논할 때 아골타는 이렇게 제안했다.

"요나라는 빈철(鑌鐵)을 상징하고 있다. 확실히 빈철은 튼튼하기는 하지만, 녹스는 일이 있다. 영구히 변하지 않고 빛을 내는 것은 금뿐이다. 게다가 우리들 여진족은 안출호(按出虎)* 강가에 살고 있다. 어떻소, 금이라는 나라 이름이 우리 여진족에게는 가장 어울린다고 생각하는데."

* 안출호(按出虎) : 여진 말로 금이란 뜻

이렇게 해서 만장일치로 금나라로 정하게 되었다.

## 해상의 맹약과 방랍의 난

송나라 수도 개봉의 조정에서는 아골타가 금나라를 세우고 요의 1백만 대군을 무찔러 50여 개의 성을 함락했다. 한편 요의 변경 지방에서는 백성들의 반란이 끊이지 않아 정정이 매우 불안하다는 정보를 입수하고, 이 기회에 금과 연합하여 요나라를 공격하려 하였다. 그래서 사자를 바닷길로 금나라에 보내 합동 작전으로 요나라를 공격할 것을 제의하였다. 의논 끝에 다음과 같은 맹약이 이루어졌다.

> 첫째, 금나라는 중경(요령성 능원 서쪽)을 공략하고 송나라는 연경(북경)을 공격하기로 한다.
> 둘째, 요를 멸망시킨 후 금나라와 송나라는 만리장성을 경계선으로 국경을 정하기로 하고 연운 16주는 송나라에 반환하기로 한다.
> 셋째, 송나라는 지금까지 요나라에 보냈던 세공을 고스란히 그대로 금나라에 보내기로 한다.

이것이 역사상 '해상의 맹약'이라 불리는 협약의 골자로써 1120년의 일이었다.

　　그해에 아골타는 대군을 거느리고 요의 상경(내몽골 자치구 안에 있음)을 공격하면서 송나라와 요나라의 사절을 상경성 밑에 초청해놓고 큰소리를 쳤다.

　　"우리들의 싸우는 모습을 보고 귀국의 태도를 결정하는 것도 좋을 것이오."

　　그리고 아골타는 돌격 명령을 내렸다. 그러자 그들 각 부족의 장병들은 앞을 다투어 적진에 뛰어들어 반나절이 채 못 되어 상경성을 점령해버렸다. 백성들은 소리높여 만세를 부르며 환호했고 송나라 사절은 아골타에게 축배를 올렸다. 2년 후 아골타는 해상의 맹약대로 중경을 함락하는 데 성공했다. 그런데 이때 요나라 황제 천조제는 원앙박(하북성 장북현 서북쪽)에서 사냥을 즐기고 있었다고 한다.

　　한편 송나라에서도 해상의 맹약에 따라 연경을 공격하려 하였으나 때마침 목주 청계현(절강성 순안현)에서 방랍(方蠟)의 반란이 일어나 요나라를 공격하기 위해 편성한 15만의 대군을 부득이 방랍의 반란 토벌에 돌리는 수밖에 없었다.

　　방랍이 반란을 일으키게 된 배경을 살펴보면 다음과 같다. 왕안석의 신법이 실패로 돌아가고 송나라의 사회·경제적 위기가 심화되어 가고 있을 때 제8대 휘종(徽宗)이 즉위하게 되었다. 휘종은 서화에는 뛰어난 천재적 소질을 보였으나 정치에는 열등생이었다. 게다가 휘종의 총신인 재상 채경(蔡京)과 환관의 우두머리 동관(童貫)은 함께 권력을 제멋대로 휘둘러 더욱 백성들을 착취하였다.

두 사람은 갖가지 수석(壽石)과 기석
(奇石)의 채집에 열을 올렸다. 멀리 강남
지방까지 관리를 파견하여 기화요초와 괴
석들을 수집하고 궁전이나 화원을 장식하
는 것을 낙으로 삼았다. 많은 관리들은 눈
에 드는 물건이 있으면 '궁중 어용품'이라
는 것을 표시하기 위하여 누런 빛깔의 종이
를 붙여 자기들의 것으로 만들었다. 관리들
은 기석을 운반할 때 담장이 방해가 되면
담장을 허물고 심지어 집이 방해가 되면 집

송 휘종

까지 허물어 버리는 등 그들의 약탈과 횡포는 극에 달했다.

목주 청계현 일대도 기석의 수집 등으로 관리들의 약탈이 극
심했던 지방이었다. 이에 견디다 못한 백성들은 농가의 머슴 출신
인 방랍이라는 인물을 수령으로 추대하여 반란의 깃발을 들었다.
그들은 1120년 10월의 어느 날 밤 칠원(漆園)에 집결하여 반란의
성명을 발표하였다.

방랍은 백성들 앞에 서서 다음과 같이 호소하였다.

"우리들 백성들은 1년 내내 피땀을 흘려 겨우 약간의 곡식과
옷감을 손에 넣을 수 있을 뿐인데 황제의 관리들은 그것을 제멋대
로 빼앗아가고 있다. 그뿐만 아니라 마음에 들지 않은 일이 있으
면 우리들에게 까닭없이 매질을 하고 백성 죽이기를 밥먹듯 하면
서도 눈하나 꿈쩍하지 않는 형편이다. 세상에 이런 법이 어디 있
단 말이오?"

방랍의 이런 호소에 백성들이 환호하자 방랍은 말을 이었다.

"그뿐 아니라 또 있소이다. 놈들은 제 배때기를 채울 뿐 아니

**사대부의 생활**

라 그 나머지는 우리들의 적인 요나라와 서하에 세공으로 바치고 있소. 우리들의 피와 땀으로 적을 기르고 있는 것이오. 그리하여 그 적이 공격해오면 우리들을 방패막이로 써먹고 있소. 그러다가 싸움에 패하면 우리들에게 책임을 돌려 우리들을 꾸짖고 있소. 이런 일을 용서할 수 있단 말씀이오!"

흥분하는 백성들을 향하여 방랍은 봉기할 것을 호소하였다.

"우리들이 팔뚝을 걷어붙이고 무기를 가지고 일어나면 열흘이 안 되어 수만 명의 무리가 모여들 것이오. 모두가 힘을 합쳐 강남의 각군을 공략, 함락합시다. 10년만 고생하면 분명 천하는 우리들의 수중으로 돌아올 것이오. 그렇지 않으면 우리들은 놈들에게 모두 죽임을 당할 뿐이오. 어떻소, 잘들 생각해보시오."

방랍의 이야기가 끝나자 청중들 가운데서 일제히 환호와 절규가 일어났다.

"옳소, 자아 무엇이든 명령만 내려주시오."

방랍이 반란의 깃발을 높이 들고 일어나자 과연 열흘이 채 못 되어 10여만 명의 무리들이 모여들었다. 이들 반란의 무리들은 대오를 정비한 후 북쪽으로 향하여 진군하였다. 이들은 동남 지방의 요충지 항주를 함락하였다. 이러한 사태를 전후하여 절강·안휘·강서 등의 여러 주현에서도 방랍에 호응하여 반란에 가담함으로써 그들의 병력은 100만 명으로 확대되었다. 이렇게 되자 방랍은 자신의 정권을 수립하고 스스로 '성공(聖公)'이라 일컫고 연호를 영락(永樂)으로 정하였다.

방랍의 반란 보고에 접한 송나라 조정에서는 즉시 요나라를 공격하기 위해 편성한 동관 휘하의 15만 대군을 출동시켜 반란을 진압하였다. 한편 악명 높은 기석의 수집을 중지시키는 등 백성들의 회유책을 강구하였다. 반란군은 용감히 싸웠으나 전투 경험이 없을 뿐 아니라 조직력도 없어서 패전을 거듭한 끝에 이듬해 4월에는 반란군의 수령 방랍이 체포되어 8월에 개봉에서 목숨을 잃었다.

방랍 반란군의 공격 목표는 주로 부호나 악덕 관리에게 집중되어 한때 현재의 절강성 대부분 지역에 미치는 6주 52현을 함락하여 중국 동남 지방을 크게 뒤흔들어 놓았다. 역사적 기록에 의하면 동관 등은 방랍의 반란 진압 과정에서 무려 3백만에 달하는 반란군과 백성들을 살해했다고 한다.

방랍의 반란과 때를 같이하여 역시 당시의 악정에 불만을 품은 호걸들이 전국 각지로부터 산동의 양산박(梁山泊)에 집결하였다. 두령격인 송강(宋江) 등 36명이 무리를 거느리고 산동·하남

〈경직도〉

일대에 출몰하면서 관군들을 크게 괴롭혔다. 이것이 중국 역사상 유명한 장회소설 《수호지(水滸志)》에 등장하는 양산박의 108명 영웅 호걸들 이야기의 무대이기도 하다.

방랍을 수령으로 하여 힘차게 타올랐던 농민 반란은 결국 정부군에 의해 진압되었고, 또한 양산박의 영웅 호걸들의 반항도 백성들의 대규모 반란으로 확산되기 전에 분쇄당하였다.

그러나 이러한 가운데 송왕조의 운명도 점점 위기가 심화되어 쇠퇴의 길로 치달았다.

송나라가 본격적으로 요나라를 공격하게 된 것은 방랍의 난과 송강의 난이 진압된 후인 선화 4년(1122)의 일이었다. 이때도 역시 환관의 우두머리 동관이 하북·하동로 선무사로서 송나라 원정군의 사령관이 되었다. 이보다 앞서 금나라는 이미 요의 중경을 함락하였다. 요의 천조제는 운중으로 패주하였다가 다시 금군의 추격을 받아 협산까지 도망쳤다.

처음 해상의 맹약에서는 금나라는 장성 이남은 손대지 않기로 되어 있었다. 그러나 송나라 쪽에서 서경 공격을 제의하였기 때문에 금나라는 장성을 넘어 서경 대동부를 공격하여 이를 점령하였다. 송나라에 반환하기로 되어 있던 연운 16주는 대부분 금나라 군사에게 점거당한 상황이었다.

연경은 두말할 것도 없이 연운 16주 가운데 가장 중요한 곳이었으므로 송군의 공격 목표였다.

그런데 천조제가 도망쳤다는 사실을 안 연경의 백성들은 그곳에 있던 요나라 황족을 황제로 세워 천석 황제(天錫皇帝)라 일컬었다. 이 천석 황제를 옹립한 주동 인물은 한족 출신 이처온(李處溫) 등이었다.

연경에 세운 요나라 정부는 일종의 망명 정부에 불과하였다. 그런데 천석 황제는 즉위한 지 얼마 안 되어 죽고 그의 처 소씨가 태후라 일컫고 정권을 잡았다. 그리고 천석 황제를 옹립한 이처온을 죽여 없앴다.

연경에 세운 요의 망명 정부에서는 송나라에 대하여 150여 년간의 우의를 강조하며 함께 힘을 합하여 금나라와 대항하자고 은밀히 제의해왔다. 동관은 이를 거부하고 당초의 목표대로 연경을 공격하였으나 연경에 남아 있던 요의 잔존 부대의 강력한 저항에 부딪혀 연전연패하고 말았다.

**베개** 어린 아이의 모습으로 만든 베개

동관은 자신에게 패전의 책임을 물어 처형하겠다는 논의가 일지도 모른다는 두려움에 비밀리에 금나라 태조 아골타에게 원병을 요청하기에 이르렀다.

금나라는 송나라와의 약속을 철석같이 지킨 셈이었다. 장성을 넘어 중경의 대동부를 공략한 것도 송나라의 요청에 의한 것이었지 그들의 자발적인 공격이 아니었다. 그들의 힘으로는 눈 깜짝할 사이에 끝낼 수 있는 연경의 공격도 약속대로 송나라에 위임하고 있었던 것이다. 그러나 송나라에서 연경 공략을 요청할 경우, 이는 약속과는 별도의 싸움이 되는 것이다.

금나라의 대군은 이미 장성 남쪽에 들어와 있었다. 동관으로부터 원병 요청이 있자 금나라 군사는 노도처럼 남하하여 삽시간에 연경을 함락하였다.

요의 천조제는 그 후 5년간 각지로 도망쳐 다니다가 마침내 금나라 군사에게 체포되지만, 야율 대석(耶律大石) 등 요나라 귀족들은 서쪽으로 도망가 요나라를 재건하게 된다. 이 나라를 역사상 서요(西遼, 1124~1218)라 부른다.

아골타, 즉 금나라 태조는 요나라를 타도하고 금나라를 창업하는 대업을 성취하였으나 피로가 원인이 되어 1123년 병상에서 56세를 일기로 타계하고, 그의 동생이 태종으로서 그 뒤를 잇게 되었다.

# 송과 금의 항쟁

요나라가 멸망한 후 얼마 있다가 송나라와 금나라의 우호 관계에도 금이 가 항쟁이 시작되었다. 항쟁이 일어나게 된 경위를 살펴보자.

송나라와 금나라가 해상의 맹약에 따라 요나라를 멸망시켰다고는 하지만 사실상 송나라로선 이렇다 할 전공이 없었다. 금나라는 이것을 이유로 만리장성을 국경선으로 정한다는 당초의 약속을 지키려 하지 않았다. 금나라의 여러 장수들도 연경은 자신들의 힘으로 얻은 것이며 연경을 공격한 것도 송나라의 요청에 의한 합법적인 것이었으므로 반환할 필요가 없다고 주장하였다. 그뿐만 아니라 연경의 주민들까지도 금나라에 복속하는 것을 환영하여 송나라에 반환하는 것을 반대하는 상황이었다.

송나라와 금나라는 여러 차례 담판을 벌인 결과 마침내 금의 태조 아골타는 송나라와의 맹약을 지키지 않으면 안 된다고 판단하고 연경을 반환하기로 하였다. 그 대신 '빈성(空城)'으로 인도할 것과 매년 은 20만 냥, 비단 20만 필 외에 연경 특별세 1백만 관전(貫錢)을 지불할 것을 요구하였다.

1123년 4월 금나라 군사가 연경에서 일단 철수하였으나 성내의 모든 재화와 주민들까지 북쪽으로 이동시킴으로써 송나라에 돌아온 연경은 그야말로 완전한 폐허와 다를 바가 없었다.

그러나 송나라 조정에서는 이런 일에는 전혀 신경을 쓰지 않고 오직 2백년 가까이 꿈에 그리던 연운 16주 가운데 가장 중요한 연경과 그 주변의 6주를 반환받은 기쁨으로 온통 축제 분위기로 들떠 있었다.

해상의 맹약은 지키는 것이 옳다고 말하고 연경을 송나라에 반환한 금의 태조는 연경에서 철병한 직후에 죽었다. 그의 동생 오걸매(吳乞買)가 그 뒤를 이으니 이 사람이 금의 태종이다.

금의 태조가 맹약에 충실했던 데 비하여 송나라는 도의가 땅에 떨어지고 있었다. 이것은 휘종과 같은 정치에 무관심한 예술가 황제 밑에 채경·동관 등 신념 없는 인물이 정권을 장악하고 있었기 때문이었다. 게다가 금나라와 약속한 세공과 특별세의 제공도 원활하지 못하였다. 송나라 입장에서 본다면 연경은 돌려받았지만 서경의 대동부는 아직도 반환되지 않고 있었다. 숙원인 연운 16주를 차지하자면 그 태반을 점령하고 있는 금나라를 쓰러뜨려야 한다. 이것이 송나라가 직면한 과제였다.

이런 정세하에서 요나라 천조제는 음산에 숨어 서하와 연합할 것을 기도하고 있었다. 송나라에서는 극비리에 천조제와 연락하여 요나라와 동맹을 맺어 금나라로부터 서경을 탈환하고자 획책하였다. 그러나 송의 선화 7년(1125) 천조제가 금나라 군사에게 체포되고 그때 송나라에서 극비로 보낸 밀서가 발견됨으로써 송나라의 배신 행위에 대한 금나라의 노여움은 마침내 송나라를 유린하는 도화선이 되었다.

송의 선화 7년(1125) 11월 금나라는 마침내 군사를 출동시켜 송나라 수도 개봉을 향해 파죽지세로 밀고 내려왔다.

금나라 군사의 선봉 부대가 개봉에서 10일 거리의 지점에 이르렀다는 보고를 들은 휘종 황제는 대신의 손을 잡고 떨리는 목소리로 말하였다.

"금나라가 설마 우리 도성을 공략해올 줄은 꿈에도 생각지 못했다…"

휘종은 그 순간 기절하여 쓰러졌다. 이윽고 눈을 뜬 휘종은 지필묵을 가져오도록 명하여 그의 독특한 필체로 다음과 같이 써 내려 갔다.

"황태자에게 제위를 선양하고 나는 용덕궁으로 물러난다."

휘종이 퇴위한 경위에 대하여는 다음과 같은 설도 있다. 휘종은 금나라가 개봉을 공략해오자 '자신을 책하는 조서'를 내려 자기비판을 하고 퇴위하였다는 것이다.

휘종 황제는 붓을 놓자 곧바로 조정의 대권을 쥐고 흔들던 채경·동관 등 추종자들을 데리고 수도를 떠나 박주(안휘성 박현)로 갔다가 다시 건강으로 탈출하였다.

이렇게 해서 황태자 조항(趙恒)이 흠종(欽宗)으로서 즉위하고 연호를 정강(靖康)으로 고쳤다.

수도 개봉에서는 휘종의 총신 채경·동관 등이 탈출했다는 소문을 듣자 백성들은 일제히 쌓이고 쌓인 울분을 터뜨려 폭정을 규탄하였다. 최고 학부인 태학에서 공부하는 학생들의 대표 진동 (陳東, 1086~1127) 등도 온갖 학정을 다한 채경·동관 등 6명에 대한 처형을 요구하는 상주문을 발표함으로써 수도 개봉은 분노의 함성으로 메아리쳤다.

이러한 함성에 눌린 흠종은 조서를 내려 채경 등의 처벌을 약속하기에 이르렀다. 백성들은 여기에 힘을 얻어 모두 궐기하여 멸망 일보 직전의 송왕조를 구출할 결의를 다졌으나 겁이 많은 흠종은 백성들의 선두에 서서 금나라와 싸우려고는 하지 않고, 아버지 휘종과 마찬가지로

**도차** 새문도차. 성곽 중 나무로 만들어진 성문을 부수고 들어오는 적을 막기 위한 병기로, 성문 자리에 배치했다.

수도에서 도망칠 생각만 하였다.

흠종이 수레를 타고 도망치려 하는 순간 대신 이강(李綱, 1083~1140)이 달려왔다. 이강은 수레를 호위하는 친위군 장병들을 향하여 큰소리로 외쳤다.

"목숨을 버려서라도 도성을 지키는 것이 옳은가, 그렇지 않으면 황제와 함께 수도를 버리는 것이 옳은가?"

친위군의 장병들은 소리를 합하여 대답하였다.

"목숨을 버려서라도 도성을 사수합시다."

흠종은 어떻게 했으면 좋을지 몰라 당황하였다. 그러자 이강이 흠종 앞에 나아가 말하였다.

"금나라 군사는 이미 도성 가까이 다가오고 있습니다. 만약 수레를 타신다 해도 적병에게 쫓기어 잡힐 것으로 생각됩니다."

이렇게 해서 흠종은 마지 못해 도성에 머무르게 되었다.

이때 금나라 군사는 이미 성 둘레에 파놓은 해자를 건너오기 시작하였으나 성 둘레에는 이강이 미리 배치한 결사대가 대기하고 있었다. 결사대는 해자를 건너려는 금나라 군사의 배를 쇠갈고리가 달린 긴 장대로 걸어 공격하였다. 송군 결사대의 이 같은 저항에 많은 병사를 잃은 금나라 군사는 일단 후퇴하였다.

이강은 금군의 재공격에 대비하여 성의 수비를 더욱 튼튼히 하였다. 장병들은 채경 등이 강남 지방에서 약탈하여 정원을 장식한 기석들을 운반하여 성문을 막는 등 방비를 튼튼히 하였다.

장병들이 이렇게 항쟁을 계속하는 동안 흠종을 비롯한 강화파들은 금나라 진지에 사신을 보내 강화를 요청하였다. 금나라가 제시한 터무니없는 강화 조건을 모두 수락하기로 하였다. 금나라가 제시한 조건은 황금 500만 냥, 백은 5천만 냥, 비단 100만 필,

우마 1만 마리, 그리고 태원·중산·하간의 3진(鎭)을 금나라에 바칠 것과 송나라 황제는 금나라 황제를 백부로 받든다는 매우 굴욕적인 것이었다.

이렇게 강화가 진행되는 동안 송나라의 노장 종사도(種師道)가 하북·하동의 원군을 거느리고 달려왔다. 원군은 자칭 1백만이라 했으나 실제는 20여만 명이었다. 그래도 6만 명의 금나라 군사와 비교하면 훨씬 많은 병력이었다.

금나라 진영에서는 이강과 종사도의 존재를 두려워하여 위축되었으나 송의 흠종은 금나라의 비위를 맞추기 위하여 이강을 해직시켰다.

강화파의 이 같은 행동은 조야의 거센 반발을 몰고 왔다. 태학의 학생 1천여 명은 진동을 선두로 궁성문 앞에 이르러 강화파의 간신 이방언(李邦彦)·장방창(張邦昌)을 추방하고 이강·종사도를 중용하여 성안의 수비는 이강에게, 성 밖의 수비는 종사도에게 위임하라고 흠종에게 강요하였다. 백성들도 진동 등과 동조하여 1시간도 못 되어 수만의 군중이 궁궐을 에워싸게 되었다. 일종의 시위였다.

백성들의 분노가 이렇게 불타고 있을 때 이를 눈치 채지 못한 강화파의 간신 이방언이 태연스럽게 궁궐 쪽으로 다가왔다. 백성들은 궁궐 앞에서 이방언을 에워싸고 그의 죄상을 규탄하며 돌팔매질을 퍼부었다. 이방언은 가까스로 도망쳤으나 시위 군중들은 만족할 만한 회답이 있기 전에는 해산하지 않겠다는 결의를 다지고 버티면서 '등문고(登聞鼓)*'가 찢어지도록 두들겨댔다. 군중들은 또 시위 현장에 있는 환관 수십 명을 죽이고 계속해서 흠종에게 그들의 요구 사항에 대한 회답을 강요하였다. 백성들의 함성

* 등문고(登聞鼓) : 급한 일을 상주할 때 두드리는 큰북

이 수도 개봉의 하늘에 메아리쳤다.

흠종은 사태의 확대를 두려워하여 이강을 다시 기용한다고 발표하였다. 군중들은 환성을 지르며 흠종의 결정을 환영하였으나 다시 종사도를 만나게 해달라고 요구하였다. 흠종은 이 요구도 받아들여 수레를 보내 종사도를 맞아오도록 하였다. 군중들은 종사도의 건재한 모습을 본 후에야 비로소 안심하고 해산하였다.

이 같은 송나라 조야의 분노와 거센 저항 앞에 그렇게 의기충천했던 금나라도 위축되기 시작하였다. 그들이 강화 조건에서 요구한 금과 은이 전량 수집되지 않았는데도 슬슬 꽁무니를 빼고 철병하였다.

금나라 군사가 철수하고 각지에서 달려 왔던 원군도 각각 그들의 지방으로 돌아가 평온을 되찾게 되자 이강 등 주전파의 대신과 장군들은 쫓겨났다. 대신 강화파들이 득세하여 천하태평으로 날뛰었다. 그리고 흠종은 강남으로 탈출해 있던 휘종을 도성으로 모셔왔다. 휘종이 강남에서 왕조를 세우고 복위한다는 소문이 퍼진 터라 이런 사태를 예방하기 위해서였다.

그러나 흠종을 비롯한 강화파들의 태평세월도 잠시였을 뿐, 금나라 태종은 중원 정복의 야망을 결코 버린 것이 아니었다. 수개월 후 진용을 정비한 금나라는 다시 송나라 수도 개봉을 향해 진격해왔다. 전혀 대비책이 없었을 뿐 아니라 저항할 의사마저 없었던 흠종은 '신병(神兵)*'에게 맡기어 금나라를 물리치겠다는 곽경(郭京)의 허무맹랑한 거짓말을 그대로 믿고, 성을 지키고 있던 장병들을 모두 철수시킨 후 성문을 활짝 열어놓도록 명령하였다.

이렇게 해서 금나라 군사는 피 한 방울 흘리지 않고 개봉에

* 신병(神兵) : 신의 가호를 받는 군사

입성하였다. 금나라 군사를 쫓아 버리겠다고 호언한 곽경은 벌써 자취를 감추어 찾을 길이 없었다. 마침내 흠종은 항복하고 개봉은 금나라 군사에게 함락되었다.

흠종과 태상황 휘종은 친히 금나라 진영에 나아가 포로가 되었으며, 송나라가 160년에 걸쳐 모은 금은보화, 옥새, 도서, 진귀품, 의장 등을 비롯하여 황족, 고급 관료, 그들이 필요하다고 인정되는 기술자, 예술가 등 수천 명이 포로가 되어 금나라에 연행되었다.

연행된 휘종과 흠종은 금의 태종 앞에 무릎을 꿇었다. 태종은 휘종에게 혼덕공(昏德公), 흠종에게 중혼후(重昏侯)의 칭호를 내렸다. 그 칭호에서 말하듯 이들 두 황제가 얼마나 혼미한 황제였던가를 새삼 느낄 수 있다. 어쨌든 역사상 씻을 수 없는 송왕조의 모욕이 아닐 수 없었다. 이 같은 사태의 진상이 국민에게 그대로 알려질 것을 두려워한 조정의 관리들은 황제가 북쪽으로 사냥을 나간 것이라고 백성들을 현혹시키는가 하면, 사실은 송나라가 금나라에 의해 멸망되었으면서도 이를 '정강의 난' 이라는 허황된 말로 얼버무리려 하였다.

이렇게 해서 요나라와 송나라는 잇따라 멸망하고 흠종의 동생 강왕(康王) 조구(趙構)가 강남의 임안(항주)을 수도로 정하고 송나라를 이으니 역사상 이를 남송(南宋)이라 한다. 남송이 세워지기 이전의 송나라를 북송(北宋)이라 한다.

# 남송의 탄생과 악비의 충성

송나라 수도 개봉이 금나라의 손에 떨어지고 황제 휘종·흠종이
연행되어 간 후 휘종의 아홉째 아들 강왕 조구가 남경 응천부(현
재의 남경이 아니고 하남성 상구)에서 제위에 오르고 고종(高宗)이
라 칭하였다. 고종은 즉위하는 자리에서 금나라에 가 있는 휘종과
흠종 그리고 여러 왕비 등과 황족들의 고통을 생각하면서 비통의
눈물을 흘렸다.

고종은 국난 중에 제위를 계승한다는 사실을 선제에게 보고
하는 한편 만리이역에 연행되어 간 자신의 생모 위씨(韋氏)를 선
화 태후(宣和太后)로, 후비 형씨(邢氏)를 황후로 세우고, 자신의
주변에 남아 있는 중신에게 작위를 수여하였다. 일찍이 재상을 지

악비

낸 바 있는 장방창은 금나라에 투항하여
많은 우대를 받았던 인물이었다. 그러나
고종의 휘하로 다시 돌아오자 그에게도 작
위를 수여하였다.

이렇게 해서 남송 왕조는 1127년 5월
에 탄생하게 되었다.

고종은 아버지 휘종과 형 흠종과 마찬
가지로 절조가 없는 겁쟁이로서 금나라와
대항하여 싸울 생각은 전혀 없이 금나라의
비위를 맞추기에 여념이 없었다. 주전파인
재상 이강을 파직시키고 이강의 주장에 동
조하는 태학생들의 대표자격인 진동마저

죽였다.

　이어 고종은 이강이 금나라의 습격에 대비하여 황하 연안에 구축해 놓은 진지를 모두 철거시켰다. 그러나 고종의 이 같은 양보에 이은 양보, 타협에 이은 타협도 금나라 군사의 진격을 제지시키지는 못하였다. 금나라 군사는 전진에 전진을 거듭하여 고종을 황하 이북에서, 그리고 장강(양자강) 이북에서 몰아내더니, 마침내는 바다로 몰아내기에 이르렀다. 다행히 남송군의 분전으로 승승장구하던 금나라 군사를 격퇴시키고 고종은 다시 육지로 올라올 수가 있었다.

　육지로 올라와 항주로 돌아온 고종은 풍광이 아름다운 항주를 임안(臨安)이라 고치고 이곳을 수도로 정하여 궁전과 종묘를 세우는 데 열을 올렸다. 고종뿐 아니라 남송의 제후들도 항주에서의 안일한 생활에만 만족을 느끼고 있었다.

* 태행산 : 하북성과 하남성을 잇는 산맥

**악비의 출사표**

　이렇듯 항주(임안)를 수도로 하는 남송의 고종과 그의 신하들이 그저 무사안일과 향락만을 추구하는 것과는 대조적으로 금나라의 점령하에 있는 중원 백성들은 가혹한 약탈과 만행으로 도탄에 빠져 신음하는 나날을 보냈다. 억압이 있는 곳에는 반드시 저항이 있게 마련이었다. 중원의 백성들은 자신을 지키기 위해서 또는 송왕조의 부흥을 위해서 도처에서 궐기하였다.

　태행산* 일대에서는 '팔자군(八字軍)'이라 불리는 10여만 명이 금나라 타도의 깃발을 높이 들고 무기를 들었다. '팔자군'의 수령은

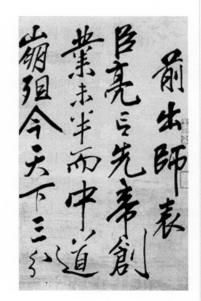

* 적심보국(赤心報國)
서살금적(誓殺金賊) : 일
편 단심으로 국가에 충
성하고 맹세코 금나라를
무찌름

왕언(王彦)으로 그들은 모두 얼굴에 '적심보국(赤心報國) 서살 금적(誓殺金賊)*'이라는 여덟 글자를 문신하였기 때문에 '팔자 군'이라 불렸다. 팔자군의 용감하고 과감한 전투 모습은 그토록 기세등등했던 금나라 군사의 사기를 꺾어놓기에 충분하였다.

왕언군이 얼마나 용감하였던지, 왕언군을 공격하라는 명령을 받은 금나라 부장들은 벌벌 떨면서 말하였다.

"왕언의 진지는 강철로 된 성채입니다. 죽어도 이 명령만은 이행할 수가 없습니다."

중조산(산서성 서남부를 동서로 달리는 산맥) 일대에서는 '홍건 군(紅巾軍)'이 금나라 타도의 깃발을 높이 들고 산서 지방을 전 전하면서 금나라의 사령부를 습격하여 부사령관을 생포하는 전과 를 올렸다. 홍건군은 모두 머리에 붉은 수건을 두르고 있었다. 이 렇게 해서 중원 전역에서 금나라에 반대하는 정의의 깃발이 나부 끼고 그의 군병력은 모두 합쳐 1백만 명에 달했다고 한다.

남송의 소흥 5년(1135) 금나라에 포로로 가 있던 휘종이 죽었 다. 그런데도 금나라에서는 이를 남송에 통보하지 않고 있었다. 남송에서는 연례 행사의 하나로 문안사를 금나라에 파견하여 두 황제의 송환을 요구하고 그 안부를 물었으나 금나라에서는 휘종 의 사망 사실을 일체 함구하였다.

소흥 7년(1137) 정월 금나라에서 돌아온 하선(何蘚)과 범영 지(范寧之)가 비로소 휘종과 그의 황후의 죽음을 알렸다. 죽은 영 덕 황후는 고종의 생모는 아니었다. 생모 위씨(韋氏)와 고종의 부 인 형씨도 금나라 오국성에 아직 살아 있다는 사실을 알았다. 이 같은 소식을 전해 들은 고종은 금나라와 강화 교섭을 벌일 마음을 굳혔다. 강화파의 두목인 진회(秦檜)는 고종의 뜻을 받들어 강화 교섭을 벌인 결과 마침내 소흥 9년(1139) 일단 강화가 성립하였다. 죽은 휘종의 유해와 고종의 생모 위씨의 송환도 강화 조건에 포함되어 있었다.

그러나 일단 성립한 강화는 금나라 내부의 강화파와 반대파의 권력 다툼으로 폐기되었다. 1140년 금나라에서는 강화 반대파인 종필(宗弼)을 총사령관으로 삼아 다시 대군을 휘몰아 단숨에 개봉과 장안을 점령하였다. 남송군도 금나라와 끈질긴 항쟁을 벌여 도처에서 금나라 군사를 괴롭혔다. 악비(岳飛), 한세충(韓世忠) 등의 활약은 남송군의 사기를 크게 진작시켰다. 특히 악비를 통수로 하는 군단은 언성(하남성 남쪽)에서 금군의 주력 부대를 격파하고 금나라 사령부가 있는 개봉 20킬로미터 지점의 주선진을 계속 위협하였다. 수세에 몰려 개봉으로 후퇴한 금나라 군사들은 악비 군단의 강력함에 간담이 서늘해졌다. 금군의 진영에서는 다음과 같은 말이 퍼지고 있었다.

'태산을 움직이기는 쉬울 수 있어도 악비의 군사를 움직이기는 어렵다.'

악비(1103~1141)의 자는 붕거(鵬擧)이고 상주 탕음(하남성 탕음현)의 가난한 농가에서 태어났다. 악비는 그의 교묘한 전술과 용감함으로 자주 전공을 세워 30대의 젊은 나이에 남송군의 유력한 장군이 되었다. 그는 오직 '중원 복귀, 송조 부흥'이라는 투지에 불타고 있었다.

악비군의 선전으로 패전을 거듭하자 금나라 조정의 명령은 이제 연경(북경) 이남 지역에서는 거의 미치지 않았다. 금군의 사기는 점점 떨어져 장군 가운데서도 비밀리에 악비와 내통하는 자까지 생겼다.

**화폐**

금나라 장군 한상(韓常)도 5만의 기병을 거느리고 악비군에 항복할 기미를 보였다. 이 같은 움직임과 날이 갈수록 불리해가는 정세를 예견한 금나라의 통수 올출(兀朮)은 우선 종군하고 있는 장병들의 가족을 황하를 넘어 북쪽으로 철수시키라는 명령을 내리고 자신도 언제든지 철수할 수 있는 태세를 갖추었다.

악비군의 연전연승은 중원 천지를 크게 고무시켰다. 악비군이 이르는 곳마다 백성들은 크게 환영하였다. 중원 각지의 의거 부대도 '악(岳)' 글자를 깃발에 새겨 넣어 악비와 연합하여 금나라 군사 토벌을 약속하였다.

악비는 계속하여 진격 준비를 서두르는 한편 송군의 각 부대에 총공격 명령을 내려주기를 조정에 상주함으로써 중원 수복이 바로 눈앞에 다가온 듯하였다. 악비는 그의 부장들에게 말하였다.

"황룡부를 공략, 함락한 후 모두들 마음껏 축배를 들고 즐겨 봅시다."

황룡부(길림성 농안현)는 금나라 수도 회령부(흑룡강 아성 남쪽)의 동북쪽 200킬로미터 지점에 있는 곳으로 금나라 수도 방위의 요충지였다.

형세가 점점 불리하다고 판단한 금나라 통수 올출은 개봉을 버리고 북쪽으로 철병하려고 말에 오르자 한 문관이 급히 달려와 말고삐를 잡으며 말하였다.

"철병을 잠깐 보류하는 것이 상책이라 생각합니다. 머지 않아 악비는 군사를 물리게 될 것입니다."

올출은 의아스러운 표정으로 물었다.

"아니, 철병을 보류하라니 그게 무슨 말이오. 그대는 아직도 알지 못하고 있는가? 우리 기병 부대의 언성에서의 패전을. 거의 전멸되다시피 한 언성의 패전을 말이다. 거기에 이은 주선진의 싸움에서도 우리 10만 대군이 악비의 5백 기병에게 묵사발이 되고 말았다. 개봉의 백성들도 악비의 입성을 목을 길게 빼고 기다리고 있는 절박한 형편이다. 그런데도 철병을 보류하란 말인가?"

문관은 침착한 어조로 대답하였다.

"역사책을 펼쳐 볼 것 같으면 조정 안에 권력을 휘두르는 신하가 있을 때 밖에서 장군이 공을 세웠다는 기록을 볼 수가 없습니다. 제가 보는 바로는 악비 자신의 지위가 위험한 상태에 빠져 있다고 판단됩니다. 그런데 악비가 어떻게 개봉에 입성할 수 있겠습니까?"

올출은 이 문관의 말에도 일리가 있다고 판단하고 말에서 내려 그대로 개봉에 머물렀다.

❀

# 매국노 진회의 음모

강화파의 우두머리 진회는 남송의 각 부대가 항전을 거듭하여 각지에서 금나라 군사를 격파하는 것이 큰 골칫거리였다. 아군의 승리를 고민하는 것은 이상한 일이었지만 적어도 진회의 심정은 그러했다. 진회는 어떻게 해서든 강화 교섭의 장애가 되는 일선의

**악비의 묘**

장군들을 무슨 구실을 붙여서든 소환해야겠다고 생각했다.

진회는 일선의 장군들에게 논공행상을 행한다는 구실을 붙여 소환하였다. 올출의 철병을 반대했던 문관의 말이 제대로 적중한 셈이었다. 어리석은 황제 고종과 진회는 악비에게도 철수 명령을 내리기에 이르렀다. 금나라 군사에게 자극을 주어서는 안 되겠다고 판단한 그들은 하루에 무려 12회에 걸쳐 '금패(金牌)'를 내려 악비에게 철수를 명하였다. 금패란 조정의 긴급 명령을 전달하는 사자에게 내리는 특별 통과증으로 이 통과증을 소지하면 하루에 500리를 달리는 준마를 타고 명령을 전달할 수 있었다. 잇따라 전달되는 조정의 철수 명령에 악비는 비분의 눈물을 삼키며 탄식하였다.

"10년 고생이 하루아침에 물거품이 되는구나!"

일선에서 돌아온 악비에게 기다리고 있는 것은 감옥이었다. 고종과 진회는 이런 방법으로 악비의 손에서 병권을 빼앗았다.

금나라와의 강화를 원하고 있던 조정에게는 주전파의 우두머리 악비가 몹시 장애가 되었다. 금나라의 통수 올출은 사자를 보내 간신 진회에게 압력을 가해왔다.

"만약 악비를 죽이지 않으면 강화에 응할 수 없다."

진회 자신도 악비로부터 여러 차례 그의 매국 행위를 규탄받은 일도 있어 악비를 제거할 뜻을 굳혔다. 진회는 금나라와의 강화를 추진하기 위하여 대신 만사설(萬俟卨)과 장군 장준의 무리들과 짜고 악비에게 모반죄를 뒤집어씌워 투옥하였다. 악비의 아들 악운과 악비의 부장이었던 장헌(張憲)마저도 그와 연루시켜 가두었다.

진회는 갖가지 수단을 동원하여 악비에게 모반죄를 자백하도록 강요하였으나 악비는 침묵을 지킨 채 대답을 하지 않고 조용히 그의 웃옷을 벗어 등을 보였다. 악비의 등에는 '정충보국(精忠報國)*'의 네 글자가 살 속 깊이 문신되어 있었다.

정충보국의 애국지사가 모반을 꾀할 수 있단 말인가?

악비의 모반죄를 믿을 사람은 아무도 없었다. 노장 한세충은 진회를 방문하고 악비의 모반죄의 증거를 제시하라고 강력히 요구하였다. 아무런 증거도 제시하지 못한 진회는 어물쩡거리며 말끝을 흐렸다.

"악비에게는… 무엇인가… 아마도 모반죄가 있을 것입니다."

한세충은 크게 성을 내면서 진회를 격렬히 질책하였다.

"'아마도'나 '것이다'라는 애매한 말로는 천하 사람들이 믿고 승복하지 않을 것이오."

그러나 고종과 진회는 터무니없는 모반죄를 뒤집어씌워 악운과 장헌을 처형하여 효수하고, 또 악비를 옥중에서 극비리에 죽였다. 그때 악비의 나이 39세였다.

악비가 죽은 얼마 후 남송과 금 사이에 강화가 성립되었다. 이 강화의 조건은 송나라로선 매우 치욕적인 것이었다.

첫째, 송나라는 금에 대하여 신하로서의 예를 다할 것.
둘째, 금나라 왕이 송나라 왕을 황제로 책봉할 것.
셋째, 송나라는 은 25만 냥, 비단 25만 필을 세공으로 금나라에 보낼 것.

* 정충보국(精忠報國) : 정성과 충성을 다해 국가에 보답함

넷째, 동쪽은 회수, 서쪽은 대산관(성서성 보계 서남쪽)을 연결하는 선을 국경선으로 할 것 등이었다.

개봉과 장안은 물론 금나라 영토에 들어가 있었다. 이 강화는 남송의 소흥 12년(1142)에 성립하였기 때문에 역사상 '소흥의 강화'라고 부른다. 소흥의 강화가 성립한 후 얼마 동안 남송에서는 전쟁 없는 세월이 이어졌다.

강화가 성립한 해에 휘종의 유해와 고종의 생모 위씨가 돌아왔다. 그러나 고종의 처 형씨는 이미 3년 전에 오국성에서 죽었다는 사실이 밝혀졌다. 그리고 흠종은 끝내 돌아오지 못하였다. 고종의 생모 위씨가 송환될 때 흠종은 다음에는 꼭 자신을 맞이하러 오도록 힘써줄 것을 울면서 호소하였다. 흠종은 그로부터 19년 동안을 하루같이 자신을 맞으러 온다는 기쁜 소식을 기다렸지만 끝내 그 소식은 오지 않았다. 소흥 31년(1161) 흠종은 망향의 한을 안은 채 환갑을 맞이한 지 1년 후에 북녘 땅에서 쓸쓸히 죽어갔다. 아버지 휘종처럼 예술에 심취되는 일도 없이 즉위한 직후에는 올바른 정치를 해보려고 노력하였지만 때는 이미 늦었다.

**남송군 복원도**

한편 악비의 원통한 죽음은 그가 죽은 후 22년 만에 그 진상이 밝혀지고 억울한 죄명도 벗겨졌다. 그리고 악비의 유골도 발견되어 항주 서하령(棲霞嶺) 기슭에 안장되고 악비의 사당도 세워졌다.

여담이지만 악비의 유골은 22년 동안 도대체 누가 숨겨놓고 있었단 말인가. 여기에는 다음과 같은 이야기가 전한다.

앞서도 언급했듯이 악비는 옥중에서 극비리에 목숨을 빼앗겼다. 그때 외순(隈順順)이라는 한 옥리가 있었는데 그는 매일 대하는 악비의 사람됨에 크게 감동을 받았다. 악비가 죽는 날, 그는 밤을 틈타 옥중에서 몰래 악비의 유해를 운반하여 교외의 채소밭에 묻었다. 악비가 차고 있던 옥환(玉環)을 유해 위에 가로질러 놓고 흙을 덮은 다음 귤나무 두 그루를 그 위에 심었다. 외순은 임종에 앞서 그의 아들을 머리 맡에 불러놓고 악비의 혼령을 정중히 받들라는 유언을 남기고 타계하였다. 이렇게 해서 악비의 유골은 소중히 보관되었다고 한다.

중국 역사상 충신으로서 이름을 남긴 악비는 민족에 대해서도 충성을 다했고, 남송의 임금에 대해서도 충성을 다했다. 악비는 민족의 부르짖음에 보답하여 끝까지 금나라와 싸울 것을 주장하는 한편 금나라와의 강화를 위하여 철수를 명하는 어리석은 황제 고종의 명령도 배반할 수가 없었다. 여기에 악비의 비극이 있었던 것이다. 옥리 외순과 같이 백성들이 악비에게 기울이는 경모의 정은 고종이나 진회 등과는 전혀 대조적인 악비의 민족혼 때문이었다. 이민족의 침입에 대항하여 몸을 버려서라도 싸우려는 기백을 존중하였다. 악비는 지금도 민족의 영웅으로서, 중국 백성들로부터 추앙되고 있다.

한편 악비를 죽인 진회와 만사설은 그들의 생전에는 가까스로 징벌을 면할 수 있었다. 후세 사람들은 이러한 무리들의 철상(鐵像)을 만들어 악비의 무덤 앞에 무릎을 꿇림으로써 민족 반역자에 대한 분노를 터뜨렸다. 그들의 철상은 지금도 악비의 무덤 앞에서 그 추한 모습을 드러내고 있다.

다음과 같은 이야기가 전한다.

어느 날 과거에서 장원 급제한 진(秦)이라는 성을 가진 수재가 악비의 묘를 참배하러 갔다가 진회의 추한 철상을 목격하고는 다음과 같이 말하였다.

"송나라 이후 회(檜)라는 이름을 가진 사람은 별로 본 일이 없으나, 나는 악비의 무덤 앞에 무릎을 꿇으면서 내 성이 진회와 같다는 사실을 부끄럽게 생각한다."

또 하남성 개봉의 서북쪽 30킬로미터 지점에 있는 만사설의 고향 만채촌에서도 마을사람들이 만사설과 같은 성임을 부끄럽게 생각하여 모두 다른 성으로 바꾸고 만사라는 성을 그대로 가진 사람은 한 사람도 없었다고 한다. 백성들 사이에 전하는 이러한 이야기는 자자손손 민족의 배반자를 증오하고 경계하는 민족의 마음을 나타내는 것이라 할 수 있다.

악비는 죽음에 임하여 이런 말을 남겼다.

"나의 결백한 마음은 하늘의 태양처럼 빛날 것이다."

확실히 그 후의 역사는 악비의 결백함을 만천하 백성들 앞에 밝혀놓고야 말았다.

# 칭기즈칸의 등장

중국 속담에 '매미를 잡아먹는 사마귀 뒤에서 참새가 사마귀를 노려보고 있다.'는 말이 있다. 이 같은 속담은 송나라를 침범하는 금나라의 상황을 단적으로 비유하는 것이라 하겠다. 금나라가 송나라를 침범하여 약탈을 자행하고 있을 무렵, 북방에서 새로 일어난 몽골족이 금나라를 호시탐탐 노려보고 있었다.

　　몽골족의 귀족 테무친(鐵木眞)은 1204년 나이만부를 격파하여 몽골 초원의 유목 민족인 전 몽골 부족을 통일하고 1206년에 오논 하반(河畔)에서 쿠릴타이(부족 회의)를 소집하여 칭기즈칸(成吉思汗)으로 추대되어 즉위하였다. '칭기즈'란 '절대적인 힘'이란 뜻이고, '칸'은 '군주'를 뜻하는 말이다.

　　몽골족은 오랜 역사를 가진 민족으로서 당나라 시대에는 몽올(蒙兀, 몽골)이라 일컬어지는 질위족(窒韋族)의 한 부족이었다. 진(秦)·한(漢) 이전에는 동호(東胡)에 속해 있었다고 한다. 동호와 흉노는 원래 몽골 초원의 우방이었으나 뒤에는 서로 옥신각신 싸우는 사이가 되어 흉노에게 쫓겨났고, 동호의 일부가 대흥안령 산맥 깊숙이 도망쳐 들어갔다고 한다. 몽골족은 이 동호 계통의 한 부족으로 영주도 없고 상하의 구별도 없는 씨족제 원시 사회의 생활을 답습하고 있었다. 몽골에 국가가 탄생되고 문자·법률이

**칭기즈칸**

**테무친** 칸이 되었음을 선언하는 테무친. 라시드 웃딘의 《집사》 14세기 사본 삽화

제정된 것은 테무친이 칭기즈칸으로 추대된 후의 일이다. 몽골족은 이때에 이르러 비로소 노예제 사회에 발을 들여놓았다.

칭기즈칸이 군주의 자리에 오른 3년 후에 금나라 황제 장종이 죽고 그 이듬해에는 새 황제 위소왕(衛紹王) 영제(永濟)의 사자가 조서를 가지고 칭기즈칸에게 왔다. 위소왕의 사자는 지금까지의 관례에 따라 배례를 올리고 조서를 받들도록 하라고 명하였다.

원래 몽골족이 통일되기 전까지는 몽골의 각 부족이 금나라의 지배하에 있었다. 몽골이 통일되어 그 세력이 강대해지면 반항할 것을 두려워한 금나라에서는 몽골족에 대하여 분할 지배 정책을 취하여 몽골족의 각 부족끼리 싸움을 하게 하였다. 칭기즈칸의 아버지도 이러한 싸움 때문에 같은 몽골족에게 체포되어 금나라로 압송되어 책형*을 당하였다.

금나라에서는 또 3년마다 몽골에 출병하여 각 지방을 순회하며 장정들을 죽여 없앴다. 게다가 몽골족에 대한 금나라의 경제적 약탈도 가혹하였다. 이런 일로 인하여 금나라에 대한 몽골족의 분노는 극에 달해 있었다. 이럴 때 금나라의 새 황제는 몽골의 군주 칭기즈칸에게 무릎을 꿇고 조서를 받들라 하니 칭기즈칸이 전례에 따라 그렇게 호락호락 굴복할 턱이 없었다. 칭기즈칸은 그 사자를 노려보며 물었다.

"금나라의 새 황제라니, 그게 도대체 누구요?"

금나라의 사자가 대답하였다.

"위소왕입니다."

위소왕 완안 영제(完顔永濟)는 겁이 많고 우둔한 제왕으로 알려진 인물이었다. 칭기즈칸은 금나라 황제가 있는 남쪽을 향하

* 책형 : 창으로 찔러 죽이는 형벌

여 침을 뱉으며 강경한 어조로 말하였다.

　"뭐라구, 나는 중원의 황제는 하늘에서 내려온 귀인으로만 생각하고 있었는데 위소왕이 황제라니 정말 놀랄 일이다. 그따위 어리석은 자에게 무릎을 꿇고 신하의 예를 다하라니 정말 가소로운 일이로다."

　칭기즈칸은 뱉듯이 말하고 곧바로 말에 채찍을 가하여 쏜살같이 밖으로 나가 버렸다.

　금나라 사자는 닭 쫓던 개 지붕 쳐다보는 격으로 그냥 돌아올 수밖에 없었다. 사자가 금나라에 돌아와 자초지종을 낱낱이 보고하자 금나라 황제는 더욱 성을 내어 테무친이 입조하는 날을 기다렸다가 그때 죽여 없애리라 생각하였다. 그러나 테무친이 이 같은 사실을 모를 턱이 없었다. 그는 금나라와의 국교를 끊고 말았다.

　해가 바뀌어 1211년이 되자 칭기즈칸은 대군을 거느리고 켈룰렌 강까지 남하하여 조그마한 언덕 위에 올라 금나라의 정벌을 하늘을 우러러 맹세하였다.

　"영원 불멸하는 하느님이시여, 금나라 황제는 우리 선조들의 목숨을 빼앗고 우리 민족을 욕되게 하였습니다. 만약 하늘이 복수를 허락하신다면 우리들에게 힘을 주소서."

　칭기즈칸의 이 같은 맹세의 말은 몽골족 장병들을 크게 분기시켰다. 이렇게 해서 금나라 정벌의 막이 오르게 되었다.

　몽골군은 도처에서 금나라 군사를 격파하고 매년 금나라의 주·군을 공략, 함락하였다.

　1213년 금나라 황제 위소왕 영제(永濟)는 재위 5년 동안 단 한해도 몽골의 침략을 받지 않은 일이 없었을 뿐 아니라 몽골에게 연전연패함으로써 장병들로부터 인망을 잃어 우부원수 호사호(胡

沙虎)에게 살해되었다. 풍왕 순(珣)이 그 뒤를 잇게 되니 이 이가 선종(宣宗)이다.

칭기즈칸은 군사를 하북, 하동, 산동의 세 갈래로 나누어 연남·하북·산동의 50여 주를 점령하였다. 이듬해인 1214년 칭기즈칸은 산동에서 돌아와 연경 북쪽까지 육박하여 그곳에 주둔하자 제장들은 모두 연경을 공격하자고 요청하였다.

칭기즈칸은 금나라 선종에게 사자를 보냈다.

"산동·하북의 땅이 모두 나에게로 돌아왔다. 그대가 지키는 곳은 오직 연경뿐이다. 하늘은 이미 그대를 멸망시키려 하고 있다. 나 또한 그대를 궁지에 몰아넣는다면 하늘이 나를 어떻게 생각하겠는가. 나는 군사를 돌릴 생각이다. 그대는 군사를 위로하고 우리 제장들의 노여움을 풀도록 하라."

이에 금나라 선종은 기국 공주(위소왕 영제의 딸)와 동남 동녀 각각 500명, 말 3천 필, 비단 약간을 바치면서 강화를 요청하였다. 칭기즈칸은 강화를 수락하고 포로로 잡고 있던 남녀 수십만 명을 모두 죽이고 돌아왔다.

**몽골군이 사용했던 화약 무기**

금나라 선종은 연경에서 자립할 힘이 없었다. 마침내 그해 5월 수도를 개봉으로 옮기고 승상 완안 복흥(完顔福興)에게 태자 수충(守忠)을 보좌하여 연경을 지키도록 명하였다. 정보를 들은 칭기즈칸은 금나라 선종이 수도를 옮긴 것은 자기를 의심했기 때문이라고 하여 크게 노하고 대군을 출동시켜 연경을 포위하였다. 연경을 지키던 태자 수충은 개봉으로 도망치고 그 후 1년 만에 연경은 함락되었다. 몽골군은 하동에서 황하를 건너 개봉에서 20리 떨어진 지점까지 점령하고 북쪽으로 돌아왔다.

중원에 갇힌 신세가 된 금나라로서는 남송과 연합하여 몽골군과 대항하는 것이 상책이었으나, 금나라 집권층은 남송을 집어삼켜 자기들의 발판을 튼튼히 하려고만 생각하였다. 그래서 남송을 거듭 공격하였으나 남송의 강한 저항에 부딪쳐 승산 없는 소모전만 되풀이할 뿐이었다. 결과적으로 병력과 물자의 소모가 너무 많아 그들의 국력은 쇠퇴일로를 걷게 되었다. 이러한 기회를 노리고 있던 몽골은 금나라에 대하여 전면적인 공격을 감행하기에 이르렀다.

1232년 몽고군은 금나라의 주력 부대와 대치하여 결전의 기회를 노리고 있었다. 이 전투에서 몽골군은 금나라 군사를 피로하게 만드는 작전을 썼다. 금나라 군사가 공격해오면 후퇴하고 또 공격을 멈추면 습격하여 휴식할 기회를 주지 않았다. 이렇게 해서 금나라 군사는 사흘낮 사흘밤을 꼬박 굶고 잠도 자지 못하였다.

몽골군은 삼봉산(하남성 우현)에서 피로에 지친 금나라 군사를 포위하였다. 때마침 폭설이 내리는 추운 날씨였지만 금군을 포위한 몽골군은 보라는 듯이 불을 피우고 고기를 구워 식사를 하면서 교대로 휴식을 취하였다. 그리고 폭설에 갇혀 추위와 굶주림에 떨고 있는 금나라 군사에게 도망칠 길을 열어 유인하는 한편 미리 그곳에 정예 부대를 배치하였다. 몽골군의 유인 작전에 빠져든 금나라의 장군을 포함한 주력 부대는 이곳에서 여지없이 궤멸되었다. 이 삼봉산에서의 패전은 금나라의 패망에 결정적인 계기가 되었다.

그해에 몽골군은 다시 개봉을 포위하였다. 마침 개봉에서는 전염병이 만연하여 50일 사이에 수십만 명의 백성들이 잇따라 죽었고, 식량의 공급도 중단되어 인육을 먹는 참상까지 발생하였다. 몽골군의 입성을 앞두고 개봉은 완전히 폐허가 되었다. 이듬해 개봉을 탈출한 금나라 애종은 우선 귀덕(강남성 상구)까지 도망쳤다가 다시 채주(하남성 여남현)로 옮겨갔다.

막다른 궁지에 몰린 금나라는 이때서야 비로소 남송과 연합하여 몽골과 싸울 생각을 하였다. 그들은 급히 사신을 남송에 보내 이렇게 제의하였다.

"잔혹하기 그지없는 몽골은 이미 40여 개국을 집어삼키고 서하까지 멸망시켰소. 입술이 없으면 이가 시리듯 서하가 멸망하면 그 위험은 금나라에 미치고, 금나라가 멸망하면 그 다음은 송나라의 차례입니다. 지금이야말로 금나라와 송나라가 연합하여 몽골과 대항해야 할 때입니다."

그러나 때는 이미 늦어 있었다. 남송은 이미 몽골과 연합하여 금나라를 치겠다는 밀약을 맺었다.

이듬해 11월 몽골과 송나라가 연합하여 채주를 공략하였다. 송나라는 남쪽에서, 몽골은 북쪽에서 협공하였으나 금군의 수비도 견고하여 쉽게 함락되지 않았다. 그러나 2년 후 1234년에 이르자 채주성에는 식량의 공급이 중단되고 성벽도 여기저기 무너져 함락 일보 직전에 빠져들었다. 금나라 애종은 이제야 끝장이라 생각하고 동면 원수(東面元帥) 승린(承麟)에게 제위를 물려주고자 승린을 불러 말하였다.

"짐은 이처럼 몸이 뚱뚱하여 도저히 말을 타고 도망칠 수가 없다. 경은 몸도 날쌔고 유능한 장군이다. 만약 이곳에서 탈출하게 되거든 기필코 금나라의 재건에 힘써 주기를 바란다. 이것은 짐의 진심에서 우러나오는 마지막 소원이다."

다음날 아침 일찍 승린은 제위 계승의 의식을 거행하였으나 그때 채주의 남쪽 교외에는 이미 송나라의 깃발이 나부끼고 송나라 군사의 고함 소리가 천지를 진동시키고 있었다.

이러한 사태를 보고받은 금나라 애종은 자결로써 일생을 청산하고, 제위를 이은 승린도 모반을 일으킨 부하에게 살해되었다. 또한 재상 완안 중덕(完顔仲德) 등 장병 5백여 명도 여수에 몸을 던져 순사하였다. 이 뒤를 이어 각지의 금나라 장병과 관리가 잇따라 몽골군에 투항함으로써 금나라의 마지막 날이 다가왔다.

그러나 그로부터 3년이 지난 후에도 공주(감숙성 농서)에서는 아직 금나라의 1개 부대가 여전히 싸움을 계속하였다. 금나라 장군 곽하마(郭蝦蟆)가 거느리는 부대였다.

1236년 10월 몽골군은 대규모의 병력을 동원하여 공주 공격에 나섰다. 이를 맞아 싸우는 곽하마의 군대는 성내에 있는 금·은·동·철을 모아 포탄을 만들어 몽골군에게 포격을 가하며 끈질기게 저항하였다. 그러나 중과부적으로 그들의 형세는 날이 갈수록 불리하였다. 이제 어쩔 도리가 없다고 판단한 곽하마는 성내에 있는 소를 잡아 장병들을 위한 위로연을 열고, 또 몽골군에게는 조그마한 물건 하나라도 넘겨줄 수 없다 하여 건물과 창고에 불을 질렀다. 그리고 최후에는 관청 주위에 섶을 수북히 쌓아 자결의 장소를 만들어 만반의 준비를 갖추었다.

몽골군이 성 안으로 쳐들어오자 도처에서는 격렬한 전투가 벌어졌으나 활도 다 되고 힘도 다 빠지자 금나라 군사들은 차례차례 불이 타오르는 섶 위에 몸을 던져 자결하였다. 끝까지 항전하던 곽하마는 쌓아올린 섶 위에 장승처럼 버티고 서서 덧문짝을 방패로 세워 2,3백개의 화살을 쏘았는데 그 화살 하나 하나가 보기 좋게 몽골병을 꿰뚫었다. 그렇지만 곽하마도 끝내는 힘이 다하여 훨훨 타오르는 불길 속에 몸을 던져 장렬하게 죽었다.

영웅의 거리 공주에서는 한 사람의 투항자도 없었다고 역사는 기록하고 있다. 후세 사람들은 곽하마의 충성과 용기를 추모하여 그곳에 사당을 세웠다. 금나라는 아홉 황제, 120년으로 그 역사의 막을 내리게 되었다.

# 남송의 멸망

'오랑캐로써 오랑캐를 제압한다.'는 정책을 취한 북송은 금나라와 연합하여 요나라를 공략, 멸망시켰으나 그 결과 중원을 잃게 되었다. '입술이 없어지면 이가 시리다.'는 경고를 무시한 남송은 몽골과 연합하여 금나라를 멸망시켰지만, 그 결과는 '이리를 몰아내고 호랑이를 맞아들인다.'는 격이 되고 말았다. 금나라가 멸망하자 몽골군은 곧바로 남송을 공격해왔다.

1258년 몽골의 헌종(憲宗) 몽케칸은 대군을 거느리고 남송의 사천 지방을 공격하고, 쿠빌라이는 호북 지방의 공격에 나섰다. 이 무렵 남송의 재상은 가사도(賈似道)였다. 그는 정권을 손아귀에 넣고 제멋대로 권세만 휘두르는 무능한 재상이었다. 그가 하는 일이란 돈을 받고 벼슬을 팔아 사복을 채우거나 미녀들에게 둘러싸여 별장에서 지내고, 귀뚜라미에게 씨름을 시키고는 그 모습을 보며 기뻐할 뿐 국사 따위는 도무지 돌보지 않았다.

어느 날 가사도는 증원 부대를 거느리고 몽골군과 싸우고 있는 호북 지방으로 향하였지만 몽골군과 싸울 생각은 하지 않고 몽골군의 통수 쿠빌라이에게 사자를 보내 매년 은 20만 냥, 비단 20만 필을 몽골에 보내고 또 국경선을 장강 이남으로 후퇴시키는 조건으로 강화를 제의하였다. 때마침 쿠빌라이에게는 몽케칸이 병사했다는 소식이 당도해 있었다. 사천 지방에서 조어산(釣魚山)을 공격하던 중 화살을 맞아 이것이 원인이 되어 죽었다는 소식이었다.

쿠빌라이는 몽케칸이 죽은 후의 권력을 노리고 있었다. 그는 급히 본국으로 돌아가 후계자의 권력 투쟁에 참가하기 위하여 가사도가 내놓은 강화 조건을 수락하고 철병하였다. 그해가 1259년의 일이고 남송이 멸망한 것이 1279년의 일이니 그 사이 20년간은 몽골 왕실의 후계자 다툼과 하이두의 반란 등 주로 몽골 내부의 사정에 의하여 남송의 운명이 연장된 기간이었다.

쿠빌라이가 철병하여 돌아가자 가사도는 남송의 황제 이종

(理宗)에게 그간의 자세한 경과에 대해서는 일언반구 없이 이렇게 보고하였다.

"우리 남송군의 공격에 견디지 못하여 몽골군은 거미 새끼가 사방으로 흩어지듯 도망쳐버렸습니다. 남송군의 대승입니다."

남송의 황제 이종(理宗)은 이 보고를 그대로 믿고 가사도의 관직을 높이고 표창하였다.

한편 본국으로 돌아온 쿠빌라이는 후계자 경쟁에서 승리하여 제위에 올랐다. 그리고 즉시 가사도에게 사자를 보내 강화 때 약속한 은과 비단을 인도하라고 요구하였다. 가사도는 이 사자를 포로로 한 것까지는 좋았으나 쿠빌라이칸의 공격에 대처할 방법 등에 대하여는 전혀 생각지도 않고 있었다. 쿠빌라이칸은 크게 노하여 즉시 군대를 파견하여 남송의 요충지 양양을 포위하였다. 양양을 지키고 있던 남송군과 백성들은 필사적으로 대항하여 5년간 몽골군의 공격을 버티어냈다.

이 사이 남송군에서는 자주 위급한 사태를 알려 증원군을 요청하였으나 가사도는 원군을 보내려 하지 않았다. 양양성의 수비대장 여문환(呂文煥)은 성내를 순시할 때마다 남쪽을 바라보며 통곡하였다. 이제 손을 쓸 수조차 없었다. 몽골군으로부터는 항복 권고문이 날아들고 있었다.

"항복하면 목숨을 살려줄 것이나 저항하면 모두 죽음을 면치 못할 것이다."

양양에서 대치한 지 무려 6년, 정말 긴 세월이었다. 여문환은 장병들을 거느리고 끝내 투항하고 말았다.

몽골이 나라 이름을 원(元)이라 고친 것은 1271년의 일이고 그 2년 후인 1273년 양양이 함락되었다. 양양을 점령한 원나라는

문천상

한수를 따라 남쪽으로 진출하여 장강의 상류와 하류 사이의 왕래를 차단시켰다. 이것은 남송의 수도 임안에 대한 크나큰 위협이었다.

가사도는 공격해오는 원군을 무호(蕪湖)에서 맞아 싸우다가 대패하였다. 이 싸움은 1275년 2월에 일어났다. 각 주의 정병 13만 명을 동원한 일대 결전에서 패하였기에 남송의 운명은 큰 타격을 받았다.

시대는 영웅을 낳는다는 말이 있다. 남송의 뜻있는 사람들은 남송의 운명이 풍전등화와 같은 위기에 몰려 있는 것을 가만히 앉아서 구경만 하지 않았다. 침략자 원나라에 대항하여 싸우려는 많은 영웅이 분연히 일어났다. 그 가운데서도 강서의 문천상(文天祥)은 1만 명의 용맹한 의병을 이끌고 임안으로 달려가 참전하였다. 문천상은 20세 때 진사시에 수석으로 합격한 수재였을 뿐만 아니라 용모도 빼어났었다. 확실히 문천상은 남송의 종말을 장식하는 걸출한 무사였다. 그는 강남 각지에서 활발한 유격전을 벌여 원군을 괴롭혔다.

당시 원나라 장군 바얀(伯顔)은 건강(남경)까지 들어와 있었다. 그는 승세를 몰아 단숨에 임안을 밀어붙일 작정이었으나 때마침 쿠빌라이칸으로부터 날씨가 너무 더우니 가을이 오기를 기다려 공격하라는 조서를 받았다.

가을이 되자 바얀은 공격을 시작하여 남으로 진격해왔다. 특히 상주(常州)에서의 공방전은 가장 치열하고 처참하였다. 바얀은 저항이 심한 곳은 학살하는 작전을 썼는데 상주가 바로 그러했다. 쿠빌라이칸은 여러 차례 학살을 금한다는 조서를 내렸으나 그것은 한낱 쿠빌라이칸의 생각일 뿐, 바얀은 후환을 염려해서였는지 학살을 서슴지 않았다. 상주 지사 요은과 통판 진소 등도 모두 저항이 심했다고 하여 참수되었다.

바얀의 군대는 마침내 임안성 동북쪽 고정산에 육박해왔다. 남송의 조정에서는 문천상과 장세걸 등이 3궁(三宮)*을 해상으로 옮기고 자신들은 성을 등지고 결전을 벌일 것을 주장하였으나 진의중은 이를 반대하였다.

* 3궁(三宮) : 어전 황제, 도종 황후, 이종 황후

결국 감찰 어사 양응규(楊應奎)가 황제의 상징인 '전국 옥새'를 가지고 바얀의 진중에 나아가 강화를 전제로 한 교섭을 진행하게 되었다. 그리하여 문천상이 우승상 겸 추밀사로서 바얀의 진중에 들어가 강화 절차에 대한 구체적인 교섭을 이끌었다.

문천상은 원군이 가흥까지 후퇴할 것과 강화가 결말이 날 때까지 바얀의 진중에 머물러 있겠다고 요구하였다. 물론 바얀은 이 요구를 거절하였지만 문천상의 논리정연한 말솜씨에 감동받았다. 문천상이 남송의 장원 급제자라는 사실도 알았음인지 바얀은 어떻게든 이 특출한 인재 문천상을 원나라의 유용한 인재로 이용하려고 항복할 것을 권하였다. 문천상이 항복의 권유를 일언지하에 거절하자 바얀은 문천상을 자기 진중에 억류하였다.

문천상은 연경으로 호송되던 도중 진강에서 탈출하여 다시 유격전을 벌였다. 그러나 광동 조주에서 원나라 장군 장홍범(張弘範)에게 체포되어 포로가 되었다. 원나라 지원 15년(1278)의 일이었다.

한편 임안에서 탈출한 주전파의 중신 육수부(陸秀夫), 장세

걸(張世傑) 등은 남쪽 복주에서 공제의 형인 11세의 익왕 하(昰)를 황제로 옹립하여 망명 조정을 세웠다. 하가 죽은 후에는 위왕 병(昺)을 옹립하였다. 망명 조정은 원나라 군사의 추격을 피하여 각지로 도망다니며 고전하다가 1279년에는 광동성 신회의 담강과 바다의 물이 합류하는 애산(厓山)에서 원군의 격렬한 공격을 받게 되었다.

최후의 전투는 애산 가까이 있는 해상에서 벌어졌다. 원나라 선단이 공격해오자 육수부는 먼저 자기의 처자를 바다에 던졌다. 그리고 자신은 의관을 정제하고 겨우 9세밖에 안 된 남송의 마지막 황제의 허리에 금으로 새긴 옥새를 묶고 황제를 등에 업은 채 때마침 태풍으로 거칠게 출렁이는 바다에 몸을 던져 자결하였다. 황제의 어머니 양씨는 아들이 죽었다는 소식을 듣고 통곡하였다.

"내가 차마 죽지 못하고 고생을 참아 온 것은 오직 조씨의 한낱 혈육을 위해서였거늘 이제 무엇을 바라겠는가!"

지남침 바늘이 남쪽을 가리키게 되어 있는 송대의 나침반. 중국의 4대 발명품 중 하나이다.

그리고는 출렁이는 바다에 뛰어들어 자결하였다. 이때 순사한 자의 수는 헤아릴 수 없이 많았다고 역사는 기록하고 있다. 그 가운데에는 궁녀들도 적지 않았다. 장세걸은 일단 도망쳐 재기를 노렸으나 배가 부서져 침몰하는 바람에 죽었다고 한다.

남송군 공격의 지휘를 담당했던 원군의 통수 장홍범은 몽골에 투항한 한족 출신 장군이었다. 장홍범은 자신의 공적을 역사에 남기기 위하여 애산의 석벽에 '진국 대장군 장홍범(鎭國大將軍 張弘範) 이곳에서 송나라를 멸망시킴.'이라고 새겼다. 그러나 후세 사람들은 장홍범은 몽골의 손을 빌려 송나라를 멸망시킨 민족 반역자라고 하여 이 비문의 머리에 '송(宋)'이라는 글

당월패방군 남송 때의
세도가였던 포씨 가문
의 일곱 위패를 모신
사당과 그들을 위해
패방왕이 하사한 글을
새긴 패방들

자를 하나 더하여 '송 진국 대장군 장홍범 이곳에서 송나라를 멸
망시킴.'이라고 새겼다. 즉 송나라를 멸망시켰다고 장홍범을 조
소한 것이다.

이야기를 다시 문천상에게로 돌려보자.

포로가 된 문천상은 남송 최후의 참담한 모습을 적병들의 배
안에서 지켜봐야 했다. 그는 통한의 눈물을 흘리면서 비통한 심정
을 시로 읊었다. 문천상은 항복을 권하는 장홍범의 말을 단호히
거절하며 "빨리 죽여라."고 호통을 쳤다. 장홍범은 계속 항전하고
있는 장세걸 등 남송의 장군들에게 투항을 권하는 편지를 쓰도록
문천상에게 강요하였으나 문천상은 이것도 거절하였다.

장홍범이 지필묵을 가져오면 문천상은 자신의 심정을 토로하
는 시를 썼다. 이 시의 마지막 두 귀절은 다음과 같다.

'인생에서 그 누구도 죽음은 면할 수 없다. 어차피 죽을 바엔

차라리 일편단심으로 역사를 비추고 싶을 뿐이다.'

문천상은 그 후 원나라 수도인 대도(북경)로 연행되었다. 이 곳에서 쿠빌라이칸은 '죽이겠다.'고 위협도 하고 '고관으로 우대 하겠다.'고 유혹하는 등 문천상에게 항복을 권하기도 하고, 협박 도 하였으나 문천상은 끝내 이에 굴복하지 않았다.

원의 세조 쿠빌라이칸은 비록 중국 천지를 제압하였으나 문 천상의 정신만은 빼앗을 수가 없었다. 이런 의미에서 쿠빌라이칸 은 결국 문천상에게 패했다고 할 수 있다. 쿠빌라이칸은 할 수 없 이 1282년 문천상을 죽이고 다음과 같은 말을 하였다.

"문천상은 참다운 대장부로다!"

문천상은 옥중에서 유명한 '정기가(正氣歌)'를 지었는데 그 속에는 그의 불굴의 의지와 절개가 담겨 있다.

한편 임안을 공격하던 원나라 장군 바얀은 항복한 남송의 공 종(恭宗), 도종 황후(度宗皇后), 이종 황후(理宗皇后) 등 삼궁을 연행하여 연경에 개선하였다. 지금의 북경에 해당되는 연경은 당 시 대도라 불리고 있었다. 삼궁을 수행하여 대도에 도착한 남송의 유신(遺臣) 왕원량(汪元量)은 원나라 황제와 황후가 베푼 환영연 에 참석하였다. 몽골식으로 베풀어진 연회였을 테지만 자리를 같 이했던 어린 황제와 두 과부 황후에게는 굴욕적인 자리였음은 말 할 것도 없겠다.

이 자리에 참석했던 쿠빌라이칸의 아내도 이때 근심 어린 표 정을 지었다고 전해진다. 예로부터 1천 년을 이어온 왕조가 없었 으므로 자신들의 자손도 언젠가는 이러한 운명을 맞게 될지 모른 다는 생각에서였다.

금나라와 송나라의 멸망 과정에서 악비, 곽하마, 문천상 등

많은 충신들이 보여준 민족의 긍지는 중국 백성들의 마음속에 면면히 이어지고 있다.


## 송대의 문화

### 사마광과 자치통감

고대 인도인이 종교를 중시했다고 하면 고대 중국인들은 역사를 중요시했다고 말할 수 있겠다. 그런 때문이었는지 중국에서는 훌륭한 역사 학자가 많이 배출되었다. 그중에서도 제1인자로 손꼽히는 것은 한송(漢宋)의 두 사마씨, 즉 전한의 사마천과 북송의 사마광이라 할 수 있다.

중국 역사를 후세에 전하는 데 있어 사마천·사마광이 이룩한 공로는 지대하다.

사마광(司馬光, 1019~1086)의 자는 군실(君實)이고 섬주 하현(산서성) 출신이었다. 역사적 기록이 전하는 바에 의하면 사마광은 대단한 천재 소년으로 7세 때 어른들이 이야기하는 좌전(左傳, 춘추시대의 인물들을 묘사한 역사서)을 듣고 그 요지를 곧바로 집사람들에게 전할 정도였다. 사마광은 소년 시절부터 《좌전》, 《사기》, 《한서》 등 역사책을 읽고 그 후 진사시에 합격하여 관직 생활을 하면서도 역사책을 손에서 놓은 일이 없었다.

사마광은 이렇게 역사책을 읽고 공부하는 동안 그때까지 보존되어 온 역사책에 대하여 커다란 결

**사마광의 서체**

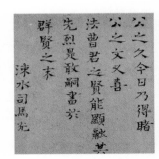

점을 발견하게 되었다. 그것은 모든 역사책이 산만하게 많은 분량으로 되어 있어 일생 동안 쉬지 않고 읽어도 이들 역사책을 다 통독할 수 없다는 점이었다.

그래서 사마광은 이런 역사책을 가장 간단·명료하게 만드는 작업에 착수하였다. 그는 옛 역사책에서 국가의 성쇠와 백성들의 화복에 커다란 영향을 끼친 큰 사건을 발췌하여 연대순으로 정리하고 통사(通史)를 편찬하여 황제가 정사를 보살필 때 참고 자료로 제공하려 하였다.

사마광이 이런 일을 생각하고 있을 때 당시의 황제 영종(英宗)은 역대 군신들의 사적을 정리한 책을 쓰도록 사마광에게 명하였다. 사마광은 좋은 기회라 생각하고 우선 자신이 먼저 쓰려고 했던 통사의 개요로서 《역년도(歷年圖)》를 쓰고 이어서 《주기(周紀)》 3권, 《진기(秦紀)》 3권을 합하여 《통지(通志)》 8권을 저술하여 영종에게 바쳤다.

영종은 이를 높이 평가하여 사마광에게 앞으로 전문 기구를 설치하여 전서(全書)의 완결을 서두르도록 명하였다. 마침내 숭문원에 전문 기구가 설치되었는데 숭문원은 당시 조정에서 장서가 가장 많은 곳으로 집현(集賢), 소문(昭文), 사관(史館) 등 3개 서고가 있었다. 영종은 사마광 등에게 이 서고의 사용을 허락하고 또 《용도각(龍圖閣)》, 《천장각(天章閣)》, 《비각(秘閣)》의 장서도 대출을 허용하였다. 그 후 영종의 뒤를 이은 신종도 황실 내의 장서 2,400권을 기증하여 사마광 등을 격려하고 또 이 통사의 책명을 《자치통감(資治通鑑)》이라 일컬었다. 이 책명은 황제가 천하를 다스리는 데 도움을 주는 역사의 귀감이라는 뜻이다. 《자치통감》은 1065년부터 편찬하기 시작하여 1084년 완성되기까지 무려

20년이라는 세월이 걸렸다. 전서는 주나라 위렬왕 23년(기원전 403)부터 오대의 후주 세종의 현덕 6년(959)까지 1362년에 걸친 역사를 간단·명료하게 기록한 전 294권의 대작이다.

사마광은 이 밖에도 전체의 내용 목록과 연표를 겸한《자치통감목록》30권과 사실의 기재와 차이가 있는 경우 그에 대해 고증한《자치통감고이》30권,《계고록》20권도 저술하였다.

《자치통감》과 같은 대작은 한 사람의 힘만으로 이루어진 것이 아니고 여러 학자들의 도움을 받았다. 그러나 사마광은 애석하게도 그의 간행을 보지 못한 채 67세에 타계하였다.


## 성리학(性理學)의 대두

성리학은 송나라 때 유학의 한 계통으로써 성명(性命)과 이기(理氣)의 관계를 논한 유교 철학이다. 한·당(漢唐) 이래 경전의 해

석만을 일삼던 훈고학(訓詁學)에서 벗어나 보다 깊은 철학적 고찰을 통하여 우주의 본체와 인성(人性)에 관한 것을 연구하는 학문이다. 하늘이 부여하는 것을 명(命)이라 하고 이를 받아서 내게 있게 하는 것을 성(性)이라 한다. 이(理)는 일체가 모두 평등하나 기(氣)는 각각 다르다. 성은 이(理)를 받은 것이기 때문에 성인과 범인이 모두 같고 재(才)는 기를 받은 것이기 때문에 어진 사람과 어리석은 사람이 같을 수 없다는 학설이다.

주희

북송의 주돈이(周敦頤), 장재(張載), 정호(程顥), 정이(程頤) 등의 뒤를 이어 남송 시대 주희(朱熹)에 의해 집대성되었다.

주희의 자는 원회(元晦) 또는 중회(仲晦)이고 호는 회암(晦庵)이라 했다. 안휘성(강서성) 출신으로 10세 때 유학의 경전을 읽기 시작하면서부터 공자를 숭배하였다. 그는 "하늘이 만약 공자를 낳지 않으셨더라면 세상은 밤처럼 어두웠을 것이다."라고 말하고 장차 공자와 맹자 같은 성인이 되어야겠다고 마음속으로 굳게 맹세하였다.

주희는 이렇다 할 관직은 가지지 못하였으나 50여 년간 후진들의 교육에 헌신하였기 때문에 제자들이 많았다.

주희의 문인들은 어느 의미에서는 모두 지주 계급의 봉건 지배 유지를 지지한 인물들이라 할 수 있다. 주희는 후진들의 교육에 힘쓰는 한편 40여 종의 저작을 남겼다. 특히 사서오경(四書五經)의 주석은 후세 유학 교육에 큰 공헌을 하였다. 이 밖에도 후인들이 편찬한 《주문공문집(朱文公文集)》만도 140권에 달하여

주희의 후진들을 위한 교육열을 엿보게 한다.

　　그러나 주희는 당시의 지배자들로부터 중용되기는커녕 오히려 성리학을 위학(僞學)*이라 하여 심지어 성리학에 찬동하는 관리들까지도 해임당하는 박해를 받았다. 황제는 또 조정에 사람을 추천하는 경우에는 반드시 '성리학도'가 아님을 보증하라는 명령까지 내릴 정도였다.

* 위학(僞學) : 정도에 어긋나는 학문

　　주희도 그때 조정에서 일하고 있었으나 위학의 두목으로 인정되어 파면당하였다. 이에 분개한 주희는 수만 단어에 달하는 장문의 상소문을 작성하여 성리학이 위학이 아님을 변호하려 하였으나 제자들이 강력히 만류하였다. 상소를 올릴 경우 성리학파의 가혹한 탄압이 있을 것을 염려해서였다. 처음 주희는 이 같은 제자들의 말을 듣지 않았으나 점을 쳐본 결과 흉괘가 나와 주희도 두려워하여 몰래 상소문을 태워버리고 조정에 잘못을 뉘우치는 글을 올려 중형을 면하였다고 한다.

　　주희의 생전에는 지배자들로부터 인정을 받지 못하였으나 타계한 후에 새로운 평가를 받았다. 남송의 황제 이종(理宗)은 주희의 글을 읽은 후 말하였다.

"짐은 이 책에 매료되었다. 한번 읽기 시작하면 도무지 책을 놓을 수가 없으니 말이오!"

그 후 이종은 조서를 내려 주희에게 태사(太師)의 관직을 추서하고 신국공(信國公)에 봉하는 한편 주희의 위패를 공자묘에 모시도록 명하였다. 또 주희가 주석한 사서*를 교과서로 지정하고 과거시험에서 인재를 선발할 때 표준으로 삼도록 하였다. 그 후 원나라 · 명나라 · 청나라 시대에도 주희의 성리학은 지배자들로부터 많은 옹호를 받았다.

주희의 성리학은 정호(정명도), 정이(정이천) 형제의 학설을 흡수하여 객관 유심론의 성리학 체계를 확립함으로써 '정주학파(程朱學派)'라는 유학의 한 학파를 형성하여 후세에 많은 영향을 끼쳤다.


## 북송 문단의 태두 소식

소식(蘇軾, 1037~1101)은 미주(사천성 미산현) 출신으로 자는 자첨(子瞻)이고 호는 동파거사(東坡居士)이다. 소식의 아버지 소순(蘇洵)도 뛰어난 문장가였다. 소식과 그의 동생 소철(蘇轍)은 어려서부터 아버지의 훈도를 받으며 그들의 실력을 쌓았다.

소식은 20세 때 아버지를 따라 동생 소철과 함께 과거를 보기 위해 수도 개봉으로 올라가 이듬해(1057)에 형제 모두가 탁월한 성적으로 과거에 급제하였다. 두 사람의 수재를 기른 소순도 뛰어난 문장가로 알려져 소씨 삼부자를 가리켜 삼소(三蘇)라 불렀다.

소식의 과거 급제에는 다음과 같은 이야기가 전한다.

그때 과거의 주임 시험관은 당시 문단의 지도적 지위에 있는 구양수(歐陽修, 1007~1072)였다. 구양수는 만당(晩唐) 이래의 표면만을 화려하게 꾸미는 실속 없는 문학 풍조에 불만을 느꼈다. 그는 시문은 치세의 도를 제시하고 시대의 발전에 필요한 것이어야 한다고 주장하며 문학 풍조의 쇄신을 기하려 하였다. 소식이 과거에 응시한 것은 마침 그때였다. 소식의 과거 답안은 호방하고 소탈하여 그야말로 구양수를 매료시키고도 남음이 있었다. 구양수는 이 답안의 주인공을 장원으로 뽑을 생각이었다. 그런데 당시의 과거 답안은 수험자의 성명을 밀봉하고 있었다. 구양수는 소식의 답안을 되풀이해서 읽어 보고 이것은 분명히 자신의 수제자인 증공

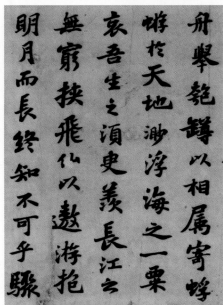

**소동파** 〈매화시첩(梅花시帖)〉(위)

〈**적벽부(赤壁賦)**〉 소동파의 주요 작품인 적벽부. 불후의 명작으로 애창되고 있다. (아래)

(曾鞏)의 것이라 생각하였다. 그러나 자기의 제자를 장원으로 뽑을 수 없는 입장이어서 이 답안을 차석으로 정하였다고 한다.

이 답안이 소식의 것이라는 사실을 안 구양수는 시험관의 한 사람에게 말하였다.

"소식의 문장은 정말 뛰어났소. 완전히 매료되고 말았소. 나

는 이 전도유망한 젊은 사람에게 내 자리를 양보하고 싶소."

그 후 소식은 과연 문단의 태두가 되었으니 구양수의 사람 보는 눈이 얼마나 날카로웠는가를 새삼 느낄 수 있다.

소식의 생애는 관직으로서는 불우하였으나 문인으로서는 알찼다. 소식은 문(文)·시(詩)·사(詞)·부(賦) 등에 모두 능하여 후세에 전하는 그의 시는 4천여 수, 사는 340여 편이 넘고 여기에 갖가지 문체의 저작을 합하면 무려 1만 편이 넘는다고 해도 과언이 아니다.

산문의 대가였던 소식은 "문은 가는 구름, 흐르는 물과 같은 것이다. 항시 그 갈 곳에 가야 하고 멈출 곳에서 멈춰야 한다."라고 주장했다. 자유분방한 소식의 문장은 과거 시험의 필독서로서 좋은 교과서가 되었는데 당시에 다음과 같은 말이 유행하였다. '소씨의 문장을 숙독한 사람은 양고기를 먹고, 소씨의 문장에 생소한 사람은 나물국을 먹는다.' 소식의 시문을 열심히 공부하지 않으면 출세도 못 하고 좋은 음식도 먹을 수 없다는 뜻이다.

후세에 이르러 한유·유종원·구양수·소식은 '당송사대가 (唐宋四大家)'로 일컬어져 '당송팔대가' 중에서도 뛰어난 존재가 되었다. 덧붙여 말한다면 당송 산문 팔대가는 이 네 사람 외에 소철·소순·증공·왕안석이 꼽힌다.

소식은 산문·시에서 많은 걸작을 남겼지만 그의 진면목은 사(詞)에서 나타났다. 소식의 사는 선인들의 작품을 훨씬 능가하는 작품이 많았다. 그 가운데서도 대표작으로 꼽히는 것은 〈적벽회고(赤壁懷古)〉와 〈전적벽부(前赤壁賦)〉, 〈후적벽부(後赤壁賦)〉 등이다.

소식은 문학자이면서 서예가 화가이기도 하였다. 중국 서예사에서 그는 황정견(黃庭堅), 미불(米芾), 채양(蔡襄)과 함께 '송대 사대가'로 일컬어지고 있다. 소식의 서법은 송대 사대가 가운데서도 수위를 차지하고 있다. 그의 풍요롭고 뇌락(磊落)한 운필은 천진난만한 정취를 느끼게 한다.

# 송 왕 조 의 계 보

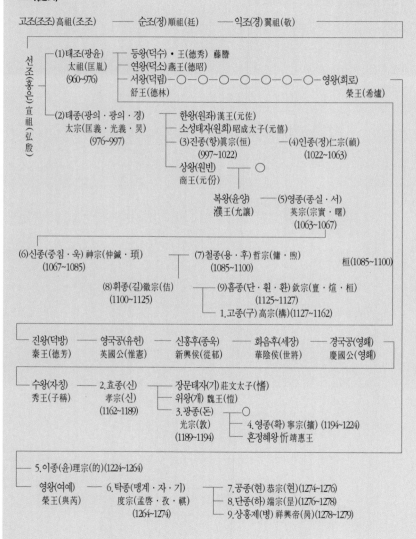

**조씨(趙氏)**

고조(조조)高祖(조조) ── 순조(정)順祖(廷) ── 익조(경)翼祖(敬)

선조(홍은)宣祖(弘殷)

(1)태조(광윤) 太祖(匡胤) (960~976)

등왕(덕수)·王(德秀) 藤膽
연왕(덕소)燕王(德昭)
서왕(덕림)─○─○─○─○─○─○─○─○─영왕(희로)
舒王(德林)　　　　　　　　　　　　　　　　榮王(希壚)

(2)태종(광의·광의·경) 太宗(匡義·光義·炅) (976~997)

한왕(원좌)漢王(元佐)
소성태자(원희)昭成太子(元僖)
(3)진종(항)眞宗(恒) (997~1022) ──(4)인종(정)仁宗(禎) (1022~1063)
상왕(원빈) 商王(元份) ──○
복왕(윤양) 濮王(允讓) ──(5)영종(종실·서) 英宗(宗實·曙) (1063~1067)

(6)신종(중침·욱)神宗(仲鍼·頊) (1067~1085)

(7)철종(용·후)哲宗(傭·煦) (1085~1100)
(8)휘종(길)徽宗(佶) (1100~1125)
(9)흠종(단·훤·환)欽宗(亶·烜·桓) (1125~1127)
桓(1085~1100)
1.고종(구)高宗(構)(1127~1162)

진왕(덕방) 秦王(德芳) ── 영국공(유헌) 英國公(惟憲) ── 신흥후(종욱) 新興侯(從郁) ── 화음후(세장) 華陰侯(世將) ── 경국공(영해) 慶國公(영해)

수왕(자칭) 秀王(子稱)

2.효종(신) 孝宗(신) (1162~1189)

장문태자(기) 莊文太子(愭)
위왕(개) 魏王(愷)
3.광종(돈) 光宗(敦) (1189~1194) ──○
4.영종(확) 寧宗(擴) (1194~1224)
혼정혜왕忻靖惠王

5.이종(윤)理宗(昀)(1224~1264)

영왕(여예) 榮王(與芮) ── 6.탁종(맹계·자·기) 度宗(孟啓·孜·禥) (1264~1274)

7.공종(현) 恭宗(현) (1274~1276)
8.단종(하) 端宗(昰) (1276~1278)
9.상흥제(병) 祥興帝(昺) (1278~1279)

주:( ) 속의 대수(代數)는 북송(北宋), 대수는 남송(南宋)

## 찾아보기

# 아